Phänomen-Verlag

Alexander Bard & Jan Söderqvist

DIGITALE LIBIDO

Sex, Macht und Gewalt

in der Netzwerkgesellschaft

Bibliografische Information Der Deutschen Bibliothek:

Die Deutsche Bibliothek verzeichnet diese Publikation in der Deutschen Nationalbibliografie; detaillierte bibliografische Daten sind im Internet über http://dnb.ddb.de abrufbar.

Alexander Bard & Jan Söderqvist

DIGITALE LIBIDO

EAN 978-84-122012-4-6

Übersetzt von Tom Amarque

Phänomen-Verlag

Web: www.phaenomen-verlag.de

E-Mail: kontakt@phaenomen-verlag.de

Satz & Gestaltung: Phänomen-Verlag

Inhaltsverzeichnis

1

Das Unbehagen in der Kultur und Unkultur

Schauen oder nicht schauen? Nackte weibliche Brüste können ein Problem für den Mann darstellen, der ihnen aus dem einen oder anderen Grund ausgesetzt ist. Die richtige Haltung ihnen gegenüber wird durch Milieu und Kontext bestimmt. Es gibt Clubs, in denen mehr oder weniger nackte Körper gegen einen Preis gezeigt werden, und dort kann man vernünftigerweise nach Herzenslust starren (da man bezahlt hat). Dass jemand etwas gegen den Blick als solchen hat, ist schwer vorstellbar. Es ist jedoch nicht schwer vorstellbar, dass viele gegen dieses ganze Geschäft mit nackten Brüsten zu einem Preis protestieren, was den problematischen Aspekt der Nacktheit im Allgemeinen und der nackten Brüste im Besonderen bestätigt. Man kann – in bestimmten Fällen aus gutem Grund – behaupten, dass das Anstarren an sich nur ein Vorwand und eine Art Vorspiel ist und dass die angestarrten Brüste tatsächlich Werbung für den Geschlechtsverkehr sind, der auf die Untersuchung der nackten Brüste durch den potenziellen Kunden folgen soll – auch das zu einem Preis – etwas, was nach vielen Gesetzbüchern, einschließlich des aktuellen schwedischen, streng verboten ist. Es gibt auf jeden Fall eine Reihe von kulturellen Tabu-Vorschriften, die den Umgang mit nackten weiblichen Brüsten regeln, was erklärt, warum überhaupt dafür bezahlt wird. Aber was ist, wenn die nackten Brüste kostenlos gezeigt werden? Was dann?

Der Protagonist in Italo Calvinos Roman *Mr. Palomar* von 1983 schlendert einen einsamen Strand entlang, und es sind kaum Sonnenanbeter in Sichtweite. Plötzlich entdeckt er eine junge Frau, die auf dem Sand ausgestreckt liegt. Ihr Oberkörper ist unbedeckt und sie badet ihre nackten Brüste in der Sonne. Herr Palomar wendet sofort und instinktiv seine Augen ab. Es ist seine Weise, die Überreste des Tabus der Nacktheit zu respektieren, das trotz allem immer noch andauert. Sein Handeln bedeutet auch, zumindest in seinen eigenen Augen, ein gewisses Maß an Ritterlichkeit gegenüber der halbnackten Frau zu zeigen. Ihre Brüste sind ihre eigenen, auch wenn sie im Moment nackt und der Gnade der Augen aller ausgeliefert sind. Sie haben nichts mit ihm zu tun, alles Starren könnte als störend empfunden werden, denn Brüste sind nun einmal Brüste.

Als aber Palomar noch ein paar Schritte weiter gegangen und die nackten Brüste außer Sicht waren, kamen ihm Zweifel. Die Weigerung, auf die Brüste zu schauen, bedeutet natürlich auch, dass er selbst an einem veralteten Brauch festhält – und darüber hinaus dazu beiträgt, ihn zu verstärken –, der auf der Vorstellung beruht, dass der Anblick nackter Brüste etwas Schändliches ist, das vermieden werden sollte; das bedeutet, denkt Palomar jetzt, dass er die nackten Brüste mit „einer Art spirituellem BH“ ausstattet, der sowohl unhöflich als auch reaktionär ist. Denn die Frau mit den Brüsten hat sich ja eigentlich selbst dafür entschieden, ihren BH abzulegen, wenn sie überhaupt einen besitzt. Und die fraglichen Brüste schienen, gemessen an dem winzigen Anblick, den er zu erwischen vermochte, bevor sein Blick schnell zum Meer und zu den Wellen trieb, ausgesprochen „frisch und gut aussehend“ zu sein. Deshalb wählt Palomar eine andere Strategie, wenn er auf dem Rückweg an derselben Frau vorbeigeht. Er schaut und schaut nicht, das heißt: Im fairen demokratischen Geist lässt er seine Augen über die gesamte Landschaft schweifen – Meeresschaum, Boote, Badetuch, Brüste und Küstenlinie –, ohne auf etwas Besonderes Aufmerksamkeit zu legen. Palomar tut so, als wären die nackten Brüste nichts Besonderes. Das erfüllt ihn mit Selbstzufriedenheit: Die Brüste werden so zu einem natürlichen Teil der Landschaft, nicht mehr und nicht weniger.

Doch diese Zufriedenheit hält leider nicht lange an; bald genug ertappt sich Palomar dabei, einen weiteren verwerflichen Akt begangen zu haben: Er hat einen einzelnen Mitmenschen so beobachtet, als wäre sie ein Objekt. Er hat sie auf die Ebene eines Dings reduziert und dabei übersehen, was sowohl für sie als auch für das weibliche Geschlecht spezifisch ist. Dies ist oder könnte zumindest als Aufrechterhaltung der patriarchalischen Unterdrückung verstanden werden. Deshalb muss er es erneut versuchen und es diesmal richtig machen, so dass Palomar sich umdreht und zur Frau zurückkehrt, und diesmal gewährt er den nackten Brüsten ein beträchtliches Maß an sachlichem Interesse. Diesmal wandern seine Augen nicht, sondern er registriert nüchtern die Linien und Kurven des unbedeckten Torsos, nur um später wieder in den Sand und das Meer zu betrachten, als sei nichts Besonderes geschehen.

Daran gibt es nichts, was falsch interpretiert werden könnte, sinniert Palomar, nur um erneut in Zweifeln zu verfallen. Diese flüchtige Tatsachen-Angelegenheit – könnte man sie nicht als Hochmut und als Weigerung empfinden, anzuerkennen, was die Brüste einer Frau in altehrwürdiger Tradition in unserer Kultur darstellen? Was er mit seinem Blick vor allem zum Ausdruck bringen möchte, ist natürlich die Ermutigung und Wertschätzung für den Wandel im Inneren sowie die Modernisierung der Gesellschaftsbräuche, die mit der Akzeptanz der Nacktheit der Brüste verbunden sind, ohne dass dies ein sexuelles Angebot darstellen. Diese neue Offenheit in der Gesellschaft bewegt ihn, und so kehrt Palomar ein weiteres Mal um und nähert sich der Frau und den nackten Brüsten mit festen Schritten, um mit seinen Augen endlich und nachdrücklich Wohlwollen und Zustimmung auszudrücken. Aber eine Lösung steht nicht bevor, das wird nun deutlich. Die Frau mit den nackten Brüsten schnappt sich ihr Handtuch, bedeckt sich und huscht mit einem irritierten Achselzucken davon.

Also, was war wirklich passiert? War es ein Missverständnis? In diesem Fall, wer hat wen missverstanden und wer entscheidet, was ein Paar nackter Brüste, oder was auch immer, in dem einen oder anderen Zusammenhang bedeuten? Dies ist, wie bei den meisten Dingen, letztendlich eine Machtfrage. Und außerdem eine Frage der Geographie: Ein Paar nackte Brüste bedeutet etwas bestimmtes an der italienischen Mittelmeerküste (wo sich, wir uns vorstellen können, Calvinos Mr. Palomar gerade befindet) und etwas ganz anderes in Ägypten oder Jordanien (wo es nackte weibliche Brüste an keinem Strand gibt, gerade weil sie etwas ganz anderes bedeuten würden, nämlich eine völlig undenkbare Verderbtheit, die die Grenze zum Wahnsinn überschreiten würde). Das Vorrecht der Interpretation liegt bei dem oder denjenigen, die die Macht über die kulturelle Bedeutungsproduktion erlangt haben oder zumindest im Moment dominieren. Nicht selten ist diese Machtposition umstritten und in der Praxis unter den Kombattanten aufgeteilt, eine Spaltung, die über einen großen Zeitraum hinweg unklar und veränderlich bleibt, was bedeutet, dass über einen langen Zeitraum ganz oder teilweise unvereinbare Bedeutungen und Definitionen parallel existieren und dass ein mehr oder weniger unvereinbares Tauziehen stattfindet, bis eine der Parteien letztlich gezwungen ist, aufzugeben und die Bühne zu verlassen.

Eine andere Möglichkeit, denselben Prozess zu beschreiben, besteht darin, dass sich der *Zeitgeist* ändert. Das könnte zum Beispiel bedeuten, dass bestimmte Wörter nicht mehr verwendet werden können, zumindest nicht in den schicken Salons. Und bestimmte Verhaltensweisen werden in den Untergrund gezwungen. Das bedeutet natürlich nicht, dass diese Verhaltensweisen verschwinden; sie haben lediglich eine neue Bedeutung erhalten. Nehmen wir zum Beispiel die gleichgeschlechtliche Liebe der Antike zwischen erwachsenen Männern und zarten Jugendlichen, die von Platon und anderen erwähnt wird. In anderen Kontexten wurde diese Zuneigung, wie wir wissen, anders gehandhabt. Diese Prozesse laufen ständig weiter, die Schlachten wüten vor und zurück. So ändern sich kontinuierlich die Bedeutungen im Laufe der Zeit, wobei sich begeisterte Anhänger des sozialen und politischen Fortschritts vorstellen, dass das Ergebnis solcher Machtkämpfe vorherbestimmt ist, und dass es nur eine Frage der Zeit ist, bis die „vernünftigen" und „zivilisierten" Alternativen triumphieren und den „primitiven" und „veralteten" Herausforderer für immer auf die Müllhalde der Kulturgeschichte schicken. Falls dem so ist, würde das bedeuten – wenn wir zu Herrn Palomar und den nackten weiblichen Brüsten zurückkehren –, dass alle Kontroversen um die barbusige Strandmode völlig obsolet sein sollten – jetzt, da wir uns tatsächlich im dritten Jahrtausend befinden – entweder weil wir (Männer) jetzt ideologisch so erzogen sind, alle (weiblichen) Brüste in einen „spirituellen BH" zu kleiden, genau wie Palomar es sich vorgestellt hat, oder weil wir (Männer) ganz einfach aufgehört haben, weibliche Brüste als etwas zu betrachten, die eine sexuelle und damit revolutionierende Ladung besitzen.

Ein kurzer Blick auf die Entwicklung im sogenannten wirklichen Leben zeigt uns jedoch schnell, dass es sich hierbei nur um ein frommes Wunschdenken handelt; dass der Kampf um die Macht der Bedeutungsproduktion immer noch mit unverminderter Kraft tobt. Die Brüste können als die *Kommandohöhen* des weiblichen Körpers betrachtet werden: strategisch interessante Hügel, auf die viele mit unterschiedlichen Begründungen Anspruch erheben. Viele Frauen behaupten, dass ihre Brüste, und wie sie definiert werden sollten, ein Thema sind, das nur Frauen betrifft, aber selbst wenn sie Unterstützung für diesen Standpunkt erhalten würden, bedeutet das natürlich nicht, dass die Frage der sexuellen Aufladung der Brüste dadurch entschieden wird, da nämlich unterschiedliche Frauen diese Frage auf unterschiedliche Weise beantworten. Selbst Frauen, die sich Feministinnen nennen, nehmen unterschiedliche Positionen in Bezug auf ihre Brüste ein. Einige, zum Beispiel Mitglieder des feministischen Netzwerks Femen, entblößen ihre Brüste aus ideologischen Gründen und im Namen der Geschlechtergleichstellung an Stränden und in öffentlichen Bädern: Sie behaupten, dass sie die volle Verantwortung über ihren eigenen Körper besitzen und weigern sich, die Sexualisierung ihrer eigenen Brüste zu akzeptieren. Dies muss wahrscheinlich als naiv und übermäßig optimistisch angesehen werden, wenn die Gesellschaft um sie herum genau dies tut und die Sexualisierung der Frauenbrüste fortsetzt. Daher wird diesem Standpunkt sowohl von Männern als auch von Frauen häufig vorgeworfen, naiv und töricht zu sein.

In unserem Heimatland Schweden sind öffentliche Schwimmbäder zu einem Schauplatz dieses ständigen Kampfes um die Macht über die Bedeutungsproduktion des weiblichen Körper geworden: Vielerorts ist man dem Druck erlegen und hat den drastischen Schritt unternommen, getrennte Badezeiten für Männer und Frauen einzuführen, im Allgemeinen in Hinsicht auf das Bedürfnis der Frauen nach einem sicheren Raum und einer Möglichkeit, zu schwimmen und zu baden, ohne dass die Augen der Männer ständig auf sie gerichtet sind. Wir sprechen nicht von nackten Brüsten oder irgendeiner Form von Nacktheit, sondern nur von Frauen und Männern, die sich zusammen im selben Raum befinden, was in Schweden im 21. Jahrhundert als ein Problem betrachtet wird, das es zu lösen gilt. Die Ideenhistorikerin Karin Johannisson hat in diesem Zusammenhang über ein Gefühl des Unbehagens geschrieben, welches „bei einem bestimmten Blick“ entsteht. „Wir ziehen uns beim Baden in der Öffentlichkeit Kleidung an“, fährt sie fort, „weil wir uns nicht der falschen Art von Blick aussetzen wollen.“ Und was mit „falscher Blick“ gemeint ist, ist ganz einfach eine Unwilligkeit oder Unfähigkeit (der Männer), den nackten Brüsten der Frau genau den spirituellen BH zu geben, über den Herr Palomar nachdenkt. Das intensive Interesse der umgebenden Welt veranlasst es, dass die Brüste einen BH der einen oder anderen Art benötigen. Einzelne Menschen mögen ihre unterschiedlichen Überzeugungen haben, doch das Kollektiv besteht dennoch auf bestimmten Regeln, um funktionieren zu können; einige wurden als Gesetze formalisiert, während andere als teilweise stillschweigende Vereinbarungen existieren, von denen zumindest angenommen wird, dass sie von einer Mehrheit anerkannt werden. Diese Bräuche erfordern daher einen BH in irgendeiner Form, der auf der Außenseite der Brüste der Frau angelegt wird. Aber die Träger des BHs scheuern auch an all denen, die anderer Meinung sind und die die BH-Anforderung als Verletzung betrachten. Und wenn es nicht um eine BH-Anforderung geht, dann ist es etwas anderes.

Zwischen dem, was Sigmund Freud, der Vater der Psychoanalyse aus Wien der vorangegangenen Jahrhundertwende, das *Lustprinzip* nennt, und dem, was er das *Realitätsprinzip* nennt, oder wenn man so will, zwischen dem Streben des Kindes nach maximalem Vergnügen und dem des erwachsenen, sozialisierten Bürgers nach Akzeptanz in der Gemeinschaft, besteht immer ein anhaltender Konflikt. Dass das Kind erwachsen geworden ist und in das Kollektiv eingebettet wurde, bedeutet natürlich nicht, dass das Verlangen nach (oft verbotenen) Freuden in irgendeiner Weise verschwunden ist, was wiederum bedeutet, dass das Erwachsenenalter durch eine lange Reihe von erzwungenen Kompromissen gekennzeichnet ist, was ein Gefühl der ständigen und wachsenden Abneigung hervorruft, die zum – und das ist auch der Titel eines der einflussreichsten Werke von Freud – *Unbehagen in der Kultur* von 1930 führt. Dieser Konflikt zwischen Triebimpulsen und verordneter Disziplin sei unvermeidlich, argumentiert Freud. Ordnung und Fortschritt erfordern Sorgfalt und harte Arbeit, stabile Familien und geregelte Formen der Reproduktion. Das bedeutet, dass die Gesellschaft um jeden Preis verschiedene Exzesse unterdrücken und eine hoch entwickelte Impulskontrolle reich belohnen muss. „Das Programm, das uns das Lustprinzip auferlegt, nämlich glücklich zu sein, ist unmöglich zu erfüllen“, sagt Freud trocken.

Laut Freud gehen sowohl ein funktionierender Zivilisationsprozess als auch ein robustes Wachstum davon aus, dass alle Bemühungen um Glück im Allgemeinen und sexuelles Vergnügen im Besonderen einem strengen Regime untergeordnet werden, welches auf Enthaltung, Monogamie und harter Arbeit basiert. In einer Gesellschaft, die die materiellen Bedürfnisse der Bürger befriedigt und zumindest ein Minimum an Sicherheit bietet, ist Verdrängung daher unvermeidlich. Die Alternative wäre nicht vorzuziehen; mit anderen Worten ziehe man einen BH zum Wohle des Kollektivs an. Diese Argumentationsweise ist daher weniger eine Kritik an Gesellschaft und Zivilisation, sondern ein Aufruf zur Tatsächlichkeit. Gegen die BH-Anforderung zu wüten, wäre kindisch und sinnlos; erwachsen zu werden bedeutet, Opfer und Einschränkungen anzunehmen, zumal diese Entbehrungen alles andere als verschwendet sind. „Die Triebsublimierung“, schreibt Freud, „ist ein besonders hervorstechender Zug der Kulturentwicklung, sie macht es möglich, dass höhere psychische Tätigkeiten, wissenschaftliche, künstlerische, ideologische, eine so bedeutsame Rolle im Kulturleben spielen." Die Zivilisation im Großen und Ganzen – das heißt: die gesamte gesellschaftliche Entwicklung, die verschiedene spektakuläre Gewinne in den verschiedensten Bereichen ermöglicht hat – hängt davon ab, dass es gelingt, der Sexualität Energie zu entziehen: „Da der Mensch nicht über unbegrenzte Quantitäten psychischer Energie verfugt, muss er seine Aufgaben durch zweckmäßige Verteilung der Libido erledigen."

Was die kulturelle Entwicklung letztendlich tut und zum Ziel hat, ist laut Freud, den ständigen Kampf zwischen *Libido* und *Mortido*, „der Wille zum Leben und der Todestrieb", zu veranschaulichen, ein Kampf, der das ausmacht, was im Leben des Menschen überhaupt zentral ist. Freud ist in ätzender Weise sarkastisch gegenüber all denen, die auf ängstliche Weise versuchen, die wütende Kraft in diesem grandiosen Definitionsdrama abzuschwächen, indem sie den Konflikt in Sentimentalität und Verlogenheit packen: „Und dieses Aufeinandertreffen der Riesen wollen unsere Kinderkrankenschwestern mit Schlafliedern über den Himmel zum Schweigen bringen." Leiden ist Teil des (erwachsenen) Menschen; die Spannung zwischen Libido und Mortido ist dauerhaft, während das Realitätsprinzip unanfechtbar ist. Ein beträchtliches Maß an libidinöser Befriedigung muss bedingungslos auf dem Altar der sozialen Gemeinschaft geopfert werden; die Alternative sind Desintegration und Chaos. Wir sind für immer dazu verdammt, in der Zivilisation unzufrieden zu sein, und das Jammern über scheuernde BH-Träger und dergleichen ist, laut Freud, nur kindlicher Unsinn.

Derjenige, der im Laufe der Geschichte am meisten und am lautesten über die Unterdrückung des Menschen durch die Kultur und die Gesellschaft gejammert hat, ist wohl der schweizerisch-französische Philosoph Jean-Jacques Rousseau, der auch behauptet, dass der Zivilisationsprozess das „Natürliche" und Ursprüngliche im Menschen hemmt und verformt, und so kann man natürlich annehmen, dass Rousseau und Freud eine ähnliche Analyse durchführen. Aber ansonsten unterscheiden sie sich grundlegend. Rousseau behauptet in seiner Dissertation *Abhandlung über den Ursprung und die Grundlagen der Ungleichheit unter den Menschen* (*Discours sur l'origine et les fondements de l'inégalité parmi les hommes*) von 1755, dass das, was die Grundlage in der Gesellschaft ist, das allmählich wachsende Netz gegenseitiger Abhängigkeiten, eben das ist, was den Menschen korrumpiert und ein hierarchisches System schafft, das Ungleichheit, Unterdrückung und Sklaverei fördert und festigt. Rousseau stellte sich den „natürlichen Zustand" vor, der vor der Entstehung der Gesellschaft herrscht, wenn mutige, unabhängige „Wilde" – ausgestattet mit einer gesunden Selbstliebe, die sich nicht in der Wertschätzung der Welt um sie herum widerspiegelt (*amour de soi même*) sowie einem warmen Mitgefühl für ihre Schwester und Brüder gegenüber – frei durch ausgedehnte Wälder wanderten, wo es genug Nahrung gab, um einfach alle Münder zu füttern. Und es wäre, so Rousseau, hier unmöglich für eine Person, Gehorsam von jemand anderem zu verlangen, da die notwendige Überwachung unmöglich zu organisieren wäre. Niemand beherrscht andere, einfach ausgedrückt, niemand ist Herr und niemand ist Sklave. Rousseaus Wilder besitzt oder fordert weder Sprache, Vernunft noch kollektive Gemeinschaft; er lebt in Übereinstimmung mit einer stark sentimentalisierten Variante des Lustprinzips, und nur „Nahrung, eine Frau und Schlaf" interessieren ihn.

Das heißt: All das spielt sich in Rousseaus eigener, sentimentaler Fantasie ab. Sein wilder – präsozialer Mensch – hat natürlich nie existiert. Gegenseitige Abhängigkeiten und organisierte Zusammenarbeit sind die einzigen signifikanten Wettbewerbsvorteile unserer Spezies gegenüber anderen Spezies. Es sind die Hauptgründe dafür, dass wir überhaupt überlebt haben und uns in großem Umfang vermehrt haben. Und der Mensch entsteht gleichzeitig mit der gesprochenen Sprache und kann unmöglich von ihr getrennt werden. Wenn sein Kollege Friedrich Nietzsche ab und zu mit dem Hammer philosophiert, philosophiert Rousseau also während langer Zeiträume in seinem Hut. Das hat sein Denken keineswegs daran gehindert, mit gutem Beispiel voranzugehen oder eine große Anzahl von treuen Anhängern anzuziehen – ganz im Gegenteil (was uns in unserer Arbeit immer wieder zwingt, zu Rousseau zurückzukehren, der beständig Probleme schafft). Seine Vorstellungen von Liebe im natürlichen Zustand – oder besser gesagt: seine Argumentationsweise um die unbedingte Abwesenheit dessen, was wir korrupte Gesellschaftsgeschöpfe Liebe nennen, eine Abwesenheit, die die Sexualität unkompliziert und angenehm frei von Eifersucht, Lügen und Schuldgefühlen machte – appellierten an Generation um Generation von Denkern, die unzufrieden mit der Zivilisation sind und die sich in ihrer naiven Unwissenheit nach einem Evangelium befriedigter Triebe sehnen.

In Rousseau paaren sich Männchen und Weibchen planlos, wenn sie sich zufällig im Wald begegnen, und da sie keine Sprache zum Sprechen haben, können sie keine Gefühle füreinander ausdrücken. Die Menschen paaren sich und verabschieden sich ohne viel Aufhebens voneinander. So wie er oder sie keine Vorstellung vom Tod oder von der eigenen Sterblichkeit haben – denn diese hat man laut Rousseau nicht in seinem natürlichen Zustand –, denken sie nie in Form von Eigentumsrechten oder von einer gemeinsamen Zukunft als Paar. Zumal sie nie an überhaupt etwas denken, weil sie die Kunst des Denkens nicht beherrschen und auch keine Sprache haben, die geeignet ist, abstrakte Konzepte wie zum Beispiel Liebe zu formulieren. Liebe existiert also nicht, und niemand vermisst sie. Sexualität kann der Gesellschaft nicht schaden oder sie erschüttern, die nicht einmal existiert und nach der auch niemand fragt. Sexuelle Energien müssen nicht gefesselt werden, sondern können frei fließen. Der Zugang zu Frauen ist einfach und sie stehen ganzjährig für sexuelle Beziehungen zur Verfügung. Folglich stellt sich nie die Frage nach dem BH oder nicht, ob spirituell oder anderweitig. Der Sexualtrieb ist gesund und rein – und vor allem natürlich.

Dann stellt sich also die Frage, ob Freud immer noch zu pessimistisch ist, wenn er behauptet, dass unsere Unzufriedenheit in der Zivilisation unheilbar ist, da der Konflikt zwischen dem Lustprinzip und dem Realitätsprinzip per Definition dauerhaft ist. Ist es nicht noch möglich, unser Unbehagen in der Kultur durch eine Art gesellschaftspolitischem Aktionsplan zu heilen oder zumindest zu mildern? Müssen wir unser persönliches Glück für das Wohl der Gesellschaft opfern? Ist uns das Tor zum verlorenen Paradies der unkomplizierten Antriebserfüllung wirklich für alle Ewigkeit verschlossen? Mit dem Ziel, Freud sozusagen „aufzuweichen“, wird der deutsch-jüdische Sozialphilosoph Karl Marx im 20. Jahrhundert zu einer eher dysfunktionalen, freudo-marxistischen Zweckgemeinschaft rekrutiert, ein Bündnis, das sowohl Freudianer als auch orthodoxere Marxisten oft wütend ablehnen. Unter den bekannteren dieser Ehestifter sind der Psychoanalytiker und Sexologe Wilhelm Reich und der Philosoph und Soziologe Herbert Marcuse. Folgt man ihnen ist der Antagonismus zwischen Sexualität und Gesellschaft etwas, das man nutzen kann, indem man ihn bewusst intensiviert, um sexuelle Energie freizusetzen und so das repressive System mit Hilfe der Sexualität zu lockern.

Die Zeit der Opfer und Einschränkungen gilt daher als vorbei und der nackte Körper wird im Befreiungskampf zur Waffe. Der vorgeschriebene BH wird in den Mülleimer geworfen. Oder man verbrennt ihn vor den Blitzen der Kamera der Pressefotografen. Für Reich – dem es mit der Zeit gelang, sowohl kommunistische Parteien in ganz Europa als auch die psychoanalytische Bewegung (durch seine Theorien über den Orgasmus als Heilmittel gegen Neurosen und über den Segen der pubertären Sexualität) gegen sich aufzubringen – war die Verbindung zwischen Marx und Freud selbstverständlich. Während der Marxismus der soziologische Ausdruck dafür ist, wie sich der Mensch dessen bewusst wird, wie die Finanzgesetze funktionieren und wie eine Minderheit die Massen ausnutzt, wird die Psychoanalyse zum Ausdruck dafür, wie sich der Mensch gerade der sozialen Unterdrückung der Sexualität bewusst wird, von der Freud in dem *Unbehagen in der Kultur* spricht. Aber Freud hat, wie bereits erwähnt, nicht die Absicht, die Kultur mit Hilfe von Orgasmen in Stücke zu reißen, sondern akzeptiert Unterdrückung und Unzufriedenheit als den Preis, den man für die vielen Gewinne des Zivilisationsprozesses in einer großen Anzahl von Gebieten zahlen muss. Und die organisierten Kommunisten Europas sind, so zeigt sich, in der Regel mehr auf die Gesellschaftsökonomie und Klassenanalyse konzentriert als auf gut situierte Neurotiker. All dieser Widerstand führt dazu, dass Reich ständig von einem Land zum anderen wandert und sogar gezwungen ist, seine späteren Werke über seinen eigenen Verlag zu veröffentlichen.

Marcuse wählt einen anderen Ansatz, vor allem in seinem Buch *Triebstruktur und Gesellschaft* (mit dem Untertitel *Ein philosophischer Beitrag zu Sigmund Freud*) von 1955. Er argumentiert, dass alle Opfer und Einschränkungen, von denen Freud spricht – und damit aber auch geduldig akzeptiert – gerechtfertigt werden können, wenn es unter bestimmten besonderen historischen Umstände um knappe Ressourcen geht, die harte Arbeit erfordern. Aber in der industrialisierten westlichen Welt ab den 1950er Jahren sei die Situation völlig anders. Beispiellose Produktivitätssteigerungen führen zu einer Fülle von Konsumgütern, die dazu führen, dass die Anforderungen an harte Arbeit und Verzicht auf Freude nicht mehr, zumindest nicht mehr vollständig, bestehen bleiben. Der Zivilisationsprozess erreicht schließlich den Punkt, an dem die Realität darauf besteht, dass das Realitätsprinzip modifiziert werden muss, was mehr Raum für das Lustprinzip bietet.

Es gibt also Grund zum Optimismus, einen Optimismus, der eigentlich, so Marcuse, auch in Freuds eigene Argumentation eingebaut ist, ihm selbst aber verborgen bleibt. Befreit von den harten Bedingungen der Knappheit kann der Mensch, folgt man Marcuse, kürzere Arbeitszeiten genießen und seinen angespannten und hageren Körper resexualisieren lassen. Der Eros sollte sich nicht mehr den harten Einschränkungen der Monogamie und Fortpflanzung unterwerfen werden. Der befreite Körper soll stattdessen „etwas, dass man genießen kann – ein Instrument der Freude" werden. Dieses libidinöse Paradies ist das Äquivalent der Freudo-Marxisten zur klassenlosen Gesellschaft, in der alle sozialen – und jetzt auch sexuellen – Spannungen aufgelöst werden; der Kapitalismus hat sich damit zu Tode geschlagen und sowohl den Zugang zu, als auch die Notwendigkeit für, all seine Zwangsmaßnahmen verloren. Die weiblichen Brüste können jetzt durchaus nackt sein. Männer sind herzlich eingeladen, sie sich anzusehen. Kein BH – auch nicht geistiger Art – ist mehr nötig, da es keinen Grund gibt, die Lust zu regulieren. Fortschritt und Wachstum sind dank der produktionssteigernden Technologie zum Taktgeber geworden.

Es ist leicht vorstellbar, dass Marcuse und möglicherweise auch Reich die kommende Entwicklung der Digitalisierung und Robotik mit besonderer Freude begrüßen würden, die die menschlichen Arbeitskräfte befreit – oder abschafft. Wenn die Maschinen die Arbeit verrichten, können wir uns Menschen auf unser Vergnügen konzentrieren und es ohne sozialen Stress erkunden. Laut Marcuse ist Freuds direkter Zusammenhang zwischen Zivilisation und Verdrängung daher ein Missverständnis: Wenn das eine mit dem anderen zusammenfällt, dann wegen besonderer, zeitgebundener Faktoren und der Ausübung von Macht. Aber mit anderen politischen Voraussetzungen könnte alles anders sein. Dass Forderungen nach einer aufgeschobenen und/oder gehemmten Befriedigung von Bedürfnissen als Notwendigkeit dargestellt werden, ist lediglich Ausdruck dafür, dass die kapitalistische Ideologie Ungerechtigkeiten legitimieren muss, die tatsächlich Produkte eines Klasseninteresses sind und mit etwas gutem Willen behoben werden können. Das libidinöse Paradies, das sowohl Rousseau als auch teilweise Freud – auch wenn er in dieser Frage auf notorische Weise vage ist – in eine präzivilisatorische Vergangenheit verlagern, zu der uns das Tor nach Ansicht beide verschlossen ist (da es nicht möglich ist, die Zivilisation zu demontieren), erwartet uns dann tatsächlich eine erleuchtete Zukunft, folgt man jedenfalls Marcuse und dem psycho-analytisch inspirierten Marxismus.

Aber gegen diese sonnige Utopie können einige Einwände erhoben werden. Zunächst einmal haben wir die bedauerliche, aber dennoch unbestreitbare Tatsache, dass die Gewinne, die jetzt dank der Produktivitätssteigerungen und Kostensenkungen infolge technologischer Innovationen erzielt werden, sehr ungleich verteilt sind, was dazu führt, dass die Unterschiede in Einkommen und Vermögen sowohl innerhalb als auch zwischen reichen und armen Ländern rasch zunehmen. Dass große und wachsende Gruppen von Arbeitslosen mehr Freizeit haben werden – mehr als sie je befürchtet oder sich vorgestellt haben –, wird keine Renaissance für anspruchsvolle, sexuelle Vergnügen bedeuten, sondern eine alarmierende Zunahme verschiedener Arten von Suchterkrankungen, sowie eine Zunahme von Depressionen und Selbstmorden.

Man sollte daher vorsichtig sein, was man sich wünscht, denn es besteht die Gefahr, dass sein Wunsch in Erfüllung geht.

Damit kommen wir zum nächsten Einwand, dass der Preis für die begehrte Wunscherfüllung – wenn überhaupt möglich – viel zu hoch wäre und die positiven Auswirkungen von den Propagandisten der Wunscherfüllung ständig überschätzt werden, da sie die Augen vor den inhärenten Zielkonflikten verschließen, während sie in Wunschdenken verfallen und über die Auswirkungen einer Abschaffung des Regulierungssystems um die Befriedigung von Bedürfnissen fantasieren. Es gibt zunächst keinen Konsens darüber, wie eine Deregulierung der Antriebswirtschaft durchgeführt werden könnte, und vor allem keine Einigung darüber, was sie mit sich bringen könnte. Was ist mit Polygamie? Sollen wir alle Einschränkungen der Promiskuität aufheben? Pädophilie, Sodomie, Inzest – ist es wirklich an der Zeit, alle Verbote und Einschränkungen, die die Kultur befiehlt, aufzuheben oder zu verbessern? Wenn ja, wie sieht es mit der Legalisierung organisierter Formen des Fußball-Hooliganismus aus, bei denen sich die Anhänger verschiedener Mannschaften auf einen Zeitpunkt und einen Ort einigen, an dem sie sich auch mit potenziell tödlichen Waffen gegenseitig bekämpfen können? Es würde wahrscheinlich nie um eine besonders radikale Form der Deregulierung gehen, höchstens um eine Aufweichung der schriftlichen und ungeschriebenen Regeln in bestimmten begrenzten Aspekten. Es gibt immer eine Grenze für die meisten Dinge – wenn wir überhaupt eine Gesellschaft aufrechterhalten wollen –, und das ist eine Grenze, die entweder gesetzlich festgelegt ist und von Wachen patrouilliert wird, oder aber im kollektiven Unterbewusstsein nur symbolisch gekennzeichnet ist. Aber die *Grenze* existiert definitiv.

Das größte Problem mit dem libidinösen Paradies ist jedoch, dass es nie existiert hat und auch nie existieren kann, da es im Grunde genommen nur ein Rousseauische Fantasie ist, die teilweise auf Freud abgefärbt ist, während er das *Unbehagen in der Kultur* schrieb, wo er feststellte, dass das Unbehagen wirklich unheilbar und grundlegend ist, und seinem Ursprung in der geistigen Verfassung des Menschen hat. Das bedeutet, dass Freuds Kulturtheorie nicht in jeder Hinsicht mit seinem topologischen Modell des menschlichen Bewusstseins harmoniert, etwas, das sich Marxisten mit einer Neigung zum Utopischen und Psychoanalytischen nur zu gern zu Herzen nehmen. Aber selbst wenn es im paradiesischen Mythos etwas Wahres gäbe, und wenn es möglich wäre, sich einen Menschen vor oder außerhalb der Zivilisation vorzustellen, der sich freiwillig und ohne Repressalien grenzenlosem Vergnügen widmen könnte, so würde dieser „Naturzustand" jedenfalls keine friedliche Idylle darstellen, ganz im Gegenteil. Kulturelle Restriktionen sind eigentlich ein Segen in raffinierter Verkleidung, da sie das weitere Phantasieren über das uneingeschränkte Vergnügen erleichtern – etwas, das relativ harmlos ist und an sich schon ein gewisses Vergnügen bereitet –, während sie das phantasierende Subjekt auch von der Last befreien, die schmerzhafte Entdeckung machen zu müssen, dass die Triebe, nach den Worten des amerikanischen Psychoanalytikers Adrian Johnston, an sich „ in konstitutiver Weise dysfunktional" sind.

Die Antriebsmaschine ist nicht dazu bestimmt, unser Glück zu produzieren, sie ist nicht kompatibel mit so etwas wie einer Familienwochenend-Bindung mit Snacks auf dem Sofa. Die gesuchte und erwartete Freude kommt nie zustande, sonst erweist sie sich als völlig illusorisch und verstreut sich schnell, um durch Unbehagen und Angst ersetzt zu werden. In gewisser Weise, so schreibt Johnston in dem Buch *Time Driven: Metapsychology and the Splitting of the Drive* von 2005, sind die Triebe ihre eigenen schlimmsten Feinde. Die tatsächliche Zufriedenheit bringt einfach keine wirkliche Zufriedenheit mit sich. Deshalb hat die Repression definitiv ihre Vorteile. Genau wie Freud selbst nutzt Johnston Ödipus aus der alten Tragödie als Vertreter des libidinösen Subjekts, das in sich selbst Wünsche birgt, die die Zivilisation mit einer Zwangsjacke bindet, und das durch das Glücksspiel eine einzigartige Möglichkeit erhält und nutzt, diese extremen Grenzüberschreitungen zu begehen und zu erleben, ohne dass Eingriffe der umgebenden Gesellschaft erforderlich sind. Weder Ödipus selbst noch sonst jemand ahnt, was er tatsächlich tut, wenn er seinen Vater Laius tötet und seine Mutter Jocasta heiratet; laut Freud folgt er Impulsen, die von verdrängten Wünschen ausgehen, die sich im Unterbewusstsein jedes menschlichen Subjekts verstecken, Wünsche, die einer ganzen Reihe von mentalen Mechanismen bedürfen, um in Schach gehalten zu werden – hier sprechen wir natürlich vom Über-Ich, Kastrationsangst und so weiter.

Aber macht das Ödipus glücklich? Nein, nicht wirklich. Sobald es ihm klar wird, was er getan hat, reißt er sich die Augen aus und wandert ins Exil. Was also ist der tragische Teil der Tragödie wirklich? Die konventionelle Antwort ist, dass uns Sophokles' berühmtes Drama zeigt, wie hilflos der Mensch gegenüber den kolossalen Schicksalskräften ist. Ödipus wird vom Orakel von Delphi im Voraus darüber informiert, wie sein Leben aussehen wird und welche Handlungen er ergreifen wird; was ihn natürlich entsetzt und ihn dazu bringt, das zu ergreifen, was er als effiziente Gegenmaßnahmen glaubt – so wie Laius glaubte, das Schicksal überlistet zu haben, indem er seinen neugeborenen Sohn von einen Diener töten ließ, nachdem auch er im Voraus gewarnt worden war. Aber es sind natürlich leider genau diese Gegenmaßnahmen und die vergeblichen, sich im Netz des Schicksals windenden Menschen, die dazu führen, dass sich die Prognosen des Orakels erfüllen. Gegen die mächtige Maschinerie des Schicksals steht der Mensch machtlos und wehrlos. Freud argumentiert jedoch, dass Ödipus‘ Drama den Leser und den Zuschauer aus anderen Gründen bewegt: dass die Handlungen, die er tatsächlich durchführt, eine Inszenierung des geheimen, schmerzenden, verdrängten Wunsches jedes Menschen beinhalten. So kann sich jeder mit den Ereignissen auf der Bühne identifizieren: Ödipus lebt diese verbotenen Wünsche aus – und zahlt einen hohen Preis dafür.

Gegen diese Sichtweise könnte man behaupten, dass Freud in diese Geschichte psychoanalytische Theorien projiziert, die eigentlich nicht im Text vorhanden sind, aber man könnte natürlich auch, so argumentiert Johnston, die Position einnehmen, dass Freud nicht psychoanalytisch genug mit Sophokles umgeht und dass daher die Lesart des Dramas um einige Grade tiefer gehen müsste. Das Ergebnis ist, dass Ödipus selbst zu einem *ödipalisierten Subjekt* wird, zu einer Person, die dem Komplex untergeordnet ist, der heute seinen eigenen Namen trägt. Und in dieser Perspektive gelingt es ihm, das zu tun, wonach er sich am meisten sehnt – auch wenn es rein instinktiv und ohne Absicht geschieht –, wenn er das Unsichtbare sichtbar macht. Ödipus gelingt es ganz einfach, das zu tun, wovon Rousseau inbrünstig träumt; er lebt die geheimen Wünsche aus, die die Gesellschaft zensiert. Er hat das perfekte Verbrechen begangen, er durfte die am meisten verbotene aller verbotenen Früchte kosten. Doch dann stellt sich die Frage: Sollte er sich dabei nicht von all seinen Neurosen befreit haben? Wenn es nur kulturelle Verbote sind, die uns zurückhalten, und wenn niemand sonst in der Stadt Theben die geringsten Anstrengungen unternimmt, um ihn zu bestrafen, sollte Ödipus nicht der glücklichste, friedlichste und komplexeste Mensch der ganzen Welt sein? Wenn ja, warum bohrt er sich dann die Augen aus?

Nun, Ödipus bestraft sich selbst nur aus eigener Initiative. Er ist völlig am Boden zerstört von der Erkenntnis, was er getan hat. Anstatt sich selbst freizusprechen, da ja alles unbewusst und unbeabsichtigt geschah, übernimmt er die volle Verantwortung für seine Verbrechen und verhängt die harte Strafe selbst. Was uns zumindest etwas misstrauisch dabei machen sollte ist: Gibt Ödipus damit nicht auch ein erhebliches Maß an Beteiligung an Motivation und Antriebskraft zu? Hat er nicht tief in seine dunkle Seele geschaut und die verdrängten Wünsche gesehen, die ihn zu einem Verbrecher machen, da er sie tatsächlich durchgesetzt hat? Und wenn ja, ist jemand jemals unschuldig an irgendetwas? So wie Freud mit Marcuse ein heimlicher Optimist ist, wird er mit Johnston ein noch dunklerer Pessimist, als er sich selbst bewusst ist, und Johnston argumentiert wesentlich überzeugender. Es gibt eine fundamentale und paradoxe Opposition zwischen Tatendrang und Zufriedenheit, die nicht wegzureden oder in den Griff zu bekommen ist und daher Grund genug ist, alle Dimensionen des Pessimismus zu betrachten. Aber wir müssen auch feststellen, dass sich Ödipus' tragische Einsicht erst nach der Übertretung [transgression] zeigt. Das heißt: Zum optimalen Zeitpunkt – Schuld ist etwas Unangenehmes, und es gibt Verdrängungsmechanismen, die sich auch darum kümmern.

Nichts liegt näher, als Ausreden für die eigene Schuld zu finden und sie gerne an jemand anderen weiterzugeben. Inzwischen bedingen das Ungehagen mit der Kultur und das hartnäckige Pochen unterdrückte Triebe und Wünsche, dass Übertretungen in verschiedenen Formen immer wieder unwiderstehlich verlockend erscheinen, vor allem in kollektiver Form, in Gruppen, in denen die Einschränkungen der umgebenden Gesellschaft mehr oder weniger vorübergehend aufgehoben werden. So wie es leicht ist, die eigene Schuld auf andere zu projizieren, ist es auch leicht, einen guten Grund zu finden, andere zu hassen. Sie sehen seltsam aus, sie sprechen seltsame Sprachen, sie haben Vorteile in ungerechter Weise an sich gerissen, sie glauben an den falschen Gott, sie unterstützen das falsche Team. Und eigentlich ist es nicht einmal wichtig, eine Ausrede zu finden – sie sind ganz einfach nicht wir. Das ist Grund genug. Nur wenige Dinge sind so berauschend, wie die persönliche Verantwortung und alle Einschränkungen der Zivilisation zu verlieren, um Teil einer Gemeinschaft zu sein, die Amok läuft und alle ängstlichen und ordentlichen Regulierungssysteme beseitigt. Hierin liegt die große Anziehungskraft des modernen Terrors.

Unser Projekt *Digitale Libido* ist während des Schreibprozesses mehrere Metamorphosen durchlaufen, aber das Werk hat seinen Ursprung gerade im zeitgenössischen islamistischen Terror und in einem Gespräch zwischen den Autoren, das in einem Hotelzimmer in Moskau entstand, als wir eine Nachrichtensendung im Fernsehen über den islamischen Staat verfolgten, der gerade eine weitere Gräueltat begangen hatte, einigen Entführungsopfern die Kehle durchgeschnitten und die Bevölkerung einer ganzen Stadt irgendwo im Nahen Osten hingerichtet hatte. Was uns damals vor allem am islamischen Staat interessierte, waren zwei Aspekte, die in der Diskussion über das Phänomen seltsamerweise selten oder nie zur Sprache kommen: Zum einen, inwieweit der islamische Staat ein internetbasiertes Phänomen ist, zum anderen, wie außerordentlich wenig diese Terrorakte mit Religion zu tun haben, aber wie stark der Zusammenhang mit kulturellem Unbehagen ist.

Die Kombination von Terrorismus und Buchlesung geschah in diesem Zeitraum – etwa 2014 –, einem Thema, dem eine Reihe von Zeitungsartikeln gewidmet waren. Es ist ein recht interessantes, wenn auch möglicherweise entmutigendes Kapitel für diejenigen, die verstehen wollen, warum Jugendliche in Europa mit muslimischem Hintergrund in großer Zahl dazu verleitet wurden, sich dem Terrornetzwerk des Islamistischen Staates anzuschließen, um im Nahen Osten zu kämpfen. Zwei dieser Jugendlichen waren besonders hervorgehoben worden: Mohammed Nazon Ahmed und Yusuf Zubair Sarvar, zwei 22-Jährige, die ihre Familien und Freunde in ihrer Heimatstadt Birmingham im Vereinigten Königreich verlassen hatten, um sich dem islamischen Staat in Syrien anzuschließen. Sarvar schrieb seiner Mutter einen Abschiedsbrief, in dem er ihr sagte, dass er und sein Freund weggehen würden „um Dschihad zu machen". Interessant ist hier, welche Reiseliteratur die beiden bei der Internetbuchhandlung Amazon zur Vorbereitung auf den Heiligen Krieg bestellt hatten. Waren es vielleicht fortgeschrittene Dissertationen zur islamischen Theologie? Oder antikoloniale Abhandlungen, in denen alle Verbrechen der westlichen Welt im Orient analysiert und verurteilt werden? Nein. Stattdessen waren es die unbeschwertesten Einführungen für Anfängern in ihre eigene Religion, die man sich vorstellen kann: ‚*Islam for Dummies*'. Und um auf der sicheren Seite zu sein, auch der ‚*Koran für Dummies*'.

Das bedeutet, dass Ahmed und Zarbar gerade ein paar elementare Sätze über ihre Religion gelernt haben – wenn überhaupt –, bevor sie sich auf den Weg machten, um für das Kalifat zu kämpfen und muslimische Brüder zu töten, die an die falschen Dinge glauben, und verschiedene religiöse Minderheiten in der Region, die in ihrem Glauben sogar noch falscher liegen. Und nichts deutet darauf hin, dass die bereits etablierten Terroristen, von denen sie sich rekrutieren ließen, weder in der Religion noch in ihrer Geschichte auch nur ein Jota mehr versiert waren. Dies bestätigt, was in einem Bericht über die so genannte Radikalisierung des britischen MI5 zum Ausdruck kommt, der an *The Guardian* durchgesickert ist: Die meisten derjenigen, die für den Terrorismus rekrutiert werden, praktizieren weder den Islam noch eine andere Religion in organisierter Form. Stattdessen sollten sie im Gegenteil als wahre Novizen betrachtet werden. In Wahrheit dient eine differenzierte religiöse Identität als Schutz vor dieser gewaltsamen Radikalisierung. Diese Tatsache wird immer wieder bestätigt: Die Mörder der Terroranschläge in Paris oder Kopenhagen gehörten auch nicht zur exklusivsten Elite unter den Gelehrten. Sie wurden nicht aus einer Koranschule rekrutiert, sondern aus dem Strafvollzug. Es waren kleine Gangster, die sich aufgeregt darauf freuten, ihr Aktivitätsniveau zu erhöhen, und wir können mit gutem Grund davon ausgehen, dass sie andere als religiöse Motive hatten. Es handelt sich also nicht, wie der französische Politologe Gilles Kepel behauptet, um einen Fall einer Radikalisierung des Islam, sondern, wie Kepels Kollege und Antagonist Olivier Roy behauptet, um einen Fall einer Islamisierung eines noch undeutlichen Radikalismus.

Die unangenehme Wahrheit ist, dass der islamische Staat – und ähnliche Organisationen und Kulte – ständig neue Rekruten in Zehntausenden von Menschen finden, indem sie sie mit der Aussicht verleiten, deliriöse Gruppengewalt ohne jegliche Konsequenzen auszuüben. Alle diese Videoclips von durchgeschnittenen Kehlen und Massenhinrichtungen sind keineswegs in erster Linie dazu gedacht, Gegner zu erschrecken, sondern sind vielmehr als Rekrutierungswerbung für einen medial außergewöhnlich getriebenen Kult mit blutigem Terror auf der Agenda zu betrachten. Dies ist – zusammen mit dem dionysischen Rausch des Gruppenzusammenhalts – genau das wichtigste *Verkaufsargument* der Organisation. Man bietet die Teilnahme an einem Kollektiv an, das durch seine Schwerbewaffnung über den aggregierten Gesetze und Regeln der Gesellschaft stehend sieht und der Aggression freien Lauf lässt. Man nutzt geschickt die Tatsache, dass Menschen offenbar gerne gemeinsam in Gruppen Gewalt ausüben, sowie die Befreiung von der Verantwortung, die das Einbeziehen in ein Kollektiv gewährleistet. Das wiederum bedeutet, dass „Dschihad machen“ kaum mehr als eine verbesserte Charterreisemöglichkeit für rastlose Jugendliche des europäischen Fußballrowdytums geworden ist.

Allah ist also unschuldig daran. Aber wer ist dann schuldig? Nun, völlig gewöhnliche, verabscheuungswürdige Menschen in Gruppen sind schuldig. Wenn uns der Appetit auf Folter und Massaker plagt, greifen wir nach dem Vorwand, der uns zufällig am nächsten ist. Für viele ist es zufällig religiöse Zugehörigkeit in einer Zeit, die von umfassender und erzwungener Migration geprägt ist, für andere ist es etwas anderes. Und dank des Internets finden wir schnell und einfach unzählige Gleichgesinnte. Kannibalen und Leichendiebe, Pädophile und verschiedene

in Bewegung gesetzt. Wir argumentieren, dass es Hinweise darauf gibt, in welche Richtung sie sich bewegen wird und was dies wiederum für die informationelle Netzwerkgesellschaft bedeutet, die gerade erst Gestalt annimmt. Es ist möglich, Tendenzen und Muster zu erkennen. Und wir argumentieren weiter, dass eine aktualisierte Lesung von Sigmund Freud und eine sorgfältig ausgewählte Auswahl seiner vielen Nachfolger uns gut funktionierende Werkzeuge für diese Arbeit verleihen. Wir sagen: Mehr Psychoanalyse für das Volk! Im Laufe der Reise werden wir uns mit Themen wie Klassen- und Klassenkonflikten, Dominanz und Unterordnung, Patriarchat und Matriarchat, Libido und Mortido, geschlechtsspezifische Machtstrukturen und Feminismus, Eroberung und Infantilisierung, Globalismus und Identitätspolitik, kosmopolitische Mobilität und nationalromantische Verankerung in der Region etc. auseinandersetzen. Wir sind uns offensichtlich bewusst, dass all diese Dinge extrem aufgeladen sind in einer Situation, in der viele hoffen, entscheidende Diskussionspunkte zu gewinnen, indem sie so tun, als würden sie das Argument eines anderen missverstehen, um dadurch öffentlich wütend und sich als Opfer darstellen zu können. Um also sowohl echte als auch falsche Missverständnisse so gut wie möglich zu vermeiden, wollen wir hier und jetzt erklären, was *Digital Libido* nicht ist.

Digitale Libido ist kein Buch, das irgendwelche Ansichten über die Entwicklung fördert, die in ihm dargestellt wird. Es ist weder für noch gegen Digitalisierung oder Globalisierung. Es ist kein Buch, das sich für die eine oder andere Meinung über die weitere Entwicklung einsetzen will. Sie greift die neue Unterschicht nicht an, im Gegenteil, sie warnt vor den Risiken einer neuen Oberschicht, die ihre Verbindungen zur übrigen Gesellschaft vollständig abgebrochen hat. Sie hat auch keine feindliche Neigung zum *Feminismus*, im Gegenteil, sie will die Diskussion über Geschlechterrollen und Machtverteilung in einer Weise vertiefen, die zu einer stärkeren Gleichstellung der Geschlechter an allen Fronten führt, zu einem *Egalitarismus*, der beide Geschlechter einbezieht und den Feminismus so unnötig macht wie einen sonst notwendigen *Maskulinismus*. Und so weiter. Dennoch werden wir uns die gelegentliche scharfe Formulierung erlauben, nur weil wir weiterhin glauben, dass Klarsicht immer besser ist als Wunschdenken und offene Sprache immer besser ist als Euphemismen. Willkommen in einer Welt voller Sex, Macht und Gewalt in digitaler Form, einer schönen neuen Welt, die durch eine High-Tech-Plattform mit intensivem Networking unterstützt wird. Willkommen zur *digitalen Libido*, dem einzigen, was uns in der aufstrebenden globalen Netzwerkgesellschaft am Leben hält.

2

Die menschliche Konstante, die technologische Variable und der metahistorische Tsunami.

Sinn – hier haben wir es mit einem wirklich spannenden Dilemma zu tun. Wir können nicht ohne ihn leben, ganz einfach, weil es einer Existenz ohne Bedeutung an allem, … ja, Sinn mangelt. Dies wäre ein unerträglicher Zustand, und das müssen wir um jeden Preis auf die eine oder andere Weise beheben. Deshalb suchen wir immer und überall nach einer Bedeutung, etwas, was durch die bedauerliche Tatsache, dass es keine Bedeutung gibt und nicht geben kann, erheblich erschwert wird. Zumindest nicht in dem konkreten Sinne, den wir uns so sehr wünschen, nämlich: in dem Sinne, dass der Herd und der Topf in der Küche dort drüben existieren. Deshalb ist und bleibt die Suche nach einer bereits vorhandenen Bedeutung, die in gewisser Hinsicht bereit ist, von neuen Mietern willkommen geheißen zu werden und übernommen zu werden, immer zum Scheitern verurteilt. Warum also diese ständige Suche nach dem Sinn? Entsprechend eines Erklärungsmodells der

Evolutionsbiologie hängt die Notwendigkeit dafür damit zusammen, dass unser Gehirn nie die Aufgabe hatte, die Wahrheit über die Existenz aufzudecken, sondern stattdessen im Rahmen des Möglichen eine funktionale Orientierung und Navigation in und durch eine weitgehend unbekannte, von potenziellen Bedrohungen geprägte Welt ermöglicht. Und diese Aufgabe wird so viel einfacher zu erfüllen sein, wenn eine etablierte Bedeutung für die Navigation zur Verfügung steht, ganz unabhängig davon, ob sie tatsächlich auch existiert.

Aus den Büschen dort drüben, nicht weit weg, ertönt ein knackendes Geräusch, und der Beobachter fragt sich, ob es nur der Wind war, oder vielleicht ein völlig harmloser Dachs, der zufällig auf einen trockenen Ast getreten ist. Ja, das hätte es sein können. Aber es besteht auch die Gefahr, dass es sich um ein gefährliches Raubtier oder einen bösartigen Feind gehandelt hat, der uns in diesem Augenblick beobachtet und einen Angriff in Erwägung zieht. In diesem Zusammenhang ist Vorsicht eine Tugend; natürliche Selektion begünstigt denjenigen, der unmittelbar das Gefühl hat, dass in naher Zukunft eine Gefahr lauert und der entsprechend handelt. Was wahr war oder nicht, ist daher von untergeordneter Bedeutung; es schadet nicht, einmal zu viel vorsichtig zu sein, während Unvorsichtigkeit früher oder später bestraft werden wird. So interpretieren wir die Natur und die uns umgebende Welt nach bestem Wissen, schreiben den Dingen Ursachen und Absichten zu, finden Zusammenhänge und Muster – oder wir erschaffen sie in unserem eigenen Kopf selbst, wenn keine zu finden sind. Das systematische Ausprobieren von erschaffenen Kausalzusammenhängen und Erklärungsmodellen wird „Wissenschaft" bezeichnet, eine Tätigkeit, die über hohen Status verfügt. Wenn eine bestimmte Hypothese bei genauerer Betrachtung nicht aufrechterhalten werden kann, muss sie abgelehnt werden; was wir für wahr gehalten haben, war eigentlich falsch, aber jetzt glauben wir, dass etwas anderes wahr ist, nämlich: Wir glauben dies bis zu dem Punkt, an dem sich das, was jetzt neu ist, als alt und falsch erweist, wonach wir an etwas anderes glauben, das jetzt neu ist. Und so weiter. Und wir machen so weiter. Woran wir jedoch nicht glauben, ist der Zufall oder eine rein materielle Kausalität ohne Absicht, auf die wir uns beziehen können. Solche Dinge machen uns nervös. Das bedeutet, wenn wir zwischen Notwendigkeit und Kontingenz wählen können, klammern wir uns so lange wie möglich an die Notwendigkeit.

Es gibt verschiedene Möglichkeiten, die Erkenntnis zu handhaben, dass die Suche nach Bedeutung sinnlos ist. Wir können dieser Einsicht ins Auge starren und sie akzeptieren, was entweder zu Verzweiflung und Machtlosigkeit führen könnte, oder es führt alternativ zu dem Impuls, tatsächlich eine Bedeutung zu schaffen oder daran teilzunehmen, gemeinsam eine Bedeutung zu erschaffen, die das Kollektiv miteinander verbindet und der Existenz Form und Manövrierfähigkeit verleiht, in dem völligen Bewusstsein, dass die geschätzte Bedeutung tatsächlich eine Fiktion ist. Aber was am einfachsten ist und was auch am nächsten liegt, ist natürlich die gute altmodische Verdrängung. Wir schotten die lästige Einsicht ab und geben sie nicht zu. Wir finden und nehmen eine Bedeutung an, die unseren Zwecken dient, und wir verzichten darauf, sie zu sehr in Frage zu stellen, damit sie nicht zusammenbricht. Wir zögern indes nicht, die intellektuelle Akrobatik durchzuführen, die die Verteidigung der Bedeutung erfordert. Ein wichtiges Element in diesem endlosen Projekt der Herstellung und kontinuierlichen Aufrechterhaltung einer funktionalen Bedeutung ist natürlich die *Geschichtsschreibung [Historiography]*, die einen legitimen Kontext für die Machtverhältnisse schafft, die derzeit in der Gesellschaft vorherrschen. Geschichte zu schreiben, die Existenz zu historisieren und verschiedene Ereignisse mit unterschiedlichen Werten entlang der Zeitachse zu verbinden, ist offensichtlich nie das gleiche wie die Erstellung einer mehr oder weniger erschöpfenden Aufzeichnung dieser Ereignisse oder auch nur der wichtigsten Ereignisse der Vergangenheit, sondern besteht in der Absicht, funktionale Bedeutungen in Form zusammenhängender Geschichten darüber herzustellen, wie die Gegenwart jetzt erscheint. Es geht um die Auswahl und Anordnung geeigneter Fakten sowie um Kreativität in Form von nützlichen Fiktionen.

Jedes Paradigma der Weltgeschichte muss seine eigene Historiographie umfassen, d.h.: Der Blick einer Gesellschaft auf die Geschichte bildet die Grundlage ihres Selbstbildes und ihrer Weltanschauung. Historisierung ist die Linse, durch die sich die Gesellschaft selbst betrachtet. Sie legt die Bedingungen für die jeweilige Perspektive fest, die wiederum die Auswahl der relevanten Fakten regelt. Oder umgekehrt: Allein die Tatsache, dass es in einer Gesellschaft eine Re-Priorisierung dessen gibt, was in der Vergangenheit als relevant oder irrelevant angesehen wird, zeigt an sich, dass mächtige Kräfte in Bewegung sind und dass ein Paradigmenwechsel begonnen hat. Darüber hinaus arbeiten Historiker selten kostenlos; man kann durchaus davon ausgehen, dass sie beispielsweise eine Vergütung in Form von Land oder Geld und vor allem eine angemessene Anerkennung ihrer Bemühungen durch die Welt um sie herum anstreben. Folglich hat man innerhalb des Berufsstandes starke Anreize, eine Geschichte zu produzieren, die akribisch die vorherrschenden – oder vielleicht eher zur neuen, entstehenden – Machtstruktur herleitet und diese verherrlicht.

Deshalb muss die produzierte Geschichte völlig in dem Kontext, in dem sie entsteht, verständlich werden und kann daher nicht wesentlich von dem abweichen, was die Machtkräfte und die beauftragende Stelle erwarten, ohne Gefahr zu laufen, als abweichend im Sinne von merkwürdig, irrelevant und schwer verständlich wahrgenommen zu werden. Eine wichtige Dimension der geschriebenen Geschichte ist also immer ideologisch im Sinne dessen, was sie auswählt und was sie ablehnt, unabhängig von den erklärten oder stillschweigenden Absichten des Autors. Dies gilt natürlich auch für die Autoren dieses Buches, soweit wir uns der Historiographie widmen: Die Tatsache, dass man sich des Problems bewusst ist, bedeutet nicht, dass man vom Haken gelassen wird. Der einzig vernünftige Ansatz für dieses Dilemma ist Offenheit und Transparenz. Wir sind natürlich Teil der Machtverhältnisse unserer Zeit wie alle anderen auch. Unser Geschichtsbild wird von der Gegenwart bestimmt, die wir mit der Umwelt teilen. Aber wir hoffen, dass das Bewusstsein unseren Blick schärft und ein facettenreiches Bild der Gegenwart vermittelt, welche revolutionäre Veränderungen durchläuft. Wenn sich die übergreifende Machtstruktur, die letztlich auf einer dominanten Medientechnologie beruht (siehe *The Netocrats* für eine umfassendere Ausarbeitung), dramatisch verändert oder vielmehr durch eine völlig neue ersetzt wird – da die Ankunft eines neuen Metamediums bedeutet, dass Talente und Fähigkeiten nach einem völlig neuen Belohnungs- und Strafsystem beurteilt werden –, ist der arme Historiker gezwungen, neue Arbeitgeber zu suchen. Und eine andere Melodie zu pfeifen.

Die Notwendigkeit einer neuen Geschichtsschreibung, die über einen anderen Fokus verfügt, ist natürlich das Resultat einer neuen Machtelite, die eine Verherrlichung ihrer selbst in Auftrag gibt. Die reibungsloseste Art und Weise, dieses Manöver durchzuführen, besteht darin, die Historiographie als Interpretation der Vergangenheit neu zu gestalten, und zwar als eine Abfolge von vereinfachten Protovarianten genau jener sozialen Konfiguration, die im Begriff ist, in der Gegenwart Gestalt anzunehmen. Das heißt, die Krönung einer neuen Machtelite wird als Ziel des gesamten historischen Prozess dargestellt, ganz einfach, weil die zukünftigen Herrscher und ihre Historiker diesen Prozess so wahrnehmen wollen. Eine neue Geschichte verleiht einem neuen Zeitalter eine neue und dringend benötigte Bedeutung. Die Ereignisse scheinen wieder einmal eine logische, zielgerichtete Entwicklung zu haben. Wenn das Ziel und der Sinn der Geschichte beispielsweise darin bestand, eines Tages die Fabriken des Industriellen zu produzieren, wird die Geschichte in eine Reise verwandelt, die zu eben diesem Fabrikgebäude führt, und zwar durch eine Reihe von Domestizierungen oder Zähmungen verschiedener in der Natur herumliegender Rohstoffe, die nur darauf warten, dass die Zivilisation das Niveau erreicht, genau diese Stoffe nutzen zu können. Konzepte wie „Steinzeit“, „Bronzezeit“ und „Eisenzeit“ werden danach auf die Ereignisse angewendet, gerade weil diese Perspektive mit der Vorstellung von Fabrik und Industriewirtschaft als Endstation des historischen Prozesses und der metaphysischen Vollendung der Vorgängerzeit übereinstimmt. Menschen, die während der Steinzeit lebten, waren sich natürlich dessen selig unbewusst, dass sie Steinzeitmenschen waren. So taucht das Wort „Steinzeit“ in keinem einzigen Geschichtsbuch vor dem Auftauchen des Industrialismus vor.

Der Grund für diese metahistorische Notwendigkeit liegt darin, dass jeder Mensch und in erster Linie jedes Kollektiv nach sozialer Identität strebt: Ein Mensch, dem seine soziale Identität entzogen wurde oder der sie nie zufriedenstellend erschaffen konnte, gerät in eine Psychose, und psychotische Menschen sind, wie wir wissen, im Alltag in der Regel so dysfunktional, dass wir sie sowohl um ihrer selbst willen als auch um ihrer Umgebung willen gewöhnlich einsperren. Diese Identität als *Dividuum* (siehe *The Body Machines* für eine umfassendere Argumentation zu diesem Konzept) entsteht in einem sozialen Kontext durch ein ständiges Erstellen und Bearbeiten von Dividual- und Kollektivbiographien oder eben Lebensgeschichten, Interpretationen und Neufassungen dessen, was danach als das wahrgenommen wird, was einer imaginären Zeitlinie Sinn verleiht. Eine Zeitlinie, die sich von einer mehr oder weniger vagen Einführungsphase, in der die Konfiguration der Gegenwart langsam Gestalt annimmt, bis hin zu ihrer vollständigen Manifestation in der Gegenwart erstreckt. Die Geschichte an sich ist eigentlich *kontingent,* auch anders möglich – und voller Überraschungen, die nicht vorhersehbar sind und die erst danach als selbstverständlich oder notwendig erscheinen können. Dies ist zum Teil das Ergebnis der unendlichen Komplexität der Existenz in Form einer unberechenbaren Interaktion zwischen einer unermesslichen Menge von Variablen, zum Teil aber auch der Existenz, die grundlegend *unbestimmbar* ist - offen für die Zukunft und voller Zufälligkeiten an jedem Moment entlang der Zeitlinie. Es ist möglich, diese Kontingenz theoretisch zu beschreiben und zu begründen, aber in der Praxis ist es für den Menschen unmöglich, damit umzugehen, so wie es für den Wahrnehmungsapparat unmöglich ist, ein wahrheitsgetreues Bild des *mobilistischen Chaos* zu erzeugen, das uns in jedem Moment umgibt (siehe vor allem *The Global Empire* zur Erläuterung). Dies führt uns zu einem ständigen Einfrieren dieses Chaos von Impulsen und verleiht uns einerseits beliebige, aber andererseits durchaus funktionale *Verewigungen [eternalizations]* gibt – scheinbar nachhaltige Fiktionen, mit denen das Gehirn umgehen kann und die eine beruhigende Illusion von Sinn erzeugen.

Die Hervorhebung dieser grundlegenden Kontingenz dient weder den Interessen der alten noch der neuen, aufstrebenden Machtstruktur. Die Macht will nicht hören – und vor allem nicht zulassen, dass sich die Tatsache ausbreitet –, dass die für die Elite so vorteilhafte Situation nicht mit verdienstvollen Leistungen verbunden ist. Wir neigen dazu zu vergessen, dass evolutionäre Prozesse in allen Kontexten, sowohl biologisch als auch kulturell, im Wesentlichen Lotterien sind. Die Gewinner werden zu Gewinnern dank des Glücks, das zufällig ihre eigene Prädisposition über die anderer stellt und die somit wirklich nicht viel zu prahlen haben. Sozialdarwinismus ist vulgär und dumm. Doch die Macht ist natürlich mehr an der Legitimität als an der Wahrheit interessiert, weshalb sie ganz einfach von ihren Historikern – mehr oder weniger offen – eine Moral abverlangt, die die Tugenden, die von den herrschenden Bedingungen belohnt wurden, zu universellen Idealen für alle Zeiten macht. Gleichzeitig führen diese Bedingungen dazu, dass nur eine bestimmte Art von Geschichtsschreibung verständlich wird, was die verherrlichende Tendenz nur noch verstärkt. Das Ergebnis ist, dass die Machtstruktur das Ergebnis eines logischen, geordneten Prozesses zu sein scheint, der nicht in Frage gestellt werden kann, sondern verteidigt und verherrlicht werden muss innerhalb der unaufhörlichen Identitätsproduktion des vorherrschenden Paradigmas.

Daher baut die *Metahistorie* auf dem Prinzip auf, dass allen historischen Ereignissen, die aus der vorherrschenden Wertebasis heraus priorisiert werden, anschließend eine *Notwendigkeit* zugeordnet werden müssen. Denn was geschehen ist, ist zwangsläufig geschehen, was bedeutet, dass auch die derzeitige Machtstruktur notwendig sein muss, was es praktisch unmöglich macht, sie in Frage zu stellen. Die Geschichtsschreibung schafft es so, zwei Fliegen mit einer Klappe zu schlagen: Die neue Machtstruktur wird verherrlicht und zugleich unmöglich zu kritisieren, zumindest solange das zugrunde liegende aktuelle informationstechnische Paradigma gegenüber grundlegenden Veränderungen resistent ist. G W F Hegel, der deutsche Urahn der Prozessphilosophie, stellte im frühen 19. Jahrhundert fest, dass es absolut keine Notwendigkeiten *per se* in der Geschichte gibt, sondern dass die Notwendigkeit immer nachträglich hergestellt wird, wenn der Mensch sein Wunschdenken auf seine eigene Machtposition und seine eigene, verwerflich aufgeworfene historische Bedeutung auf die völlig sinnlose Kontingenz des Daseins projiziert. Das ist es, was wir immer wieder tun, ob wir nun in die Welt schauen oder vermittels Geschichte zurückblicken: Durch unsere Historisierung erzeugen wir Maßeinheiten, die Sinn erzeugen.

Es steht daher in völligem Einklang mit den Spielregeln, dass die Historiographie der sitzenden oder kommenden Macht eine Aura von Bedeutung und Würde verleiht. Dennoch handelt es sich letztlich um ein Wunschdenken der Macht über sich selbst und ihre eigene historische Rolle, das nur durch die Kraft des vorherrschenden paradigmatischen Kommunikationsvorteils aufrechterhalten werden kann, der durch die etablierte Rückkopplungsschleife verstärkt wird, die entsteht, wenn die projizierte Leistungsfähigkeit mit einer intensiven *libidinösen* Anziehungskraft aus den anderen Teilen der Gesellschaft belohnt wird, was wiederum den hohen Rang bestätigt und stärkt, und so weiter. Der Meister und der Sklave – Konzepte, die von Hegel und seinem antithetischen Nachfolger Friedrich Nietzsche überliefert wurden – haben in diesem Zusammenhang ihre sorgfältig geschriebenen Rollen zu spielen. Die *mortidinalen [auf dem Todestrieb beruhenden]* Bedürfnisse des Sklaven, sich unterzuordnen und die Gunst des Meisters zu gewinnen, sind sowohl mächtig als auch konstant, da dies gleichzeitig die sozialen Identitäten des Systems bestätigt und verstärkt. Tatsächlich ist die Vergötterung der Motor des gesamten Gesellschaftstheaters, und es liegt eine gewaltige, fast berauschende Anziehungskraft sowohl in der Übernahme der Rolle des Idols als auch in der Teilnahme am Anbetungskollektiv vor der Bühne. Die sozialen Sadisten bilden immer die Minderheit, während die sozialen Masochisten die Mehrheit bilden, wie Nietzsche resigniert feststellte. Die Sklaven sind in jeder Gesellschaft immer notwendigerweise um ein Vielfaches zahlreicher als die Herren.

Dies wiederum bedeutet, dass die Idole leicht zu ersetzen sind und oft die Rollen des anderen erben (ein Priester wird durch einen anderen Priester ersetzt, ein König wird durch einen anderen König ersetzt, ein Aristokrat wird durch einen anderen Aristokraten ersetzt); das Einzige, was wirklich benötigt wird, ist, dass der Vertreter mit seiner Rolle und seinem Drehbuch relativ vertraut ist. Eine pointierte Neuschreibung dieses Skripts tritt nur selten auf, nämlich im Zusammenhang mit einem informationstechnologischen Paradigmenwechsel, wenn eine ganz neue Klasse, begünstigt durch die neuen Spielregeln, die sich aus einer neuen

Technologie ergeben, die Bühne mit neuen Dialoglinien betritt und die alte Garde ersetzt, die nun ihren letzten Auftritt hinter sich gebracht hat und hoffentlich höflich, aber dennoch entschlossen dazu gebracht wird, die Rolle des Verlierers in der nach vorgegebenen Richtlinien produzierten Historiographie der neuen Elite zu spielen. Dies geschieht, während die neuen Meister mit neuen Sklaven neue Vereinbarungen über die gegenseitige Anerkennung nach festgelegten Mustern treffen. Erst dann tritt beispielsweise eine neue herrschende bürgerliche Klasse hervor und sorgt dafür, dass der Priester durch einen Akademiker ersetzt wird, der König durch einen Politiker und der Aristokrat durch einen Industriellen, und so weiter. Die metahistorische Konstante ist das ewige Bedürfnis des Menschen nach mortidinaler Unterwerfung, während das Objekt dieser Unterwerfung mit den Umständen variieren kann und muss. Harte Winde können oben an der Machtpyramide wehen, aber sowohl die Pyramide als auch ihr Gipfel stehen fest, solange das Paradigma an sich nicht bedroht ist. Das Erdbeben tritt nur auf, wenn die grundlegenden Kommunikationsflüsse des Paradigmas umgelenkt und seine Informationsspeicherung neu organisiert werden. Aber dann geschieht die Veränderung umso viel schneller und intensiver.

Dieser Zustand bedingt, dass sich alle Biographien – sowohl die dividuelle als auch die stammeszugehörige [tribal] oder eine andere Form des Kollektivs die innerhalb eines bestimmten Paradigmas –, die geschrieben werden, um das drehen müssen, was die vorherrschende Machtstruktur als relevant für die eigene Identitätsproduktion wahrnimmt. Der ständig laufende Auswahlprozess – ob über autorisierte Klöster, Universitäten oder Websites – wird ständig inmitten all dessen, was von der Vergangenheit erzählt oder erzählt wird, ausgemerzt. Die Historiographie wird also von *Relevanz* bestimmt und nicht durch ein großmütiges Streben nach einer exemplarischen *Faktizität.* Die Rechtfertigung der eigenen Macht und der Bedingungen, unter denen sie ausgeübt wird, geschieht durch die Konstruktion und Aufrechterhaltung eines Musters von dem, was als in Entwicklung seiend verstand wird, einem Muster, von dem es heißt, dass es eine historische Notwendigkeit ist. Das heißt: Die vorherrschende Machtstruktur tendiert dazu, die Ereignisse und Veränderungen zu priorisieren, die für ihre eigene

Genese relevant waren oder zumindest zu sein scheinen. In einer metahistorischen Perspektive ist es die vorherrschende Machtstruktur, die entscheidet, was für die gesamte Geschichte über die Entstehung der Gegenwart relevant ist, da es genau diese Struktur ist, die den Historiker auf verschiedene Weisen belohnt, eine Biographie derselben zu schreiben, die ihre Entstehung in einem entsprechend schmeichelhaften Licht darstellt.

Geschichte wird natürlich immer im Nachhinein geschrieben und die Bedeutung erzeugt, wenn das Bild der aufgezeichneten Vergangenheit dem Bild einer Entwicklung entspricht, die dadurch notwendig erscheint. Die Verewigung funktioniert immer am besten als sicherlich illusorischer, aber dennoch notwendiger und hoffentlich funktionaler Knoten in einem kontingenten, mobilistischen Chaos (siehe *The Global Empire* für eine umfassende Behandlung dieses Prozesses). Unsere ständig aktualisierten Biographien – die Geschichten darüber, wer wir sind und wie wir in den gegebenen Kontext passen, selbst ständig erweitert und in Echtzeit wieder aufgebaut – werden in die Umwelt und die unmittelbare Umgebung eingeführt durch das, was der deutsche Philosoph Markus Gabriel unser *Sinnesfeld* nennt, und dort verleihen sie den Eindruck von Wert und Bedeutung. Die daraus resultierenden bedeutungsvollen Sinnesfeldcluster sind das, was wir *Modelle* nennen. Es sind diese Modelle, die der Mensch sowohl individuell als auch kollektiv als Ausgangspunkt nimmt, wenn er seine *Weltanschauung* konstruiert – das heißt: das Metamodell, in dem andere Modelle positioniert sind, um relationale Werte füreinander generieren zu können. Aus dieser Weltanschauung heraus lässt sich der Mensch dann programmieren, die Prioritäten zu setzen, von denen er glaubt, dass sie ihm jene begehrte soziale Identität verleihen werden, ohne die jede Bedeutungsproduktion unmöglich ist.

Diese veritable *Suche nach Status* wird natürlich umso intensiver, je näher das Dividuum an die vorherrschende Machtstruktur rückt, da dort die Identität die triebhafteste ist. Die *Libido*, der Wille zu leben, wird maximiert, wenn sie mit Freiheit verbunden ist. Und Freiheit erfordert in erster Linie Macht über das eigene Schicksal, sowie den Status, Ja zu dem zu sagen, was man will, und Nein zu dem, was man nicht will. Dies erklärt, warum Nietzsche die Libido als *den Willen zur Macht* bezeichnet. So ist die Libido am intensivsten – vorausgesetzt, dass alle anderen Faktoren gleich sind – wenn man am nächsten oder vielleicht sogar in den Hallen der Macht ist. Es ist kein Wunder, dass viele der Männer, die sich im Laufe der Jahrhunderte der Macht genähert haben, diese Annäherung durch Kastration bezahlt haben, und zwar durch die Männer, die vor ihnen dort angekommen sind. Die politische Geschichte ist voll von Eunuchen und mehr oder weniger verbindlichen Gelübden der Keuschheit. Wichtig ist, dass damit der Kreis der Identitätsproduktion geschlossen wird und so lange geschlossen bleibt, wie das der gesellschaftlichen Struktur zugrunde liegende Paradigma seine Legitimität behält und das soziale Straf- und Belohnungssystem intakt bleibt. Danach, wenn das alte Paradigma ausläuft, wird ein schmerzhafter und oft gewalttätiger Prozess eingeleitet, der direkt mit der informationstechnischen Entwicklung verbunden ist. Technologie ist das Einzige in der Umwelt und der unmittelbaren Umgebung des Menschen, das sich im wahrsten Sinne des Wortes mit der Zeit tatsächlich verändert – alles andere ist eine Folge dieser grundlegenden Veränderung. Die Metahistorie ist daher immer, auf ihrer tiefsten Ebene, eine Geschichte der Technik. Oder wie wir selbst das erste Kapitel unseres ersten Buches genannt haben: *Die Technologie ist der Motor der Geschichte.*

Es ist von großer Bedeutung, zu verstehen und sich daran zu erinnern, dass der Mensch enorme Schwierigkeiten hat, neue Modelle zu akzeptieren. Der Mensch ist schließlich ein Organismus, und alle Organismen sind in erster Linie konservativ. Die instinktive Reaktion auf äußere Reize in jedem Organismus ist, spontan auf Distanz zu gehen. Diese vorprogrammierte Vorsicht ist, wie bereits gesagt, das, was der evolutionäre Prozess belohnt; jede Veränderung stellt eine mögliche Bedrohung dar, was nicht ausschließt, dass selbst schmerzhafte und unerwünschte Veränderungen gelegentlich notwendig und sogar lebenswichtig für die Erhaltung des Lebens sein können. Wenn der Mensch also endlich neue Biographien, Modelle und Identitäten annimmt, wird er, selbst wenn dies unter Zwang geschieht, diese oft lieb gewinnen und es später noch schwieriger finden, diese akzeptierten Modelle in Frage zu stellen. Dies aus dem Grund, da dies eine Befragung von sich selbst und der sozialen Kategorien erfordern würde, von denen er jetzt glaubt, dass sie selbst erobert haben, anstatt sie nur passiv übernommen zu haben. Schließlich stellen sie eine massive Investition dar, von der der Mensch bitter Dividenden erwartet, bevor er sich für fähig hält, fortzufahren.

Soziale Identität wiederum beruht vollständig auf den Modellen, mit denen der Mensch durch die Existenz navigiert: „Nenne mir dein Modell und ich nenne dir deine Identität." In einem bestimmten Alter, das von Person zu Person variiert, aber doch früher oder später stattfindet, geben die meisten Menschen ihre Versuche auf, Modelle im Leben zu hinterfragen und zu ändern, und klammern sich lieber an das Modell, das sie zuletzt mit großem Aufwand erlernt haben und das sie nur zu gerne bis zum Tod weiternutzen würden. Es ist dieser Moment, den der Vater der Psychoanalyse, Sigmund Freud, als den Übergang von der *Libido* (dem Willen zum Leben) zum *Mortido* (dem Todestrieb) als den dominanten Modus im Leben des Dividuums erkennt. Die Menschen hören ganz einfach auf, neue Informationen aufzunehmen, die jede Form der Revision der Modelle erzwingen würden, die das Fundament ihres Selbstbildes oder ihrer Weltanschauung bilden. Nach einem bestimmten Alter wechseln Menschen zum Beispiel Autos, Telefone, Computer, Lebensgefährten oder Berufe viel seltener und widerwilliger als jüngere Menschen, und stattdessen unternehmen diese älteren Menschen große Anstrengungen, sich selbst und ihrer unmittelbaren Umgebung zu erklären, warum ihre eigenen Mediengewohnheiten bereits ausreichend ausgefeilt sind und warum weitere Veränderungen letztlich hinderlich wären.

Das ist auch integraler Teil des Themas: Veränderungen an sich sind nicht nur lästig, da sie ein gewisses Maß an Anpassungsarbeit und Umdenken erfordern; es ist auch so, dass die Person, der unter den gegebenen Umständen ein ziemlich hoher Status eingeräumt wurde, nicht besonders daran interessiert wäre, die Bedingungen zu ändern, die die Grundlage für ihren eigenen gegenwärtigen Status gebildet haben. Eine etablierte Machtelite wird aus gutem Grund alle Formen von Neuheit als schlechte Nachrichten interpretieren. Da wir ganz am Anfang des *Informationalismus* oder des *Internetzeitalters* stehen und da wir, die wir dieses Buch schreiben und lesen, Teil der neuen, sich schnell entwickelnden netokratischen Machtstruktur sind, sind auch wir es, die das Vergnügen haben, die Geschichte als unsere eigene kollektive Biographie entsprechend dem entstandenen neuen Legitimationsbedarf neu zu schreiben und so eine glaubwürdige und attraktive soziale Identität für uns selbst zu schaffen. Aufteilungen, die frühere Epochen definieren, dienen alten Zwecken, weshalb wir neue brauchen; was im gegenwärtigen Kontext natürlich ist (ein verräterisches Wort, dem man immer misstrauen sollte), ist eine Aufteilung der Menschheitsgeschichte in vier informationstechnische Paradigmen: eines für *gesprochene Sprache*, eines für *geschriebene Sprache*, eines für *gedruckte Sprache* oder die Massenmedien und eines für *interaktive Sprache* oder digitale Medien.

Jede vorhergehende Ära sollte daher als notwendiger Ausgangspunkt und Voraussetzung, als unentwickelte Protovariante des neuen Paradigmas verstanden werden, das jetzt, während wir sprechen, vor unseren Augen auftaucht – das heißt also: dem *informationalistischen* Paradigma. Jeder grundlegende, soziale Wandel hat auch eine materielle, externe und technologische Grundlage. So können wir die notwendigen Schritte in der *paradigmatischen Dialektik* zwischen Technologie und Mensch logischerweise wie folgt ableiten: Da ist zunächst die grundlegende technologische Störung, die den metahistorischen Tsunami verursacht hat. Ein Beispiel dafür ist die Einführung der Druckmaschine von Johannes Gutenberg in Deutschland in der Mitte des 15. Jahrhunderts. Es folgt die Entwicklung einer neuen metaphysischen Grundidee, eines neuen ideologischen Zentrums für Historiographie, das direkt oder indirekt die neue aufstrebende Machtelite und ihre zwangsläufig selbsterhöhende Weltsicht würdigt. Man denke hier zum Beispiel an René Descartes, der den Grundstein für den *Individualismus* legte und Gott als Mittelpunkt der Existenz ablehnte (zugunsten dieses neu geschaffenen Menschen), wie es im Zitat „Ich denke, also bin ich“ von 1637 zusammengefasst wurde. Eine Idee, die sich durch billige, gedruckte Bücher in großen und ständig wachsenden Auflagen verbreiten konnte.

In einem dritten Schritt explodiert die Kraft der neuen Technologie, während die Initiatoren dahinter noch nicht wirklich verstehen, was genau passiert. Wir nennen diese dramatische Phase das *große Chaos*. Ein markantes Beispiel dafür ist die Französische Revolution von 1789 (die daher keine authentische Revolution ist, sondern lediglich ein Symptom der realen Revolution, die bereits 1450 stattfand). Paris wimmelte schon damals von Bürgern, die lesen und schreiben konnten, von Broschüren und Großblättern sowie von Enzyklopädien und Büchern, die voll von aufklärerischer Unruhe waren. Erst nach dieser Phase, im vierten Schritt der paradigmatischen Dialektik, geschehen die Zähmung der Kraft der neuen Technologie und die Verwirklichung der metaphysischen Idee durch die sich wandelnden und intensivierten Informationsflüsse der heutigen Gesellschaft. Erst dann ist der Paradigmenwechsel abgeschlossen und findet seine ideale Organisationsform. Zum Beispiel bei der Siegesparade der napoleonischen Armee, bei der Napoleon 1806 selbst das vollkommenste Individuum von allen zum Ausdruck kam. Napoleons Armee, die von den Denkern der damaligen Zeit – mit Hegel als Fahnenträger – begeistert angefeuert wurde, wurde in den nächsten 200 Jahren zum Modell für alle unter dem Banner des Nationalstaates geschaffenen Institutionen für Staat, Märkte und Akademien. Das ist das goldene Zeitalter der Massenmedien und damit auch der Lese-, Schreib- und Mathematikkompetenz. Als Ergebnis dieser Kommunikationsflüsse erhalten wir sowohl Kapitalismus und Industrialismus als auch bürgerliche Demokratie – aber auch die Bildungssysteme, etc. All dies wird mit großer Energie bis zum nächsten metahistorischen Tsunami entwickelt, der mit der heimlichen Ankunft des Internets in den 1980er Jahren gestartet wird. Zu diesem Zeitpunkt verschwindet ein Großteil des Alten, während andere Dinge in einen völlig neuen Kontext eingebettet sind und so neue Bedeutungen erhalten.

Auf diese Weise können wir beobachten, wie gesprochene Sprache zu dem führt, was wir *Primitivismus* nennen; wie geschriebene Sprache zum *Feudalismus* führt; wie die Druckpresse zum *Kapitalismus* führt; und wie das Internet uns in den *Informationalismus* stürzt. Wie das Muster zeigt, führt jeder paradigmatische Sprung dazu, dass die Menge der dem Menschen zur Verfügung stehenden Informationen explodiert. Und die

Explosion findet zweifellos an einem ganz anderen Ort statt als in den Hallen der alten Macht. Die Straßen von Paris im 18. Jahrhundert sind eine ganz andere Umgebung als dort, wo die Aufzeichnungen für die Getreidesammlung im alten Ägypten aufbewahrt wurden. So wie Technologiecluster wie das Silicon Valley in unserem 21. Jahrhundert eine ganz andere Art von Umwelt darstellen als die Baumwollspinnereien von Manchester zu Beginn des 19. Jahrhunderts. Dies wiederum bedeutet, dass Informationen und Wissen an neue, machthungrige Akteure weitergegeben werden, die bisher spürbar marginalisiert wurden. Auf diese Weise erhalten sie eine kraftvolle, begehrte Injektion von libidinöser Ermächtigung, während neue Bedingungen alte Herrscher benachteiligen. Dieser Prozess wird in *The Netocrats* sehr detailliert dargestellt.

Der soziale Durchbruch neuer Metatechnologien erfolgt immer schneller. Die Druckerei brauchte mehr als 350 Jahre, um die Veränderungen zu bewirken, die zum frühen Kapitalismus führten; das Internet hat in nur wenigen Jahrzehnten bereits die Voraussetzungen für Politik, Kultur, Wirtschaft und die Produktion sozialer Identität bis zur Unkenntlichkeit verändert. Wir Menschen – unsere Physiologie – verändern uns mit der Langsamkeit der Biologie, einem Prozess, der in der Geschichte bis heute konstant war, wo die Cyborg-Technologie transformative und für viele Menschen unangenehme Perspektiven eröffnet. Diese sicherlich plastische, aber in grundlegenden Aspekten unveränderliche menschliche Natur – wo die Cyborg-Technologie noch nicht annähernd erfolgreich ist, um das menschliche Gehirn in irgendeiner Weise zu verstehen oder zu verändern – bedeutet, dass unsere Gene nicht nur unter dem ursprünglichen Paradigma geschaffen wurden, sondern zu einem großen Teil auch in und nach dem ursprünglichen Paradigma weiterleben, das durch die uneingeschränkte Kraft der gesprochenen Sprache, nämlich der primitivistischen nomadischen Gesellschaft, gekennzeichnet ist. Ein Stamm in ständiger Bewegung, mit einer Mitgliederzahl von 50 bis 150 Erwachsenen, einer Anzahl von Kindern und einigen noch recht geschmeidigen Senioren, die mit ihren Erfahrungen und ihrer Weisheit zum Überleben des Kollektivs beitragen: Trotz des gesamten Zivilisationsprozesses und all der Veränderungen, die es mit sich gebracht hat, ist dieser Stamm das soziale Umfeld, in dem sich die meisten Menschen aufgrund ihrer genetischen Programmierung am wohlsten fühlen.

Aus diesem Grund charakterisiert das ständige Phantasieren über den ursprünglichen nomadischen Stamm die Sehnsucht der Menschen und die Suche nach funktionalen Lebensweisen, die sich in dem sozialpsychologischen Mythos ausdrücken, den wir die *Stammesnostalgie* nennen. Seit Jean-Jacques Rousseau haben Philosophen Poesie über das unschuldige und glückliche Leben in nomadischen Stämmen verfasst, ein Mythos, der auf nichts anderem als dem nostalgischen Wunschdenken der vielen Rousseauier aufbaut und die immer gleichgesinnte Zuhörer in großer Anzahl finden. So ist die Grundhaltung der menschlichen Psyche nicht Freiheit und Radikalität, wie es sich Nietzsche im 19. Jahrhundert wünscht, sondern ganz im Gegenteil Unterwerfung und Konservatismus. Oder um die Sache auf Nietzscheanische Weise auszudrücken: Die meisten Menschen ziehen es vor, ihr Leben als mortidinöse *Sklaven* statt als libidinöse *Meister* zu führen, wie auch der oberste Zwischenrufer der Heuchelei, Marquis de Sade, mit brutaler Ehrlichkeit in Schriften wie der *Philosophie im Boudoir* anmerkt, wo er die sentimentale Träumerei über die menschliche Natur von Rousseau und anderen angreift. Sklaverei ist der normale Zustand des Menschen, nicht die Freiheit.

Darüber hinaus zeigt die Menschheitsgeschichte ein ständig andauerndes Tauziehen zwischen dem Stammesdenken auf der einen Seite und dem Universellen auf der anderen Seite. Das Stammesdenken verleiht eine robuste und klar definierte Identität, erfordert aber im Gegenzug eine deutliche Abgrenzung zu dem, was davon abweicht oder in irgendeiner Weise außerhalb des engen, lokal verankerten Rahmens liegt. Diese Dichotomie wiederum führt früher oder später zu einem unvermeidlichen Interessenkonflikt zwischen denjenigen innerhalb des Stammes, die von dem Fremden fasziniert sind, und denen, die ihren Status aufbauen und ihre Sicherheit von dem Vertrauten erhalten. Dem Stamm gegenüber steht das Universelle: die Geschichte der Empathie und sogar der Identifikation mit dem Fremden. Im Mittelpunkt steht das, was uns

Menschen über willkürlich gezogene Grenzen hinweg verbindet – nationale Identitäten sind immer fiktiv, aber dennoch oft sehr funktional – und nicht das, was uns trennt. Die universelle Erzählung kann uns mit einer langen Liste attraktiver Attribute in Form von möglichen Spielen mit sozialem, politischem und kulturellem Charakter locken, aber sie kann niemals die soziale Identität hervorbringen, die den grundlegendsten Bedürfnissen der Menschheit entspricht. Das Universelle verleiht ganz einfach niemandem die wunderbare Genugtuung, im Mittelpunkt dessen zu stehen, was wir den *phallischen Blick* nennen, der der Schlüssel zu vielen politischen Konflikten ist, die so viele Kommentatoren überrascht haben. Die Globalisierung hat ihre sozioökonomische Logik und Dynamik, aber es ist unvermeidlich, dass sie vielen Menschen, vor allem schlecht ausgebildeten Landbewohnern, die nicht in der Lage sind, auf einem postindustriellen Arbeitsmarkt zu konkurrieren, Angst macht, Menschen, die zu Recht feststellen, dass dieser Prozess weitere Ausgrenzung mit sich bringt. Für diese Menschen wird die Stammesidentität zum Versprechen einer Erlösung, wenn auch nur einer vorübergehenden, und ihre negative Definition in Bezug auf die feindliche und erschreckende Welt um sie herum erhält eine Klarheit, die nachdrücklich Sicherheit schafft. Der Umgebung wird in diesem Szenario die Rolle eines bedrohlichen Hintergrundes zugeteilt, vor dem sich die eigene soziale Identität mit scharfen Konturen offenbart.

Der primitivistische Stamm befand sich nicht nur in ständiger Bewegung, sondern war vor allem auch *plastisch*. Die dividualen Unterschiede der Menschen (siehe *The Body Machines* für eine ausführlichere Diskussion) hängen damit zusammen, dass das, was im darwinistischen Evolutionsprozess überlebt hat (oder nicht), nicht ein paar einzelne Menschen, sondern ganze Stämme waren – gerade in der Eigenschaft ganzer Stämme. Entweder sie überlebten und vermehrten sich, oder sie starben. So überlebten jene Stämme mit der günstigsten Ansammlung und Kombination von Eigenschaften, und die Stämme, die über die am wenigsten geeigneten kollektiven Merkmale verfügten, starben. Dies galt in hohem Maße auch wegen der ständigen Konflikte um Lebens und Tod zwischen Stämmen, die von Zeit zu Zeit aufeinander trafen, Stämme, die miteinander um die extrem begrenzten Ressourcen der

Natur konkurrierten. Die Gruppen, die auf diese brutalen Konflikte am wenigsten vorbereitet waren, wurden auf dem Schlachtfeld vernichtet, ohne dass jemand verschont blieb. Das bedeutet, dass der Mythos vom edlen Wilden immer genau das war, nämlich ein Mythos, und dass das Leben in dieser Zeit kaum das gemütliche pazifistische Liebesfest war, von dem die naiven Historiker in Rousseaus Gefolge bis heute träumen.

Der Stamm war die ganze Welt jedes einzelnen Mitglieds wie auch seine Lebensversicherungspolice – solange man sowohl nützliche als auch praktische Fähigkeiten besaß, um dem Kollektiv Schutz und Gemeinschaft zu bieten. Sollten Mitglieder eines Stammes auf Mitglieder eines anderen in der Savanne treffen, schlug die eine Gruppe die andere entweder zu Tode oder rann um ihr Leben, je nachdem, wer mächtiger war. Die Zurechnung als *Menschen* wurde nie in irgendeiner Weise für jemanden außerhalb des eigenen Stammes vorgenommen. Der Fremde trug auf der Stirn Markierungen, die sich von denen des eigenen Stammes unterschieden und sprach zudem eine unverständliche und damit bedrohliche Sprache. Es gab keine andere Wahl, als seine Waffe bei einem unerwarteten Aufeinandertreffen am Rande der Stammesarena zu ziehen. Die Zusammenarbeit beschränkte sich auf den eigenen Stamm, wie der Forscher und Autor Jared Diamond zeigt, gerade weil alle anderen im ewigen Kampf um das Überleben zwischen den verschiedenen nomadischen Stämmen der Feind waren. Diese anderen Stämme waren nicht wir, teilten nicht unsere Geschichten, führten nicht unsere Rituale durch, sprachen nicht unsere Sprache, teilten nicht unsere Bezugsrahmen oder unser Verständnis von der Bedeutung von allem, und deshalb verdienten sie per Definition unser Vertrauen nicht und konnten – und mussten – stattdessen ohne weiteres vernichtet werden. Sie waren ganz einfach nicht einmal Menschen.

Dieser Grundansatz ist und bleibt die psychologische Grundlage jeder Kriegsführung: die weitgehende *Verteufelung* des Fremden, der dadurch zum Gegner wird und nicht mehr als vollständig menschlich angesehen wird. Nur dann kann das Töten gerechtfertigt sein. Und der primitivistische nomadische Stamm lebt heute weitgehend in Form von mehr oder weniger aggressiven Clangemeinschaften weiter, die noch immer bestrebt sind, die Weltkarte neu zu zeichnen. Dass diese Strukturen trotz zivilisatorischen Drucks weiterleben, hängt damit zusammen, dass das gleiche Gehirn, das ein starkes Wohlbefinden – ja sogar einen milden Rausch – auslöst, wenn wir mit unseren Liebsten zusammen sind, blitzschnell auf plötzliche Aggressionen und eine brutale Distanz zu Fremden und Außenstehenden umschalten kann, vor allem in Situationen, in denen der eigene Stamm/Clan/Familie als unmittelbare Bedrohung von außen erlebt wird. Diese libidinöse und weitgehend genetisch bedingte Wirkungsweise – gewaltsame Aggressionen, die auf eine bedrohliche Umgebung abzielen – das ist es, was wir im Laufe der Geschichte als *Heldentum* betrachtet haben. Mit anderen Worten, militante Aggression ist das eigentliche Gefüge der (mündlich überlieferten) Geschichtsschreibung des primitivistischen nomadischen Stammes. Dieses zeitlose Geschichte spricht auch die Kinder von heute an, die mehr oder weniger gewalttätige Spiele auf ihren Computern spielen, sowie die Erwachsenen, die Stunden für Stunden Fernsehserien mit Drohungen und Aggressionen sehen; die Verbindung zu unseren neuronalen Wegen ist biologisch.

Diese naive Geschichtsauffassung beispielsweise innerhalb der utopischen Linken und der ökomoralistischen Umweltbewegung liegt also grundsätzlich falsch über das Leben im primitivistischen nomadischen Stamm und hat daher absolut nichts von Wert, um zu einer sinnvollen Diskussion über den informationalistischen modernen Menschen beizutragen. Alles, was dieser durchaus falschen und rosafarbenen Romantik über die soziale Herkunft des Menschen und seine tief verwurzelten Triebe gleicht, muss eigentlich verworfen werden, wenn wir eine einigermaßen glaubwürdige, kritische Analyse jener Turbulenzen erreichen wollen, was in der informatorischen Gesellschaft in uns selbst und in unserer Umwelt vor sich geht. Aber leider werden unser Selbstbild und unser Weltbild immer noch von dieser langatmigen und naiven Geschichtsauffassung getrübt, die in Rousseaus Fußstapfen tritt und uns davon überzeugen will, dass es die Gesellschaft und Zivilisation ist, die einen unberührten, engelhaften und unverdorbenen Naturzustand, der von Frieden und Eintracht geprägt ist, verdorben haben und den Menschen als einen an sich harmonischen und gutmütigen Bonvivant und nicht als rastlose Neurotikerin mit einem pathologischen Todeswunsch darstellt, obwohl dies nachweislich viel näher an der Wahrheit liegt. Die Wahrheit, die wir aus der bestehenden Forschung ableiten können, ist ständig und ohne nennenswerte Bedenken immer wieder auf dem Altar des Moralismus geopfert worden, leider bis heute. Aber kein pazifistisches, friedliches Paradies, das von edlen Wilden bevölkert ist, hat nach allen verfügbaren Fakten leider jemals existiert. Und diese hartnäckige, ideologisch gefärbte Propagandalüge ist nicht nur unwahr, was an sich schon schlimm genug ist, sondern in Wirklichkeit außergewöhnlich destruktiv. Der Aufbau einer Gesellschaft, die auf starkem Wunschdenken basiert, ist ein sicheres Rezept für weit verbreitete Probleme, die wir erlebt haben und die wir noch immer in unserem Leben sehen können. Stammesnostalgie führt uns direkt in die zerstörerischste aller Sackgassen.

Auf der dividuellen Ebene begünstigte der evolutionäre Prozess vor allem diejenigen Gene, die den Erfolg des Kollektivs untermauerten, die aber dem inneren Wettbewerb innerhalb des Stammes nicht zu nahe kamen, da eine solche Ähnlichkeit bedeutete, dass man mehr oder weniger ersetzbar und damit auch spürbar verletzlich wurde, wenn man als Dividuum betrachtet wurde. Eine funktionale Unähnlichkeit hingegen – das heißt: eine Unähnlichkeit der richtigen Art, die durch die gegebenen Umstände belohnt wurde – bedeutete einen seltenen Gewinn in der Genlotterie. Dies erklärt eine Tatsache, die oberflächlich rätselhaft erscheinen mag und an das Unerklärliche grenzt, nämlich dass die Homosexualität innerhalb einer Bevölkerung weltweit und in den unterschiedlichsten gesellschaftlichen Strukturen ziemlich konstant bleibt. Es stellt sich nämlich heraus, dass sich zwischen fünf und zehn Prozent der Bevölkerung in erster Linie sexuell zu ihrem eigenen Geschlecht. Stämme mit einer größeren Anzahl von Homosexuellen als diesem Niveau haben sich in der Tat in dem intensiven Wettbewerb schlecht geschlagen, aber das trifft auch auf Stämme mit einer geringeren Anzahl zu. Der optimale Prozentsatz an Homosexuellen für das langfristige Überleben einer Stammesbevölkerung liegt nachweislich genau im Bereich zwischen fünf und zehn Prozent.

Dieser Sachverhalt führt zur Frage, welche Rolle verschiedene Formen dessen, was oft als „sexuelle Abweichungen“ bezeichnet wird – Homosexualitäten, Bisexualitäten, Transsexualitäten und auch Asexualitäten – im Evolutionsprozess gespielt haben und in welcher Weise sie für das betreffende Kollektiv von Vorteil waren: insbesondere im Hinblick auf den plastischen nomadischen Stamm. Man kann dann logischerweise davon ausgehen, dass die Erklärung nicht in den verschiedenen Sexualpraktiken liegt, die im Laufe der Zeit wesentlich mehr variiert haben als die sexuellen Orientierungen: Die Verteilung der Mehrheiten und Minderheiten ist im Laufe der Geschichte konstant geblieben. Und das wiederum bedeutet, dass der Kampf für die Rechte und die Gleichberechtigung sexueller Minderheiten – wichtig für die Informationsgesellschaft – als eine sehr ernsthafte Anstrengung zum Schutz des Überlebens des gesamten plastischen Stammes angesehen werden muss und nicht als ein trendiges dekadentes Phänomen, bei dem lautstarke Sonderinteressen verschiedene destruktive Lebensstile als falsche Ideale darstellen, was politisch und religiös motivierte Gegner dessen ständig zu behaupten versuchen. Die Wahrheit ist natürlich, dass die sexuelle Orientierung an sich schon ein oberflächliches Phänomen ist. Aber unter dieser sichtbaren Oberfläche lauert etwas Schreckliches und Entscheidendes für die dividuelle Identität, nämlich die *Landkarte des Stammes*. Der Einzelne mag sich dies und das vom Leben wünschen, aber es bleibt folgende Tatsache: Seine spezifische Stellung innerhalb des betreffenden Stammes wird weitgehend von anderen entschieden – vor allem von den *Ältesten*, den Führern des Stammes – in Bezug auf seine biologisch bedingten Talente, und von nichts anderem.

Der Schweizer Psychoanalytiker Carl Gustav Jung nennt diese Stammesrollen *Archetypen*. Das bedeutet, dass alle denkbaren Archetypen im gesamten Genpool des Stammes vorhanden sind, um die Überlebenschancen des Stammes zu optimieren. Alle Männer und Frauen tragen das genetische Potenzial für homo- und heterosexuelle Nachkommen. Die notwendigsten oder zumindest unmittelbarsten Archetypen – wir nennen sie Alfa, Beta- und Gamma-Charaktere – kommen ständig wieder. Aber die Prädispositionen, die seltenen, aber dennoch notwendigen Rollen zugrunde liegen, werden in plastischen Genclustern weitergegeben, die je nach Situation unterschiedliche Ergebnisse liefern. Die grenzüberschreitenden Archetypen sind ganz einfach hyperplastisch, gerade weil sie sowohl ungewöhnlicher als auch komplexer sind als die primären Archetypen. Das bedeutet, dass sie selten die tägliche, zentrale Rolle spielen, die wir in den Alfa-, Beta-, Gamma-Charakteren finden. Aber wo die grenzüberschreitenden Archetypen wirklich gebraucht werden – der Schamane und der Trickser sind die beiden häufigsten – erweisen sich ihre Rollen als direkt entscheidend für das Überleben des Stammes. Es ist kein Wunder, dass wir signifikante Elemente wie z.B. Androgynie und andere grenzüberschreitende und hyperplastische Eigenschaften innerhalb dessen finden, was wir *die schamanische Kaste* nennen. Und die Rolle der schamanischen Kaste ist nie wichtiger als während der metahistorischen Erdbeben, die wir Paradigmenwechsel nennen, etwas, das wir genau jetzt, zum Zeitpunkt des Schreibens dieses Buches, erleben.

3

Vom plastischen Nomadenstamm zum Global Empire

Während des Primitivismus war der Alltag von einer tiefen Religiosität durchdrungen, da die Suche nach Nahrung parallel zur ständigen Suche nach Sinn erfolgte, eine Suche, die nie enden konnte, da im Wesentlichen alles in der Umgebung verwirrend und unerklärlich war, außer der Religion selbst. Das Erschaffen von Bedeutung war (und ist) gleichbedeutend mit dem Erschaffen von sich selbst, sowohl auf einer dividuellen als auch auf einer kollektiven Ebene. Eine andere Weise, dies auszudrücken, besteht darin, zu sagen, dass es während des Primitivismus überhaupt keine Religion gab, da es nichts anderes außer der Religion gab. Alles war Religion. Und wenn alles Religion ist, dann ist nichts religiöser als irgendwas anderes. Gleichzeitig wurde die Existenz von spielerischen Experimenten durchdrungen. Solange sich der Stamm nicht in einem Krieg mit konkurrierenden Rivalen befand, war es möglich, die Jagd und das Sammeln effektiver zu gestalten, so dass diese

Arbeiten nur wenige Stunden am Tag in Anspruch nahmen – deutlich weniger als ein geregelter Arbeitstag in unserem Alter, wo unsere soziale Identität bisher mit genau damit, der Arbeit, verbunden ist – was Zeit für andere Tätigkeiten freisetzte. Der Tagesablauf war also lückenhaft, vor allem, weil es keinen Sinn machte, einen Überschuss an Lebensmitteln anzuhäufen, da es nicht möglich war, sie in nennenswertem Umfang aufzubewahren und zu speichern. Ein nicht unerheblicher Teil des Tages könnte verschiedenen Arten von Spielen gewidmet werden, die ursprünglich keinen praktischen Zweck hatten und die aufgrund ihrer eigenen Eigenschaften wichtig waren.

Als diese Spiele innerhalb des Stammes [intratribal] an Bedeutung gewannen und von immer größeren Gruppen durchgeführt wurden, durchliefen sie schrittweise eine Regulierung und Ritualisierung, die die soziale Identität festigte und die Grundlage der kollektiven Kultur bildete. Dies ist eine wichtige Beobachtung mehrerer Forscher und Autoren, zum Beispiel des niederländischen Kulturhistorikers Johan Huizinga und des deutschen Sozialtheoretikers Herbert Marcuse, der in der neomarxistischen Frankfurter Schule mitwirkte. Die Teilnahme am Ritualspiel bedeutete, dass man seine Zugehörigkeit zum primitivistischen nomadischen Stamm bestätigte und manifestierte. Dass das Spiel anregend und amüsant war oder sein könnte, bedeutet nicht, dass es als kindlicher Zeitvertreib verstanden werden sollte. Das Spiel war immer ernst in einem grundlegenden Sinne, wo das Ritualspiel oft eher brutal denn mild und liebevoll war. Das Ergebnis des Spiels konnte oft tödlich sein. Und doch wurde das Spiel allgemein toleriert, was nicht so interpretiert werden sollte, dass der betreffende Stamm durch interne Konflikte oder sektiererische Konflikte zerrissen wurde, die unter kontrollierten Umständen kanalisiert und verwaltet werden mussten. Ganz im Gegenteil.

Der Schlüssel zum Verständnis des spielerischen Kollektivisierungsprozesses liegt in dem Prinzip der *Intrakollaborativität*: einem Netzwerk institutionalisierter Zusammenarbeit auf verschiedenen Ebenen innerhalb des Stammes. Damit dieses Netzwerk produktiv sein konnte, war ein hohes Maß an Anpassung an ein sich ständig veränderndes und unvorhersehbares soziales Umfeld erforderlich. Dies kann nur in religiöser Hinsicht interpretiert werden, was wiederum erforderte, dass die Dividuen des Stammes ein hohes Maß an *Plastizität* entwickelten. Diese unnachgiebige Forderung nach dividueller Plastizität war es, die die Brutalität des Ritualspiels auslöste. Wir können sehen, wie sich dieses Muster unter den informatorischen zeitgenössischen Menschen wiederholt. Wir sprechen nicht von der illegalen Gewalt in Form von z.B. Hooliganismus im Fußball und dergleichen, gegen die die Gesellschaft mit allen ihr zur Verfügung stehenden Mitteln kämpft, ohne dass es jemals gelingt, diese Ausdrucksformen der kulturellen Unzufriedenheit zu beseitigen. Wir wollen uns stattdessen darauf konzentrieren, wie diese brutale Gewalt als Autoritätsübung – als offiziell sanktionierte Domestizierung der plastischen Dividualität, die sich in allem findet, vom Gewaltmonopol der Polizei über die Schulpflicht bis hin zur unfreiwilligen psychiatrischen Versorgung – kanalisiert und einheitlich gemacht wird. Diese groß angelegte Domestikation ist in der Praxis unsichtbar, da die herrschende Machtstruktur sie als natürlich und notwendig darstellt; diese sozialen Prozesse werden ausschließlich zum Wohle der Teilung geschaffen und aufrechterhalten und haben keinen anderen Zweck nach der offiziellen Ideologie. Das Ergebnis ist jedoch, wie durch Zufall, die begehrte Plastizität in Form von mehr oder weniger gehorsamen Bürgern.

Der natürliche Ausgangspunkt innerhalb des primitivistischen nomadischen Stammes war daher *Kooperation* und nicht *Konkurrenz*. Eine *Intrakampfbereitschaft*, ein Wettbewerb um Positionen und Ressourcen innerhalb des eigenen Stammes, entstand meist nur in extrem verzweifelten Situationen. Diese Art von Wettbewerb geschah nie zu jenem Selbstzweck, wie die einflussreichen Bannerträger des Individualismus aus ideologischen Gründen stets behaupten, wenn sie sagen, dass Egoismus und Rücksichtslosigkeit aus einer größeren Perspektive für die Gesellschaft nützlich sind. Der nächste Verwandte des Menschen unter den Menschenaffen in Afrika ist nicht der wilde Gorilla aus dem Norden des Kongo-Flusses, eine Spezies, deren Alpha-Männer nicht zögern, Mitglieder der Gruppe zu töten, die nicht eng mit ihnen verwandt sind, und die daher auf enthusiastische Weise benutzt wurden, um alle möglichen vulgären darwinistischen Quasi-Ideologien über den Menschen zu konstruieren und zu unterstützen. Nein, der engste Verwandte des Menschen, wesentlich näherstehend als der Gorilla, ist der konsensorientierte Bonobo (der Zwergschimpanse) südlich des Kongo-Flusses, der sich unter anderem dadurch auszeichnet, dass er Sex zur Konfliktlösung einsetzt und schwächere Mitglieder toleriert, die dank eines ausgeklügelten Systems verzweigter Allianzen auf Schutz zählen können. Der primitivistische Stamm funktionierte auf die gleiche Weise, wo Allianzen und allgemein fortschrittliche soziale Strukturen auf vielen Ebenen durch Sprache aufgebaut wurden.

Es geschieht, wie bereits erwähnt, vor allem im Zusammenhang in Konfrontationen mit konkurrierenden Stämmen, dass der Mensch eine gorillaartige Aggressivität zeigt. Im Alltag innerhalb des nomadisierten Stammes agiert der Mensch zum größten Teil als friedlicher, kraftvoll libidinöser Bonobo, der durch die Zusammenarbeit bei verschiedenen sozialen Projekten gemeinsam mit anderen Sinn erschafft und dazu neigt, Sex in großem Stil zu haben oder zumindest darüber zu fantasieren. Es gibt einen Wettbewerb zwischen den Stämmen – buchstäblich eine Angelegenheit um Leben und Tod –, aber innerhalb des Stammes wird der Wettbewerb durch Kooperation überboten. Aber diese Zusammenarbeit ist nicht – wie naive Historiker im Geiste Rousseaus zu behaupten pflegen – Ausdruck des protodemokratischen Geistes edler Wilder, sondern sollte vielmehr so verstanden werden, dass die Mitglieder unter Zwang in Form von Gewaltdrohungen und klaren Forderungen nach plastischer Anpassung an die materiellen Bedürfnisse des Stammes agieren. Die alltägliche Existenz des Stammes ist kein Picknick, und institutionalisierte Gewalt lebt in der heutigen informativen Gesellschaft in verfeinerter und effektiverer Form fort. Wir sind so sehr von dieser libidinösen Struktur angetan oder zumindest daran gewöhnt, dass wir uns grundsätzlich keine alternativen Plattformen für das menschliche Zusammenleben vorstellen können. Der Punkt ist, dass Gewalt institutionalisiert und auf diese Weise unsichtbar gemacht wird, was es uns ermöglicht, sie hingebungsvoll anzubeten, während wir auf unser unaufrichtig pazifistisches Selbstbild stolz sind. Und ihr Name ist *Phallus*.

Seit der Blütezeit des primitivistischen nomadischen Stammes hat der dividuelle Mensch eine starke Sehnsucht, Teil der Massen zu sein und eins mit dem rituell spielenden Schwarm zu werden, eine Sehnsucht, die mit einem ebenso intensiven Schrecken kombiniert und ergänzt wird, außerhalb der kollektiven Gemeinschaft platziert zu werden, die uns unsere soziale Identität gibt und ständig unsere lebenswichtige Bedeutung reproduziert. Es entsteht eine komplexe und widersprüchliche Beziehung zum Kollektiv, die sich sowohl in libidinöser Ekstase als auch in mortidinaler Unterwerfung ausdrückt, zwei Seiten derselben Medaille, die beide im Ritualspiel ständig wiederkehren. Der mehr als 12.000 Jahre alte Tempel Göbekli Tepe in der Türkei zeigt uns, dass fortgeschrittene religiöse Rituale ein wesentlicher Bestandteil des täglichen Lebens im primitivistischen nomadischen Stamm waren, lange bevor Schriftsprache, Landwirtschaft und dauerhafte Siedlungen die Geschichte zu dominieren begannen. Darüber hinaus war das Leben im Stamm – mangels zukünftiger Kommunikationstechnologien wie Schriftsprache und elektronische Massenmedien – voll von immer wiederkehrenden *Reinigungsritualen*, die dazu gedacht waren, die Kontrolle oder zumindest eine akzeptable Illusion der Kontrolle sowohl über äußere als auch über innere Turbulenzen herzustellen. Es sagt viel darüber aus, dass Reinigungsrituale im Allgemeinen mit der Wahrheitsproduktion, und bis in die Neuzeit mit dem Klerus oder dem *schamanischen Gen* in der Bevölkerung, verbunden waren, mit anderen Worten also der phallischsten aller Institutionen.

Das Reinigungsverhalten lebt im informationalistischen zeitgenössischen Menschen weitgehend in Form von rituellem Konsum der im *Medientheater* präsentierten Performance fort, das auf eine wiederkehrende, verinnerlichte Forderung nach Ausdruck und ständiger Neuformulierung der sozialen Identität durch mehr oder weniger abergläubische Beschwörungen reagiert. Eine typische mediale Produktion, wie das Verfassen eines Textes, sollte daher – wie die bulgarisch-französische Philosophin Julia Kristeva es ausdrückt – eher als das optimale Reinigungsritual angesehen werden. Denn was anderes ist ein Blog, das von (und über) einem Dividuum geschrieben wird, das behauptet, an seiner eigenen persönlichen Entwicklung zu arbeiten, angefüllt mit diesen ständigen Reinigungen, gefolgt von einem stetigen Strom von angeblichen Transformationen? Dank Social Media können wir uns nun kontinuierlich rituell reinigen, fast in Echtzeit. Wir führen dieses Ritual vor dem Blick aller durch, so hoffen wir zumindest. In Wirklichkeit sind andere Menschen in der Regel nicht so sehr daran interessiert, vor allem, weil auch sie sich voll und ganz damit beschäftigen, sich vor dem gleichen imaginären Massenpublikum zu präsentieren. Hier haben wir ein unlösbares Dilemma, das entsteht, wenn sich jeder mit einer Tastatur und einem Smartphone mit Kamera und Mikrofon bewaffnet: den unwiderstehlichen Drang, sich in der digitalen Öffentlichkeit zu reinigen, und einem zunehmenden Mangel an Aufmerksamkeit. Aus Mangel an einem geduldigen Gott, der die Beharrlichkeit hat, alles zu bezeugen, was alle selbstbesessenen Menschen in die linken und rechten Medienkanäle spucken, explodiert die Kultur in dem, was wir den *hypernarzisstischen Zustand* nennen, in dem die ehemals seltenen Exhibitionisten quantitativ übernehmen, während ihre ersehnten Voyeure in ihrer Abwesenheit auffällig sind. Das Reinigungsritual läuft im Internetzeitalter Amok.

Wie sieht also die primitivistische Metaphysik aus? Sie konzentriert sich in erster Linie auf die Figuren, die in den Geschichten von Kunststücken, die um das Lagerfeuer herum erzählt werden, immer wieder auftauchen, das dazu dient, Licht, Wärme und Geborgenheit in der bedrohlichen nächtlichen Dunkelheit zu verbreiten, was in dieser Zeit dem beruhigenden, gemeinschaftsbildenden und betäubenden Fernsehen des Spätkapitalismus gleichkommt. Diese Geschichten hatten viele Funktionen: vorübergehende Ablenkung und Eskapismus, Wissensvermittlung, Aufbau und kontinuierliche Aufrechterhaltung eines gesellschaftlichen Moralkodex, der das Gemeinwohl förderte und das Bedürfnis nach Mystik befriedigte. Die Geschichten standen unter evolutionärem Druck, der sowohl genetisch als auch memetisch war: Sie wurden von den beliebtesten Geschichtenerzählern aufgeführt, die aufgrund ihres genetisch veranlagten Talents ausgewählt wurden. Die Geschichten konkurrierten miteinander um Popularität in einem ständig stattfindenden memetischen Knock-out-Wettbewerb, bei dem die Belohnung in dem Überleben im kollektiven Gedächtnis und der Weitergabe der Geschichten, auch in modifizierter Form, bestand. Wie also sah das soziale Umfeld aus, in dem diese Geschichten reflektiert und kommentiert werden? Und welche der verschiedenen Merkmale des nomadisierten Stammes konnte der moralische Teil dieser Geschichten verstärken bzw. zu dämpfen?

Zunächst ist es wichtig, klarzustellen, dass es im Primitivismus nie das gab, was wir heute als *Zivilisation* bezeichnen. Eine Zivilisation ist per Definition eine umfangreiche Wissensakkumulation: Jede neue Generation kann auf den Errungenschaften ihrer Vorgänger aufbauen, und vor allem kann man es zumindest teilweise vermeiden, die gleichen alten Fehler früherer Generationen ständig zu wiederholen. Dies ist jedoch in einer Gesellschaft, die nicht durch eine Medientechnologie gestützt wird, die anspruchsvoller ist als die gesprochene Sprache, in erheblichem Umfang nicht möglich. In dieser Gesellschaft, die im Wesentlichen auf gesprochener Sprache in Bezug auf die Wissensübertragung basiert, ist das menschliche Gehirn das einzige Gefäß, in dem Informationen gespeichert werden können. Das bedeutet, dass mit dem Tod eines sachkundigen und höchstwahrscheinlich älteren Stammesmitglieds auch die Informationen, die in diesem besonders wertvollen Gehirn gespeichert waren, für immer aus dem Radar des Stammes verschwanden. Die Trauer war verständlicherweise enorm, und die Krise war spürbar. Bis all das verlorene Wissen von einer neuen Generation neu erlernt werden konnte, war der Stamm verwundbar und anfällig dafür, in den ständigen Konflikten mit konkurrierenden Stämmen in der Region im Nachteil zu sein, da diese Rivalen durch einen vorübergehenden Wissensvorsprung begünstigt wurden.

Dieser dramatische Informationsvorteil erklärt, warum Vertreter einer älteren Generation von den jüngeren Mitgliedern des Stammes Ehrerbietung forderten und erhielten. Je älter und damit erfahrungsreicher das Dividuum war, desto wichtiger wurde die betreffende Person aus strategischer Sicht und desto stärker die Position des betreffenden Dividuums innerhalb des Stammes. Ältere Stammesmitglieder könnten buchstäblich nur wegen ihres Wertes als Erinnerungsspeicher des Stammes herumgetragen werden. Dies ist auch der evolutionäre biologische Grund, warum der Mensch die Fähigkeit entwickelt hat, dass beide Geschlechter mehrere Jahrzehnte lang überleben können, nachdem ihre eigene Zeugungsfähigkeit erloschen war. Die älteren, nicht mehr fruchtbaren Frauen nahmen nicht nur an der kollektiven Kinderbetreuung teil, sondern regelten sie *de facto*, während die älteren Männer aufgrund ihrer Erfahrungen und ihres Wissens ein wichtiges Gut darstellten, das für die Krisenbewältigung von entscheidender Bedeutung war, nicht zuletzt jene Krisen, die mit dem Wettbewerb und Konflikten mit anderen Stämmen in der unmittelbaren Umgebung in Zusammenhang standen. Wieder einmal erkennen wir, dass eine ausgeklügelte Zusammenarbeit innerhalb der eigenen Gruppe das primäre Wettbewerbsmittel im Kampf um Ressourcen war. Wir nennen die heroisierten Urfiguren der Herde den *Urpatriarchen* und die *Urmatriarchin*: Urfiguren, die die mutmaßlichen Vorgänger des jetzigen *Patriarchen* sind, der die Jagdgesellschaft mit einer nahezu religiösen Autorität leitet, und der jetzigen *Matriarchin*, die den Fortpflanzungszyklus und die Kindererziehung innerhalb des Stammes mit eiserner Faust kontrolliert. Wir drücken dies aus, indem wir sagen, dass der Patriarch den *äußeren Kreis* kontrolliert, während die Matriarchin den *inneren Kreis* innerhalb des Stammes kontrolliert.

Dies bedeutet jedoch keineswegs, dass wir innerhalb des primitivistischen nomadischen Stammes etwas sehen, das auch nur im Entferntesten einem Vorläufer der modernen Ehegattenfamilie ähnelt, etwas, das moralisierende Historiker, die von ihren heutigen Werten beeinflusst sind, aus ideologischen Gründen während der Entstehung des Industrialismus im 19. Jahrhundert eher annahmen. Ganz im Gegenteil. Die Ehegattenfamilie wurde vielmehr als Übergangslösung für viele der Probleme erfunden, die sich aus dem Übergang von der Agrar- zur Industriegesellschaft ergaben, eine Lösung, die dazu führte, dass man bei der vorherrschenden individualistischen Ideologie keine Kompromisse eingehen musste. Allerdings fehlte der Ehegattenfamilie mit ihrem engen Fokus auf die biologisch minimale Familiengröße früher in der Geschichte eine substantielle Funktion. Der primordiale Patriarch sollte vielmehr als symbolische, historische Darstellung des tatsächlichen Patriarchen eines bestimmten Stammes verstanden werden, und ebenso war die primordiale Matriarchin eine symbolische, historische Darstellung der Matriarchin des Stammes. Daher sollten die Rollen von Patriarch und Matriarch als symbolisch angesehen werden. Es spielt wirklich keine Rolle, wer im Moment die Rolle des Patriarchen oder der Matriarchin übernimmt; diese Teile können durchaus von mehreren Akteuren gespielt oder auch nur als Projektionen verwendet werden. Wirklich wichtig ist, dass diese Figuren immer präsent sind und der kollektiven Phantasie des Stammes als seinen höchst erhabenen Autoritäten zur Verfügung stehen.

Die Geschichte des primordialen Patriarchen hat eigentlich nur eine Hauptaufgabe, nämlich die Position und die Macht, die mit dem Patriarchen verbunden ist, der derzeit in jeder Gesellschaft aktiv ist, zu bestätigen und zu stärken, um die Jungen des Stammes effizienter zu zähmen, sie zu sozial nützlichen Männern zu machen und somit den Nutzen für das Kollektiv zu maximieren. Dasselbe gilt natürlich auch für die Ur-Matriarchin: Diese Geschichten und die Konzepte, die sie belohnen, sind ein wichtiger Teil des Sozialisierungsprozesses, der das Kollektiv zu einer funktionalen, koordinierten Struktur formt. In Freuds psychoanalytischem Geiste nennen wir diesen Prozess *soziale Kastration*; letztendlich ist dies die gleiche metahistorische Logik, die die Könige, Priester und Aristokraten, die auf ihren bevorstehenden Aufstieg warten, dazu veranlasst hat, die Geschichtsschreibung auf eine Weise unterstützen, die ihre eigenen spezifischen Rollen betont und sie in das absolute Machtzentrum stellt. Es ist nicht wirklich um die Frage der reinen Machtambitionen für den einzelnen selbst – wir sprechen, wie erwähnt, von einem System, das in einem großen Maß auf innerer Kollaboration und nicht auf innerem Wettkampf aufbaut –, sondern um ein Unterfangen, das die Funktionalität der Macht selbst optimiert. Ohne die legitime Matriarchin wird *die imaginäre Ordnung* mit ihrem zyklischen Reproduktionsmythos zerstört, was dazu führt, dass junge Frauen nicht mehr bereit wären, sich der lebensbedrohlichen Rolle der Produktion der nächsten Generation des Stammes zu unterwerfen. Das Risiko, das diese Frauen auf sich nahmen, war nicht vernachlässigbar; vor der Revolution im Gesundheitswesen im 18. Jahrhundert starb mindestens jede zehnte Frau während der Entbindung. Und ohne den Patriarchen wird *die symbolische Ordnung* zerstört, was dazu führt, dass junge Männer nicht mehr bereit wären, sich der sozialen Kastration zu unterwerfen, die sie zu gehorsamen und effizienten Teamplayern bei der gemeinsamen Jagd und Kampfe sowie bei den streng ritualisierten und kontrollierten orgiastischen Stammesritualen macht.

In dieser primitivistischen Geschichtsschreibung spielt die primordiale Matriarchin natürlich die notwendige Rolle der mythischen Vormutter des Matriarchats, während der primordiale Patriarch in entsprechender Weise die notwendige Rolle des mythischen Vorfahren des Patriarchen spielt. Indem man alle Fragen nach der eigenen Herkunft der Ureltern tabuisiert – auch das ist notwendig, sind sie doch die einzigen Menschen in der Geschichte, denen es an Eltern mangelt –, wird der jeweilige Status der Matriarchin und des Patriarchen absolut. Ihre Positionen in Bezug auf ihre Umgebung landen in jener mysteriösen Zone der sozialen Axiome, in der nichts mehr in Frage gestellt werden kann oder sollte – selbst die Diskussion ihrer Positionen ist *tabu* und undenkbar. Das wiederum bedeutet, dass sie, solange die Matriarchin und der Patriarch in Übereinstimmung mit der vorherrschenden Norm handeln, die Ehre für alle erreichten und angeblichen Fortschritte beanspruchen, während sie die Willkür der mythischen Ureltern beschuldigen können, wenn die Dinge nicht nach Plan verlaufen. Sie sind ganz einfach vollständig metaphysisch abgedeckt, genau wie alle anderen zweckbestimmten und selbstbestätigenden Geistlichen im Laufe der Geschichte.

Der Urmatriarchin und der Urpatriarch werden zwangsläufig sowohl bewundert als auch gefürchtet. Andernfalls würde der Tabu-Status ihrer unlogischen und nicht entzifferbaren Herkunft nicht besonders gut funktionieren. Es muss eine Akzeptanz des implizierten Wunders durch das gemeine Volk geben. In Anbetracht der Tatsache, dass so viele Aspekte der eigenen Existenz unergründlich und wundersam erscheinen, gibt es keine Hindernisse, darüber zu sprechen. So wird es für die Stammesmitglieder unmöglich, sich mit diesen idealisierten mythischen Figuren zu identifizieren. Um die gewünschte Identifikation zu erreichen, braucht es stattdessen *Helden*. Und die ersten Helden sind natürlich die eigenen Kinder der Ureltern, der *Ur-Sohn* und die *Ur-Tochter*, deren Beziehungen zu ihren Ur-Eltern von leidenschaftlicher Ambivalenz geprägt sind. Als direkte Folge der ambivalenten Beziehung zwischen dem primordialen Patriarchen und dem Helden entstehen die ersten Mythen des *Vatermords*, die Ermordung des Patriarchen, der den gewaltsamen Beginn der Stammesgeschichte mit sich bringt, eine Geschichte, die mangels zivilisatorischer Linearität in radikaler Weise zirkulär verlaufen muss. Vatermord ist dann der Keim *der ewigen Wiederkehr*, wie Friedrich Nietzsche dieses zentrale Ereignis in der primitivistischen Geschichtsschreibung treffend bezeichnet hatte. Es handelt sich um einen historischen Zyklus, dessen schwere Trübsal nur durch das immer wiederkehrende Opfer des Stammes für die Geister der Ureltern abgewendet werden kann. Damit hat die primitivistische Religion eine eigene Grundlage geschaffen.

Sobald die Ureltern mit den launischen Kräften der Natur verbunden werden, entstehen die ersten Götter. Das Geschichtenerzählen und die Identitätsbildung explodiert später, wenn die Stämme Opferplätze bauen, zu denen sie regelmäßig zurückkehren. Der erste Gott ist der Regengott. Der Sonnengott kommt erst später. Das deutlichste Beispiel dafür ist der dominante Gott im Nahen Osten zu Beginn des Feudalismus, Baal, der seine Karriere als lokaler Regen- und Fruchtbarkeitsgott begann, aber später auch als globaler Sonnengott auftreten sollte. Es ist der Sonnengott, an dem man festhält und der zum einzigen Gott im Zusammenhang mit dem Übergang vom Polytheismus zum Monotheismus wird. Polytheismus und Monotheismus leben dann über einen langen Zeitraum Seite an Seite. Der Polytheismus war in erster Linie eine dezentrale Volksreligion, die von dem Bedürfnis nach spiritueller Nähe getrieben wurde, die das auslöst, was wir *metaphysische Distanz* nennen. Der Monotheismus war ein übergreifendes intellektuelles Erklärungsmodell, das die Grenzen zwischen Stämmen und Kulturen überbrücken konnte, und wurde von *metaphysischer Intimität* angetrieben. Die lokale Ikone wurde privat wegen ihrer Greifbarkeit und Nähe zum einzelnen Praktizierenden verehrt und angebetet, während der globale Gott stattdessen einem Publikum ausgesetzt wurde und einer allgemeinen Verehrung in der imperialistischen Arena über Stammesgrenzen hinweg. Der übergreifende Zweck der Religion war zweifach: einerseits, um ein endloses Bedürfnis nach Sinn zu befriedigen, und andererseits, um den sozialen Klebstoff zu schaffen, der das Kollektiv in einem Stamm zusammenhielt, der durch den gleichen Glauben und die gleichen Rituale vereint wird. Anderen Menschen, die an andere Götter glaubten, waren natürlich nicht zu trauen. Und das offensichtlichste Zeichen dafür, dass sie unzuverlässige Fremde waren, waren ihre seltsamen Rituale.

Der Polytheismus ist also lokal und volkstümlich, während der Monotheismus global und – zumindest in der Theorie – elitär ist. Die Grundlage für diese Spaltung lässt sich auf die beiden grundlegenden relationalen Fragen des Theismus zurückführen. Zunächst die grundlegende Frage, was die Götter wirklich wollen, und dann die notwendige Folgefrage, wie sich der Mensch verhalten soll, wenn sich die Götter weigern, die erste Frage zu beantworten. Die lokalen Götter des Polytheismus können immer die erste Frage beantworten, daher muss die zweite Frage nie gestellt werden. Nicht zuletzt gelten die lokalen Götter des Polytheismus als so intellektuell unkompliziert, dass sie die Frage, was sie wollen, nicht einmal beantworten können, und deshalb geben sie sich mit dem zufrieden, was dem Menschen einfällt, um sie befriedigen, was wiederum den verzweifelten *Kitsch* erklärt – ein Mischmasch aus Ikonen und anderen Kultobjekten –, der die Inneneinrichtung in polytheistischen Tempeln wie auch die Schlafzimmer von Jugendlichen dominiert. Andererseits wird der globale Gott des Monotheismus den Menschen und seine kleinen Probleme völlig ignorieren – ein Zustand, der im Hebräischen als *Hester Panim* bezeichnet wird, die *göttliche Abwesenheit* – und nur der Gläubige, der mit der *trans-elterlichen Abwesenheit* umgehen kann, ist bereit, den Monotheismus als einzige Religion zu akzeptieren. Innerhalb des Christentums geschieht die Trennung zwischen den lokalen Göttern und dem globalen Gott durch die Distanz zwischen den konkreten Heiligen und dem abstrakten, dreiköpfigen Gott. Innerhalb des Hinduismus tritt die gleiche Dislokation zwischen den lokalen Göttern auf, mit denen man über Opfergaben am Altar in seinem Haus kommuniziert, und dem in jeder Hinsicht abwesenden Schöpfergott *Brahman*, dem sich ausdehnenden Atem des Kosmos, dem hinduistischen und vor allem dem monotheistischen Gott der Yogis, der sich hinter der polytheistischen Vielfalt der kleinen Götter verbirgt, von denen angenommen wird, dass sie sich mit den vielen Nebensächlichkeiten des täglichen Lebens beschäftigen.

Wie schwierig – oder besser gesagt, wie unmöglich – es ist, die Macht des Polytheismus über die Massen zu brechen, zeigen die radikalen, von oben nach unten gerichteten Bestrebungen zur Intellektualisierung der Religion, die seit der Axialzeit (800-200 v. Chr.) durchgeführt wurden. Bereits vor 3.700 Jahren versuchte Zoroaster in Zentralasien, eine so aufgeklärte und von Aberglauben befreite Religion zu gestalten. Echnaton wiederholt den von Zoroaster inspirierten Versuch 400 Jahre später in Ägypten. Gautama Buddha führt das gleiche Manöver in Indien im 6. Jahrhundert v. Chr. durch, als er seine Lehre vom chaotisch-toleranten Hinduismus trennte, und in ähnlicher Weise wie Zoroaster und Echnaton das universelle Bewusstsein als den neuen und einzigen Gott predigte. Eine ähnliche Eliminierung der Distanz zum Göttlichen vollzogen Jan Hus, Martin Luther und Jean Calvin, die protestantischen Rebellen im Europa der Renaissance, als sie unter anderem die katholische Heiligenverehrung als Antwort auf die allmählich entstehende Forderung der frühen Aufklärung nach der zentralen Rolle des Individuums im Dasein ablehnten. Indem sie die Heiligen absetzten und so das Christentum auf eine direkte, unmittelbare und intellektuell anspruchsvolle Beziehung zwischen dem Gläubigen und dem, was geglaubt wird, reduzierten (dies ohne Vermittler, was natürlich das Risiko der Verfälschung der Botschaft erhöhte – vor allem durch die Übersetzung der Bibel in die Landessprache, den Druck und die Verbreitung über die starke Druckerpresse zu diesem Zweck), versuchten die protestantischen Reformer, den Ruf des Christentums in einem Europa zu retten, in dem die Dunkelheit des Aberglaubens zunehmend vertrieben wurde. In den Ländern und Regionen, in denen die protestantische Reformation an Bedeutung gewann, hielt der Katholizismus länger und intensiver Einzug, wo der Aberglaube am tiefsten verankert war.

Auf kurze Sicht war das Ergebnis beeindruckend, kam jedoch zum Preis mehrerer extrem blutiger Religionskriege; auf lange Sicht war es eine verlorene Sache, das Christentum vor dem inneren und selbstgemachten Zerfall zu bewahren. Denn trotz der immer wiederkehrenden Begeisterung für all diese grundlegend monotheistischen Reformierungen und ihre charismatischen Propheten ist jeder Versuch, die Metaphysik im Laufe der Geschichte zu intellektualisieren – eine Bewegung weg vom populistischen Polytheismus, hin zum elitären Monotheismus – schließlich zusammengebrochen. Sobald der ordentlich angelegte Geistesgarten von diversen Unkräutern befreit wurde, hatte die polytheistische Volksreligion und ihre Begeisterung für das Lokale und Übernatürliche dennoch seinen Weg in den Alltag zurückgefunden. Die tatsächlichen Praktiken des Zoroastrismus und des Buddhismus sind nur vulgäre und oft sehr intolerante Absurditäten in Bezug auf die fortgeschrittenen Theorien, die die Gründer einst verkündeten. Echnaton wurde nach seinem Tod und dem seiner Familie durch die polytheistische Gegenreformation sogar aggressiv aus der Geschichte Ägyptens gelöscht. Und bis heute reicht es, sich nur wenige Schritte von den fortschrittlichsten naturwissenschaftlichen Konferenzen zu entfernen, und wir werden von Horden von New Age-Anhängern mit Kristallketten empfangen, die unverschämt über die Reinigung von Kontakten mit Geistern, Geistern, Energien, Chakren und allen möglichen denkbaren und unvorstellbaren Reinkarnationen plaudern. Mit anderen Worten, es gibt nichts Neues unter der Sonne.

Man beachte, dass es keinen Unterschied gibt zwischen der polytheistischen Volksreligion des indischen Mannes, der einem blauen Elefantengott Nahrung opfert, der katholischen Frau, die eine Kerze für die Jungfrau Maria anzündet, und dem amerikanischen Teenager, der weint und glaubt, dass er wichtige Dinge mit seinem Rock-Idol im Zusammenhang mit der Veröffentlichung des neuesten Albums kommuniziert. Die kleinen, lokalen Götter behalten die kleinen, lokalen Menschen im Griff. Und so zerfallen die grandiosen Ideologien ständig in kleine, lokale Sekten. Dies gilt für religiöse Einrichtungen und politische Parteien ebenso wie für die anhaltende Online-Gefolgschaft der Musik-, Film- und Webstars unserer Zeit. Und es könnte kaum anders sein, solange wir Menschen uns nicht von innen heraus verändern. Was wir, wie wir bereits erwähnt haben, nicht tun – was wir statt dessen tun ist, dass wir irgendwie versuchen, uns an die neuen Umstände anzupassen. So ersetzen unsere polytheistischen Sekten und Kulte den altbewährten primitivistischen nomadischen Stamm, den wir so sehr vermissen, während wir selbst in unserer Kultur unzufrieden sind, was leider notwendig ist, um mit dem sich entwickelnden, kollektiven Gegenstand umzugehen, das sich aus der Entwicklung der Technologie ergibt. Gegen Freuds Lustprinzip steht das Prinzip der unerbittlichen Realität. Das bedeutet, dass die *Stammesnostalgie* immer wieder zurückkehrt und uns mit voller Kraft neu befällt.

Tief im Inneren ist der Mensch ein grundlegend konservatives Wesen. Wie bei allen anderen Organismen ist seine erste Reaktion auf alle Formen des Wandels, ihn als Ärgernis zu betrachten, als etwas, das man instinktiv ablehnt, sobald man es nicht mehr leugnen kann. Dies gilt unabhängig davon, ob es sich um *distale Reize* handelt, die der äußere Keim der Wahrnehmung sind, oder um *proximale Reize*, die die Energien sind, die an sich den Wahrnehmungsprozess in den Sinnesorganen ausmachen. Trotz allem Gerede im Zusammenhang mit revolutionären Durchbrüchen, nämlich dass es gut ist, den *Wandel* an sich anzunehmen, tritt jeder Mensch mehr oder weniger immer noch auf die Bremse, wenn er in die Zukunft fährt. Radikal, progressiv oder veränderungsanfällig zu sein, heißt in Wirklichkeit nichts anderes, als etwas weniger konservativ zu sein als andere soziale Akteure in der gleichen oder in einer vergleichbaren Situation. Der Unterschied besteht darin, dass einige Menschen etwas weicher und weniger verzweifelt bremsen und andere, die dies wesentlich härter und entschlossener tun. Aber wir alle bremsen. Und diejenigen, die am sanftesten bremsen, sind in der Regel jünger als diejenigen, die in wilder Verzweiflung bremsen, und nehmen an, dass sie gute Gründe haben, durch die betreffende Veränderung weniger zu verlieren.

Die Unterschied zwischen Radikalismus und Konservatismus tritt besonders deutlich während eines echten Paradigmenwechsels auf, wenn diejenigen, die während der alten Machtstruktur verelendet sind –

zum Beispiel indem sie als eine niedrigere Rasse angesehen werden oder als ein weniger talentiertes Geschlecht, sexuell von den falschen Dingen angezogen werden oder am falschen Ort leben – plötzlich erkennen, dass es eine ersehnte Möglichkeit der *Ermächtigung*, eine Chance auf soziale Anerkennung und eine existenzielle Verwirklichung gibt, die sie bisher für unmöglich gehalten haben. Wenn diese potenziellen Klassenreisenden und Statusmaximierer tatsächlich die begehrtesten Talente des neuen Paradigmas besitzen, können sie sogar damit rechnen, in die neue Oberschicht der aufstrebenden Machtstruktur befördert zu werden. Für die Unterschicht sind wesentliche Veränderungen, die das Entstehen neuer Regelungen zur Verleihung und Berechnung des Sozialstatus per Definition vorantreiben, als gute Nachrichten zu betrachten. Aber die Neigung des menschlichen Organismus zu Veränderungen oder *Radikalität* bei diesen historisch einzigartigen Paradigmenwechseln ist nicht stärker als das. Vor allem gibt es in der einen oder anderen Gruppe keine mysteriöse, eingebaute Radikalität, ob es sich nun um Bauern, Arbeiter, Frauen, Homosexuelle oder verschiedene Arten von ethnischen Minderheiten handelt, wie einige fälschlicherweise aus rein politischen und/oder ideologischen Gründen denken, indem sie luzide Analysen mit einem romantisierenden Wunschdenken verwechseln. Die Welt durch starre Kategorien zu betrachten, ist leider nicht ungewöhnlich. Solange einer Person nicht auf einfache und leicht verständliche Weise eine konkrete und offensichtlich libido-verstärkende Identitätsänderung erfährt, wird sie in ihrem Leben keine entscheidende Veränderung jeglicher Art freiwillig annehmen. Sie hat es einfach nicht in sich, und wir auch nicht.

Die tatsächlich noch stattfindenden gesellschaftlichen Veränderungen werden von unserer Umwelt erzwungen und stehen in direktem Zusammenhang mit einer vorangegangenen technologischen Revolution. Aus dieser Erkenntnis heraus ist es nicht möglich, wie wir bereits hervorgehoben haben, zu behaupten, dass 1789 eine echte Revolution auf den Straßen von Paris stattgefunden hat. Auch gab es im frühen 19. Jahrhundert keine „industrielle Revolution“ in Nordwestengland. Was dort und dann sichtbar wurde war eher eine Reihe von Symptomen einer tatsächlichen Revolution, die weit früher stattgefunden hatte, nämlich die buchstäblich epochale Ankunft der Druckmaschine im nordöstlichen Nachbarland Frankreichs, Deutschland, in der Mitte des 15. Jahrhunderts. Paris war gerade erst zur Großstadt geworden, als die Alphabetisierung im späten 18. Jahrhundert ihre größte Verbreitung gefunden hatte, der Ort, an dem die Druckerpresse zum ersten Mal in Form von Büchern, Boulevardzeitungen, Enzyklopädien und Banknoten eine entstehende und libidinös verhungerte literarische Bourgeoisie mit echten Voraussetzungen für ein explosives Gefühl plötzlicher Ermächtigung geschaffen hatte. Es war ganz einfach dort, wo ein politisches Pamphlet für den größtmöglichen Aufruhr sorgen konnte, wo es ein rezeptives Publikum gab, dass das Schreiben von mehr Pamphleten stimulierte, und so weiter. In England gab es Bedingungen, die eine schnelle, industrielle Entwicklung ermöglichten, die ohne die vielfältigen Folgen der Druckmaschine völlig undenkbar gewesen wäre. Man vergleiche dies mit dem größten Imperium Europas in der Renaissance, dem Osmanischen Reich, wo man im Gegenteil versuchte, die Nutzung der Druckmaschine am längsten und auf hartnäckige Weise zu verhindern und womit man *de facto* die Balkanhalbinsel einige hundert Jahre später auf die ärmste Hintergasse Europas reduzierte.

Was uns später in den staatlich verwalteten Bildungseinrichtungen, den so genannten Grundschulen, 1789 als Revolution in Paris beigebracht wurde, war also nur eine auffällige Verwirklichung der informationstechnischen Revolution, die mehr als 300 Jahre zuvor stattgefunden hatte. Technologie übertrumpft die Politik, wie der schwedische Wirtschaftsunternehmer und Medienmogul Jan Stenbeck einmal bemerkte; außerdem ist es auch so, dass Technologie die Politik bestimmt und gestaltet. Man beachte auch, dass der berühmteste Tweet der Weltgeschichte „Ich denke, also bin ich“, der 1637 von einem gewissen René Descartes formuliert wurde, mehr oder weniger genau in der Mitte der Zeit zwischen dem Erscheinen der Druckmaschine 1450 und der Verwirklichung der „Französischen Revolution“ von 1789 fiel. So wird die allmählich entstehende, vom kartesischen Rationalismus gefärbte, kraftvolle Wahrheitsproduktion des Paradigmas eingeführt: Die Aufklärung. Welche metaphysische Idee 1789 in Paris dabei die neue Entwicklung antrieb, stand außer Frage: Es ist der neue reiche Bürger mit seinem kartesischen *cogito* als feste Plattform für ein anmutiges Selbstbild und Weltbild, das den bereits betäubten abrahamischen Gott kurzerhand in die Flucht schickt. Es ist dieser metaphysische Wandel, vom *Monotheismus* zum *Individualismus*, dieses metahistorische Ereignis, dass das ermöglicht und produziert, was wir heute die Französische Revolution und den kontinuierlichen Fortschritt des neuen Paradigmas nennen. Descartes hat den gebildeten Bürger – vermutlich hält er sich für das erste und archetypischste Vorbild – bereits prophetisch als das neue, vergöttlichte *Individuum* dargestellt, um das sich die Existenz selbst dreht.

Das Attribut, das den Menschen definiert, ist nach Descartes der immer fragende und ständig zweifelnde Prozess des Denkens; es ist der Eckpfeiler seines Rationalismus. Er war selbst kein Republikaner oder Atheist, dafür war es ein wenig früh. Aber es ist, wie der Historiker Claude Nicolet behauptet, unmöglich, später Republikaner (und Atheist) zu werden, ohne den Weg über Descartes zu nehmen. Dass das neue Individuum seine Ermächtigung als politisches Subjekt erfahren und manifestieren würde, nachdem es die bahnbrechenden Gedanken Descartes in einem Buch aus einer gedruckten Massenausgabe gelesen hatte, ist eine logische Binsenweisheit. Die Masseneditionen schufen ein Massenpublikum, das wiederum noch größere Masseneditionen schuf, und so weiter. Wo die Alphabetisierung zunächst ein Luxus für die Reichen gewesen war, wurde sie relativ schnell zu einem sozialen Muss für alle, die nur ein Minimum an Ambitionen hatten. Die kartesische Revolution und die daraus resultierende Aufklärung entstanden als direkte Folge der Bemühungen der katholischen Kirche, die neuen, ketzerischen Ideen zum Schweigen zu bringen, und ihres Versuchs, für den Einsatz einer Druckmaschine in Frankreich 1517 die Todesstrafe einzuführen. Es ist völlig logisch, dass eine solche revolutionäre Technologie auf erbitterten Widerstand derjenigen stößt, die sie zu Recht als Bedrohung betrachten, denn auf lange Sicht ist es immer die Technologie, die alle Karten in der Hand hält. Deshalb war das Verbot der Druckmaschine natürlich zum Scheitern verurteilt, da bereits allzu mächtige Kräfte in Gang gesetzt worden waren. Dasselbe gilt auch für der Krieg, den die Nationalstaaten der modernen Welt in den letzten Jahrzehnten gegen Drogen geführt haben, oder die unbeholfenen Kampagnen der

Entertainment-Industrie gegen das digitale File-Sharing im frühen 21. Jahrhundert. Das letztgenannte Problem konnte nur durch Technologie – das heißt: Streaming – eine zufriedenstellende Lösung finden, und nicht durch Gesetzgebung, auch wenn sie noch so aggressiv ist.

Man kann einer neuen Entwicklung immer Steine in den Weg legen, aber man kann die Entwicklung als solches nicht auslöschen oder verbieten. In Notsituationen kann man die soziale und kulturelle Entwicklung im Sinne einer hochpotenten, dominanten Metatechnologie verzögern, aber nur vorübergehend und mit enormen Kosten. Und auf lange Sicht kann man diese Entwicklung nicht im Geringsten aufhalten. Da die katholischen Priester sich der Idee des Individualismus widersetzten – sie hatten natürlich am meisten zu verlieren bei seiner erfolgreichen Verbreitung, da dieser ihr Monopol auf die Wahrheitsproduktion zerstörte –, wurden sie auch zu den ersten der vielen Opfer der Revolution, die zur Guillotine geführt wurden. Es gab keinen Verteidiger mehr, der in der Lage war, einen wirksamen Schutz für die Monarchie oder die Aristokratie zu mobilisieren. Die Verteidigungslinie wurde durchbrochen. Daher konnten die Guillotinen methodisch die gesamte alte, feudale Machtstruktur in und um Paris während der Zeit des revolutionären Terrors im späten 18. Jahrhundert aufbrechen. Nach diesem revolutionären Manöver gaben sie der Universität, die die aufstrebende bürgerliche Klasse liebte, die Rolle der Kirche des neuen Zeitalters – die Wissenschaft verdrängte die Theologie; ohne René Descartes gäbe es kein Isaac Newton – und ihre Hauptaufgabe war es natürlich, die Geschichte der Menschheit von Grund auf neu zu schreiben. Diesmal mit der notwendigen, schrittweisen Herausbildung des Individuums als Führungsgeschichte.

Das freudsche Über-Ich tritt nun zügig zur Seite, um zu überleben. Die Metaphysik dreht sich nicht mehr darum, Gottes Zorn zu mildern und im Jenseits Erlösung für uns fehlerhafte Sünder zu erlangen, sondern darum, dem Einzelnen das wissenschaftliche Wissen zu vermitteln, das immer notwendiger wird, und zwar durch eine immer intensivere Moralisierung, die ihm die Selbstverwirklichung *vor* dem Tod auferlegt. Man beachte die auffällige Ähnlichkeit zwischen der Universität und dem Kloster als Institution. Tatsächlich unterscheidet sich die Universität vom Kloster nur dadurch, dass sie mehr und billigere Bücher für mehr Leser zur Verfügung stellt, deren Botschaft daher eine größere Verbreitung erfährt, so dass ihre Autoren mehr Zeit damit verbringen können, sich für eine detailliertere und spezialisiertere Weise des Schreibens zu entscheiden. Der *Fortschritt* verdrängt die *Ewigkeit* als Motor und Horizont der Metaphysik, eine Veränderung, die an sich schon als Fortschritt dargestellt und wahrgenommen wird und die auch dann praktiziert wurde, als Napoleon ungestört seine militärische Karriere als erster bürgerlicher General überhaupt aufbaute – denn seine aristokratischen Rivalen wurden natürlich alle hingerichtet. So war er 1804 zur Stelle, um die Rolle des phallischen Diktators Frankreichs zu übernehmen und das Land aus dem revolutionären Chaos zu befreien, das längst seinen Zweck erfüllt hatte – und wurde eine neue Art von Kommandant einer neuen Art von Armee, in der die Soldaten schriftkundig waren. Hinter all diesen dramatischen Veränderungen spüren wir ständig das diskrete Klappern der Druckmaschine.

Man beachte, wie Napoleon das alles als individualistischer Superheld, als *kartesisches Individuum par excellence*, tat: genau die Gestalt, die G W F Hegel später in die Höhe hebt und in seinem Buch *Die Phänomenologie des Geistes* von 1807 als Zeitgeist, die Personifizierung des neuen Zeitalters, bezeichnet. Und was ist dann Hegels eigene lobende Beschreibung der Zähmung der Technologien, Kräfte und Ideen des neuen Zeitalters, wenn nicht gar die Vollendung der *paradigmatischen Dialektik* an sich, nämlich: die *authentische Revolution* in ihrer schillernden Ganzheit? Es ist tatsächlich kaum merkwürdig, dass Hegel, berauscht von Napoleon und sich selbst – mit Napoleon als seinem Pharao und mit sich selbst als Napoleons eigenem Pressesprecher – sogar damit rechnet, dass er die Vollendung der Geschichte gesehen hat und ekstatisch beschreibt, wie die *absoluten* Fortschritte in der Ferne bei der Endstation der dialektischen Geschichte aussehen. Vorerst war das Metamodell bereit für die Organisation der individualistischen Gesellschaft, mit Napoleons Armee als Emblem und Metapher für das neue, siegreiche Paradigma, die Organisationsform, die Hegel als *absoluten Staat* bezeichnet und begrüßt.

Kein Wunder, dass die Akademisierung des menschlichen Wissens, die anschließende Katalogisierung aller Notwendigkeiten der Geschichte im Dienste des absoluten Staates, schnell an Fahrt gewann. Aber die Streitigkeiten, welche akademischen Aussagen wahr und welche falsch sind, sind vermutlich immer intensiv unter denen, die sich als berufen fühlen, die Rolle der Wahrheitsproduzenten zu übernehmen. Es ist lediglich die zugrunde liegende Informationstechnologie, die verdrängt wird und die Quantität des Diskurses, aber kaum seine Qualität beeinflusst. Neue Phänomene treten auf, andere geraten in einen neuen Kontext und erhalten neue Bedeutungen, aber die Muster sind erkennbar. Dies ist auch bei vielen anderen Paradigmenwechseln geschehen, als die alte Macht, in diesem Fall die Kirche, ironischerweise das Monster erschuf, in diesem Fall die Universität, die die Kirche später vernichtete. Die heutige Parallele dazu, nämlich wie das soziale Monster unserer Zeit, das Internet, zuerst von Militärs und Universitäten des Nationalstaates mit dem Ziel geschaffen wurde, ihre Macht und ihren Einfluss zu verstärken, sich dann aber gegen sie gewandt hat, ist bemerkenswert.

Wir stellen uns immer vor, dass wir eine Technologie nutzen und dass ihre Schöpfer ihren Einsatz in die gewünschte Richtung lenken können. Aber die Geschichte beweist immer wieder, dass die Technologie, wie der amerikanische Medientheoretiker Neil Postman sagt, immer ihre Rolle spielt, unabhängig davon, was mehr oder weniger veränderungsanfällige Menschen fürchten oder sich wünschen. Man steuert auch nicht sein privates Smartphone oder seinen privaten Laptop, es sind die Maschinen, die einen erschaffen, gestalten und dann auch kontrollieren. Und dies, während sowohl die Sozial- als auch die Technikingenieure jene faszinierende Tendenz haben, im Laufe der Geschichte immer wieder ihre eigenen Gräber zu schaufeln, ohne jemals zu verstehen, dass sie genau das mit immenser Energie tun. Man frage also niemals einen Ingenieur, was die Zukunft bringt. Diese Frage sollte stattdessen vorzugsweise einem jungen und neugierigen Schamanen gestellt werden, einem historisch kultivierten Beobachter, der den gesunden Menschenverstand hat, neben der Kultur, die bei großen Krämpfen ihre Haut verliert und eine andere Form annimmt; einen Schamanen, der diese Krämpfe beobachtet und erkennt, wie Hegels zeitgebundener Traum vom perfekten Bürger im absoluten Staat verdampft und wie schlanke Rauchstreifen im Wind verschwindet. Es ist an der Zeit, dass wir alle erkennen, dass nicht nur Gott tot ist, sondern auch Napoleon.

4

Sozioanalyse als die kritische Theorie des Internetzeitalters

Zuerst einmal gibt es natürlich das Essen, oder wenn man so will, *das Fressen*, wie Bertolt Brecht in der *Dreigroschenoper* von 1928 beobachtete. Aber es steckt dort keine Moral dahinter, unabhängig vom Eindruck, unter dem der aufstrebende Marxist Brecht damals stand, sondern etwas viel grundlegenderes, nämlich die dividuelle Identität. Wir sind natürlich in erster Linie Tiere, die primäre, physiologische Bedürfnisse in Form von Nahrung, Flüssigkeit, Wärme und Schutz vor Witterungseinflüssen usw. haben – Bedürfnisse, die nicht weg priorisiert werden können ohne dass der infrage stehende Organismus, das Dividuum, stirbt. Sind diese Bedürfnisse angemessen befriedigt und die irdische Existenz des Organismus zumindest auf absehbare Zeit gesichert, wird der Hunger nach Sinn und Kontext drängend. Und das Werkzeug, das wir dann nutzen, ist die dividuelle Identität, die wir mit dem Wissen und den Perspektiven, die uns in der aktuellen Situation zur Verfügung stehen, zu erzeugen vermögen.

Identität drückt sich in zwei komplementären und sich gegenseitig bedingenden und konditionierten Weisen aus: einerseits in einem dividuellen Selbstbild und andererseits in der Weltanschauung. Diese Anschauungen gehören zusammen und entstehen innerhalb der Reibung, die durch das Kollektiv erzeugt wird, was bedeutet, dass Identität in erster Linie ein relationales Phänomen ist. Selbstbild und Weltanschauung sind einfach zwei Seiten derselben Medaille. Ohne das Selbst, keine Welt. Und umgekehrt. Oder um es etwas anders auszudrücken: Ohne das innere Subjekt gibt es kein äußeres Objekt (und umgekehrt), denn das Selbst ist natürlich auch Teil der Welt – was könnte es sonst sein? Auf diese Weise ist die Welt auch das Selbst, sie entsteht in den bestätigenden Augen des Selbst. Diese intime Interdependenz gilt natürlich für alle kollektiven Konstellationen und nicht nur für Dividuen. Jede Familie, jeder Clan, jede Nation oder Subkultur bietet und fordert ihre eigene relationale Identität, die verdeutlicht, dass das Wir, das eine Definition sucht, dieses oder jenes ist. Um diese Identität herum gibt es eine Grenze, die verdeutlicht, dass das Wir definitiv nicht dieses oder jenes ist und dass dies wir in einer Welt handelt, die so oder so geneigt ist, aber nicht so oder so. Identitätsproduktion ist daher sowohl ein psychologisches als auch soziologisches Phänomen – vor allem aber ein dialektisches. In der ständigen Interaktion zwischen Selbst und Welt in Form von sozialem *Input* und *Output* entsteht Identität, sowohl für das Dividuum als auch für die Gruppe, in einem Prozess, der im Prinzip unabhängig von der Ebene dem gleichen Muster folgt. Wir können daher die gesamte Produktion und Orientierung menschlicher Identität innerhalb der eigenen Lebenswelt mit dem Begriff des *sozialen Relativismus* zusammenfassen (siehe *Syntheismus - Gott im Internetzeitalter erschaffen*).

Die Psychoanalyse ist die philosophische Studie der Produktion psychologischer Identität, woraus folgt, dass das philosophischen Studium der soziologischen Identitätsproduktion als Sozioanalyse bezeichnet werden sollte. In den Turbulenzen, die jetzt herrschen, während wir mit großer Geschwindigkeit in die relationale Netzwerkgesellschaft eindringen, ist die Sozioanalyse das wichtigste Werkzeug, das uns zur Verfügung steht, um uns selbst als soziale Wesen und unsere kollektive Gegenwart und Zukunft zu verstehen. Unsere Identität baut natürlich auf den Modellen auf, die wir geschaffen haben, sowohl dafür, wie die Außenwelt um uns herum funktioniert, als auch dafür, wie das interne Bewusstsein des Dividuums und/oder des identitätsstiftenden Kollektivs sich entwickeln und mit der umgebenden Welt auf verschiedenen Ebenen interagieren soll. Diese Modelle wiederum hängen von der Produktion den Biographien der Dividuen und/oder der Geschichtsschreibung des Kollektivs ab. Wir sind ganz einfach die Menschen und Gesellschaften, die unsere Biographien und unsere Geschichte darstellen; wir können nur durch die Perspektiven und die vorliegenden Informationen ein Gefühl für unsere Vergangenheit bekommen; was unsere Zukunft betrifft, so können wir darüber nur mit mehr oder weniger Schärfe und Präzision mit unserer Geschichte und den Prozessen, die sich in unserer Gegenwart abspielen, als Hauptparameter spekulieren.

Aber man kann genauso gut den Spieß umdrehen. Wenn wir uns tatsächlich mit der *Metageschichte* beschäftigen, also: der Geschichte der Historiographie, dann zeigt sich vor unserem kritischen Blick, wie jede Geschichtsschreibung zu jedem Zeitpunkt das herrschende Machtgefüge getreu reflektiert und damit auch bestätigt. Das ist natürlich genau das, was es relevant, nützlich und - letztendlich - sogar verständlich gemacht hat. Das ist es, was die Geschichtsschreibung *de facto* ist: ein Spiegel für Prinzen, ein schmeichelhaftes Porträt als Hommage an das herrschende Machtgefüge. Und es ist, wie wir bereits festgestellt haben, die vorherrschende Macht, die diese Hommage an sich selbst in Auftrag gibt und finanziert. Diese Geschichte, deren Zweck und Funktion es ist, den aktuellen Stand der Dinge als vorherbestimmt und natürlich darzustellen, bildet das metaphysische Axiom, aus dem alle psychologischen und soziologischen Identitäten des Paradigmas aufgebaut sind. Das metaphysische Axiom *ist die Wahrheit par excellence* über den Menschen und die Welt und die Geschichte ihrer komplizierten Zusammenhänge. Es ist nicht verwunderlich, dass die Metageschichte zeigt, dass es eine ständige redaktionelle Arbeit gibt, die dazu führt, dass diese Historiographie mehr oder weniger subtile Veränderungen erfährt. Einige alte

Geschichten werden ausgemustert, um durch neue und ständig hinzugefügte Biographien ersetzt zu werden, während alle bestehenden Biographien einer ständigen Revision unterzogen werden.

In außergewöhnlichen und äußerst seltenen Fällen kommt es zu einer Revolution, die die gesamte alte Geschichte auf den Kopf stellt und die eine kurze Zeit voller Chaos und Ungewissheit mit sich bringt, gefolgt von einer neuen Aufbauphase, in der neue Axiome gemäß den neuen Voraussetzungen geschaffen werden, die der Agenda des neuen Metamediums entsprechen. Dieser revolutionäre Prozess ist natürlich äußerst schmerzhaft für alte Herrscher, die die Bedingungen, die unter dem alten Paradigma herrschten, maximal ausnutzen konnten. Ganz einfach deshalb, da es nicht ihren Zwecken diente. Jede Änderung der grundlegenden Bedingungen muss für diejenigen, die von den gegenwärtigen Bedingungen begünstigt werden, unangenehm und unwillkommen sein. Was wiederum bedeutet, dass es Raum für eine neue Geschichtsschreibung gibt, da sich parallel zur alten Machtstruktur eine neue Machtstruktur zu entwickeln beginnt, die an Boden, Stärke und Relevanz verliert. Durch das Beharren auf einer völlig neuen Geschichte, die auf neuen Modellen aufbaut und völlig neue Formen der Identitätsproduktion vorantreibt, besiegelt die neue Elite ihre Machtübernahme. So befinden wir uns gerade jetzt im Übergangsstadium zwischen Kapitalismus und Informationalismus, einem Paradigmenwechsel, der im Grunde genommen dadurch ausgelöst wird, dass sich eine neue Medientechnologie ein Deutungsrecht gesichert hat und damit das gesamte gesellschaftliche Handeln prägt, was wiederum neue Bedingungen und Regeln in allen Bereichen mit sich bringt, was wiederum dazu führt, dass die alte Machtelite der derzeit herrschenden Anforderungsspezifikation nicht mehr gerecht wird und somit durch die unaufhörlichen darwinistischen Selektionsmechanismen unaufhaltsam beiseite geschoben wird.

Die neuen Bedingungen bringen in diesem Fall ein neues Belohnungs- und Bestrafungssystem mit sich, das die verschiedenen Talente und Fähigkeiten mit anderen Maßstäben als bisher bewertet, so dass es ein Erfordernis an völlig andere Talente und Fähigkeiten gibt als die, die erst vor kurzem bei der Eroberung und dem Machterhalt auf dem neuen

Spielfeld wirksam waren. Es ist letztlich die dominierende Informationstechnologie und ihre medialen Strukturen, die darüber entscheiden, welche Gedanken eine Gesellschaft denken kann, wie Wahrheit definiert wird, welche Priorisierungen als vordringlich empfunden werden und so weiter. Die alte Elite wurde zu einer Elite und behielt ihre Macht durch die Kraft der Talente und Fähigkeiten, die vom alten System belohnt wurden. In Verbindung mit einem Paradigmenwechsel wird der Wert dieser Talente und Fähigkeiten drastisch reduziert, und diese nun degradierte Gruppe, zusammen mit ihren Historiographen und anderen Höflingen und Hofdamen, ist gezwungen, sich von Macht und Ruhm zu verabschieden. Die Mythologie, die sie einst hegten, verbreiteten und als Stütze für ihre Machtansprüche benutzten, wird nun schnell in den neuen Aberglauben der Unterklasse umgewandelt. So ist es nicht die Bourgeoisie, die die Mythen um die alten Könige, den Adel oder den Klerus mit ihrem überholten Gottesglauben nährt und poliert, als der Industrialismus die feudalistischen Strukturen verdrängte. Nein, der Royalismus, die Faszination für die Aristokratie und der traditionelle Gottesglaube leben heute – insofern diese antiken Phänomene überhaupt noch Leben in sich tragen – als Gutenachtgeschichten und Tagträume in der neuen Unterschicht fort, die dann entweder dahin manipuliert wurde oder sich freiwillig dazu entschlossen hat, diverse vulgäre Varianten der veralteten Herrschaftsideologie des auslaufenden Paradigmas aufzusaugen.

Die Unterklasse ist – wie Nietzsche im Gegensatz zu Marx in der zweiten Hälfte des 19. Jahrhunderts behauptete – grundsätzlich eher reaktionär und nicht progressiv oder proaktiv. Was kaum besonders umstritten sein dürfte, da es natürlich unter anderem genau das ist, was sie genau zu der Unterklasse macht. Und Marx' Analyse des Kapitalismus mag noch so brillant sein, aber die kommunistische Ideologie kann nie etwas anderes sein als ein ausgedientes Christentum, das angepasst wurde, um die Leere zu füllen, die nach dem verlorenen Glauben der armen Arbeiter an das ewige Leben nach dem Tod übrig blieb. Die kommunistische Utopie und die klassenlose Gesellschaft ersetzt somit den Himmel, den das Christentum verspricht, und hält die gleiche Verlockung für diejenigen bereit, die sich nach einer Existenz sehnen, in der sich nichts mehr ändert, was – natürlich – dasselbe ist wie eine Existenz, die eigentlich keine Existenz ist und die in einer Welt, die Ähnlichkeiten mit der unseren hat, niemals Wirklichkeit werden kann. Dies geschieht parallel zu der aufkommenden individualistischen Herrschaftsideologie der Bourgeoisie, die die politischen Gegner des Marxismus – eine *de facto* Rechte in Form des Konservatismus und eine *de facto* Linke in Form des Liberalismus –, die die herrschende Elite des kapitalistischen Paradigmas bilden, antreibt. Mit diesem Ausgangspunkt im mächtigen Individualismus und Ökonomismus dieser allmählich auslaufenden Elite beginnt das neue Internet-Zeitalter Gestalt anzunehmen; nicht vom gekaperten Quasi-Christentum des Marxismus, das die Zeit hatte, zu implodieren, noch bevor sich das Internet als das Metamedium etabliert, das die Bedingungen für ein neues historisches Paradigma diktiert.

Im Grunde ist die Revolution in erster Linie technologisch; sie ist ganz und gar eine Angelegenheit der neuen herrschenden Klasse, die sie orchestriert, während es die Revolution ist, die die neue Elite trägt und hochhält. Während des gesamten Ablaufs der Ereignisse sitzt die Unterklasse im Auditorium, unabhängig davon, worin die politische Rhetorik besteht. Die Bauern haben sich nie in nennenswertem Ausmaß gegen den Adel erhoben, genauso wenig wie die Arbeiter die Bourgeoisie jemals von der Macht vertrieben haben. Es deutet auch nichts darauf hin, dass das *Konsumtariat* die Netokratie verdrängen wird, sondern es wird eher das Gegenteil geschehen: Die Netokraten sind äußerst geschickt darin, jedes Talent aus der Unterklasse für ihre eigenen Netzwerke zu rekrutieren – genau das gehört zu den Eigenschaften, die die Netokratie charakterisieren – etwas, das im Übrigen sehr im eigenen Interesse der Elite liegt. So schlägt man zwei Fliegen mit einer Klappe; zum Teil versorgt man die eigene Klasse mit den bestmöglichen Talenten, und zum Teil beraubt man die Unterklasse genau der Talente, die ihre rebellisch gesinnten Führer sein könnten. Die Talente werden ständig befördert, die Durchlässigkeit in der sozialen Schichtung ist optimal, und was auf der untersten Stufe der Gesellschaft bleibt, wird daher eine Unterklasse ohne eloquente Führer und folglich auch ohne die Fähigkeit sein, ihre Unzufriedenheit auf effektive Weise auszudrücken: kontrolliert und abgetötet durch Unterhaltung, Konsum und schnelle Kohlenhydrate.

Echte Radikalität ist nichts anderes als die neugierige und innovative Nutzung der neuesten Technologien. Netokratische Radikale können bestenfalls eine indirekte Aufmerksamkeitsmacht durch den Aufbau von *Open Source*-Plattformen erlangen, nicht jedoch die direkte Aufmerksamkeitsmacht, die sich aus der Konstruktion der netokratischen Libertären von insularen, auf *Anreicherung [imploitation]* basierenden, talentkonzentrierten Netzwerken ergibt. Die politische Ideologieproduktion des Informationalismus kann weder links noch rechts sein. So war die Idee einer revolutionären Unterklasse nie unbegründeter und verlogener als jetzt – eine sentimentale Gutenachtgeschichte, mit der sich eine zunehmend irrelevante kapitalistische Linke in den Schlaf wiegt, eine der skandalös betrügerischsten Mythen der Geschichte, geschaffen und aufrechterhalten von den vielen banalen Moralisten der herrschenden Klasse. Der einfache Grund dafür, dass das angebliche, revolutionäre Potenzial der Unterschicht in der Praxis nicht vorhanden ist, liegt darin, dass diese Klasse, wenn wir für einen Moment einen von Nietzsche entlehnten Ausdruck verwenden, von einer Sklavenmentalität angetrieben wird.

Betrachten wir die Sache stattdessen aus einer sozioanalytischen Perspektive, so beobachten wir, dass die Unterschicht ständig eher nach dem *matrichalen Mortido* als nach der *phallischen Libido* strebt: Ihre instinktive, kollektive Reaktion auf das, was man als soziale Ungerechtigkeiten ansehen könnte, ist eine mehr oder weniger machtlose Empörung und eine politische Entschädigungsforderung, weil sich jemand anderes auf Kosten dieser Gruppe bereichert hat. Dies steht im Gegensatz zu einem entschlossenen Handeln mit dem Ausgangspunkt in dem, was man durch eigenes Unternehmertum (im weitesten Sinne des Wortes) aus eigener Kraft erschaffen kann. Was die Unterschicht zur Unterschicht macht, ist genau dieser Mangel an Visionen und Ideen, seine ebenso vagen wie verbitterten Forderungen nach Nivellierung, sein ewiges Saugen an der tröstenden Mamilla, die Bereitschaft, sich passiv in den Schlaf zu konsumieren und im Schatten der vielen Projekte, die die phallische Macht betreibt, fest zu schlafen. Nicht selten weicht diese Passivität verstreuten Aggressionsausbrüchen ohne Richtung und Ziel. Deutlicher lässt sich Freuds Theorie des Todestriebs kaum veranschaulichen.

Per Definition erfordert ein Paradigmenwechsel ein neues Weltbild, da das alte Weltbild zwangsläufig verworfen werden muss, wenn neue Wahrheiten die alten ersetzen. Eine neue Weltanschauung wiederum erfordert neue Modelle. Und neue Modelle wiederum erfordern eine neue Historiographie. Diese neue Geschichtsschreibung muss ihren Ausgangspunkt in der neuen Machtstruktur und ihrer fleißigen Suche und Schaffung einer eigenen spezifischen Identität nehmen. Dieser Prozess ist oft dramatisch und schmerzhaft. Zudem vollzieht sich jeder Paradigmenwechsel in vier verschiedenen, sich teilweise überlappenden Phasen. Die Einleitungsphase besteht aus einer technologischen Revolution, die die materielle Grundvoraussetzung für das alte Paradigma auf den Kopf stellt. Der Mensch ist in diesem Zusammenhang die *historische Konstante*. Wir verändern uns mit revolutionärer Langsamkeit, das heißt: im Prinzip gar nicht über Zeiträume von Zehntausenden von Jahren, Zeiträume, in denen die Welt um uns herum und die Technik, die unsere Lebensvoraussetzungen bedingt, die revolutionärsten Veränderungen erfahren können. Was unsere biologische Ausstattung betrifft, so sind wir aus diesem Grund im Wesentlichen identisch mit den Menschen, die vor etwas mehr als 5.000 Jahren an der Entstehung der Zivilisation beteiligt waren. Technologie ist in diesem Zusammenhang die historische Variable, was bedeutet, dass all diese wesentlichen Veränderungen in der Existenz des Menschen grundsätzlich als technologisch zu betrachten sind. Der Begriff der Technik selbst leitet sich vom griechischen Wort *techne* ab, das Verlängerung bedeutet. Technik ist also der Prozess – und das Studium dieses Prozesses – mit dem der Mensch seinen Körper und damit auch seine Welt erweitert. Technik ist das, was letztlich epochale gesellschaftliche Veränderungen bewirkt und das antreibt, was sich später als historische Entwicklung herausstellt: Der ganze Prozess ist grundsätzlich technologisch. Die Technik schafft ständig neue Bedingungen für die Interaktion zwischen sich und dem Menschen; der Mensch passt sich nach besten Kräften an. Und diese Kräfte und Fähigkeit sind immens umfassend.

Die zweite Phase des Paradigmenwechsels besteht in einer fundamentalen Idee, die eine völlig neue Metaphysik vorantreibt, die wiederum die Grundlage für die Geschichtsschreibung des neuen Paradigmas und damit auch für dessen Weltbild bildet. Wir nennen dies die *ideologische Revolution.* Die neue Metaphysik ebnet den Weg für die neue herrschende Klasse im neuen Paradigma und erzählt im Voraus die Geschichte der neuen herrschenden Klasse – was später genau diesen Machtwechsel ermöglicht – zum Teil als Ausdruck des internen (Selbstbewusstsein) und externen (Propaganda) Marketings der neuen herrschenden Klasse. Diese zweite Phase erhebt nicht primär den Anspruch, durch irgendeine Form von objektiver Wahrheit untermauert zu sein, sondern dreht sich nun darum, welche Ideologie die neu entstehenden gesellschaftlichen Verhältnisse tatsächlich unterstützen. Die Metaphysik baut auf einer Reihe von entlehnten Phantasien auf, z.B. Ureltern in einer fernen Vergangenheit, ein Gott in einem Himmel irgendwo weit weg und unerreichbar, oder das Individuum, das sich in einer rätselhaften Drüse im Gehirn versteckt. Es geht hier darum, wie sich diese Fiktionen selbst per Definition jeder Form von empirischer Kontrolle und Untersuchung widersetzen. Auf diese Weise werden sie auch immun gegen jede Kritik, die von antagonistischen Prämissen ausgeht, und so wird die Argumentation in perfekte Kreisläufe geführt.

Die Metaphysik ist natürlich keine exakte Wissenschaft, sondern sie bildet die selbstgefällige Metageschichte der herrschenden Macht. Es zahlt sich immer aus, Metaphysik auf etwas aufzubauen, das *nicht* kontrolliert werden kann, aber das attraktiv und faszinierend genug ist, um als axiomatischer Standpunkt zu fungieren. Die ursprünglich Idee Hegels von einem netzwerk-dynamischen Universum, in dem alles von allem anderen abhängig ist und in dem etwas (ein *Aktant*) oder jemand (ein *Akteur*) eine Rolle und einen Wert erhält, der mit seiner eigenen Funktion in dieser ständig andauernden Interaktion verbunden ist, erhebt nicht den Anspruch, von der objektiven Realität unterstützt zu werden. Diese Idee war nur zufällig eine Vorahnung über die Realität, die in einer Gesellschaft, die von der durch das Internet erzeugten Dynamik diktiert wird, funktional und relevant wird. Sie spiegelt lediglich die vorherrschenden technologischen Voraussetzungen wider, was nicht bedeutet, dass sie etwas Wertvolles über irgendeine Art von ewig gültiger Wahrheit jenseits eben dieser Gesellschaft und eben dieser Voraussetzungen aussagt. Dass die Metaphysik selbst etwas anderes aussagt, ist eine ganz andere Sache; alle Risse in der eigenen Darstellung sind in einem sehr umfassenden blinden Fleck verborgen. Diese grandiose Selbsttäuschung liegt in der Natur der Sache; es ist nicht Sache des Kaisers, darauf hinzuweisen, dass er nackt ist. Er sieht es auch nicht einmal selbst, mit Ausnahme vielleicht des einen oder anderen Moments kalten Schweißes und albtraumhafter Klarheit, die er so schnell wie möglich abschüttelt.

Auf ihrer tiefsten Ebene geht es in der Metaphysik, wie Nietzsche betont, darum, was und wie ein Herrscher im Moment seines eigenen Machterhalts Prioritäten setzt, um das Überleben und den Status zu sichern. Zentral ist, dass der Übergang in die zweite Phase dieses Paradigmas als glaubwürdig und relevant für die entstehende Machtelite erlebt wird. Und eine Voraussetzung für Relevanz und Glaubwürdigkeit ist, dass die Geschichte, die diese zweite Phase unterstützt, gleichzeitig den Teppich unter dem metaphysischen Zentrum des alten Paradigmas wegreißt. Paradigmenwechsel sind ganz einfach gesagt enorm gewalttätig. Machtgefüge verschieben sich in brutaler Weise, weil sich die Machtvoraussetzungen bereits verschoben haben. Darüber hinaus hinterlassen Paradigmenwechsel immer eine Diskrepanz zwischen den soziobiologischen Voraussetzungen des Menschen und dem aktuellen technologischen Umfeld mit all seinen zumindest anfänglich geheimnisvollen Innovationen. Diese Diskrepanz hat sich mit jedem weiteren Paradigmenwechsel nur noch vergrößert, indem sich der Mensch immer weiter vom ursprünglichen primitivistischen Nomadenstamm entfernt hat, weg von der biologisch programmierten, lokal verankerten intratribalen Sicherheit hin zum herausfordernden, global umfassenden *Intertribalismus* mit seiner ständig wachsenden und für die meisten Menschen herausfordernden Interdependenz zwischen den ursprünglich verstreuten Gemeinschaften. Dass sich Krieg und Frieden während dieser gesamten Entwicklung in gewaltsamen Wellen verschoben haben, ist eine direkte Folge der grundlegendsten paradigmatischen Konflikte.

Wenn die nomadisierten Stämme sesshaft werden, ist es notwendig, sich vom *Ur-Patriarchen* und von der *Ur-Matriarchin* zu verabschieden, die offensichtlich nicht in der Lage waren, mehrere Gruppen zu dynamischen und stabilen Gesellschaften zu vereinen, eine Aufgabe, die man deshalb an *Gott*, den universellen meta-primoralen Patriarchen, übergeben muss, dem aus praktischen Gründen ganz andere, erweiterte Kräfte zugestanden wurden. Dazu bedarf es eines Monotheismus, der glaubwürdig zumindest ein gewisses Maß an Universalität beansprucht – da alle Stämme unter derselben lebensspendenden Sonne leben, ist es der *Sonnengott*, dem diese Aufgabe durch und durch anvertraut ist – und der bisher getrennt gehaltene Konstellationen, die sich vielleicht sogar gegenseitig verfeindet haben, zusammenführt. Und mit diesem Monotheismus folgt ein stammesübergreifender Klerus, der die wahre Lehre verbreitet und für die Beratung verantwortlich ist. Damit wird der Kader der stammesinternen Schamanen, die die Menschen früher durch die Dämonisierung von Fremden in Angst und Schrecken versetzten, schrittweise abgebaut. Aber mit der Zeit verliert selbst die monotheistische Religion mit ihrem autokratischen Gott ihre Autorität und wird zu einer rein dekorativen, zeremoniellen Funktion degradiert.

Die städtische Bourgeoisie, die die Druckerpresse nutzt, die Handel und Kolonisierung in der ganzen bekannten Welt betreibt und die eifrig die noch unbekannten Teile erforscht und die Landaristokratie als Machtelite der neuen Gesellschaft ersetzt, braucht kaum noch einen fiktiven Oberaufseher, sondern erschafft eine fiktive, vergötterte Version ihrer selbst: das *napoleonische Individuum*. Dieses wird zu einem glaubwürdigen und hochfunktionalen Ideal für eine herrschende Klasse, die von globalen Industriellen und Unternehmern, fortschrittsbegeisterten Politikern und geisteswissenschaftlichen Akademikern dominiert wird. Sobald das Individuum durch das Atom und die Nation ergänzt wird, ist der *Humanismus* als Religion vollständig. Dass das eigene Selbstverständnis sagt, dass es sich überhaupt nicht um eine Religion, sondern lediglich um den gesunden Menschenverstand handelt, ist hierbei aufschlussreich. Erst wenn die Metaphysik ihre Relevanz als Wahrheitsproduzentin verloren hat, beginnt sie, sich selbst als eine Religion inmitten anderer Religionen zu betrachten. Aber auch dieses verherrlichte, scheinbar ewige und universell relevante Individuum ist völlig abhängig von dem sozialen und kulturellen Ökosystem, das mit einem bestimmten Paradigma verbunden ist. Im dem *Global Empire* des Internetzeitalters wird das gleiche Individuum brutal zum dysfunktionalen Therapiepatienten degradiert, dem die Talente und Fähigkeiten, die heute gefragt sind und belohnt werden, völlig fehlen – was für einen Nutzen hat ein selbstverherrlichendes Individuum in einer zunehmend verfeinerten Netzwerkkultur? – weshalb sich vergleichsweise schnell ein idealisiertes Bild des *Netzes* als treibende metaphysische Idee der Gesellschaft herausbildet.

Alles, was wir tun müssen, ist, das Internet den gesamten Planeten Erde umhüllen zu lassen (siehe *The Global Empire*). Der Hauptgrund für diese Rochade besteht darin, dass im Internet-Zeitalter der übergreifende Zweck jeder Form kreativer Tätigkeit darin besteht, netzwerkdynamische Prinzipien so schnell und effizient wie möglich umzusetzen. Das Ergebnis für den dividuellen Menschen wird dann im Großen und Ganzen sein, dass das primäre Individuum in das sekundäre Dividuum verwandelt wird. Das idealisierte *Ereignis*, die netzwerk-dynamische Gipfelerfahrung, gefolgt von der transformativen Erinnerung daran, verdrängt den mythischen *Fortschritt* als metaphysischen Motor des vorherrschenden Paradigmas, so wie dieser Fortschritt einst die ebenso hoch mythische *Ewigkeit* verdrängte. Das Netz übernimmt dann die Position als metaphysisches Zentrum des Internet-Zeitalters und entthront sowohl das Individuum als auch Gott. Das Dividuum ist also dem Netz untergeordnet, im Gegensatz zu dem überholten Individuum, das selbst Ziel, Sinn und Maß von allem war. Die Netzdynamik tötet den Individualismus. Oder besser gesagt: Der Individualismus erliegt aufgrund immer ungünstigerer Bedingungen und wird durch eine Netzdynamik ersetzt, die auf die neuen Regeln reagiert, die von neuen Voraussetzungen diktiert werden.

Die neue Metaphysik muss, wie erwähnt, die neue Machtelite in den Mittelpunkt der Existenz stellen. Und sie tut dies vor allem durch die gewaltsame Verdrängung des metaphysischen Axioms des bisherigen Paradigmas. Der Ur-Vater und die Ur-Mutter des Primitivismus müssen verschwinden, um dem Gott des Feudalismus im Zentrum des feudalistischen Paradigmas Platz zu machen. Der Gott des Feudalismus muss dann wiederum verschwinden, um dem Individuum des Kapitalismus den notwendigen Spielraum im Zentrum des neuen Paradigmas zu bieten. Genau dieses Manöver führt René Descartes durch, als er 1637 mit der epochalen Aussage die europäische *Aufklärung* anstößt: „Ich denke, also bin ich." Was Descartes damit tut, ist, Gott diskret und höflich, aber dennoch effizient einzuschläfern, während er genau das Individuum, das Gottes Platz im metaphysischen Zentrum der Geschichtsschreibung einnimmt, in Bewegung setzt. Das hat natürlich transformative Konsequenzen: Die Kirche wird zunächst einmal ihres Wahrheitsmonopols beraubt. Und nach und nach erodieren alle Voraussetzungen für die Monarchie wie auch für den Adel. All diese Landgüter, auf denen räudige Aristokraten vergeblich versuchten, den Glanz von einst aufrechtzuerhalten: Plötzlich waren sie etwas, das die bürgerlichen Neureichen auf einem Markt kauften und verkaufen konnten, um es als Symbol für einen neu erworbenen Status zu verwenden. Dieser unsentimentale Handel, dieser auffällige Konsum war in einem früheren Paradigma völlig undenkbar gewesen: Landgüter waren etwas, das man erbte, schätzte und an die nächste Generation des Erbadels mit alter Abstammung übergab, und es war völlig unvorstellbar, dass diese jemals für Geld gekauft und verkauft werden konnten. Damit diese neue Denkweise und diese neue Praxis Fuß fassen konnten, war ein völlig anderes metaphysisches System erforderlich.

Das Monopol auf die Wahrheit fällt dann dem Wissenschaftler zu, der offensichtlich ein Ideal kultiviert und sich einem Ideal anschließt, das dem aus Descartes folgenden Individualismus entspricht, nämlich dem *Atomismus*. Zusammen ebneten diese beiden Superideologien den Weg für die Machtübernahme des Parlamentspolitikers (wieder eine völlig neue Person im öffentlichen Raum, die unter den bisherigen Bedingungen undenkbar war) mit Hilfe des *Nationalismus* sowie für die Machtübernahme des Herstellers und Händlers mit Hilfe des *Kapitalismus*. Der Wissenschaftler, der Politiker und der Unternehmer übernahmen ganz einfach die Funktionen, die der Priester, der Monarch und der Aristokrat im vorherigen Paradigma innehatten, und um diese *Triade* herum bildet sich ein Machtgefüge, das durch sein verheerend effizientes inneres *Gleichgewicht des Schreckens* langfristig tragfähig ist. Denn sobald einer der drei versucht, sein Territorium auf Kosten der anderen zu erweitern, schließen sich die beiden anderen zusammen, um den Herausforderer in seine Schranken zu weisen. Die Machtverteilung ist fein ausbalanciert, und die Struktur ist so, wie sie war, als der Priester, der Monarch und der Adlige sich während des Feudalismus ständig beobachteten, herausforderten und sich gegenseitig aufmischten. Diese Machtstruktur in Form einer *Schreckens-Triade* bleibt dann mit bemerkenswerter Effizienz bestehen, solange keine neue Form der dominanten Informationstechnologie neue Talente auf einer neuen Ebene der Immanenz erfordert und damit die Tür zu einem neuen historischen Paradigma öffnet. Ist dieses Ende erst einmal eingetreten, erodiert das gesamte Fundament der alten Terrortriade; alle drei Beteiligten sind gleichzeitig einer allmählich immer dringlicher werdenden Legitimationskrise ausgesetzt. Das gesamte Fundament der Struktur und damit ihre metaphysische Geschichte bricht unter dem Druck der neuen Art der Informationsverarbeitung zusammen.

Als Isaac Newton – der sieben Jahre alt ist, als René Descartes 1650 in Stockholm erfriert – mit seinem Buch *Philosophiæ Naturalis Principia Mathematica* den Grundstein für die so genannte klassische Mechanik legte, bedeutete dies, dass er die kartesianische Vorstellung von der Abwesenheit Gottes praktisch in ein aktualisiertes Weltbild in der Physik übersetzt hatte. Damit erzeugte er ein Muster für alle Wirtschafts- und Sozialwissenschaften, das in Zukunft die Wahrheit liefern würde, die das kapitalistische Paradigma braucht: Unermeßliche intellektuelle Energie wird dann darauf verwendet, durchweg fiktive Modelle zu bauen, um erträumte Gleichgewichte zu veranschaulichen, die mit wenigen Ausnahmen in keiner gesellschaftlichen Realität zu beobachten waren, ja die stattdessen dramatisch veränderbar waren und die gerade deshalb eine intensive Sehnsucht nach Sicherheit, Ordnung und Stabilität erzeugten. Newton nährte die Hoffnung auf eine Welt und eine Gesellschaft, die von ewigen, unveränderlichen Naturgesetzen geregelt wird, dies im Gegensatz zu einer Existenz, in der ein mehr oder weniger launischer Schöpfergott unaufhörlich eingreift und die Voraussetzungen verändert. Für das kraftvolle, statusbewusste und machthungrige Individuum bedeutet es einen erheblichen Wettbewerbsvorteil, diese Naturgesetze messerscharf zu kennen. Die Natur liegt vor einem und wartet auf die Unternehmer, die ihre scheinbar unerschöpflichen Ressourcen für ihren eigenen, wohlverdienten Gewinn ausbeuten; nur Unwissenheit und mangelnde Innovation sind die Hindernisse, die den Weg versperren. Für die Informierten gibt es im Prinzip keine Grenze des Machbaren.

Diese unternehmungslustigen Individuen hervorzubringen wurde zur Hauptaufgabe der Wissenschaft, insbesondere der unternehmungslustigen Individuen, die Kolonialreiche und kommerzielle Unternehmen leiten. Die Wissenschaft wird in den Dienst der Bourgeoisie gestellt, und das kartesianische Individuum, die Fiktion, die der Kapitalismus zum transzendentalen Ideal erhoben hat, schwebt über dem gesamten Projekt. Diese Entwicklung läuft wie ein Uhrwerk nach den transformativen Revolutionen in Amerika und Frankreich im späten 18. Jahrhundert, die noch immer in der ganzen Welt nachhallen. Aber eigentlich geht es hier gar nicht um irgendwelche authentischen Revolutionen, sondern lediglich um ganz logische, erwartete Machtverschiebungen, die die technologischen und ideologischen Revolutionen, die einige Jahrhunderte zuvor stattgefunden haben, bestätigen und von ihnen abgeleitet sind. Es sind die beiden synchronisierten Innovationen der Druckmaschine (1450) und des Individuums (1637), die die einzigen wirklich revolutionären Phänomene in diesem Zusammenhang darstellen. Alles andere – die Alphabetisierung als Massenphänomen, die Bildung, der wissenschaftliche Fortschritt, die neue politische Öffentlichkeit mit Cafés, Salons und später politischen Parteien, der Industrialismus, die parlamentarische Demokratie, die Entmachtung der Aristokratie durch die Bourgeoisie, die Eroberung der so genannten Dritten Welt durch das imperialistische Europa usw. – sind ganz einfach Effekte, die mit der Druckerei und ihren ideologischen Konsequenzen zusammenhängen und ohne die sie alle völlig undenkbar sind.

Die dritte Phase ist das zügellose und gewalttätige Getriebe der Macht der neuen Technologie. Dieser plötzlich entstandene Zustand ist im Wesentlichen anarchisch; wir nennen ihn *das große Chaos*. Da wir Menschen dazu neigen, die Bedeutung von uns selbst und unseren Ideen für den gesellschaftlichen Wandel zu überschätzen, während wir die Auswirkungen der Technologie meist unterschätzen, verwechseln wir nicht selten dieses Getriebe – also die Konsequenzen der Revolution – mit der Revolution als solcher. Zunächst einmal werden die neuen Meister im großen Chaos weiterhin nach der Metaphysik und den Modellen des alten Paradigmas arbeiten, eine Handlungsweise, die wir unter der Überschrift *der großen Naivität* subsumieren. Aber früher oder später wird diesen Herren klar, dass die große Naivität keinen Zweck erfüllt, sondern im Gegenteil kontraproduktive Konsequenzen hat, weshalb man gezwungen ist, die Energien im großen Chaos gemäß den neuen Voraussetzungen zu kanalisieren, die im Zusammenhang mit der deutlich werdenden Agenda der neuen Metatechnologie auftauchen.

Es ist ganz einfach so, dass die neuen Bedingungen, die mit zunehmender Klarheit und Betonung auftauchen, Mechanismen erzeugen, die beginnen die Elemente auszusortieren, die unter dem alten System Erfolg brachten, und stattdessen ganz andere Verhaltensweisen und Talente belohnen, woraufhin der Prozess in die vierte und letzte Phase des Paradigmenwechsels übergeht. Dieser Übergang kann in dem Moment stattfinden, in dem die neue, aufsteigende Klasse in größtmöglicher Entfernung zur Machtelite des alten Paradigmas sowie zu den Kämpfern des großen Chaos steht und wenn diese Gruppe die Tatsache ausnutzt, dass man nun tatsächlich den denkbar besten Überblick über den anhaltenden Tumult hat und gleichzeitig erkennt, dass das, was bestimmt, wie sich die Ereignisse entfalten, die Domestizierung der dem neuen Paradigma innewohnenden Kraft ist. Genau das tun die Hauptakteure der vierten Phase – sie zähmen die sozialen Dynamiken, die durch die technologische Revolution entstehen, und formen diese

Kräfte nach ihren eigenen Zwecken. Sie personifizieren die neue Metaphysik, indem sie sie im Wesentlichen selbst schaffen und damit Macht beanspruchen. Die Ähnlichkeit zwischen z.B. den Pharaonen des alten Ägyptens und den Industriellen des modernen Europas ist nicht unbedeutend und auch nicht zufällig. Wenn diese Schwelle einmal überschritten ist, kann sich der Paradigmenwechsel im gesamten gesellschaftlichen Körper ausbreiten und sich allmählich in absolut allem niederschlagen, und zwar sowohl durch die neue Metaphysik als auch durch das neue Weltbild und die neuen Modelle, die der neue Hauptakteur des Spielfeldes entweder selbst konstruiert oder an die einzigartigen Voraussetzungen der neuen Technologie anpasst – eine Interaktion zwischen Mensch und Technologie, bei der der Mensch die historische Konstante ist.

Was letztlich den endgültigen Machtkampf bestimmt, ist die Kontrolle über das Talent und die Fähigkeiten, die das neue Paradigma verlangt. Es kann nicht anders, als damit zu enden, dass die Akteure, die von den neuen Bedingungen begünstigt werden, nach der Macht greifen. Das neue, hochgeschätzte und intensiv gefragte Talent – oder besser gesagt, die Kontrolle und die Kuratierung neuer Talente – ist die Ressource, die sich in Machterhalt verwandeln lässt. Wenn sich der Staub auf dem Schlachtfeld gelegt hat, ist der Paradigmenwechsel abgeschlossen. Dann ist es notwendig, den gesamten Laden umzudekorieren: Eine neue Metaphysik verherrlicht die neue herrschende Klasse, während die alte Metaphysik mit dem Fall der Verlierer stürzt und der neuen Unterklasse als unzureichender Trost dienen soll, wenn die neue Macht notwendige, schmerzhafte Veränderungen vornimmt. Denn was die Unterklasse gerade zu einer Unterklasse macht, ist, dass sie lediglich dazu in der Lage ist, auf all die Veränderungen zu reagieren, die alles Feste vergänglich machen; es fehlt ihr völlig die Handlungsfähigkeit, wie Nietzsche beobachtet. Wenn das primitivistische Nomadenvolk sesshaft und agrarisch wird, sind es folglich die verarmten Bauern, die sich auf den Feldern abrackern und sich an den überholten Polytheismus und den Ahnenkult klammern, die die neue Elite bereits abgeschafft hat. Und ebenso sind es die ausgelaugten Arbeiter, die in schmutzigen Fabriken schuften, die sich hartnäckig an die monotheistische Religion des Feudalismus klammern. Diese Religion konnte natürlich verschiedene Ausdrücke annehmen und entweder das ewige Paradies nach dem Tod oder das klassenlose Paradies nach der Revolution predigen – im Großen und Ganzen war es egal, welches von beiden, denn beide sind Beispiele für die gleiche Form eines linearen Aberglauben-Komplexes.

Das wiederum erklärt, warum sich die christlichen Bauern so freiwillig durch ein Mindestmaß an Alphabetisierung in kommunistische Arbeiter verwandeln ließen. Man erkannte sofort die Erzählung, es war ganz einfach dieselbe fantastische Geschichte in der Wiederholschleife, diesmal mit einem Furnier aus städtischem Fabrikruß anstatt aus ländlichem Lehm. Es ist bemerkenswert, wie unabhängige Kirchen mit ihrer hybriden Theologie – dem individualistischen Protestantismus – parallel entstanden, buchstäblich Seite an Seite mit den aufkommenden Gewerkschaften und der Abstinenzbewegung des 19. Jahrhunderts. Nicht selten überlappten die verschiedenen Mitgliederverzeichnisse in hohem Maße. Und wenn diese scheinbar disparaten Ideologien nun ihr Ende finden, so tun sie dies gemeinsam, Hand in Hand, als schwache, kaum wahrnehmbare Gespenster alter Identitäten, denen heute sowohl Konturen als auch Substanz fehlen, ausgelöscht durch die herrschenden Bedingungen in der Netzwerkgesellschaft. Weder die unabhängigen Kirchen noch die Gewerkschaften oder die Säufer werden in einer Gesellschaft genährt, in der der Nationalismus – mit seinen Forderungen nach dividueller Verantwortung gegenüber einer realen oder verinnerlichten Autoritätsfigur – durch das Globale Empire und seine virtuelle Netzdynamik irrelevant gemacht wird. Sie ähneln den Dinosauriern nach dem schicksalhaften Meteoriteneinschlag. Digitalisierung und Globalisierung bilden zusammen die zweiköpfige Todesschwadron, die alle drei gnadenlos exekutiert.

Wenn das neue Konsumtariat in der Netzwerkgesellschaft die Gruppe ist, die sich am eifrigsten an die metaphysischen Ideale und Fiktionen des alten Paradigmas klammert, wiederholt sich die Geschichte auf diese Weise mit beinahe erschreckender Klarheit. Es ist ebenso selbstverständlich wie kontraproduktiv und sinnlos für die konsumierende Unterschicht, über die magische, aber kaum wahrscheinliche Wiederauferstehung des Individualismus, Atomismus, Nationalismus und Industrialismus zu fantasieren. Wann immer wir jemanden hören, der seinen überzeugten Glauben zum Ausdruck bringt, er sei ein Individuum oder gehöre einer bestimmten nationalen Identität an, während er kein Zugehörigkeitsgefühl zu einer vitalen, subkulturellen Gemeinschaft hat, dann können wir sicher sein, dass wir es mit einem aufrichtigen Konsumenten [consumtarian] zu tun haben. Wir nennen diese populäre, aber nicht besonders gut durchdachte Schaufeln des eigenen Grabes *die tragische Nostalgie*. Es ist schwer, die tragische Nostalgie als etwas anderes zu betrachten als die gefährlichste Ideologie, die während und nach einem Paradigmenwechsel aufkeimt. Einige Beispiele für tragisch nostalgische Verliebtheiten in der Ideengeschichte sind die nomadische mongolische Invasion in Zentralasien im 13. Jahrhundert, der deutsche Nazismus der 1930er Jahre und der Islamismus im Nahen Osten zu Beginn des 21. Jahrhunderts. Es ist also nicht die aufkommende Machtelite, die man zu fürchten hat, zumindest nicht am Anfang: Die Gruppen, die für die brutalsten und zugleich verwirrendsten Gewaltausbrüche und Gräueltaten der Geschichte verantwortlich sind, sind die tragischen Nostalgiker, die ihren Blick fest zurück auf eine Reihe von Fiktionen richten, denen es an greifbarer Relevanz in einer Gegenwart fehlt, die die tragischen nostalgischen Träume um jeden Preis zerreißt.

Das ist die Banalität des Bösen in seinem eigentlichen Sinn: kein listiges und berechnendes Böse, wie es in den literarischen Geschichten der Antihelden oft sein kann, sondern im Gegenteil ein infantiles und unreflektiertes Böse, das in erster Linie durch den Sog angetrieben wird, der in dem pathologischen Vakuum entsteht, das wir das *Syndrom des abwesende Phallus* nennen können. Das Schrecklichste ist also nicht, dass sich hinter dem Bösen irgendein Dämon verbirgt, sondern dass das wahre Böse durch die Kraft seiner Banalität so mächtig wird und sich gerade deshalb so erschreckend schnell und leicht ausbreitet, weil es keinerlei Dämon in sich birgt. Es ist ganz einfach fesselnd, die kollektive Ausübung von Aggression ist berauschend. Hinter all den Mythen, die von irrationalen und daher gewalttätigen Göttern sprechen, steht immer die Einsicht, dass der Gewalt ein Gott fehlt, was bedeutet, dass es niemanden gibt, der die Verantwortung dafür übernimmt. Statt Dämonen sind es selbstbemitleidende Menschen, die für das verantwortlich sind, was wir als das Böse bezeichnen. Wenn man sich selbst als Opfer sieht, hat man bereits alle Mittel gerechtfertigt, die man für notwendig erachtet, um die von der Welt geschuldete Wiedergutmachung zu erreichen. Wer sich selbst wirklich leid tut, ist derjenige, der die schlimmsten Gräueltaten begeht und dem es an der Fähigkeit fehlt sich in andere Menschen einzufühlen. Der Dämon des Bösen ist immer ein verwöhntes Gör, das jeder Laune nachgibt, die an die Oberfläche kommt, ein Kind, das an die *Mamilla*, die grenzenlos großzügige matriarchalische Brust, gefesselt ist, erschrocken bei dem Gedanken an die anspruchsvolle Darstellung der harten und lästigen Welt außerhalb der kindlichen und verlogenen Märchenwelt durch den authentischen Phallus. Es ist besser, sich in der Armee des falschen Phallus zu verstecken, wo das unschuldige *Abjekt* für absolut alles, was falsch gelaufen ist, verantwortlich gemacht wird, um eine Konfrontation mit der phallischen Wahrheit um jeden Preis zu vermeiden.

War Gutenbergs Druckmaschine die technologische Innovation, die ab 1450 den Weg für die folgenden 500 Jahre des Massenmedienzeitalters ebnete, so ist die Ankunft des Individualismus mit der *Aufklärung* im 17. Jahrhundert die zweite Stufe des vorangegangenen Paradigmenwechsels. Und dieses goldene Zeitalter des Individualismus wird, wie erwähnt, mit dem populärsten Tweet der Weltgeschichte eingeleitet: „Ich denke, also bin ich", formuliert von René Descartes im *Bericht über die Methode* von 1637. Mit diesem Satz legt Descartes etwa in der Mitte der Zeit zwischen der Ankunft der Druckerpresse in Deutschland (der technischen Revolution) und dem Ausbruch der französischen „Revolution" 1789 in Paris (dem großen Chaos) den Grundstein für die nachfolgende *Philosophie der Aufklärung* – die also die Druckerpresse als materiell-technologische Voraussetzung und die Französische Revolution als ihre offensichtlichste Konsequenz hat – aber auch für die *Wissenschaft* zur Wahrheitsproduktion, für die herrschende Klasse der *Bourgeoisie*, und damit auch den Individualismus, Atomismus, Industrialismus und Nationalismus, die die historische Konfiguration, die wir in dem Begriff des *kapitalistischen Paradigmas* zusammenfassen, beherrschen würden.

Gott ist noch nicht tot, aber Descartes entzieht Gott die Rolle der notwendigen Grundlage der Metaphysik, indem er ihn aus der Welt hinausbegleitet, in der sich all die hektische Aktivität abspielt und in der wir darum kämpfen, uns zu Herren der Schöpfung zu machen. Der prominenteste Akteur der kartesianischen Revolution ist stattdessen das freidenkende und selbstkritische *Individuum*, das menschliche Nebenprodukt der Druckerei und der Tageszeitung, das in der rasch expandierenden Stadt eine beträchtliche Macht für sich selbst erlangt, indem es die neue Druckmaschine zur Herstellung von Banknoten – anstatt der Ernennungen und den Almosen der alten Monarchie – und durch die Kontrolle der immer effizienteren und profitableren Fabriken nutzt – anstatt die Nahrungsmittelproduktion der Landgüter zu erobern und zu versuchen, diese als Machtbasis zu nutzen. Der Individualismus bildet das Fundament der modernen Gesellschaft und der sie tragenden Supraideologie, der *Moderne*, mit dem *Fortschritt* in der Geschichte als metaphysischem Motor; Konservatismus, Liberalismus sowie Sozialismus sind daher Ausdruck derselben fundamentalen modernistischen Supraideologie, bei der die Entwicklung letztlich auf das Individuum selbst projiziert wird. Innerhalb dieser Religion kann sich jeder irgendwo ständig zu verbessern – ohne je Gnade oder Vergebung zu erhalten – mit dem Ziel, die essentielle Subjekterfahrung zu erreichen, die trotz aller Bemühungen doch nie zustande kommt. So baut der Kapitalismus das perfekte, libidinöse Hamsterrad, die *Selbstverwirklichung*, angespornt durch das strengste aller Freudschen Über-Ichs, nämlich den verinnerlichten Polizisten, dem der französische Philosoph und Historiker Michel Foucault den Löwenanteil seiner Karriere widmet. Der spätkapitalistische Mensch lässt sich also am besten als eine mechanische *Wunschmaschine* beschreiben, die ständig im Leerlauf tuckert, in einer Art manischen, masochistischen Schleife, die auf eine Zielgerade wartet, die niemals erscheint und die ein Ende hat, das sich nie einstellt.

Descartes' Mut liegt darin, zum ersten Mal in der westlichen Geschichte eine Metaphysik zu formulieren, die den Schöpfergott als

Ursprung von allem ignoriert, indem er stattdessen das Individuum selbst – in der Eigenschaft als Philosoph und Wissenschaftler und vor allem als bürgerlicher Leser von Texten, die von den Errungenschaften des Philosophen und Wissenschaftlers sprechen – zum Zentrum der Existenz macht. Wenn Nietzsche in seinem Werk *Also sprach Zarathustra* von 1883 verkündet, dass „Gott tot ist, und wir ihn getötet haben", so fasst er damit lediglich eine Entwicklung zusammen, die mit Descartes aufgezwungenem Rückzug und der Marginalisierung Gottes als metaphysisches Axiom mehr als 200 Jahre zuvor begonnen hatte. Nietzsche vollendet die kartesianische Revolution, indem er Napoleon als das ultimative Individuum hervorhebt, dass in seiner Eigenschaft als derjenige, der mit höchster Selbstdisziplin das dem Individualismus innewohnende Versprechen verwirklicht und vollendet hat. Napoleons lesekundige Armee – die erste ihrer Art in der Geschichte – weist sowohl nach Hegel als auch nach Nietzsche auf Napoleon als das *verwirklichte Individuum schlechthin* hin.

Wie bei Gott vor ihm wird das Individuum bald zum Gegenstand eifriger Studien und endloser Diskussionen inmitten der Theologen der neuen Zeit: der humanistischen Akademiker. Das Individuum kann natürlich als ein physiologisches Phänomen beschrieben werden, in der Herangehensweise der *Psychiatrie*. Man kann es auch als ein sozialwissenschaftliches Phänomen beschreiben, in der Herangehensweise der *Psychologie*. Aber das Individuum kann auch aus seinen inneren Phantasiewelten heraus beschrieben werden und wie diese ständig mit der problematischen Umgebung kollidieren: als ideologisches Phänomen, was in der *Psychoanalyse* in Form von Fallstudien geschieht, in denen die gesamte Geschichte der Philosophie auf die dividuelle Person projiziert wird. Da die Psychoanalyse mittels spekulativer Überlegungen und nicht durch empirische Beweisführung durchgeführt wird, muss sie, so wie ihre Verwandte, die Philosophie, als eine Kunstform und nicht als eine reguläre Wissenschaft betrachtet werden. Innerhalb der Psychotherapie wird das Individuum als ein kranker *Patient* betrachtet, der durch medizinische und sozialwissenschaftliche Forschung geheilt werden soll, um Glück und Produktivität zu erlangen und umso das ihm innewohnende Potential zu verwirklichen. Innerhalb der Psychoanalyse wird der zerrissene Mensch jedoch als verwirrter *Analysand* behandelt, der hoffentlich eine philosophische Aufklärung über den illusorischen Aspekt seiner eigenen Subjekterfahrung inmitten einer Gesellschaft erreichen kann, die selbst auf pathologisch konditionierten Mythologien aufgebaut ist.

Man könnte dies damit ausdrücken, dass die Psychiatrie das Heilmittel, das den Weg zum Glücklichsein ebnet, im Medizinschrank sucht, ohne die umgebende Gesellschaft zu hinterfragen. Auf ähnliche Weise sucht die Psychologie das Heilmittel, das zum Glück führen soll, im sozialwissenschaftlichen Empirismus, ohne die ideologischen Glaubensinhalte der umgebenden Kultur in Frage zu stellen. Aber innerhalb der Psychoanalyse gibt es kein anderes Heilmittel als die Einsicht, dass es letztlich kein Heilmittel für die existenzielle Notlage des Menschen in einer fundamental pathologischen Welt gibt. Das Lustprinzip wird immer im Konflikt mit dem Realitätsprinzip stehen. Selbst unsere bewusste Überzeugung, dass wir um jeden Preis in allen Situationen überleben wollen, unsere *Libido*, ist eigentlich ein Verleugnungsmechanismus, eine Verdrängung unseres noch tiefer sitzenden, aber aufwendig verborgenen Todestriebs, unseres innersten Wunsches, nicht mehr zu existieren, des *Mortido*, der unser Unterbewusstsein antreibt. Aber zu dieser tieferen Ebene hat der Mensch keinen Zugang durch irgendeine empirische Forschung; die Wissenschaft mag vielleicht mit der Suche des Menschen nach Glück ringen, aber sie hat nichts über irgendeine Form existentieller Wahrheit zu sagen. Hier gibt es folglich keine anderen Werkzeuge als die *spekulative Logik*, die auf den historischen Voraussetzungen der jeweiligen Person basiert.

Es sollte nicht überraschen, dass Psychiatrie und Psychologie, die sich an der Erklärung und Kontrolle der dividuellen Person orientieren, früher oder später ihre wissenschaftlichen Ambitionen auf das soziale Kollektiv richten, um auch dieses zu erklären und zu kontrollieren. So tritt im 19. Jahrhundert die *Soziologie* – vertreten durch Persönlichkeiten wie Auguste Comte, Karl Marx, Herbert Spencer und Emile Durkheim – auf den Plan, mit dem Ehrgeiz, das Individuum in der Gesellschaft, die nach der Französischen Revolution entsteht, zu erforschen und zu positionieren. Natürlich schrieben schon Platon im antiken Griechenland, Konfuzius im alten China, Zarathustra im alten Iran und Ibn Khaldun im mittelalterlichen Nordafrika umfassende Texte über die gesellschaftliche Arena und stellten verschiedene Ideale einander gegenüber. Doch die Soziologie im 19. Jahrhundert bricht noch immer radikal mit allen bisherigen Gesellschaftstheorien, da sie vom Individualismus als Axiom ausgeht. Es ist das Lesen, Schreiben und Zählen – und damit auch der autonome Mensch, was äußerst zentral ist: Wenn der Mensch im Zentrum der Existenz steht, wird er nun in die soziale Sphäre gestellt, statt umgekehrt. Es geht nicht mehr darum, wie hoffnungsvoll gutherzige Monarchen und Priester eine Schar von Untergebenen zum Glück führen sollen, sondern darum, wie sich das Individuum als Mittelpunkt der Existenz inmitten einer Gesellschaft, die von unzähligen anderen, konkurrierenden Individuen bevölkert ist, verwirklichen soll. Die Soziologen bewegen sich daher frei im Grenzbereich zwischen empirischer Forschung und politischem Idealismus, wo sie die Rolle der selbsternannten Ideologieproduzenten der kapitalistischen Gesellschaft übernehmen.

Wenn Psychiatrie und Psychologie jedoch keinen Zugang zur grundlegenden existenziellen Problematik des Menschen haben, sondern gezwungen sind, die kritische Phase dieser Aufgabe der Psychoanalyse zu überlassen, muss das gleiche für das menschliche Kollektiv mindestens in gleichem Maße in seiner Anwendung in der dividuellen Person gelten. Die Soziologie kann niemals etwas anderes tun, als mit einer Reihe mehr oder weniger willkürlich zusammengesetzter Annahmen über den Menschen und die Gesellschaft und deren Interaktion zu tanzen, Annahmen, die nur deshalb als selbstverständlich vorausgesetzt werden, weil sie sich auf das herrschende Machtgefüge berufen, was sie jedoch nicht ewig gültig oder auch nur annähernd empirisch überprüfbar macht. Hier wird die Notwendigkeit einer *Sozioanalyse* deutlich. Um zu verstehen, was mit und in uns Menschen im Zusammenhang mit der Ankunft des Internet-Zeitalters – mit seiner explosionsartigen Entwicklung von *Digitalisierung*, *Globalisierung* und *Knotenpunktbildung* – geschieht, reicht es bei weitem nicht aus, von den gleichen alten, überholten Modellen auszugehen und immer wieder mit dem gleichen alten Empirismus herumzusitzen und zu basteln. Das Problem ist nicht, dass die

Messungen fehlerhaft sind, sondern dass wir ganz einfach die falschen Dinge messen, und zwar wegen irrelevanten Grundannahmen. Die Modelle selbst, das Menschen- und Weltbild selbst, müssen grundlegend hinterfragt werden, und dazu bedarf es einer philosophischen und nicht einer empirischen Revision der Tätigkeit. Die Sozioanalyse bietet genau diese tiefere, spekulative Logik, im Gegensatz zur empirischen Forschung der Soziologie, die sich an oberflächlichen Phänomenen orientiert. Wenn die Philosophie die Metaperspektive für die wissenschaftlichen und empirischen Disziplinen bietet – es gibt aus naheliegenden Gründen eine Wissenschaftsphilosophie, aber keine Wissenschaft der Philosophie –, bedeutet dies, dass die Psychoanalyse am besten als *Metapsychologie* verstanden und die Sozioanalyse entsprechend als *Metasoziologie* betrachtet werden muss.

Die Sozioanalyse und die Notwendigkeit dafür entstanden natürlich nicht plötzlich aus einem Vakuum heraus. Bereits in den 1920er Jahren beginnen die „neomarxistischen" Soziologen und Sozialpsychologen der sogenannten Frankfurter Schule (Institut für Sozialforschung) – mit Vertretern wie Theodor Adorno, Max Horkheimer, Erich Fromm und Herbert Marcuse – eine *Ideologiekritik* zu betreiben, indem sie die politische Soziologie von Karl Marx mit der immer einflussreicher werdenden Psychoanalyse von Sigmund Freud vermengten. Gleichzeitig verlagerte der alte Freud selbst seinen Schwerpunkt von der Behandlung dem dividuellen Analysanden auf die kollektiven Wahnvorstellungen der Gesellschaft und die dahinter stehenden Mechanismen in Büchern wie *Totem und Tabu* (1913), *Die Zukunft einer Illusion* (1927), *Das Unbehagen der Kultur* (1930) und *Der Mann Moses und die monotheistische Religion* (1937). Auf Freud und die Frankfurter Schule folgt im späteren Verlauf des 20. Jahrhunderts eine lange Reihe von Denkern im Grenzbereich zwischen Philosophie und Sozialanalyse, etwa George Herbert Mead, Jacques Lacan, Michel Foucault, Jürgen Habermas, Gilles Deleuze, Julia Kristeva und Slavoj Žižek. Eine Sozioanalyse für das Internet-Zeitalter, die ihr Geld wert ist, muss natürlich auf den Leistungen dieser Gesellschaftstheoretiker aufbauen. Aber sie scheut sich nicht, die individualistischen Mythen in Frage zu stellen, die diese Denker als Axiome von Descartes und seinen vielen einflussreichen Interpreten wie Jean-Jacques Rousseau und Immanuel Kant geerbt haben. Eine seriöse Sozioanalyse für das Internet-Zeitalter muss daher das gesamte individualistische Weltbild und sein Geschichtsbild zerreißen und dekonstruieren. Der Individualismus ist tot. Er funktioniert nicht mehr in einer zunehmend verfeinerten Netzwerkgesellschaft. Was verdrängt ihn also? Und wie?

Beginnen wir mit der Feststellung, dass der Informationalismus von drei gigantischen Bewegungen beherrscht wird: *Digitalisierung*, *Globalisierung* und *Knotenpunktbildung*. Das Internetzeitalter erhält seinen Namen von der *Internetionalisierung* von Mensch und Gesellschaft. Milliarden von Menschen und Objekten sind vermittels komplizierter, interaktiver Netzwerke miteinander verbunden, und diese Netzwerke und ihre Knotenpunkte und Datenströme bilden die neue digitale Gesellschaft und nicht die zunehmend sekundären städtischen und ländlichen Gesellschaften im sogenannten realen Leben. Die virtuelle Welt ist die neue primäre Welt, von der alles andere abweicht; die bisher völlig dominierende physische Welt ist sekundär geworden. Die digitale Gesellschaft ist flach strukturiert und zunehmend transparent im Vergleich zur modernistischen Gesellschaft, die wir hinter uns lassen. Das bedeutet aber keineswegs, dass wir auf dem Weg in die klassenlose Gesellschaft sind (siehe *The Netocrats*). Es entstehen neue Machtstrukturen, nicht zwischen einzelnen Menschen, sondern zwischen den verschiedenen Netzwerken, die Menschen mit ihren Mitmenschen bilden. Nicht alle Knotenpunkte sind gleich mächtig. Bestimmte Knoten beeinflussen in jeder Sekunde Millionen von menschlichen und technologischen Akteuren, andere Knoten beeinflussen kaum etwas in ihrer Umgebung. Ein ursprüngliches Chaos, das nach und nach Knoten als Zentren gewinnt, wird in der Sozioanalyse als *Plurarchie* bezeichnet (siehe *The Netocrats*). Die Netzwerkgesellschaft ist also in einer frühen Phase vor allem eine plurarchische Gesellschaft, was bedeutet, dass es sich für uns lohnen sollte, frühere Plurarchien in der Geschichte und nicht etwa Demokratien zu studieren, um das, was in unserer Gegenwart geschieht, gründlicher zu verstehen.

Zum Beispiel, Millionen von Anhängern zu haben oder einfach nur ein paar Dutzend Anhänger in den sozialen Medien zu haben, schafft eine enorme Diskrepanz, was den Einfluss betrifft. Aber wir würden auf die schiefe Bahn geraten, wenn wir von diesen Diskrepanzen in Macht und Einfluss in Verbindung mit dem dividuellen Menschen sprechen würden. Vielmehr handelt es sich um Macht- und Einflussunterschiede zwischen verschiedenen Netzwerken, je nachdem, wo in der vorherrschenden Netzwerkpyramide die betreffenden Netzwerke angesiedelt sind (siehe *The Netocrats*). Die Macht hat sich eher in ein netzwerk-dynamisches als ein individualistisches Phänomen verwandelt. Eine korrekte und funktionale Machtanalyse der Netzwerkgesellschaft muss daher netzwerk-dynamische statt individualistische Modelle verwenden, sonst sucht sie an den falschen Stellen nach der neuen Machtstruktur und missversteht völlig den gesamten Problemkomplex. Der Individualismus ist als Erklärungsmodell für die Netzwerkgesellschaft ebenso überholt wie die Theologie nach ihrem Zusammenbruch als Erklärungsmodell für die Naturwissenschaften nach der Aufklärung im 17. Jahrhundert. Wenn der Individualismus in den neuen Macht erzeugenden Netzwerken eher bestraft als gefördert wird, ist er natürlich sowohl als ethisches Ideal als auch als sozialanalytisches Erklärungsmodell irrelevant. Entsprechend wurde die Theologie zu einer Belastung in den naturwissenschaftlichen Labors und lebt heute als Überbleibsel der Vergangenheit in dem vor allem amerikanischen und arabischen Wahnsinn, der *Kreationismus* genannt wird, ihre letzten verbitterten Tage aus.

In unserem Buch *Syntheismus – Gott im Internetzeitalter erschaffen* berichten wir ausführlich über den inkrementellen Übergang von Kants vollendetem kartesischen Individualismus im 18. Jahrhundert – der korrelationistischen Metaphysik zwischen Subjekt und Objekt – über Nietzsches revolutionierenden Relativismus im 19. Jahrhundert (alle Objekte sind in ständiger Bewegung zueinander und das Subjekt ist nur ein Objekt unter anderen) – bis hin zu der relationalistischen Revolution, die Alfred North Whitehead innerhalb der Philosophie und Niels Bohr innerhalb der Quantenphysik in den 1920er Jahren durchführt. Whitehead vollendet damit die Nietzscheanische Revolution, „mehr Nietzsche als Nietzsche selbst“, indem er das fundamentale Objekt zerschlägt und die Metaphysik auf lediglich dividuellen Ereignissen aufbaut, die, sobald sie entstehen, vorbei sind, wo *Beziehungen* das Wesentliche sind, die ihre bezogenen Dinge [relata] schaffen, anstatt andersherum. Aus philosophischer Sicht überträgt Bohr dann einfach die Whitehead'sche Revolution auf die Quantenphysik, indem er das Feld statt des Teilchens zum primären Aspekt der Physik macht. Anstelle der Quantenmechanik sollten wir daher von der *Quantenorganik* sprechen.

Als das Internet in den 1980er Jahren entstand, brauchte es eigentlich nichts anderes als klassische spekulative Logik, um zu verstehen, dass Whiteheads Relationalismus plötzlich als Metapher für die neue, entstehende digitale Arena sehr nützlich wird. Der neue soziale Relationalismus lehrt folglich, dass es eigentlich gar keine Dividuen gibt, sondern nur das, was wir *reine Beziehungen* ohne jegliche materielle Substanz im klassischen Sinne nennen. Und aus diesen reinen Beziehungen heraus entstehen nach jeder Begegnung zwischen menschlichen Körpern und Gehirnen, sowohl physisch als auch virtuell, eher Dividuen als Individuen als illusorisches Phänomen. Die Erfahrung von *Dividualität* entsteht nur als Folge des Dividuuums, das den Raumes oder des Gesprächs mit den anderen Akteuren verlässt, in dem die Beziehungen stattfinden. Es gibt kein Dividuum, das die Beziehungen leitet, es gibt nur ein Dividuum, das das Nebenprodukt der Beziehungen ist, die ständig im Gange sind und das Dividuum zu einem ständigen Wandel anspornen, der das Dividuum zu einem ständig veränderten Ereignis macht und zu nichts anderem. Oder um den klassischen Einzeiler des altgriechischen Philosophen Heraklit zu verwenden: „Man kann nicht zweimal in denselben Fluss hineintreten.“ Es geht nicht nur darum, dass der Fuß nicht zweimal derselbe ist, wie ein Schüler von Heraklit schnell feststellt. Es ist nicht einmal derselbe Besitzer des fraglichen Fußes. Alles hat sich verändert, alles ist anders angeordnet; Zeit ist ein anderes Wort für Veränderung. *Panta rei*, alles fließt, wie auch Heraklit die Sache ausdrückt. Das Problem ist nicht, wie Marx behauptet, dass der Kapitalismus bedeutet, dass alles Feste in der Luft zerfällt. Sondern die ganze Vorstellung, dass etwas überhaupt fest sein könnte, ist eine reine und ideologisch bedingte Illusion. Stabilität war die Fiktion, die Newton auf Nachfrage lieferte. Aber es existieren nur Ereignisse, wie Whitehead behauptet, es gibt, ontisch gesprochen, überhaupt keine Objekte.

Das Gefühl der Gemeinschaft zwischen den dividuellen Ereignissen, das Gefühl, dass ein und dasselbe unveränderliche oder zumindest nur langsam veränderbare Dividuum einen bestimmten Körper ständig bevölkert, ist also eine Täuschung. Die Netzwerkgesellschaft hat dieses Gefühl nicht nur als Halluzination entlarvt, sondern muss es, da es eine ernsthafte Belastung darstellt, in die Kälte hinausschicken. Der Individualismus ist bereits in die digitale Unterschicht hinabgestiegen. Es ist das neue Konsumtariat in der unteren Gesellschaftsschicht, das sich im Internet-Zeitalter narzisstischen Kompensationsverhaltens verschreibt. Die herrschende Netokratie hingegen unterhält sich durch Vernetzung um ihrer selbst willen. Nach ihren neuen Idealen ist es der *Schwarm*, das plötzlich auftauchende Ereignis kollektiver Kreativität, der das Ziel und der Sinn davon ist, ein erfolgreicher Bürger in der Netzwerkgesellschaft zu sein. Der Name dieses Ereignisses ist *Syntheos*, der Gott, den die Netokraten selbst erschaffen und nicht irgendjemand oder irgendetwas, von dem man sich selbst als erschaffen betrachten könnte. Der netokratische Syntheismus ersetzt auf diese Weise den individualistischen Fortschritt als Metaphysik des Internetzeitalters. Denn was ist dieser Syntheos, wenn nicht der endgültige *Phallus*, nicht vorher von oben durch die Natur oder die Geschichte gegeben, sondern erst erschaffen und dann vom netokratischen Schwarm angebetet.

Die authentische Psychoanalyse ist das einzige Forum, in dem wir uns nicht ungestört dem Genuss in einer ansonsten genussbesessenen zeitgenössischen Gesellschaft widmen dürfen. Vor allem gelingt es der Psychoanalyse, drei Bereiche in Frage zu stellen und anzugreifen, in denen der Genuss zum unumstrittenen Axiom unserer Zeit geworden ist: das sexuelle, berufliche und spirituelle Leben. In allen drei Bereichen ist der Genuss des Internet-Zeitalters obligatorisch. Doch über den kindlichen Genuss hinaus lockt die Sehnsucht nach dem phallischen Wiedererleben und das Versprechen, eines Tages die erwachsene Autonomie zu personifizieren. Wählt man also die rote oder die blaue Pille? Wählt man das Glück oder die Wahrheit? Wenn man sich für das matriarchalische Glück entscheidet, nimmt man seine Pille und schlüpft in den süßen Dornröschenschlaf. Man bleibt für immer ein unschuldiges Kind. Aber wenn man die phallische Wahrheit wählt, wird einen die Sozioanalyse wieder zum Leben erwecken, zwar in eine raue und brutale Welt, aber in eine Welt, die es wert ist, geliebt zu werden. Als Erwachsener. Als autonome Person. Denn das ist die Aufgabe des Phallus, uns mit der existenziellen Freiheit und Verantwortung des Erwachsenseins zu verführen, die uns in einer anspruchslosen Scheinwelt von der verlogenen Sicherheit der Mamilla wegführt. Um uns endlich des falschen, kindlichen Kuschelns mit und zwischen angenehmen Illusionen müde zu machen. Um uns stattdessen dazu zu bringen, dass wir trotz der Mühen und Risiken, die sie mit sich bringen, wachsen wollen. Den Weg dorthin zu weisen ist die Aufgabe der Sozioanalyse: die einzige Chance des Internet-Zeitalters auf einen kritischen Aufbruch zu bieten. Das Aufklärungsprojekt des Internetzeitalters beginnt also hier und jetzt.

5

Instinkt, Antrieb, Verlangen und Transzendenz

Organismen sind grundsätzlich konservativ. Veränderungen werden ihnen immer in irgendeiner Weise aufgezwungen. Das liegt in der Natur des Organismus, da Veränderung Energie kostet und Energie eine harte Währung im täglichen Kampf ums Überleben in der eigenen Existenz ist. *Der Status quo* ist immer vorzuziehen, solange keine drohende Gefahr besteht, die zu dringenden Gegenmaßnahmen führt. Einen Veränderungsprozess proaktiv zu beginnen mit dem Ziel, vermeintlich langfristige Vorteile zu erlangen, ist meist etwas zu abstrakt und unsicher, um überhaupt in Betracht gezogen zu werden. Deshalb geht der Organismus schon von Anfang an mit der Welt um sich herum sehr vorsichtig um und versucht, jede Form der Veränderung so lange wie möglich zu vermeiden. Wenn ein Organismus trotzdem agiert, sollte die Reaktion als eine durch äußere und per Definition unerwünschte Reize bedingte verstanden werden. Er strebt lieber den katatonischen als den hyperaktiven Zustand an. Dies ist gewissermaßen die Standardeinstellung: ein Sog in Richtung des Energieausgleichs.

Der Vater der Psychoanalyse, Sigmund Freud, nennt diese Grundhaltung gegenüber der Umwelt „die Sehnsucht des Organismus zurück ins Anorganische". Diesen primären Wunsch des Organismus nennt er den *Todestrieb*, lateinisch *mortido*, und die Grundannahme ist somit, dass sich das Lebewesen immer in einem Bewegungszustand zum Anorganischen, zum Aussterben und – letztendlich – zum Tod hin befindet. Da diese allmähliche Auflösung mit einer Verringerung der Spannung – sowohl innerhalb des Organismus als auch zwischen ihm und der Welt – einhergeht, ist der Todestrieb paradoxerweise mit dem verbunden, was Freud das *Lustprinzip* nennt, d.h. mit dem impulsiven Streben des Dividuums nach Genuss und Befriedigung, und deutet an, wo eine Erklärung für die Verschmelzung des masochistischen Schmerzes mit der Lust gesucht werden könnte. In diesem Lichte wird selbstzerstörerisches Verhalten als Teil einer instinktiven Anstrengung gegenüber dem Anorganischen völlig logisch und ermöglicht eine tiefere Sicht darauf, was Instinkt eigentlich ist: eine Reihe von angeborenen Abwehrmechanismen, die die Verhaltensmuster des Organismus organisieren. So können wir auch feststellen, dass der *Instinkt*, der die Grundlage der komplexen Antriebsmaschinerie des Menschen bildet, ein reaktionäres und mortidinales Phänomen ist und nicht etwas Aktives und Libidinöses.

Was bedeutet das also wirklich? Will der lebende Organismus nicht leben? Die Antwort ist nicht einfach. Nun, ja, man kann sagen, dass der Organismus leben will, aber nicht primär, sondern nur sekundär. Man schaue sich nur das Neugeborene an, das nach dem Schock und den Schmerzen der Entbindung in eine Welt gestoßen wird, die in scharfem Kontrast zu der angenehmen und vor allem sicheren Gebärmutter – lateinisch *Matrix* – steht, aus der es nun auf ewig verbannt ist. Das Kind möchte dahin zurückkehren, aber das ist natürlich unmöglich. Die Geburt ist eine so schreckliche Erfahrung, dass das Kind sich danach nie mehr daran erinnern kann, da es verdrängt wird. Deshalb nennt der französische Psychoanalytiker Jacques Lacan die Geburt *das große Trauma* – mit einer Prise Einfallsreichtum könnten wir es sogar als die *Mutter aller Traumata* bezeichnen. Es geht darum, dass selbst im Zusammenhang mit der Geburt die Verdrängungsmechanismen des Menschen gegenüber allen Formen des Unwohlseins überhand nehmen. Wenn das

Kind, meist schreiend, notgedrungen an seinem Bemühen, in den Mutterleib zurückzukehren, scheitert, entsteht stattdessen der Instinkt, an die Brust der Mutter zu kriechen, wo das Kind dann vergeblich alles tut, um die nächste unmögliche Fantasie zu verwirklichen. Dieses Projekt ist so angelegt, dass, wenn es dem Kind gerade noch gelingt, an der mütterlichen Brust intensiv genug zu saugen – in der Psychoanalyse wird der lateinische Begriff *Mamilla* verwendet –, die Belohnung darin besteht, dass eine Wiedervereinigung mit dem Körper der Mutter gewährt wird. Die plötzlich entstandene Existenz als autonomes Wesen, nie vom Kind selbst gesucht, würde dadurch ein ebenso schnelles wie ersehntes Ende erhalten.

Sobald das neugeborene Kind die mütterliche Brust entdeckt, erwacht der Wille, die Mamilla als sein Privateigentum ohne jegliche Einschränkung zu betrachten. Diese voyeuristische Betrachtung, verbunden mit der inzestuösen Berührung der Mamilla, setzt das in Gang, was sich später zu einem der schmerzlichsten Flüche des Menschen entwickeln wird: *der Wunsch, sich das Objekt anzueignen.* Aus der naiven und unentwickelten Perspektive des Kindes fließen natürlich Nahrung und Mutterliebe von der Mamilla, ohne dass ein Anspruch auf Gegenseitigkeit besteht. Alles, was das Kind tun muss, ist zu saugen und zu schlucken. Warum also nicht erwarten, dass auch später im Leben alles genauso einfach ist? In der kindlichen Phantasiewelt ist die Mamilla also nichts anderes als die Matrix 2.0: *teils der optimale Schutz vor einer feindlichen Umgebung, teils der anspruchslose und bodenlose Genuss schlechthin.* Deshalb wird das Kind während seiner restlichen Existenz in erster Linie darum kämpfen, dieses Paradies, das es lieber nicht als verloren erkennen möchte, erhalten und sichern zu können, und in zweiter Linie von einer Wiederherstellung dieses *matriarchalischen Zustandes* träumen zu können.

All diese menschlichen Phantasien und Hirngespinste von idyllischer Ruhe, Ausgeglichenheit in der Wirtschaft, einem harmonischen Weltbild, behaglicher Geborgenheit, der Schaffung von Komfort – das heißt, all das, was wir in unserer heutigen Gesellschaft unter Begriffen wie *Nesting* und *Cocooning* subsumieren – ein anspruchsloser Busen, warme Umarmungen, friedliche Himmel, heitere Paradiese, üppige Eden, wohltuende Oasen, Betten mit flauschigen Bettdecken, bauschige Sofas, dampfende Badewannen, Spas und alles andere in diesem Genre, das behagliche Formen des Wohlbefindens verspricht – sind unendliche Varianten desselben Grundtraums von *der Rückkehr zur Matrix*. Da diese Matrix immer in der Vergangenheit liegt, zu der man per Definition nicht zurückkehren kann, während all diese Phantasien nur blasse Kopien und höchst unbefriedigende Substitute des Originals sind, wird diese Sehnsucht nach dem matriarchalischen Zustand an sich immer konservativ und nostalgisch sein. Das wiederum bedeutet, dass je unruhiger sich der Mensch in seiner Beziehung zu der chaotischen Welt um ihn herum fühlt, desto verlockender wird eine konservative und nostalgische Einstellung sein. Der erste Instinkt des Kindes entspringt also dem Willen zu sterben, nicht dem Willen zum Leben. Und wenn das Leben trotz allem wirklich gelebt werden muss, wird die erste und wichtigste Priorität sein, dieses Leben so weit wie möglich zu minimieren, das heißt: sich in einen lebenden Toten zu verwandeln.

Was dieser Antrieb in seiner reinsten Form anstrebt, ist nichts anderes als ein Zustand vollkommener Ruhe und Ereignislosigkeit. Und wenn – oder besser gesagt, falls – der Organismus andere Prioritäten setzt und sich entschließt, die Anstrengung zu unternehmen, zu leben, motiviert durch die Erfahrung, dass sich der Wille zum Leben – *Libido* im Lateinischen – manifestiert, ist diese Libido nichts anderes als die Unterdrückung des Mortido, des tieferen und primären Willens, das Leben dem Tod zu überlassen. Die Libido sollte vielmehr als *Verdrängung schlechthin* betrachtet werden, und ihr Erscheinen deutet vor allem darauf hin, dass das tiefer liegende Mortido bereits abgewickelt wurde. Aber wie jeder versteht, bedeutet es nicht, dass der Todestrieb verschwindet, sondern nur, dass er verdrängt wurde, unter dem Horizont des Bewusstseins, wo er im Verborgenen weiterwirkt (und schmerzt). Sein neuer Schauplatz ist Freuds große Entdeckung, das tückischste und undurchdringlichste aller Verstecke: das *Unterbewusstsein*. So ist sich das Kind von diesem Moment der Fragmentierung an seiner Natur und seinem Urinstinkt nicht mehr bewusst, sondern erhebt die kulturell akzeptable Libido zu einem idealen und lenkenden Stern. Die *Kultur* und ihr imaginäres Universum basiert also auf der erhöhten Libido als Ideal, während die *Natur* und ihr reales Universum uns ständig an den unterdrückten Mortido, unsere Disposition und unseren Ursprung erinnern, der lebendig und hoch aktiv bleibt und unser Verhalten und unsere Vorstellungswelt ständig beeinflusst, ohne dass wir verstehen, was geschieht oder was die Kräfte sind, denen wir ausgeliefert sind.

Die logische Separation in der Phantasiewelt des Kindes bewirkt, dass die Kultur durch den *Phallus* und die Natur durch die *Matrix* repräsentiert werden. Das Antriebssystem des Menschen wird im Wesentlichen durch die Spannung und Ambivalenz bestimmt, die ständig zwischen Phallus und Matrix herrscht, was neben vielen anderen Dingen auch die Grundvoraussetzung der Religion ist. Es versteht sich wohl von selbst, aber nur um sicher zu gehen: Wir sprechen hier weder von Genitalien in irgendeinem konkreten Sinne, noch von etwas, das mit dem biologischen Geschlecht eines Menschen oder indirekt mit den tatsächlichen Genitalien zusammenhängt. Diese lateinischen Begriffe bezeichnen ganz einfach zwei philosophische Konzepte, die zum Teil die diametralen Gegensätze des jeweils anderen darstellen, zum Teil die beiden Pole in der komplexen Antriebsmaschinerie des Menschen, wobei die *Matrix* das Ganzheitliche, Zusammenhaltende und Unendliche repräsentiert, während der *Phallus* das Trennende und Differenzierende, das Begrenzte und Endliche darstellt. Die Matrix repräsentiert die *imaginäre Ordnung*, während der Phallus die *symbolische Ordnung* in der Phantasiewelt des Menschen repräsentiert; die Matrix repräsentiert den Instinkt, der Phallus das Begehren. Der Antrieb entsteht dann in der aufgeladenen Konfliktzone zwischen Matrix und Phallus, das heißt: zwischen Instinkt und Begehren. Der Grundgedanke der Psychoanalyse ist es, diese unter der Oberfläche liegenden Prozesse bewusst zu machen und zu betonen, um dort Licht und Klarheit zu verbreiten, wo Dämmerung und Dunkelheit vorherrschen. Wie wir dann mit unserer neu gewonnenen Einsicht umgehen, ist eine andere Sache, denn es gibt keine Garantien, dass die Zufriedenheit stabil ist.

Wenn wir eine Metaphorik aus dem militärischen und gesellschaftlichen Leben verwenden, könnten wir das eben Gesagte so ausdrücken, als ob der Instinkt den kürzesten Weg zu seinem Ziel nimmt – wie eine wärmegeführte Rakete, die ihren Kurs über den Ausstoß des Düsentriebwerks des Ziels verfolgt – während das Begehren seinerseits eher tanzen und seinen Tanz um das, was wir das *kathexale Objekt* (vom griechischen Wort *kathexis*, was am besten mit „emotionaler Investition“ übersetzt wird) nennen, aufgeregt fortsetzen würde. Die gesamte Aufgabe des Begehrens konzentriert sich natürlich nur auf eines: das Gras auf der anderen Seite des Zauns immer grüner zu machen, egal auf welcher Seite das Begehren und der Begehrende sich gerade befinden. Es ist eine Frage des Prinzips. Der Antrieb tanzt, aber nur anfangs, um sein Objekt, und sobald sich die Möglichkeit dazu ergibt, wird er direkt auf sein Ziel zusteuern, um dieses Objekt sofort in seine eigene Identität aufzunehmen. Wer sich mit Freud in der menschlichen Psyche orientiert, wird mit großem Vorteil den Instinkt mit dem „Es“ und den Antrieb mit dem „Ich“ verbinden, während das Begehren verschiedene unaufhörliche Auseinandersetzungen mit dem „Über-Ich“ hat. Eine konkrete Art und Weise, die drei verschiedenen Phänomene zu unterscheiden, besteht darin, ihre unterschiedlichen Reaktionen nach der Eroberung zu beobachten: Der Instinkt wird sofort befriedigt; der Trieb hingegen hat das Gefühl, seine ganze Energie verbraucht und gleichzeitig seinen Inhalt erweitert zu haben, während das Begehren in dem Moment, in dem das Ziel erfüllt ist, vor Enttäuschung strotzt, da dies nicht seinen Erwartungen entspricht, was es unmöglich tun kann, da das Begehren bereits begonnen hat, seine Aufmerksamkeit auf den nächsten verführerisch grünen Rasen auf der anderen Seite des Zauns zu richten.

Die Symbolik, von der wir hier sprechen, ist jedoch nicht völlig losgelöst vom Geschlecht [gender] und vor allem nicht von den unterschiedlichen Rollen, die die Geschlechter im Leben des Kleinkindes spielen. In ihrem Buch *Powers of Horror: An Essay on Abjection* führt die bulgarisch-französische Philosophin und Psychoanalytikerin Julia Kristeva die Ambivalenz zwischen Matrix und Phallus direkt auf die Erfahrung des Kleinkindes mit den unterschiedlichen Rollen von Mutter und Vater in der kindlichen Fantasiewelt zurück. Oder um mit der zentralen Rolle des Symbolismus in unserer Argumentation konsistent zu bleiben: Da der Mensch ein symbolisch-tribales Geschöpf ist und das Kind viele Eltern beider Geschlechter innerhalb des Stammes hat, sprechen wir von der *Matriarchin* und dem *Patriarchen* und nicht von der Mutter und dem Vater als den beiden dominanten erwachsenen Repräsentanten der Geschlechter in der Phantasie des Kindes, ganz ohne Bezug zu einer tatsächlichen biologischen Verwandtschaft. Die Matriarchin spielt dann die gegenwärtige und konkrete Erwachsenenrolle, während der Patriarch die distanzierende und abstrakte Erwachsenenrolle darstellt. Nach Kristeva ist es nicht nur das kleine Kind, das um das Gefühl der Zugehörigkeit zur Matriarchin kämpft. Kristevas wichtigste Erkenntnis ist vielmehr, dass auch die Matriarchin ihren Griff auf das Kind nicht lockern will. Die Matriarchin und das Kind leben in einer Art gegenseitigem semiotisch-symbiotischem Gefäß, in einer, wie Kristeva es nennt, *semiotischen Suppe*, einer scheinbar zusammenhängenden, vorsprachlichen Phantasiewelt.

Der Patriarch betritt diese Phantasiewelt mit seinem Phallus – dem Symbol der Sprache, des Gesetzes und der ambivalenten Realität draußen – und treibt damit einen Keil in das intime Miteinander, das zwischen der Matriarchin und dem Kind herrscht, einen Hebel, zu dem das Kind Zugang haben muss, um sich später erfolgreich von der Matriarchin durch einen Prozess befreien zu können, den Kristeva als *Abjektion* [abjection] bezeichnet. Kristevas Abjektion tritt auf, wenn das Kind etwa ein Jahr alt ist. Verschiedene Forschungsprojekte bestätigen, dass das Kind in diesem Alter seinem Vater und seinen anderen männlichen biologischen Verwandten am ähnlichsten ist, was darauf hindeutet, dass die patriarchalische Rolle für das Kind in dieser Zeit offensichtlich die wichtigste ist. Die Abjektion ist jedoch kein klar definiertes Einzelereignis, sondern gliedert sich in drei verschiedene Schritte. Wir drücken dies aus, indem wir sagen, dass die erste Abjektion *post-matrichal*, die zweite Abjektion *post-mamillisch* und die dritte Abjektion *post-phallisch* ist.

Die erste Abjektion betrifft die Natur selbst, nämlich die Geburt, aber nur der umgebende Stamm, nicht das Kind selbst, versteht, dass die Geburt tatsächlich die Trennung des Kindes von der Matriarchin mit sich bringt. Die zweite Abjektion ist die Kristevianische, die im Alter von einem Jahr auftritt und die sich vor allem um die grundsätzliche

Distanzierung des Kindes von der Matriarchin dreht, wobei der Körper der Matriarchin und vor allem die *Mamilla* zum ersten verabscheuten Abjekt wird, während der Phallus als erster Fetisch mehr oder weniger mit einer harten und konditionierten, realen Liebe in die Ferne lockt, statt mit der abgewerteten, bedingungslosen und daher zunehmend wertlosen phantasmatischen Liebe der Mamilla. Tatsächlich ist es gerade der bewundernde Blick der Matriarchin auf den Phallus – und allem, was er repräsentiert –, der das entfesselt, was in der Psychoanalyse als *Ödipuskomplex* des Jungen und *Elektrakomplex* des Mädchens bezeichnet wird. Was ist diese geheimnisvolle Kraft, die der Phallus repräsentiert, und die das Kind nicht selbst hat? Was passiert, wenn die *phallische Einmischung* [intrusion] so geschieht, wie es geschehen soll, ist, dass der Junge beginnt, den Phallus zu *imitieren,* während das Mädchen beginnt, ihn zu *erotisieren.* Aber wenn die phallische Einmischung fehlt, versenkt das Kind seine Zähne in die Mamilla und wird dauerhaft infantilisiert. Eine Infantilisierung, die laut Sozioanalyse leider auch ganze Kulturen und Gesellschaften befallen kann, wenn die phallische Einmischung nicht stattfindet und sich die Gesellschaft an die Mamilla der anspruchslosen Unterstützung anschließt.

Die Aufgabe des Phallus besteht nicht darin, das Kind von der Matriarchin mit dem Ziel zu trennen, dem Kind den Genuss zu entziehen, sondern das Kind mit den vielen Verlockungen des Erwachsenseins zu *verführen*: Wenn man seine Autonomie begehrt und für sie kämpft und Verantwortung übernimmt, wird der Lohn die Kraft und Freiheit des Phallus sein. Das wirkliche Leben draußen ist viel aufregender als das fabrizierte Märchenleben in der Mamilla. Es ist ganz einfach libidinös, nicht mortidinal. Dadurch entsteht die erste Sehnsucht des Kindes nach dem Phallus, nach dem Erwachsensein, nach der Herausforderung durch das raue, aber stimulierende und lohnende Leben außerhalb der sicheren, aber unaufregenden Blase, die sich um Matrix und Mamilla gebildet hat. Als Beweis für diese zweite Abjektionsphase gibt es die „schrecklichen Zweier“, die eine ständige und konfliktreiche Prüfung der phallischen Grenzen mit sich bringt. Der Prozess wird später mit der dritten Phase abgeschlossen: der *Teenager-Rebellion.* Wir nennen dieses Ereignis den *Aufstand gegen den Phallus*, da der Angriff auf den Phallus und nicht auf die Matriarchin gerichtet ist, auch wenn das primäre Ziel darin besteht, die eigene Identität gegenüber den alten Formen der Autorität zu begründen und zu prüfen. Damit vollzieht sich die dialektische Reise von der Abhängigkeit und Verantwortungslosigkeit der Kindheit zur Autonomie und zum Verantwortungsbewusstsein des Erwachsenenalters.

Erst nach der kristevianischen Abjektion gelingt es dem Kind, sich von der Matriarchin zu lösen, und ein zuvor erlebtes „Wir" in der symbiotischen Beziehung zu ihr in ein „Ich" einerseits und ein „Du" andererseits zu verwandeln. In diesem Prozess der Abjektion wird der Phallus zum Symbol dessen, was das Kind fühlt, dass es verloren hat – ich kann nicht alles haben, was ich will, so entsteht ein *Verlangen*, das auf das gerichtet ist, was ich nicht haben kann, ganz einfach, weil ich es nicht haben kann (das unzugängliche Gras muss auf der anderen Seite des Zauns immer grüner sein) – ein Mangel, der auch die geheimnisvolle Kraft ist, die der Phallus über das Kind und die umgebende Welt auszuüben scheint und die der Matriarchin offenbar fehlt. Der Phallus ist natürlich der Matriarchin zugänglich, nicht aber dem Kind, und zwar über das, was Freud das *Inzesttabu* nennt. So beginnt und endet das Begehren an sich mit der Verehrung des distanzierten Phallus, durch den alle anderen begehrten Objekte ihren Wert erhalten. Ist die Mamilla das Metasubjekt, so ist der Phallus das Metaobjekt.

Kulturell manifestiert sich dies durch den Tanz um den vereinigenden Phallus des Stammes, sein *Totem*, dessen höherer und langfristiger Zweck es ist, die Zusammenarbeit und nicht die Konkurrenz zwischen den Mitgliedern des Stammes zu kultivieren. Um das Totem herum wird das phallischste Projekt von allen etabliert und aufrechterhalten: *das Gesetz*. Und nichts wird durch das Gesetz härter bestraft als Verbrechen gegen die symbolische Ordnung selbst. Die Ermordung des Patriarchen, der *Vatermord*, ist daher die ultimative Übertretung des Gesetzes und auch der einzige Weg, auf dem das Gesetz besiegt werden kann – was den Weg für ein neues *Paradigma*, eine neue Machtstruktur mit einer neuen Geschichtsschreibung und einer neuen sozialen Identität ebnen kann. Der Vatermord wird entweder von einer frustrierten jüngeren

Generation durchgeführt, die die Macht über das Gesetz an sich reißen will; oder, was wahrscheinlicher ist, vom Patriarchen selbst, indem er freiwillig zur Seite tritt, wenn ein neues Paradigma fällig ist. Aber bis es soweit ist, ist Gehorsam gegenüber dem Gesetz erforderlich, es kastriert sogar die erfolgreich autonomen Erwachsenen im Stamm und stellt den Stamm vor das dividuelle Mitglied. Wir nennen dies *die soziale Kastration.*

Da die Matrix und die imaginäre Ordnung psychotischer Natur sind, während der Phallus und die symbolische Ordnung neurotisch sind – d.h.: da diese beiden Arten der Beziehung zur Welt völlig gegensätzlich strukturiert sind – kann das Kind nur dann allein zurechtkommen, wenn es sich mit einem zumindest ziemlich stabilen Gleichgewicht zwischen diesen beiden Gegensätzen aufrechterhält und identifiziert. Menschsein bedeutet, sowohl ein imaginäres als auch ein symbolisches Wesen zu sein und ständig einen prekären Balanceakt zwischen Mortido und Libido, Matrix und Phallus, Yin und Yang, Psychose und Neurose zu vollziehen. Doch der Prozess der Abjektion, die Bewegung zu dieser lebenserhaltenden Unabhängigkeit, verläuft von der Matrix zum Phallus, vom Imaginären zum Symbolischen, ohne sich dabei von der Verlockung des Phallus völlig verschlingen zu lassen. Denn nur in einem ausgewogenen Verhältnis zwischen Matrix und Phallus wird das Kind zum funktionalen Menschen, und es ist die Ambivalenz zwischen Matrix und Phallus, die die Phantasie des Menschen aufrecht erhält und anregt.

Die Ambivalenz zwischen dem Imaginären und dem Symbolischen ist eigentlich der Keim des *Sublimen*, der Motor der menschlichen Kreativität und die Arena für die größten und bittersüßesten Geschichten der Menschheit. Was verhindert, dass das Imaginäre und das Symbolische ineinander greifen, ist nämlich die unbezähmbare Vorwärtsbewegung der Geschichte und die ständige Veränderung der sie umgebenden Welt. Oder wie der Psychoanalytiker Lacan die Sache ausdrückt: *Das Reale* tritt ständig ein und zerreißt den hartnäckigen Versuch des Imaginären und des Symbolischen, zu einem zusammenhängenden Universum zu verschmelzen. Das Reale, so Lacan, ist nicht irgendeine Form von Hyperrealität, die von der Vorstellungswelt des Menschen losgelöst ist, sondern ganz einfach das, was ständig hereinstürzt und den Traum des

Menschen von der Existenz einer zusammenhängenden, wohlgeordneten und fixierten Welt stört. Die Phantasien und die Symbole finden nie zueinander, da die Existenz in ständigem Fluss ist. Das Reale ist ganz einfach die immer wiederkehrende Belästigung und Erinnerung der Kontingenz der Geschichte, in der die Zeit als Konstante des Universums – das, was die Iraner der Antike *Zurvan* nennen und die Griechen später *Kronos* taufen – die einzige absolute Konstante ist, jenseits von Matrix und Phallus. Nur das Metagesetz des kontingenten Wandels bleibt über die Zeit bestehen.

Dabei liegt die Zeit in der Eigenschaft des ultimativen Phallus ständig außerhalb der menschlichen Reichweite. Der Mensch kann nur in der Vergangenheit leben. Die Welt ist also natürlich rein ontisch zusammenhängend – für Physiker wie für Metaphysiker ist das völlig unproblematisch – aber sie kann für den Menschen selbst niemals ontologisch zusammenhängend sein, da seine symbolischen und imaginären Universen jeweils in mehrfacher Hinsicht getrennt und widersprüchlich bleiben. Die Welt selbst bietet dem Menschen also keine zusammenhängende Ontologie. Was sie ihm zu bieten hat, ist lediglich die Ambivalenz zwischen diesen Welten. Das Ontische begegnet dem Menschen nur in z.B. quantenorganischer, aber dennoch unbestreitbarer Uniformität. So gelingt es dem ontologischen Projekt nie, die philosophische Metaebene zu verlassen. Keine Veräußerlichung, nicht einmal ein fiktives Einfrieren des Universums an sich, hält an, wenn die Zeit in Bewegung gesetzt wird und Kontingenz zur einzigen Notwendigkeit wird.

Betrachten wir die menschliche Antriebsmaschine aus einer anderen Perspektive, so entdecken wir Folgendes: Der *Instinkt* gehört zum wilden Tier im Menschen, wie der *Antrieb* zum Menschen der Natur, das *Begehren* zum kulturellen Geschöpf im Menschen und die *Transzendenz* zum aufgeklärten Menschen gehört. Die Reaktion des Organismus auf Reize aus der Umgebung wird vom Instinkt bestimmt, während der Instinkt die im Realen wohnende Aggression ist. Der Trieb ist der Metainstinkt, ebenso wie die Wiederholung, die in die Vorstellung gehört. Und das Begehren ist der Meta-Antrieb: die Überschreitung, die ins

Symbolische gehört. Die Transzendenz schließlich ist der Meta-Begehren und transzendiert (wie der Name schon sagt): Es überschreitet sowohl die Aggression, die Wiederholung als auch die Überschreitung in ein und derselben Bewegung, ohne ein anderes Universum zu schaffen als das *unendliche Jetzt* als eine extrem temporäre Ekstase, in der die Erinnerung an die Erfahrung entlang der Zeitlinie den Motor darstellt, der die Maschinerie am Laufen hält und gleichzeitig die Aktivität reflektiert. Oder um das gesamte Antriebssystem metahistorisch mit Hilfe der vier informationstechnologischen Paradigmen auszudrücken: Der Instinkt wird in Richtung des *Stammeslebenszyklus* getrieben, der Antrieb wird von der monotheistischen *Ewigkeit* angelockt, das Begehren wird mit individualistischem *Fortschritt* und die Transzendenz wird vom netzwerk-dynamischen *Ereignis* angelockt. Ohne einen entsprechenden Antrieb kann der Mensch nicht in die Metaphysik des neuen Paradigmas einsteigen und sich mit ihr identifizieren.

Alle existenziellen Entscheidungen lassen sich im Prinzip auf die Wahl zwischen den beiden Idealen *Genuss* oder *Wahrheit* reduzieren: derselbe Konflikt, der z.B. die Geschichte in dem Film *The Matrix* von 1999 antreibt. Der Konflikt zwischen Genuss und Wahrheit durchschneidet auch die vier Kategorien im Antriebssystem des Menschen. Antrieb und Begehren sind mit dem Genuss als Ideal verbunden, während ihre Schatten – Instinkt und Transzendenz – mit der Wahrheit als Ideal verbunden sind. Während das Bewusstsein diese Äußerungen als verschiedene Kategorien und Grade von Wille versteht, geht es im Unterbewusstsein lediglich um Druck und Verdrängung. Der französische Philosoph Paul Ricoeur fasst dies in vier Schritten zusammen: Zuerst muss es eine *Quelle* geben, dann einen *Druck*, danach eine *Richtung* und schließlich ein *Objekt*. Syntheologisch personifizieren wir die vier Schritte Ricoeurs als *Atheos* (die Quelle), *Pantheos* (der Druck), *Entheos* (die Richtung) und *Syntheos* (das Objekt) (siehe weiter *Syntheismus - Gott erschaffen im Internet-Zeitalter*). Quelle und Druck sind mit dem Mortido verbunden, während Richtung und Objekt mit der Libido verbunden sind.

Daraus folgt, dass die Verlagerung vom Mortido zur Libido, von der Matrix zum Phallus, von der Passivität zur Aktivität zwischen Druck und Richtung stattfindet. Der Phallus ist das Organ, das die Richtung des matriarchalischen Drucks bestimmt, das die natürliche Kraft (Mortido) an den kulturellen Willen (Libido) bindet. Die Matrix schafft die Rohstoffe im Überfluss, der Phallus grenzt die Rohstoffe zum Objekt ab und formt sie, und so erhält das Objekt seinen ersehnten fetischistischen Wert. Die Konsequenz ist, dass das Abjekt dem Fetisch immer vorausgeht. Doch das Abjekt kontrolliert nur dann die Kultur, wenn der Fetisch fehlt. Wir opfern den Göttern, bevor wir sie anbeten. Und wir opfern ihnen auch dann, wenn sie eindeutig fehlen, wozu sie eine Tendenz haben. Aber wenn die Götter ihre Anwesenheit spürbar machen, hören wir auf, ihnen zu opfern und beginnen stattdessen, sie anzubeten. Denn der Mortido funktioniert nach dem *Iterationsprinzip* – es zeigt eine zwangsweise Wiederholung entsprechend dem philosophischen Anspruch auf, der begehrten Veräußerlichung immer näher zu kommen. Die Libido hingegen arbeitet nach *dem Prinzip der Veränderung* – sie agiert mit dem poetischen Anspruch, alles im ständigen Fluss zu halten und die zwischen den Phänomenen entstehende Ganzheit zu erweitern. Das erklärt, warum Instinkt und Trieb als iterativ definiert werden, während Begehren und Transzendenz als veränderlich betrachtet werden.

Im Menschen gibt es den Kampf zwischen *Instinkt* und *Verlangen*. Wir können dann den *Trieb* als Schatten des Instinktes und die *Transzendenz* als Schatten des Begehrens hinzufügen. Die Natur des Instinkts ist kontingent, ambivalent und verwirrt. Syntheologisch ist er mit der Quelle, *Atheos*, verbunden. Der Trieb hingegen ist eng mit der direkten Befriedigung konkreter Bedürfnisse verbunden. Syntheologisch ist er mit dem Druck verbunden, also *Pantheos*. Das Begehren ist ein ausschließlich menschliches Phänomen, da es ein Nebenprodukt der Sprache ist. Syntheologisch ist es mit Richtung, dem *Entheos*, verbunden. Transzendenz steht für unser Bestreben, über Natur, Gesellschaft, Kultur und Tod hinauszugehen – sein trügerisches Spielfeld ist das *unendliche Jetzt*. Innerhalb der Transzendenz zu sein bedeutet, sich selbst als einen Prozess unter einer Unendlichkeit anderer Prozesse zu sehen, innerhalb einer unendlichen Anzahl von *Prozessen, ad infinitum*, wobei das Subjekt auftaucht, wenn sich der Metaprozess als das aktive Agens, als der phallische Kurator innerhalb des matriarchalischen Informationschaos der Existenz, zu sich selbst manifestiert. Syntheologisch gesehen ist die Transzendenz mit dem Begriff des *Syntheos* verbunden.

Nur wer zuerst die Transzendenz erlebt hat und sich später auch von der Transzendenz als metaphysisches Ideal leiten lässt, kann am netokratischen Aufbau des Syntheos teilnehmen. Das wiederum bedeutet, dass wir, wenn wir *das Ereignis* aufbauen wollen, das die Netokratie während des Informationalismus antreibt – ein Projekt, das viele zeitgenössische Theoretiker untersuchen und befürworten, z.B. Jacques Derrida und Alain Badiou, und zwar nach dem Zusammenbruch des modernistischen Fortschritts als metaphysischem Ideal –, dann müssen wir Transzendenz jenseits von Instinkt, Antrieb und Begehren erfahren, und erst dann, aus dieser Erfahrung heraus, können wir Syntheos aufbauen. Dann erlangen wir die Einsicht, *dass die Konstruktion Gottes das netokratische Ereignis schlechthin ist.* Aber es handelt sich nicht um eine dauerhaft höhere Ebene, auf der die Libido an Sauerstoffmangel stirbt: Es handelt sich lediglich um eine höchst temporäre, vorübergehende und ekstatische Erfahrung. Das Ereignis hat ein ebenso schnelles Ende wie einen plötzlichen Anfang. Es ist ein ganz eigenes Ereignis und keine Ewigkeit in einem Himmel oder einer anderen Utopie mit dem Anspruch, dauerhaft zu sein. Sonst wäre das Ereignis unerträglich, wie ein ständig andauernder Orgasmus, ohne dass jemals ein Ende in Sicht wäre. Das bewirkt, dass das syntheistische Sakrale im produktiven und inspirierenden Gedächtnis der *göttlichen Erfahrung Gestalt annimmt* und nichts anderes. Syntheos verleiht also dem Geschehenen eine reiche und inspirierende Bedeutung, gibt aber absolut keine Sättigung. Syntheos bedroht nicht, sondern verstärkt die Libido, die weiterhin von der Suche nach der eigenen historischen Vollendung (die nie eintreten wird) getrieben wird. Leben wollen bedeutet, erleben zu wollen, aus Erfahrungen reich zu werden und die eigene, unvermeidliche Unvollständigkeit zu bejahen, wobei sich die Libido nur innerhalb dieser Unvollständigkeit entwickeln und neue Triebe hervorbringen kann.

Eine andere Art, das Antriebssystem syntheologisch zusammenzufassen, besteht darin, den Instinkt als *animalisch*, den Antrieb als *mechanisch*, das Begehren als *menschlich* und die Transzendenz als *sakral* zu beschreiben. Wir Menschen teilen den Instinkt mit anderen Tieren. Es ist tatsächlich der animalische Aspekt im Menschen. Das Begehren ist dem Menschen vorbehalten. Es ist, wie erwähnt, ein Nebenprodukt der Sprache, die nur der Mensch besitzt. Der Trieb ist das Spielfeld, das sich zwischen Instinkt und Verlangen erstreckt – der Konflikt zwischen dem Animalischen und dem Menschlichen im Menschen. Er zeichnet sich daher durch eine Art zermürbende Monotonie aus. So gehört der Instinkt zum Mortido und das Begehren zur Libido, während der Antrieb seine Energie aus der Dialektik zwischen Libido und Mortido bezieht. Wenn wir uns in das psychoanalytische Universum Lacans wagen, können wir den Instinkt im *realen Universum*, den Trieb im *imaginären Universum* des Menschen und das Begehren im *symbolischen Universum* des Menschen positionieren. Für den Stammvater Sigmund Freud würde der Instinkt, wie bereits erwähnt, vom *Es* kommen, der Antrieb gehört zum *Ego* und das Begehren würde seine Energie vom *Über-Ich* erhalten. Man beachte, wie die Transzendenz alle diese drei Kategorien buchstäblich transzendiert. Sie ist ganz einfach nichts anderes als die Folge der Einsicht, wie die anderen Antriebe funktionieren.

Die Transzendenz ist somit das Endziel der Lacanschen Psychoanalyse. Aber sie kann nie etwas anderes als vorübergehend und behelfsmäßig sein, es gibt keine Möglichkeit, dauerhaft im transzendentalen Antrieb zu existieren. Diese Erkenntnis ist an sich nichts Neues. Der tibetische Philosoph Chögyam Trungpa argumentiert, dass der himmlische Zustand, den wir Ekstase nennen – ein anderer Name für das netzwerk-dynamische Ereignis – keine Dauerhaftigkeit besitzen kann, teils weil er den Akteur dysfunktional macht (es gibt einen völlig logischen und legitimen Grund dafür, dass Psychotiker in psychiatrischen Kliniken eingesperrt werden), teils weil der ekstatische Genuss früher oder später in höllische Qualen verwandelt würde, wenn er ewig andauern würde. Ein Paradies und eine Ewigkeit sind also per Definition zwei unvereinbare Größen. Was göttlich ist, kann nur von kurzer Dauer sein. Die Transzendenz und ihre Erfahrung, das *unendliche Jetzt* des Syntheismus, muss stattdessen vorübergehend sein und seine Kraft aus eben diesem Zufall und der Flüchtigkeit erzeugen, die es so viel begehrenswerter und damit bedeutungsvoller machen.

Eine gebildete Transzendenz ist also eine mit der Erinnerung verbundene Ekstase. Es ist die *Erinnerung an die Ekstase*, die den Akteur nach der Erfahrung anhebt und trägt, die das Leben bereichert, und die deshalb in der postkulturellen Transzendenz gelehrt werden muss, um erreicht und erlebt zu werden. Es ist zum Beispiel das *unendliche Jetzt*, das in der *psychedelischen Erfahrung* und anderen schamanistischen Praktiken gesucht werden sollte und nicht – ungeachtet dessen, was enthusiastische Psychonauten oft behaupten – eine Art geheimes Wissen, das in und für verschiedene insulare Gesellschaften bewahrt wurde, um ihre Exklusivität zu bewahren. Die Erfahrung, das Gedächtnis der Erfahrung und wie dieses Gedächtnis die Bewertung der Welt außerhalb dieser Erfahrung beeinflusst – das ist es, was am unendlichen Jetzt zentral ist, nicht irgendeine plötzlich entdeckte Abkürzung im Kampf des Individualismus um eine akademische Machtposition und/oder mediale Aufmerksamkeit. Dies erklärt auch, warum wir Transzendenz eher als sakral denn als menschlich kategorisieren.

Seltsamerweise sehen wir nur selten, dass Psychoanalytiker sich mit dem konfrontieren, was im Antriebssystem jenseits der Psychoanalyse an sich erwartet wird. Das Ziel ist hier eigentlich identisch mit der *Erleuchtung* oder *Verwirklichung*, was man in den meisten östlichen philosophischen Schulen anstrebt, eine Art Metaebene über dem Antriebssystem, einem Beobachtungspunkt, der sowohl intern als auch extern gegenüber dem Antriebssystem in seiner Gesamtheit ist. Diese vierte Kategorie – die in den Lehren der Hauptprotagonisten der Psychoanalyse, Freud, Lacan, Kristeva und Žižek, seltsamerweise fehlt – ist genau das, was wir Transzendenz nennen. Es geht nicht um die naive Hoffnung, dass jemand dauerhaft in der Transzendenz in einer Art ewiger Glückseligkeit leben kann, so wie es für jemanden unmöglich ist, dauerhaft erleuchtet zu sein. Aber allein die Tatsache, dass Transzendenz überhaupt erreicht werden kann, wenn auch nur vorübergehend, ist ein Grund, ihr eine bedeutende Rolle als vierte Kategorie in der menschlichen Antriebsmaschinerie zuzuschreiben. Der Denker, der dies nicht sehen kann, verzockt nicht nur seinen geistigen Reichtum, sondern birgt auch ein völlig falsches Verständnis der Struktur der menschlichen Psyche und des vollen Potentials des Antriebssystems in sich.

Aus historischer Sicht ist die Unterschätzung der in der Psychoanalyse vorhandenen Fähigkeit, das Antriebssystem des Analysanden selbst zu verändern, der blinde Fleck der gesamten Disziplin. Es geht also nicht darum, den Analysanden wie einen widerspenstigen Patienten zu heilen, sondern es geht darum, eine sublime Veränderung des Antriebssystems selbst zu erreichen und damit das transzendentale Geschehen in einem Analysanden zu ermöglichen, der nicht nur seine eigene Sterblichkeit, sondern auch den Mortido als den tiefsitzenden Motor der Libido akzeptiert. Für Philosophen und Psychoanalytiker, die selten bis zum Geheimnis der Transzendenz vordringen, gibt es jedoch eine vernünftige Erklärung. Die Erklärung ist ganz einfach, dass dort die Erfahrung der Transzendenz in ihrer Gesamtheit nie stattgefunden hat, und wenn die Transzendenz nicht erlebt wird, dann kann nicht erwartet werden, dass man sie sich vorstellen und/oder suggerieren kann. Der Grund dafür ist natürlich, dass das vorhergehende Begehren ein gigantisches, um nicht zu sagen unerschöpfliches Subjekt an sich ist. Das Begehren beginnt natürlich damit, dass die Libido plötzlich nicht das bekommt, was sie will, und deshalb das, was sie nicht haben kann, fetischisiert und das Begehrte in das kathexale Objekt verwandelt. Danach glaubt das Begehren, dass es sicher ist, was es will und ein klares Ziel vor Augen hat.

Die ständige Suche des Begehrens nach dem Begehren selbst ist die innerste Natur des Begehrens. Und da der Mensch ein Herdentier ist, kann das Begehren – nachdem es einen bestimmten Fetisch erobert oder ein bestimmtes Abjekt vernichtet hat – sehr wohl nachgeahmt werden und sich schnell unter den Menschen verbreiten. Lacan bezeichnet dieses sowohl memetische als auch mimetische Muster als *das Begehren nach dem Begehren des anderen.* Es gibt eigentlich nichts, was verhindert, dass das Begehren nach dem Begehren des anderen eine synchrone Kette von eigenen *Verboten* auslöst, gefolgt von einem intensiven Begehren, das das Begehren nach dem Begehren des anderen transzendiert. Das Subjekt will zunächst dasselbe wollen, was sein Partner (im weitesten denkbaren Sinne) will. Wenn das Subjekt das Gefühl hat, den Wunsch nach dem Begehren des anderen erreicht zu haben, entsteht ein Verbot, weiter als sein Partner zu gehen. Dieses Verbot erzeugt ein neues und noch stärkeres Begehren über das Begehren des anderen hinaus. Hindernisse werden niedergerissen und das Begehren verwandelt sich in einen emotional aggregierten Hyperstatus jenseits der phallischen Grenzen, auf die sich das Subjekt von Anfang an verlassen hat. Es gibt jetzt nur noch zwei mögliche Auswege aus dieser Sackgasse: Entweder ist der Begehrende in eine isolierende und destruktive Psychose eingesperrt – der Kontakt mit seinem Partner wird vollständig abgebrochen – oder der Begehrende geht vom Begehren zur Transzendenz über, wo intime Beziehungen von einem Ausgangspunkt in der gemeinsamen Erinnerung der gemeinsamen Ekstase aufgebaut werden können.

Wenn der syntheistische Akteur die Meta-Wahrheit über das Begehren als ein Begehren für sich selbst durchschaut, hat er auch die Möglichkeit, sich, zumindest vorübergehend, von den ständig zermalmenden Mechanismen des Begehrens zu lösen, soweit die vierte Kategorie als Definition der Ambitionen des syntheistischen Akteurs motiviert ist. Das Begehren nutzt das Subjekt sozusagen ab, ohne dass die Libido auch nur im Geringsten geschwächt wird. Transzendenz ist also das dialektische Ergebnis des Meta-Begehren, ein reines Vergnügen innerhalb des Dranges, sich vom Begehren zu distanzieren, das sich im hegelschen Sinne gegen und durch sich selbst gesehen hat. Gerade diese bewusste Rückkehr aus dem Begehren zum Antrieb ist Transzendenz in sich selbst. Stattdessen ist es möglich, einen bewusst blinden, unreflektierten Genuss innerhalb der Transzendenz zu kultivieren, nicht unähnlich der instinktiven Verehrung von Phallus und Matrix, und zwar immer im erleuchteten Bewusstsein und nicht als eine Art unbewusste Mystik. Wir drücken dies aus, indem wir sagen, dass die Transzendenz das Subjekt mit seinem eigenen *Asubjekt* konfrontiert – das Asubjekt ist dasjenige innerhalb des Subjekts, dessen es sich sonst nicht bewusst ist, d.h.: der größere Teil des Subjekts, der sich im Unterbewusstsein und nicht im Bewusstsein befindet – und mit dieser expandierenden Selbstverwirklichung wird das Subjekt auch in Zukunft anders handeln, als wenn der Antrieb oder das Begehren die Endstation der Psychoanalyse wäre. Diese fühlbar neue Handlungsweise ist de facto der empirische Beweis für die Existenz der Transzendenz. Oder wie der Schweizer Psychoanalytiker Carl Gustav Jung es ausdrückt: Wer keinen Kontakt zu seinem eigenen *Schatten* hat, ist kein vollständiger Mensch.

So scheint es, als ob sich die Psychoanalyse aus historischer Perspektive dabei unwohl fühlt, ihr eigenes Aufklärungsprojekt zu diskutieren – denn natürlich gibt es ein solches Projekt, warum sollte man sich sonst mit der Psychoanalyse beschäftigen? – auch wenn diese Art von Aufklärung in einer Art Lacanschen Sinn eine Meta-Aufklärung wäre, die uns lehrt, dass es keine Aufklärung im klassischen Sinn gibt. Erst nach einer erfolgreich abgeschlossenen Psychoanalyse erhält das Asubjekt einen Platz in der Weltsicht und den Prioritäten des Subjekts. Die Überraschungen des Antriebs dürfen das Kalkül des Begehrens stören, sowohl als Plastizität gegenüber den Verwüstungen des Realen als auch als Veto des Antriebs gegen die neurotischsten Ambitionen des Begehrens. Nur nach der Transzendenz kann der Mensch die *Freiheit* als kulturelles und nicht als natürliches Wesen erfahren. Wir sprechen dann von einer Freiheit zu, nicht von einer Freiheit von den Verwüstungen des Realen in der Phantasie, und dem Leben als einer Art von andauerndem enthusiastischen Warten auf das nächste netzwerk-dynamische Ereignis, verbunden mit einer Erwartung der *Neuheit* dieses Ereignisses, anstatt einer Überlegenheit, die mit einer fiktiven Rangfolge der Ereignisse verbunden ist: eine Neuheit, die von jeder Art belastender Hierarchisierung befreit ist. Sozioanalytisch drücken wir dies aus, indem wir sagen, dass ein Mensch, der mit seinem eigenen Schatten in Kontakt steht und der sein Asubjekt in seiner subjektiven Identität wahrnimmt und mit aufgenommen hat, eben ein Mensch ist, der sich mit der faktischen Wahrheit identifizieren kann, und der deshalb in seinem Weltbild ideologisch kohärent und damit auch in sozialen Beziehungen verlässlich ist.

Oder wie Friedrich Nietzsche es ausdrücken würde: Wir sprechen von einem Menschen, der gelernt hat, jenseits der banalen moralischen

Extreme des *Guten* und des *Bösen* zu leben. Was könnte also ein eklatanteres Beispiel für Nietzsches ethisches Ideal *amor fati*, die Liebe zum Schicksal, sein als die Bejahung des eigenen kapriziösen Asubjekts, seines mobilistischen statt ewigen Wesens? Erleuchtung ist in diesem Zusammenhang schließlich keine buchstäbliche Erleuchtung über all die trüben Ecken und Winkel des Unterbewusstseins, sondern ein Verständnis und eine Akzeptanz der schöpferischen Wirkung des Erhabenen auf die Subjektivität selbst. Das zoroastrische Wort für Erleuchtung ist *asha*, was im Altpersischen „so funktioniert es" bedeutet, und nichts anderes. Mit anderen Worten, Transzendenz ist das psychoanalytische Verstehen und Akzeptieren des unbewussten Mortido als notwendiger Motor der bewussten Libido, ohne den es keine Energiezufuhr geben wird. Das Subjekt ist sozusagen abgeschlossen und verschiebt seinen Ausgangspunkt vom Begehren zur Transzendenz, wenn es erkennt, dass es ohne sein Asubjekt nichts wäre. Das Wissen über uns selbst macht uns tatsächlich freier, nicht umgekehrt. Wenn man dies Erleuchtung nennen will, werden wir nicht dagegen argumentieren. Das Unterbewusstsein steuert uns natürlich nicht durch irgendeine Form des matriarchalen Chaos, es hat definitiv seine eigene phallische Ordnung, nämlich *die phallische Ordnung des Antriebs.* Wenn wir uns sozusagen „selbst überraschen", dann ist das Auffällige an der Überraschung nicht ihr Chaos, sondern ihre greifbare Ordnung.

„Wer liebt, weiß nicht, warum er liebt, was er liebt", schreibt der slowenische Philosoph und Psychoanalytiker Slavoj Žižek über die Liebe im symbolischen Universum des Begehrens. Aber Žižek übersieht etwas Zentrales, wenn er in den endlosen Korridoren des Begehrens stecken bleibt, und das ist, dass derjenige, der in der Transzendenz liebt, genau weiß, was er liebt und warum. Und wer liebt, kann gerade deshalb aktuelle Phänomene, Beziehungen oder Situationen ekstatisch einschätzen, im vollen Bewusstsein, dass Ekstase nur vorübergehend erlebt werden kann, damit sie nicht unerträglich wird, und dass sie danach zärtlich als außerordentlich wertvolle, libidinisch produktive Erinnerung gepflegt werden muss. So kann in der Transzendenz das *unendliche Jetzt* erlebt und dann als Erinnerung wieder erlebt werden. Erleuchtung kann das Begehren nicht eliminieren – und darum geht es auch nicht –, aber das Begehren wird durch die Erleuchtung spürbar verändert, und *dies* und nichts anderes ist die angestrebte hegelianische Perspektivenverschiebung. Das Begehren kann danach – wenn auch nicht immer, so doch oft – durch die Transzendenz hindurchgehen und sich dann an eine andere trennende Identität als das zyklisch-mortidinale oder das dialektisch-libidinöse anhängen. Es ist also eine freiwillige *ewige Wiederkehr des Gleichen*, das genau das sein will, eine ewige Wiederkehr des Gleichen, amüsiert von seiner freiwilligen Monotonie, als eine *de facto* mortidinale Libido, ohne zwischen Mortido und Libido zu unterscheiden. Und ohne diese Unterscheidung, ohne dass dem entweder der Drang zum Verbot, die Verlagerung des Begehrens oder der Konsum des Gegenstandes folgt, wird die Libido wirklich ungehemmt.

Wir nennen das *transzendentale Freiheit*. Aber die Transzendenz kann nicht erreicht und verstanden werden, wenn sie nicht mit viel Arbeit und unter bewusster Aufopferung allen Ehrgeizes vorgenommen wird. Das heißt: wenn das Schicksal, über die Arbeit selbst hinaus, sich gegenüber dem Analysanden ziemlich großzügig erweist. Die Transzendenz ist schließlich der Lohn einer erfolgreichen Psychoanalyse. So wie es in der Welt der Physik unmöglich ist, die Position und Bewegung eines Teilchens gleichzeitig zu bestimmen, so kann man auch nicht gleichzeitig Langlebigkeit und Engagement im Antriebssystem aufrechterhalten. Eigentlich ist das genau die Verschiebung von der Begierde zur Transzendenz: Dafür, dass man die ersehnte Dauerhaftigkeit opfert – und sich sozusagen mit einer kurzen Ekstase mit begleitender Erinnerung begnügt – darf und kann man tatsächlich die Anziehungskraft auf genau das, was das Begehren wirklich sucht, nämlich den Phallus selbst, aufrechterhalten. Der Grund dafür ist ganz einfach, dass das Begehren nach der Ankunft der Transzendenz begrenzt ist. Oder um die Terminologie aus der *Dialektik von Ewigkeit und Mobilismus zu verwenden (siehe The Global Empire)*: Der syntheistische Akteur hört auf, seine eigene Verewigung zu suchen und akzeptiert und begrüßt stattdessen seine Mobilisierung. Oder um sich wieder mit Nietzsche zu verbinden: Was ist Transzendenz, wenn nicht die treibende Kraft hinter dem *Übermensch* Nietzsches nach dem (willkommenen)Tod Gottes?

Wenn das Begehren innerhalb der Grenzen einer wieder erwachten Libido neu erwacht, findet es den Weg zurück zu dem Ereignis, in dem es zuvor seine Erfüllung fand, um eine ewige Wiederkehr desselben zu suchen, anstatt sich zu einem weiteren neuen Ziel des Typs der nicht dauerhaften Güter zu bewegen. Einem Ziel, das versucht, dieses Begehren zu verbergen, das tief im Inneren nur sich selbst erhalten und die Maschinerie ständig auf Überdrehzahl laufen lassen will. Das Begehren will nur sich selbst, es will nie aufhören zu begehren, und es bewirkt dies, indem es seine eigene Befriedigung in der ständigen Entdeckung der Leere des begehrten Objekts ständig aufschiebt und deshalb ständig auf neue Ziele und neue vorbestimmte Enttäuschungen zusteuert. Jedes Mal, wenn ein begehrtes Objekt erobert wird, hat man das Gefühl, dass nicht dieses spezielle Objekt wirklich das begehrte war, dass es immer eine wesentliche Dimension in der Erfahrung gibt, die schließlich fehlt, solange das Objekt sich im symbolischen Universum des Begehrens befindet. Wenn das Begehren dagegen im geheimnisvollen Universum der Transzendenz landet, erreicht es stattdessen das, was es zuerst zu wollen glaubte und *de facto* auch wirklich will, nämlich den ultimativen und endgültigen Grenzsetzer und Wertgestalter, den Phallus selbst.

Das Begehren verlangt natürlich, dass das Subjekt versucht, das Objekt zu erobern und zu verewigen, aber innerhalb der Transzendenz hört das Subjekt auf, eine Beziehung zum Subjekt zu kultivieren, was bedeutet, dass die temporäre, hochintensive Beziehung und nicht das permanente, niedrigintensive Eigentum das ist, was zentral wird. Das wiederum bedeutet ironischerweise, dass die Transzendenz das Begehren wieder in den Antrieb zwingt und es so funktionieren lässt, wie es einst glaubte, dass es dort funktionieren könnte. Die Dialektik von Libido und Mortido ist abgeschlossen und wir erreichen das *libidinöse Absolute*, ein „Hier, aber absolut nicht weiter" im syntheistischen Akteur. Dieses hegelsche Absolute der Psychoanalyse, diese existentielle Zufriedenheit mit der Situation, diese *Vereinigung mit dem Göttlichen*, wie Sufi-Mystiker die Sache ausdrücken würden – und nicht eine Art lebensverleugnende und selbstkastrierende Askese – ist östliche Erleuchtung in ihrer vollen Pracht.

In diesem Zusammenhang ist es wichtig zu verstehen, was das Begehren so einzigartig macht. So sind beispielsweise Verbot und Überschreitung grundlegende Unter-Triebkräfte hinter dem Begehren. Sobald der Mensch durch die Sprache in das symbolische Universum gesetzt wird, beginnen die Worte von verborgenen Subtexten begleitet zu werden, virtuellen Ansammlungen von Eis unter dem dunklen Wasser, unsichtbar, aber mit großer Bedeutung und viel Kraft, Subtexte, die das faszinierte Subjekt zu erraten versucht. Dies wird für das Kind erst dann deutlich, wenn es die Ambivalenz der Sprache versteht und die symbolische Abjektion sowohl von der Matriarchin als auch des Patriarchen notwendig wird. Einfach gesagt versteht das Kind plötzlich, dass die Matriarchin und der Patriarch nicht dasselbe meinen, wenn sie die gleichen Worte benutzen. Ihre Intentionen bei gleicher Wortwahl unterscheiden sich offensichtlich, da sie unterschiedliche Kontexte bilden, unterschiedliche Stimmlagen verwenden, wenn sie Worte aussprechen, die auf den ersten Blick oder in der Schrift identisch erscheinen.

Grundsätzlich gibt es zwei unterschiedliche Ansätze. Die Matriarchin testet die Nachhaltigkeit der Umwelt und ihre Verlässlichkeit durch einen mobilistischen Sprachgebrauch. Der Patriarch hingegen vertraut auf die wörtliche Bedeutung der Worte durch einen eternalistischen Sprachgebrauch – und ignoriert dabei aktiv die offensichtlichen, aber kurzfristigen Folgen der Wortwahl – und demonstriert damit seine Macht, indem sie es sich scheinbar leisten kann, die Folgen seines Sprachgebrauchs, den phallischen Marker *schlechthin*, zu ignorieren. Das Kind nimmt die Ambivalenz zwischen diesen beiden Sprachverwendungen wahr und muss zwischen diesen beiden Positionen navigieren und sich einen eigenen Eindruck verschaffen. Das Subjekt wird durch den Weg, den das Kind zwischen den matriarchalen und patriarchalen Komplikationen wählt, geweckt und geprägt. Das symbolische Geschlecht [gender] wird geprägt, wenn das Kind am Ende nicht mit irgendwelchen Kompromissen spielen darf, sondern gezwungen ist, entweder die Matriarchin oder den Patriarch in der Öffentlichkeit nachzuahmen. Und erst dort und dann beginnen solche sekundären Phänomene wie z.B. die sexuelle Orientierung eine Struktur zu erlangen – Phänomene, die dem symbolischen Geschlecht und seiner höllisch zermürbenden Identitätsproduktion untergeordnet sind.

Der große Fehler des postmodernen Projekts besteht darin, nicht zu verstehen, dass das symbolische Geschlecht mindestens so stark und unnachgiebig ist, wie das imaginäre oder physiologische Geschlecht sein kann. Das bedeutet nicht unbedingt, dass sie ungleich sind. Es gibt weder einen ethischen noch einen evolutionären Vorteil, die Sprache in einer mobilistischen oder eternalistischen Weise *per se* zu verwenden. Beide Weisen des Sprachgebrauchs existieren, beide Weisen funktionieren. Vielmehr entsteht die Vielfalt der Sprache zum Teil in der Distanz zwischen dem, was die Sprache angeblich repräsentiert, und dem, was sie tatsächlich repräsentiert, zum Teil in der Distanz zwischen matriarchalischer Ambiguität und phallischer Eindeutigkeit. Tatsächlich ist es der matrichalen Ambiguität am Lagerfeuer zu verdanken, dass die Sprache als Instrument Poesie bieten kann, während die phallische Eindeutigkeit innerhalb der Jagdgesellschaft sowohl der Logik als auch der exakten Vermittlung von Anweisungen wegen notwendig ist.

Hier kommt der spezifische Aspekt ins Spiel, der dem Patriarchat beginnend mit den dauerhaften Siedlungen die Oberhand über das Matriarchat gab: das neue Machtinstrument, mit dem man die Plattform errichten konnte, die die Grundlage für die gesellschaftlich notwendige Buchhaltung und Gesetzgebung bildete. Dabei übertrifft die phallische Eindeutigkeit jede Form von poetischer Mehrdeutigkeit und Bedeutungsreichtums. Die Effizienz könnte zum Tragen kommen und ihren Nutzen beweisen. Die Jagdgesellschaften und Kriegerkollektive, die am Rande der nomadisierten Stammeskultur agiert hatten, landeten plötzlich im Zentrum der Gesellschaft als staatliche Standesbeamte und Hüter des Rechts. Die phallische Energie gewann einen fünftausend Jahre währenden, vorübergehenden Vorteil gegenüber dem matrichalen Ansatz. *Die patriarchalische Hegemonie* war geboren und hat seitdem Stück für Stück auf Kosten des Matriarchats an Kraft und Macht gewonnen, da es andere Veränderungen in der Gesellschaft begünstigt haben. Die Dominanz der Männer gegenüber den Frauen hat also sehr viel mit dem Charakter der Informationsflüsse zu tun und ist eher an bestimmte technologische als an ideologische Paradigmen gebunden, eine Dominanz, die je nachdem, welche Art von Informationsflüssen die wertvolle Ordnung im Chaos erzeugen, wohl in ihr Gegenteil verkehrt werden könnte. Wer die Informationsflüsse in einer Gesellschaft am besten zähmt, wird diese Gesellschaft auch beherrschen. Das gilt für das Gender und alle anderen gesellschaftlichen Kategorien gleichermaßen. So wie es während des Informationismus geschah. Und danach.

6

Die Dialektik von Libido und Mortido

Als René Descartes seinen berühmten Satz „Cogito ergo sum“ formulierte, dann bedeutet dies den Beginn des Endes von Gott dem Allmächtigen als Garant sowohl für die Sicherheit des Menschen in seiner Existenz als auch für die Wahrheit des ihm offenbarten Wissens, auch wenn Descartes selbst eine herkulische Anstrengung unternahm, das Ausmaß und die Schwere des Putsches zu leugnen, den er durch das inszenierte, was *de facto* eine Vergöttlichung des individuellen Selbst war. Die Entthronung Gottes ist natürlich ein herausfordernder Akt der Rebellion und nichts, was man beiläufig tut; es führte zu einer großen Angst, da es die Tür zur Verwüstung in Form der Vergeltung eines Gottes öffnete, der im Anfangsstadium des Putsches noch über beträchtliche Macht verfügte. Deshalb war Descartes gezwungen, seine prekäre Operation unter dichten Tarnschichten durchzuführen. Der deutsche Psychoanalytiker Horst Richter sprach in diesem Zusammenhang von

„einer scheinbaren Motivation, die man mit Hilfe der Psychoanalyse als klassische Rationalisierung bezeichnen kann". Dass das Selbst nun mit diesen monumentalen Ansprüchen vorwärts schreitet, muss, so argumentierte Descartes, völlig im Einklang mit Gottes Willen stehen; das individuelle Selbstbewusstsein des Menschen, das jetzt und hernach der Dreh- und Angelpunkt aller Wissensproduktion in dieser Welt ist, muss ganz einfach deshalb seinen Ursprung in Gott haben, weil ... nun, hier landen wir in einer weiteren dieser kognitiven Sackgassen, die „Gottesbeweise" genannt werden, die aber in Wirklichkeit eine unter Zwang konstruierte Zirkelschlussfolgerung mit geringem Beweiswert sind.

In seinem Buch *Der Gotteskomplex* konzentriert sich Richter auf den Übergang vom Mittelalter in die neue Zeit, der schließlich in die Moderne mündet, mit der wir bisher gelebt haben. Der Sprung des mittelalterlichen Menschen von einem frommen Autoritätsglauben zu rationalistischer Selbstvertrauensbildung ist allgemein als Ausdruck einer grandiosen Befreiung und als Sieg der Vernunft gepriesen worden. Eigentlich, so Richter, war es „im Grunde eine neurotische Flucht von narzisstischer Ohnmacht zu einer narzisstischen Illusion von Allmacht". Die Absetzung Gottes ließ uns unendlich klein, unsicher und schutzlos fühlen – Gefühle, die sowohl unerträglich als auch unmöglich zuzugeben waren. Die Lösung wäre Verdrängung und das, was Richter als „infantilen Größenwahn" bezeichnet. Wenn das Kind es nicht mehr ertragen kann, in der Obhut von als unzuverlässig empfundenen Eltern gelassen zu werden, reagiert es darauf, indem es sich in seiner eigenen Vorstellung in eine allmächtige Elternfigur verwandelt. Und ähnlich, so Richter, leidet unsere Zivilisation an selbstverschuldeten, teilweise lähmenden Überforderungen. Wir verarzten uns selbst mit Hilfe der Illusion über die totale Kontrolle der vielen Prozesse in der Natur, die wir als bedrohlich empfinden. Wir sind nicht mehr sicher in unserem Glauben an Gott, sondern müssen Trost und Erbauung in der menschlichen Vernunft suchen, die göttliche Unabhängigkeit verspricht. Diese grenzenlose Selbstüberschätzung neutralisiert die panische Angst vor der Ohnmacht. Die Risiken, die im Gefolge des rationalistischen Größenwahns folgen, erscheinen vernachlässigbar gegenüber der Angst, sich eine infantile Abhängigkeit von einer degradierten Autorität eingestehen zu müssen.

Jeder von uns wird zu seinem eigenen Gott! Es ist ein geniales Manöver, doch der Preis in Form von Isolation und Realitätsverlust – was Karl Marx später *Entfremdung* nennt – ist hoch. Der Soziologe Norbert Elias spricht von der Konzeption eines Selbst im *Gehäuse* als einem Grundbegriff des europäischen Denkens seit der Renaissance. Das Paradebeispiel ist Immanuel Kants transzendentales Subjekt, das schon vorher per Definition dazu verdammt ist, das so genannte „Ding an sich" nie zu erlangen. Was zu der Schlussfolgerung führt, oder zumindest zu einer starken Vermutung, dass der Mensch sich unfähig macht, an einer echten Gemeinschaft teilzunehmen und dass sich unsere Spezies stattdessen zu dem entwickelt hat, was Richter als „einen Schwarm von Egozentrikern mit verdecktem Größenwahn" bezeichnet hatte. Ziel war es, die Beherrschung der Welt durch den Erwerb nützlicher Kenntnisse über die Welt zu erreichen. Für den, der die verehrte Autorität noch immer abgeneigt war, ganz loszulassen, inszenierte Kant eine Vergöttlichung der Vernunft, an die sich die Natur zu halten hatte. Gott wurde Vernunft, die Vernunft wurde Gott.

Wer sich Gottes nicht mehr sicher ist, muss selbst Gott, d. h. allwissend, werden und immer wieder neue Leistungen erbringen, um sich vor allem selbst davon zu überzeugen, dass er nicht in einer Abhängigkeitssituation ist. Das bedeutete, dass die fieberhafte Tätigkeit zunehmend gepriesen wurde, während die Passivität mit zunehmender und immer intensiverer Verachtung betrachtet wurde, was wiederum zur Folge hatte, dass das Verhältnis zum eigenen Körper mit all seinen bedauerlichen Bedürfnissen problematisch wurde. Die Kehrseite des ungehemmten Vernunftkults war natürlich, dass das Gefühlsleben verunglimpft wurde. Und welche Figur war mit all dem verbunden, was diese Gesellschaft auf ihrem Weg zur Aufklärung und Moderne mit Hilflosigkeit und Abhängigkeit verband, nämlich Passivität, Körperlichkeit (im Gegensatz zum Intellektualismus) und ungezügelte Leidenschaften? Wer war es, der all das repräsentierte, was der Mensch um jeden Preis hinter sich lassen musste? Die Antwort ist natürlich die Frau. Der Mann jedoch nutzte die Gelegenheit, alle wünschenswerten Eigenschaften anzulegen, die auf eine großartige Zukunft hindeuteten, in der der Mann sein eigenes Schicksal bestimmen konnte. Er konnte natürlich behaupten, dass er die Frau erhob, sie auf ein Podest stellte und ihr die reinste, höfischste Verehrung zukommen ließ, was natürlich nichts anderes bedeutet, als dass er die institutionalisierte Unterdrückung in ein elegantes Puppenkleidchen kleidete und sich selbst und seine eigene Pracht bewunderte. Angebetet oder nicht – die Frau wurde routinemäßig mit einem unreifen Kind verglichen. Sie war oberflächlich, wankelmütig, töricht – man konnte ihr nichts von echtem Ernst anvertrauen. Dass das menschliche Selbst, das von Descartes zum Ritter geschlagen wurde, mit gottähnlicher Vernunft und wünschenswerter Willensstärke, deutlich männliche Konturen annahm, war ganz einfach richtig und angemessen. Die Unterschiede zwischen den Geschlechtern wurden so verfeinert und verstärkt.

Mit dem Einzug des patriarchalischen Gesetzes in Gesellschaft und Geschichte – der phallischen Energie als aufgezeichneter und damit verewigter und unabhängiger Grenzsetzer und Bewahrer der göttlichen Ordnung *schlechthin* – folgt jedoch ein Zusammenhang zwischen *Verbot* und *Überschreitung*. Sobald es ein klares Verbot gibt, entsteht auch der Wunsch, dieses Verbot übertreten zu können. Der Trieb ignoriert das Verbot, ohne die Folgen dieses Aktes zu begreifen. Das Begehren hingegen ist sich des Verbots voll bewusst und beginnt sofort mit den denkbaren Folgen eines Verstoßes gegen das Verbot zu experimentieren. In der Tat ist das Verlangen nach Übertretung so stark, dass es im Wesentlichen die Geschichtsschreibung in der entstehenden feudalistischen Gesellschaft befeuert. Der Schöpfungsmythos wird nicht mehr zu einer Geschichte darüber, wie Gott die Welt erschaffen und den Menschen fröhlich in sie gesetzt hat, sondern zu einer Geschichte darüber, wie Gott eine vollkommene Welt in Übereinstimmung mit dem Wort und dem Gesetz zunächst geschaffen und wie der Mensch dann gegen diese Ordnung verstoßen hat, wie er deshalb in eine Rebellion gegen Gott getrieben wurde, wie dann diese Rebellion scheiterte und wie der Mensch schließlich seitdem auf einen Retter wartet, der ihn wiederherstellt und ihn in den ursprünglichen vollkommenen Zustand zurückversetzt, der innerhalb des göttlichen Gesetzes herrschte.

Dies ist natürlich ein langes imaginäres Spiel mit dem *Phallus*, bei dem der Mensch in der ewigen Falle des Begehrens ausgesetzt wird: Ich will den Phallus, ich will den Phallus nicht, ich kann den Phallus haben, ich kann den Phallus nicht haben. Woraufhin die Libido völlig in den gusseisernen Griff der Überschreitung gerät. Von nun an ist es notwendig, das Gesetz zu brechen und auf Erlösung zu hoffen, um überhaupt mit der Libido in Kontakt zu kommen und sie zu erfahren. Von der erotisierten Heilslehre des Feudalismus bis hin zur postmodernen Therapieindustrie baut alles auf dieser *Logik der Überschreitung* auf, in der der Mensch ständig vom verantwortungsbewussten Erwachsenen zum infantilen Kind reduziert wird. Dieser Zustand ist aus psychoanalytischer Sicht das Begehren in seiner reinsten Form, ohne jegliche Form der Transzendenz. Ein Begehren, das sich nur in einem einzigen ewigen Tanz um die Überschreitung seiner eigenen Grenzen herum begehren kann. Die Sehnsucht nach der ewigen Rückkehr zur sicheren *Mamilla*.

Es ist wichtig, hier darauf hinzuweisen, dass es nicht als Zeichen einer erwachsenen Verantwortungsübernahme gesehen werden sollte, den Buchstaben des Gesetzes aufgrund eines neurotischen Ideals eingeschüchterten Kleinbürgertums zu folgen. Es gibt keinerlei Grund zu der Annahme, dass das Gesetz über die konkrete phallische Machtausübung hinaus irgendeine faktische Substanz und irgendeine Art von metaphysische Aussagekraft hat. Nein, die Logik der Überschreitung zu durchschauen muss stattdessen von der entgegengesetzten Richtung erfolgen. Die Überschreitung kann nur dann ihre Macht verlieren, wenn sich das Verbot in seiner ganzen erbärmlichen Banalität offenbart. Denn es ist das Verbot, das die Überschreitung auf fast tierische Weise vorantreibt. Was hinter der verschlossenen Tür vermutet wird, wird genau deshalb einen viel größeren Wert haben als das, was sich vor der Tür befindet. Erst wenn sich das Verbot als ein Stück soziales Theater offenbart hat, verliert das Gesetz auch als soziales Über-Ich seine Anziehungskraft. Und damit auch die Enttäuschung über die Überschreitung, die ihre

Libido verliert. Die letzten Ausharrenden im bröckelnden Tempel der Überschreitung werden dann die postmodernen sadomasochistischen Kulte mit ihrem unaufhörlichen Gezeter über Leder, Spitze, Gummi, Peitschen und pseudoreligiöse Symbolik sein – Symbole, die für den Rest der Menschheit längst ihre überschreitende Explositivität verloren haben.

Die historische Verschiebung vom Moralismus des Feudalismus über die Ambivalenz des Individualismus und der Allmachtsphantasien bis hin zur relationalistischen Ethik der Interaktivität bedeutet, dass die Menschheit die Form des Vergnügens entsorgt, die sie früher bevorzugte, die aber nun zunehmend banal erscheint: die auf das Verbot gerichtete Überschreitung. Wenn nichts mehr verboten ist, wenn uns nichts mehr schockieren kann, dann stirbt auch die Libido der Überschreitung. Und genau hier landen wir Menschen, wenn wir von dem unzensierten und ungehemmten Strom der Aufmerksamkeit fordernden Sozialpornographie, die man *Internet* nennt, ertränkt werden. Das Gesetz als soziales Über-Ich stirbt und damit auch das Verbot und die Überschreitung, die nun jegliche Anziehungskraft und Bedeutung verlieren. Die *Pornoflation* tötet die Libido, und die erotische Depression erreicht pandemische Ausmaße. Es bleibt nur noch die leere Jagd nach Aufmerksamkeit um der Aufmerksamkeit selbst willen, eine Art zermürbende Suche nach Affirmation auf Autopilot.

Die Natur des Realen liegt in zwanghafter Wiederholung. Wenn es die Fantasie des Menschen durchdringt, tut es das Reale mit Raserei und Eigensinn und ohne dass es ein Verständnis mit sich bringt, dass das Reale das herrschende Gleichgewicht stört. Das imaginäre Universum ist auf der *Dialektik von Eternalismus und Mobilismus* aufgebaut (siehe *The Global Empire*). Es ist durch einen fließenden Zustand gekennzeichnet. Mobilistisches Chaos muss als projizierte Verewigungen [eternalizations] interpretiert werden, die mit anderen, ebenfalls projizierten Verewigungen verbunden sind. Ontische Intensitätsfelder werden in ontologische Phänomene transformiert. Aber in jedem Moment werden die Veräußerungen in und zwischen sich selbst in Bewegung gesetzt und müssen daher neu verewigt werden, um greifbar und funktional zu werden.

Das bedeutet, dass nichts jemals das ist, was es zu sein vorgibt – streng genommen gibt es kein Sein, sondern nur ein Werden – was zur Folge hat, dass scheinbar angrenzende Phänomene das repräsentieren, worauf in jedem Moment Bezug genommen wird.

Das symbolische Universum besteht aus einer Sprache, die das imaginäre Universum beschreiben soll, und die Distanz, die sich langsam aber sicher zwischen der imaginären Ontologie und der verzauberten Welt der Sprache aufbaut, bewirkt, dass das Symbolische bald aus einer langen Reihe von metaphorischen Verschiebungen besteht. Natürlich ist nichts das, was es vorgibt zu sein – das wird auch im imaginären Universum deutlich –, aber die Art und Weise, wie etwas beschrieben wird, hat nichts Gleichbedeutendes [metonymic] mehr an sich, sondern verfehlt ständig das Ziel und muss deshalb in alle Ewigkeit neu definiert werden, ohne auch nur annähernd das Ziel zu treffen. Der Mensch ist daher gezwungen, auf der symbolischen Metaebene nach einer tragfähigen Bedeutung zu suchen – er baut oder umarmt ehrgeizige Erklärungsmodelle, die wir *Ideologien* nennen –, ohne jemals eine dauerhafte Bedeutung in seinem symbolischen Universum erschaffen zu können.

Wer hingegen die symbolische Metaebene überhaupt nicht erreichen kann, gerät in ein Chaos, das entweder eine Psychose oder eine verzweifelte Suche nach Erlösung durch völlige Unterwerfung unter ein willkürlich gewähltes phallisches Idol hervorruft. Das phallische Idol wird zu genau dem Idol, das in diesem Moment verfügbar ist, unabhängig davon, wie dumm oder zerstörerisch dieses Idol von der Umgebung, die bereits auf der symbolischen Metaebene existiert, wahrgenommen wird. Tatsächlich ist es gerade die dramatische Begegnung zwischen dem Götzendienst des Unterwürfigen und der Ideologie auf der Metaebene, die die fundamentalistische Reaktion im Ersteren hervorruft – der unterwürfige Götzendiener nimmt die Dinge *buchstäblich*, und dem symbolischen Universum werden ontische Qualitäten zugeschrieben. Die Wahrheit ist dann plötzlich in Form der Worte, oder wenn man so will, der Rätsel, die den Lippen des phallischen Idols entgehen, verfügbar. Diese Worte sind *das Gesetz*, und das Gesetz ist immun gegenüber der Hochmut derer, die die symbolische Metaebene erreicht haben. Aber nur, wenn das Gesetz aufrechterhalten werden kann, wird die verlorene Harmonie der Existenz verwirklicht werden. Diese Mechanismen werden, selbst während wir dies schreiben, mit verheerender Effizienz innerhalb der Politik auf der ganzen Welt ausgenutzt.

Das bringt uns zur *Ablehnung*, die der Versuch ist, innere Unruhe zu externalisieren. Libido ist natürlich Ablehnung *par excellence*. Mortido verlangt die Freiheit von Frustration und Irritation, einen Zustand, den der Mensch nur in völliger Resignation erleben kann, das heißt: erst wenn er mit seinem eigenen Tod konfrontiert wird. Die Libido, die auf diese Weise das Antriebssystem bis dahin dominiert, wird genau von den Spannungen angetrieben, die Frustration und Ärger über das unterdrückte Mortido erzeugen. Libido ist nichts anderes als die Externalisierung dieser Spannung. Was passiert, ist, dass die Spannung zu einer Obsession wird, die ein Ventil haben muss, und dieses Ventil erfordert ein Objekt, auf das es projiziert werden kann. Das kann ein *Fetisch* zur Verehrung oder ein Hass auf das *Abjekt* sein, die Hauptsache ist, dass es dem Geist gelingt, die *abstoßende Leidenschaft* auf das betreffende Objekt zu projizieren und es zu libidinieren. Anbetung und Hass sind also nicht die Gegensätze, sondern zwei korrespondierende Seiten derselben Medaille. Das topologische Gegenteil dieser Leidenschaften ist vielmehr die *erotische Depression*, der falsche Mortido, der glaubt, eine Libido zu vermissen, die wiederum auf der Verdrängung des authentischen Mortido aufbaut.

Wenn der Instinkt so verstanden werden muss, dass er immer zum richtigen Zeitpunkt auftritt, so wird der Antrieb stattdessen durch etwas charakterisiert, das wir das *Paradoxon des ständig fehlerhaften Zeitpunkts* nennen. Es sollte als eine inhärente Eigenschaft der Ekstase oder libidinösen Intensität angesehen werden, dass er ständig auftaucht, wenn man es am wenigsten erwartet. Das allein ist schon ein Beweis dafür, dass die Libido dort wirkt. Während der Instinkt ein Geschöpf regiert, das sich seiner eigenen Sterblichkeit vollkommen unbewusst ist – daher der direkte Zusammenhang zwischen Ursache und Wirkung in der instinktiven Reaktion –, regiert der Antrieb ein Geschöpf, das seine eigene Sterblichkeit zwar verstanden hat, dem es aber immer noch nicht gelungen ist, sie einzubeziehen, und dessen Zeit immer aus dem Takt gerät. Die Libido kann daher als Reaktion auf die Unfähigkeit des Mortido beschrieben werden, seinen Platz zu finden. Der amerikanische Philosoph und Psychoanalytiker Adrian Johnston nennt dies eine *phänomenale Ontogenese*. Gerade weil das Subjekt sich seinen eigenen Tod nicht einmal in seiner wildesten Vorstellung vorstellen kann, ist seine Sterblichkeit seine grundlegende Verdrängung. Das Subjekt hängt in der Luft, überzeugt von seiner eigenen Unsterblichkeit, während seine dunkle Unterseite, das, was wir als *Asubjekt* bezeichnen (ein Begriff, der erstmals vom tschechischen Phänomenologen Jan Patocka verwendet wurde), völlig damit beschäftigt ist, mit dem Altern, der Zerbrechlichkeit und der greifbaren Sterblichkeit des Körpers zu ringen. Das Unterbewusstsein lässt sich daher am besten als vampirisch beschreiben. Es glaubt zwar nicht an seinen eigenen Tod, sehnt sich aber dennoch unermüdlich danach. Dies zeigt, dass das Unterbewusstsein vom Mortido und nicht von der Libido beherrscht wird, die sich stattdessen in Form des imaginären Antriebs und des symbolischen Begehrens auf das Bewusstsein und seine Phantasiewelten richtet.

Im antiken Griechenland wurde die Liebe in drei Kategorien eingeteilt: *Eros* (sexuelle Anziehung), *Philia* (Brüderlichkeit in ihrer tiefsten Form) und *Agape* (göttliche Liebe). Eine vierte Kategorie wurde von dem niederländischen Philosophen Baruch Spinoza im 17. Jahrhundert hinzugefügt: *amor intellectualis*, die intellektuelle Liebe. Die Parallelen zu den vier Antrieben sind auffällig: Eros ist mit dem Instinkt verbunden, Philia mit dem Antrieb, Agape mit dem Begehren und amor intellectualis mit der Transzendenz. Transzendenz ist natürlich die verwirklichte Dialektik von Libido und Mortido als vollständige Einsicht, die ultimative Form der Erleuchtung im syntheologischen Sinne. Das von Hegel geliebte Absolute trifft auf Freuds gefürchtete Libido in einer erhabenen Vereinigung.

Menschlich zu sein, bedeutet, gewaltsam zwischen widersprüchlichen Kräften hin- und hergerissen zu werden. Auf der einen Seite haben wir das Bewusstsein, das vom *Lebenswillen* beherrscht wird – unser fast wütender Ehrgeiz, um jeden Preis und auf verschiedene Weise zu überleben und der Welt um uns herum als eigenständige und unabhängige Geschöpfe zu erscheinen, in klarer Befreiung sowohl uns selbst als auch unseren Mitmenschen gegenüber. Der lateinische Begriff für diesen Lebenswillen ist *Libido*, und wenn er am stärksten ausgeprägt ist, erleben wir eine Empfindung, die wir *Ekstase* nennen. Auf der anderen Seite haben wir das Unterbewusstsein, das Domizil des ständig zermürbenden *Todestriebs*, der uns zur Unterwerfung, Verantwortungslosigkeit und Auslöschung zieht – ein Ende des zwanghaften und fordernden Wandels und der Erneuerung des Daseins. Der lateinische Begriff für den Todestrieb lautet *Mortido*, und auf die Spitze getrieben drückt er sich in der Depression aus: ein lähmender Ennui angesichts einer Existenz, die uns mit ihrer grenzenlosen Vielfalt überflutet. Dieser grundlegende Konflikt schließt nicht aus, dass Libido und Mortido zwei Seiten derselben Medaille sind, nämlich der menschliche Trieb in seiner elementarsten Form. Darüber hinaus sind diese beiden Energien in einem unendlich komplexen, dialektischen System miteinander verflochten, das sich im Laufe der Zeit entwickelt und ständig verändert. Es ist nie möglich, sie zu verfeinern oder sie als voneinander getrennt vorzustellen, aber sie sind Teil einer dynamischen Struktur gegenseitiger Abhängigkeit und gegenseitiger Beeinflussung.

Unter Umständen kann es sogar vorkommen, dass das eine in das andere mit einer gewissen Regelmäßigkeit transformiert wird. Daher haben wir alles zu gewinnen – und absolut nichts zu verlieren – wenn wir die komplizierte *Dialektik von Libido und Mortido* genauestens studieren, wie sie tatsächlich funktioniert. Dann entdecken wir, dass Mortido mobilistisch und primär ist, während die Libido eternalistisch und sekundär ist. Die taoistischen Philosophen aus Ostasien drücken diesen *dialektischen Monismus* aus, indem sie sagen, dass das *Yin* – das die mortidinale, matrichale, negative und passive Kraft ist – dem *Yang* – das die libidinöse, phallische, positive und aktive Kraft ist – vorausgeht, bevor sie zusammen die universelle Einheit namens *Tao* bilden. Die Libido ist ganz einfach der sowohl notwendige als auch grundlegend unbefriedigende Kanal, durch den sich der Mortido ausdrückt. Daher ist nur die Libido im Bewusstsein zugänglich, und wenn der Mortido schließlich ins

Bewusstsein eindringt und auf diese Weise seine Präsenz spürbar macht, bildet es das, was man in der Psychoanalyse als *Trauma* bezeichnet. Um der reinen Selbsterhaltung willen muss das Bewusstsein dieses Trauma einkapseln und sich sozusagen darüber erheben, und zwar in Form vermittels der *Verdrängung*. Das Trauma darf nicht existieren und darf deshalb nicht existieren, also existiert es auch nicht. Zumindest nicht über dem Horizont des Bewusstseins.

Wo und wann beginnt also dieser umfassende, aber produktive Verleugnungsprozess? Nun, der Beginn unseres Traumas, die *Mutter aller Traumata*, ist tatsächlich unsere Geburt. Die Geburt ist schmerzhaft und daher erschütternd; und sie bringt eine unkontrollierbare Trennung von der Matrix mit sich, weshalb die Erfahrung im wahrsten Sinne des Wortes traumatisierend ist und verdrängt werden muss. Deshalb ist die Geburt, so der französische Psychoanalytiker Jacques Lacan, das *große Trauma*. Alle traumatischen Erlebnisse nach der Geburt können daher in gewisser Weise als mehr oder weniger verdeckte Bedrohung der Wiederholung dieses großen Traumas betrachtet werden, das schon an sich starke emotionale Reaktionen auslöst. Das bedeutet, dass diese ursprüngliche Verdrängung in Situationen neu aktiviert wird, die metonymisch oder metaphorisch eine unbewusste Erinnerung an das große Trauma hervorrufen, die sich oft in Form von zwanghaften, sich *wiederholenden Verhaltensweisen* äußert.

In der griechischen Mythologie wird die Libido durch den Liebesgott *Eros* und der Mortido durch den Todesgott *Thanatos* repräsentiert (ihre Vorgänger werden in der iranischen Mythologie *Ohrmazd* und *Ahriman* genannt, die Zwillingssöhne des Urgottes *Zurvan*, der altpersische Name der Zeit als Ursprung von allem). Sigmund Freud argumentiert, dass der Kampf zwischen Eros und Thanatos nicht nur das innere Drama des Individuums – etwa in Freuds eigenen Analysanden – charakterisiert, sondern auch das Drama, das die gesamte Menschheitsgeschichte verschiedener Zivilisationen und deren Aufstieg und Fall ausmacht. Die Dialektik von Libido und Mortido treibt also die Zivilisation und damit letztlich die gesamte Geschichte an. Das bedeutet, dass es nicht ausreicht, sich in all dem zu vergraben, was mit der neuesten Technik zu tun hat, wenn man den Ehrgeiz hat, die Gegenwart in irgendeiner Tiefe zu verstehen. Eine komplementäre und unverzichtbare Dimension kommt hinzu, wenn wir verstehen, wie die Dialektik von Libido und Mortido im Laufe der Geschichte unsere Sinne kontrolliert und unsere Kulturen geprägt hat. Mit diesem Verständnis ist es dann möglich, Rückschlüsse zu ziehen, welche Ausdrücke diese Dialektik in Zukunft annehmen wird und – nicht zuletzt – wie diese Dialektik mit der technologischen Entwicklung zusammenhängen wird.

Es handelt sich also um eine Dialektik in zwei Schritten: In der ersten Phase haben wir den ewigen, unaufhörlichen Kampf zwischen Libido und Mortido innerhalb der dividuellen Person, und in der zweiten Phase finden wir die dialektische Beziehung der konflikt-beladenen Person zu der immer komplizierter werdenden Umwelt, die die technologische Entwicklung hervorbringt. Wenn wir das syntheologisch-konzeptionelle Handwerkszeug benutzen, um die Dialektik von Libido und Mortido zu beschreiben, entspricht die Libido dem *Entheos*, der Mortido dem *Atheos*, während die Dialektik an sich den *Pantheos* als Schauplatz benutzt. Entheos – das „Göttliche in uns“ – ist der metaphysische Überbegriff für die Zeitlinie, die Vielfalt und das Bewusstsein. Atheos – „das Göttliche als das Nicht-Existierende“ – ist dann nichts anderes als eine virtuelle Potenzialität, das ontische Nichts, aus dem sowohl das Universum an sich als auch alle seine Erscheinungen, einschließlich des menschlichen Bewusstseins, entstehen. Pantheos ist die Existenz, wie sie *de facto* ontisch in ihrer Gesamtheit existiert. Syntheologisch wird die Dialektik von Libido und Mortido daher so beschrieben, als ob eine Potenzialität im Atheos plötzlich in eine Aktualität im Pantheos verwandelt wird, die sofort zu ihrer nicht-ontischen Potenzialität im Atheos zurückkehren will, aber angesichts der Unmöglichkeit dieses Wunsches die Sehnsucht nach Auslöschung als Existenzwille neu interpretiert.

Dieser dialektisch erzwungene Wille zur Existenz manifestiert sich als Entheos, die vollendete Libido, bevor die Existenz schließlich als vollendetes Mortido in ihren ursprünglichen Nicht-Zustand zurückkehrt. Wir haben also eine Kette von Ereignissen vor uns, bei der Atheos (Schritt 1) in ein unvollständiges Entheos (Schritt 2) übergeht, nach dem

Entheos vervollständigt wird (Schritt 3), um dann zu Atheos zurückzukehren (Schritt 4), und bei der Pantheos in vier Akten das Spielfeld für dieses gesamte dialektische Drama darstellt. Oder um die Sache psychoanalytisch auszudrücken: Hätte das Unterbewusstsein ein eigenes Selbstbewusstsein besessen, wäre dieses Selbstbewusstsein komplett selbstmörderisch. Ohne die Distanzierung des Bewusstseins von der Umwelt – im Grunde genommen gleichbedeutend mit der Distanz zwischen Subjekt und Objekt – kann Mortido nicht in Libido umgewandelt, geschweige denn als Libido interpretiert werden. So hat das Unterbewusstsein eine Struktur, die die Psychoanalyse aufzuspüren und zu verstehen versucht. Aber per Definition fehlt ihm das Selbstbewusstsein; es ist ein *Asubjekt*, kein Subjekt. Repression ist und muss, vom großen Trauma an, der Motor des Lebenswillens sein. Damit haben wir den Boden bereitet für eine übergreifende Chronologie der Dialektik von Libido und Mortido, eine Grundlage, auf der wir die verschiedenen Ausdrucksformen der treibenden Kraft sowohl in der trennenden Person (durch *Psychoanalyse*) als auch für die Zivilisation in ihrer Gesamtheit (durch *Sozioanalyse*) aufspüren, aufzeichnen und definieren können.

So wie der Lebenswille des Bewusstseins die Todessehnsucht des Unterbewusstseins maskiert, so maskiert der Glaube an die Unersetzlichkeit der Mitmenschen die Tatsache, dass sich die größte und tiefste Sehnsucht des Menschen um die unsichtbar gemachte *Intrasubjektivität* dreht. Die intrasubjektive Beziehung ist das *Erhabene*, die Begegnung zwischen dem menschlichen Subjekt und seinem eigenen göttlichen Schatten in Bezug auf sich selbst im Moment des Todes, das heißt: die syntheologische Vollendung des Projekts Entheos, die Personifizierung der Göttlichkeit, die im Subjekt selbst wohnt. Denn die Begegnung des Subjekts mit Entheos bringt seine *Vollendung* mit sich, da es einen Zustand erreicht, in dem nichts anderes mehr gebraucht wird, einschließlich der sonst so geschätzten Beziehungen zu anderen Menschen und wie wir mit ihnen interagieren. Eigentlich ist es diese Erfahrung, die die *Akzeptanz* im Moment des Todes ermöglicht, das Gefühl, dass die Dialektik von Libido und Mortido vollendet ist – dass Yin und Yang endlich als ein sicher leeres, aber dennoch manifestiertes Tao ineinander greifen – und nun langsam verschwinden kann. Die Trennung des Dividuums vom Stamm ist in diesem Moment weder bedrohlich noch angstbesetzt, sondern befreiend. Denn die Wiedervereinigung mit dem Kosmos bringt es mit sich, dass jede Art von Distanz verschwindet. Das wiederum bedeutet, dass Mortido schließlich den Kampf gegen die Libido gewinnt, deren Aufgabe letztlich nicht zu erfüllen ist. Es ist tatsächlich durchaus möglich, rein logisch die Einsicht zu erlangen, dass Mortido die innerste treibende Kraft des Subjekts ist. Aber dieser Zustand ist *de facto* erst mit der Annahme der Sterblichkeit unmittelbar vor dem Todesmoment voll erfahrbar. Bis dahin wird der Freudsche *Verdrängungsmechanismus*, der die Libido den Mortido überschatten lässt und damit aus dem Blickfeld verschwindet, die subjektive Erfahrung der Existenz beherrschen.

Ein Bewusstsein ohne Kontakt zum Unterbewusstsein ist die eigentliche Definition einer *Neurose.* Und die umgekehrte Beziehung – ein Unterbewusstsein ohne Kontakt zum Bewusstsein – ist die eigentliche Definition einer *Psychose.* Daraus folgt, dass das Subjekt sich in erster Linie als grundsätzlich neurotisch wahrnimmt, während es das äußere Objekt als grundsätzlich psychotisch betrachtet, das heißt: als ein Chaos, das es verzweifelt zu verewigen versucht. Auffällig ist die Parallele zu Werner Heisenbergs Unschärferelation innerhalb der Quantenphysik: Je genauer sich das Subjekt zu definieren versucht, desto chaotischer und unergründlicher erscheint das Objekt. Dieses unermüdliche Bestreben, die Phänomene ständig zu verewigen, lässt das Bewusstsein als Herrscher des Unterbewusstseins erscheinen. Das ist das *eternalistische Subjekt* (siehe *The Global Empire*), ein grundsätzlich phallisches Subjekt, das seine Substanz allein aus seiner sichtbaren Fähigkeit gewinnt, das mobilistische Chaos, das das Subjekt umgibt, zu verewigen. Der neurotische Zustand sieht sich somit als Herr des psychotischen Zustandes. Das Subjekt an sich fungiert als Stempel der Zustimmung, um zu zeigen, dass die Veräußerlichung gelungen ist. Dieser erste phallische Impuls entsteht bereits in der Erfahrung des Säuglings, die *Mamilla* in Verbindung mit dem Stillen zu besitzen. Daher ist es egal, ob z.B. ein buddhistischer Mönch in Meditation sitzt und Tausende von Stunden lang kontempliert, um das *Nirwana* zu erlangen, denn ein solcher moralisch akzeptierender Zustand jenseits von Genuss und Leid kann erst kurz vor dem Moment des Todes erreicht werden. Oder um die Sache auf taoistische Weise auszudrücken: Im Laufe des Lebens verweilt das Tao im *Yang* und ist in ständiger Bewegung. Doch im Moment des Todes geht das *Tao* stattdessen in das *Yin* über, wo es für die Ewigkeit fixiert ist, so als ob es, hinterher betrachtet, eigentlich schon immer dorthin gehört hätte.

Das ewige [eternalist] Subjekt als solches wird zum Hindernis für jede echte Identifikation mit einem anderen Menschen oder etwas anderem. Es durchdringt die Art und Weise, wie wir alles sehen, sowohl gegenwärtig als auch abwesend. Es ist ganz einfach unmöglich, sich an irgendetwas aus der Vergangenheit zu erinnern – und in noch größerem Maße, sich auf diese Vergangenheit zu beziehen oder über sie zu phantasieren – ohne dass die Erinnerung durch den Filter des erfahrenen Subjekts geht, was eine Objektivierung der Erinnerung selbst erfordert. Das Subjekt ist die Optik, durch die wir die Welt wahrnehmen und sie strukturieren. All dies wiederum bedeutet, dass die Libido durch den Einfluss des Unterbewusstseins auf das Bewusstsein eher verstärkt als geschwächt wird, unabhängig davon, wie mächtig oder unangenehm es erscheinen mag. Folglich stellen wir den Propheten der Libido, Zarathustra, dem Verkünder des Mortido, Buddha, in der Reihe der großen östlichen Vorfahren entgegen, wenn wir behaupten, dass es *de facto* um die Verdrängung geht. Die Libido soll ihre erotisch gefärbte Kontrolle über das erfahrene Subjekt bis zum Moment des Todes ausüben. Es gibt keine tragfähigen Argumente für etwas anderes. Das bedeutet, dass alle Versuche, den mortidalen Zustand im Voraus zu erreichen – und später damit zu prahlen, als wäre es eine Art „Erleuchtung" – uns mehr über das Bedürfnis prahlerischer Asketen und Mönche erzählen, den Status innerhalb verschiedener Hierarchien zu erobern – und diesen Status dann als Plattform zu nutzen, um über ihre Mitmenschen zu moralisieren – als über etwas, das für echte Spiritualität relevant ist.

Zarathustra behauptet ganz einfach, dass nur der Akteur, der die Verdrängung vollständig akzeptiert, auch glaubwürdig und erfolgreich die Wahrheit über die Existenz suchen und erreichen kann. Verdrängung ist also die Bedingung der Erleuchtung selbst und daher auch der Motor der Wahrheit. Die altpersische Sprache *Avestan* nutzt sogar die gleichen Worte für Verdrängung, Erleuchtung und Wahrheit, nämlich *asha*. Wer vergeblich eine Erleuchtung jenseits der Verdrängung sucht, wird dagegen nur in die Mythenschöpfung eingetaucht, ohne jegliche Fähigkeit, die Wahrheit über die Existenz jenseits der Mythen zu sehen. Das erklärt, warum der Phallus als Symbol der faktischen Wahrheit ständig zurückkehrt, während die Matrix als Symbol der umschreibenden Mythologie zurückkehrt. Phallus spricht die Wahrheit und tut dies direkt und brutal. Die phallischste Figur in der Geschichte ist daher der weissagende Prophet – oder *Spitama*, was in *Avestan* bzw. *Sanskrit* Zoroasters und Buddhas Titel sind. Das heißt: der höchste Rang innerhalb des Stammes fällt dem Priester zu, der das Denken provoziert, um vorwärts zu gehen – während sich die Matrix damit begnügt, die schützenden und Sicherheit schaffenden Mythen für die Kinder zu wiederholen, die noch nicht bereit für die phallische Wahrheit sind.

Das wiederum erklärt, warum der Zoroastrismus im Gegensatz zum Buddhismus ohne ein autoritäres Mönchs- und Nonnensystem aufgebaut wurde. Denn im Zoroastrismus gibt es nichts Höheres, als der eigenen Libido zu folgen. Die Libido ist ganz grundlegend für die zoroastrische Ethik, die interessanterweise völlig frei von moralischen Geboten und Belohnungen über den Tod hinaus ist. So ist jeder und niemand innerhalb der zoroastrischen Lehre auch sein eigener Priester, Schamane, Mönch oder seine eigene Nonne. Dieses libidinöse Subjekt erlebt eine ständige Frustration, die mit einem Überschuss an Impulsen verbunden ist. Denn *de facto* entsteht das Subjekt letztlich durch eine Reihe von Ereignissen, die ein unüberschaubares Chaos zur Folge haben, in dem das Subjekt die Rolle der illusorischen Koordinierungsstelle spielt, die alle losen Enden, die in dem Sturm, der in der turbulenten Umgebung herrscht, frei flattern, zusammenbindet. Wenn die Existenz nicht mehr zusammenhält, wenn eingehende Impulse widersprüchlich und schwer zu interpretieren erscheinen, entsteht plötzlich das autosuggestive Gefühl, dass es noch ein Subjekt gibt, das alles vereint. Das Selbstbewusstsein ist nichts anderes als eine notwendige Oase – wenn auch in Form einer Fata Morgana – der Ordnung im Chaos des

Unterbewusstseins. Das Bedürfnis nach einem zusammenhängenden Weltbild erzwingt das Auftauchen eines Subjekts im Zentrum dieses Weltbildes, als dialektische Antwort auf das aufdringliche Chaos. Der grundlegende Mangel an Zusammenhalt ist in sich selbst die Erfahrung des Subjekts. Die Libido muss ganz einfach den Mortido in das Unterbewusstsein verdrängen, damit der *phallische Impuls*, ein bewusstes Subjekt zu schaffen, eintreten kann.

Als netzwerk-dynamische Alternative zum kartesianischen Subjekt oder dem Individuum, das Descartes 1637 ins Leben ruft, nennen wir dieses Phänomen das *anti-kartesianische Subjekt* – oder das *Dividuum*. Im Gegensatz zum kartesianischen Subjekt, das in Descartes' individualistischer und grundsätzlich größenwahnsinniger und hochkompensatorischer Metaphysik nur in der Eigenschaft als die allem anderen vorausgehende Instanz die Hauptrolle spielen kann, ist das anti-kartesianische Subjekt ganz einfach ein rein illusorisch kohärentes Abfallprodukt des chaotischen Prozesses, der aus dem Konflikt zwischen verschiedenen Kräften und Impulsen besteht. Oder um die Sache mit einem Ausgangspunkt in der Dialektik von Ewigkeit und Mobilismus auszudrücken: Das *dividuelle Subjekt* ist eigentlich die *Externalisierung der menschlichen Psyche par excellence*. Und da Libido dem Eternalismus entspricht, während der Mortido dem Mobilismus innerhalb der Dialektik von Libido und Mortido entspricht, bedeutet dies, dass das dividuelle Subjekt auch das *libidinöse Subjekt* ist. Die Identifikation mit dem Externalisierungsprozess erzeugt die libidinöse Überzeugung, dass das Subjekt existiert und leben und sich manifestieren will. Das Bedürfnis nach einer zugegebenermaßen fiktiven, aber dennoch funktionalen Ordnung im Chaos treibt die Verdrängung des Mortido an, was dann wiederum den Weg für das explosive Wachstum der Libido ebnet. Der Subjektprozess ist ganz einfach die phallische Antwort auf das matriarchalische Chaos, das das Kind umgibt und das dem Kind ein Gefühl von erschreckender Kleinheit und Ausgesetztheit einflößt.

Man beachte, dass, auch wenn die menschliche Antriebsmaschinerie in die vier Kategorien *Instinkt, Antrieb, Begehren* und *Transzendenz* unterteilt werden kann, die Libido vom libidinösen Subjekt selbst immer noch als eine einzige, zusammenhängende Kraft verstanden wird. Man vergleiche auch, wie die vier syntheologischen Konzepte *Atheos, Pantheos, Entheos* und *Syntheos* innerhalb einer einzigen relationalistischen Metaphysik (siehe *Syntheismus - Gott im Internet-Zeitalter erschaffen*) erfasst werden, da die syntheistische Geschichte in der Kette besteht, die zwischen den vier Konzepten verläuft, und nicht in den getrennten Einheiten selbst. Das bedeutet, dass eine Libido, die aus irgendeinem Grund geistig oder physiologisch geschwächt oder vielleicht sogar energetisch erschöpft ist, auch in ihrer Gesamtheit geschwächt ist. Die Kultur ist daher voll von Praktiken, die Ratschläge geben, wie die Libido erhalten, angesammelt und vor allem maximiert werden sollte, wie auch von zirkulären wie auch dialektischen Ereignissen wie Jagden, Zeremonien, Partys und Ritualen, bei denen eine starke Libido mit Stolz und Status verbunden ist, während eine schwache Libido mit Scham und Schuldgefühlen assoziiert wird. Das Geschlechtsorgan zwischen den Beinen und das Geschlechtsorgan im Kopf werden ganz einfach von ein und derselben Kraft angetrieben. Der Punkt ist natürlich, dass der Stamm im Ganzen seine eigene kollektive Libido maximieren sollte. Das Sozialtheater mit seinen verschiedenen metaphysischen Praktiken wird so zu einer priesterlichen Aussage darüber, wie die Libido erzeugt, gepflegt und gehandhabt werden soll und muss, also: all das, was in der östlichen Philosophie unter dem Begriff *Tantra* subsumiert wird.

Die Grundlage der Stammesethik ist also die Geschichte, wie die Libido entweder dem Kollektiv dient, und in diesem Fall, welchem Kollektiv sie dient, weil es sonst vom Dividuum verschwendet wird, das so die Interessen des Stammes unberücksichtigt lässt. Es ist folglich die primäre Aufgabe des Patriarchen und der Matriarchin, die gemeinsame Libido des Stammes gemeinsam zu zähmen und zu versorgen. Die moralisierenden Geschichten drehen sich daher um die innere oder äußere Übel, die denjenigen treffen, der sich nicht an das patriarchalische Gesetz oder die matriarchalische Sitte halten, die die Existenz des Stammes regeln. Der Herumtreiber, der Dieb, der Vergewaltiger und die Hure sind alles Varianten von Figuren, die diesen grundlegenden, triebhaften Verrat an den Forderungen begehen, die das Kollektiv als gerechtfertigt und notwendig erachtet. Mortido ist zirkulär, während die

Libido linear ist, das heißt, dass der Mortido immer wieder an ein und denselben Ort zurückfindet, den es als das Original begreift, während die Libido sich nie wiederholt, sondern ständig nach Manifestationen in Form von neuen Wirklichkeiten in einer Zukunft sucht, die sie nie ganz einholt. Während der Mortido implodiert, dehnt sich die Libido aus, und dies wiederum erzeugt abwechselnd anregende und frustrierende Überschüsse an libidinösen Energien.

Die Libido hat also eine dialektische Zeitlichkeit, während der Mortido eine zyklische Zeitlichkeit hat. Das bedeutet, dass eine metaphysische Struktur, die auf einer dialektischen Linearität aufbaut, grundsätzlich lebensbejahend ist, während eine metaphysische Struktur, die auf zyklischer Wiederholung aufbaut, grundsätzlich die Todesverehrung erzeugt. Dieser Sachverhalt hat ethische Konsequenzen: Wenn wir uns in unserem heutigen digitalen Zeitalter einem glaubwürdigen Aufklärungsprojekt widmen wollen, muss es eine prozessphilosophische Kritik nietzscheanischen Kalibers an der zyklischen Gesellschaft geben, die einen bewussten oder unbewussten Totenkult betreibt, indem sie ihren ganzen Genuss in der sicheren Dunkelheit des Mortido findet. In dem Konflikt, der zwischen existenzieller Freiheit und existenziellem Zwang herrscht, ist die dialektische Verdrängung des Mortido durch die Libido eine Voraussetzung für die Freiheit der Expansion und Innovation, die sich das Dividuum aneignen kann. Doch die meisten Menschen wissen entweder nicht, wie sie diesen existenziellen Zustand erreichen können, oder sie sind – was nur allzu häufig vorkommt – mehr oder weniger durch die Angst beim Gedanken an die eigene mögliche Freiheit gelähmt, was sie dazu veranlasst, ihre Tage im freiwilligen Hausarrest innerhalb des zyklischen Mortido auszuleben, fest an die *Mamilla* gebunden, und dazu verdammt, immer wieder das gleiche monotone Muster von Trivialitäten zu wiederholen, um das sehnlichst erwünschte Gefühl der Sicherheit nicht zu verpassen.

Sich von der berauschenden Freiheit umarmen zu lassen, bedeutet, die Unterdrückung des Mortido durch die Libido zu bejahen und sich der direkten *Lust* (vergleichbar mit *plaisir* im Französischen) und nicht dem indirekten *Vergnügen* (vergleichbar mit *jouissance* im Französischen) in dem zur Verfügung gestellten geistigen Kraftfeld zu widmen. Für die raffinierten Netokraten, um die es sich dreht, ist es folglich nicht eine ersehnte Auslöschung, die dem Leben einen Rahmen und einen (fehlenden) Sinn gibt, sondern es geht vielmehr um das ekstatische Ereignis, das, was Syntheisten das *unendliche Jetzt* nennen – zunächst als Erfahrung und dann vor allem als ständig inspirierende *Erinnerung*, mit einem an diese Erinnerung gebundenen syntheistischen Subjekt. Das Ereignis als Idee ist ganz einfach der metaphysische Motor und die Motivation der Netokratie, so wie die *Ewigkeit* als Idee den Feudalismus und seinen Monotheismus und der *Fortschritt* als Idee den Kapitalismus und seinen Individualismus angetrieben hat. Denn so sehr der heutige Mensch denkt, dass er sich nach einem Leben nach dem Tod und einer besseren Zukunft für seine Kinder sehnt, so sehr haben diese Credos ihre Glaubwürdigkeit verloren. Dieser Wandel zeigt sich deutlich in der ständigen und eskalierenden Suche nach dem *transformativen Ereignis* als prägende Erfahrung des gesamten Internet-Zeitalters.

Es ist bemerkenswert, dass die weibliche Bevölkerung insgesamt besser geeignet ist, mit der Mortido-Verehrung umzugehen als die männliche Bevölkerung. Frauen können sich immer an die Fortpflanzung wenden, um eine leicht zu entdeckende, wenn auch riskante und anspruchsvolle *raison d'être* zu erhalten. Und da die Geburt eines Kindes aus stammesgeschichtlicher und biologischer Sicht ein kollektives Projekt ist – das Kind gehört weder der Mutter noch irgendeinem männlichen Partner der Mutter, denn alle derartigen Erfindungen sind lediglich moderne Fußnoten der Geschichte, und das Kind ist von Anfang an sowohl Eigentum des Stammes und unterliegt seiner Verantwortung – verleiht die mütterliche Rolle der Frau einen angemessenen Platz in einem Universum, das als völlig zyklisch begriffen wird. Das heißt, wenn sie es wünscht. Für den Mann gibt es leider keine derartige Möglichkeit. Ohne die dialektische Libido und ihre Ambitionen wird der Mann als völlig unnötig angesehen, und diese Einsicht ist äußerst bedrohlich und mit Unbehagen verbunden.

Gleich nach der phallischen Trennung des Jungen von der Mamilla – inmitten einer brennenden, erzwungenen *Abjektion* – steht der Junge hilflos da und schreit verzweifelt nach irgendeinem *Sinn* seiner Existenz. Der Junge hat natürlich keinen zentralen Platz innerhalb der Fortpflanzung, besonders jetzt nicht im Zeitalter der In-vitro-Fertilisation, und seine Entdeckung und Faszination für den Phallus ist auf der tiefsten Ebene die Entdeckung der dialektischen Zeitlichkeit, wo der Phallus das Symbol der ursprünglichen männlichen Existenzlosigkeit *schlechthin* ist. Dieser quasi überflüssige Status impliziert aber auch die Freiheit von Verpflichtungen. Die Freiheit ist die große Chance für Kreativität, innerhalb der Grenzen, die Kreativität wiederum erfordert. Wir sprechen hier natürlich nicht von einer matriarchalen psychotischen Freiheit; eine solche grenzenlose Freiheit macht natürlich jede Form der ästhetischen Hierarchisierung unmöglich. Es ist vielmehr die künstlerische Freiheit, die im Schatten des Phallus entsteht, wie eine spielerische, grundlegende Sinnlosigkeit innerhalb der klaren Begrenzungen des Phallus. Und es ist, wie die amerikanische Kulturhistoriker Camille Paglia hervorhebt, die phallische Freiheit, die de facto die gesamte menschliche Zivilisation schafft und antreibt, was auch erklärt, warum es weitgehend ausschließlich Männer sind, die nicht nur für Krieg und Zerstörung im Laufe der Geschichte verantwortlich sind, sondern die auch all die zahlreichen, großartigen Bauwerke – Brücken, Paläste und Kathedralen – entworfen und gebaut haben, die uns heute umgeben und auf die wir am stolzesten sind.

Diese transformierende Entdeckung des Phallus nach der zerfleischenden Abjektion ist somit der grundlegende Ursprung der menschlichen Kreativität. Alles, was sich in den Grenzen einer Wiederholung verbirgt, ist nämlich keine wörtliche Wiederholung – wäre das der Fall, könnten sich die verschiedenen Arten nicht entwickeln und die natürliche Auslese hätte keine Variationen, mit denen sie arbeiten könnte. Innerhalb der Wiederholung gibt es auch Neuerungen, wie sowohl Friedrich Nietzsche als auch Gilles Deleuze in ihren jeweiligen philosophischen Systemenmit dem wichtigen Begriff der *ewigen Wiederkehr* deutlich machen. Das Kind entwickelt sich vom Kopieren, über die Wiederholung (als reine Wiederholung), zur *Nachahmung* (das heißt: Wiederholung mit Elementen der Neuheit), und die Kreativität nimmt sofort das Tempo auf, da nun mit verschiedenen, mehr oder weniger auffälligen Varianten gespielt werden kann. Wenn wir dann das Kind mit der Zivilisation identifizieren, kann der Phallus zum Symbol für Sinnlosigkeit, Freiheit, Verspieltheit und Kreativität werden. So ist dieser Phallus auch ein Vertreter einer dialektischen und libidinösen Weltanschauung – mit der sich vor allem der Junge als zukünftiger Mann identifizieren kann – und nicht mit einer zyklischen und mortidalen Weltanschauung. Es ist genau diese Erfahrung, wie auch Paglia bemerkt, die die Männer dazu anspornt, sowohl die Wolkenkratzer der Gesellschaft als auch ihre kriminellen Netzwerke zu bauen. Männer zeichnen sich sowohl im Konstruktiven als auch im Destruktiven aus.

Der phallische Mensch konstruiert und baut eifrig, aber das Konstruieren und Bauen an sich liegt jenseits von Gut und Böse, wie Nietzsche es ausdrücken würde. Diese Tätigkeit steht nicht über dem Zyklischen und Mortidinalen, vielmehr liegt ihre Funktion darin, eine Ergänzung zu schaffen, etwas, das für das Überleben und die Expansion des Stammes notwendig ist. Das erklärt, warum der Mensch in einer existenziellen On-/Off-Position landet – etwas, das eher mental als biologisch ist. Unter dem libidinösen Einfluss sind die Menschen miteinander verbunden und entwickeln enorme, kreative Energien. Unter dem mortidinalen Einfluss schrumpfen diese Männer zu kleinen Jungen zusammen, die verzweifelt nach der Mamilla rufen, erbärmlich gelähmt in ihrer Sehnsucht nach dem, was in der Praxis der Totentanz der Muttermilch ist, und sie träumen dampfende Träume von der Vereinigung mit dem Kosmos, eine Vereinigung, die mortidinale Auslöschung ist. Es ist ein kleines Wunder, dass die prominentesten Göttinnen, diejenigen, die an der Spitze der Hierarchie stehen, nicht mit der Reproduktion verbunden sind, sondern gefürchtete Vertreterinnen von Chaos und Zerstörung, Krieg und Dissonanz sind. Beispiele für solche schrecklichen Göttinnen sind Kali in Indien, Mazu in China und in Taiwan, Chalchiuhtlicue unter den Azteken in Mittelamerika, Eris (Verursacherin des Trojanischen Krieges) der Antike unter den Griechen und Discordia unter den Römern.

Wir könnten in diese Liste auch die am deutlichsten matriarchalische Metapher von allen aufnehmen, nämlich das unergründliche, alles verschlingende Meer mit seinen ozeanischen Emotionen – das Phänomen, das Freud mit gutem Grund als den Ursprung der Religion betrachtet, die emotionale Sehnsucht zurück zur Auflösung in den Kosmos: Die Matrix, die letztlich den Phallus verschlingt und sowohl die Kreativität als auch die Fortpflanzung verwüstet. Darin finden wir eine Erklärung dafür, warum die „großen Kinder“ in der Netzgesellschaft so viel mehr Jungen als Mädchen sind. Und doch sprechen wir von den Jungen, die wirklich dem phallischen Wiedererleben ausgesetzt sind, was zur Ablehnung der Mamilla führt, genauso, wie der Patriarch im Nomadenstamm physisch dafür sorgt, dass dies tatsächlich geschieht. Für die modernen Männer, die dieses phallische Eindringen nicht erlebt haben, und die daher nie irgendeine Form der mamilischen Entsagung vollzogen haben, gibt es keine wirkliche Hoffnung, dass sie jemals die Verantwortung des erwachsenen Mannes selbst übernehmen werden, und noch weniger, dass es ihnen gelingt wird, zu lernen, wie sie die libidinöse Freiheit und die Möglichkeiten des kreativen Handelns genießen können. Diese Kerntruppe des Konsumtariat gerät stattdessen in den lebenslangen, kontraproduktiven Kreislauf, der sich aus Hypernarzissmus, Pornoflation und Interpassivität zusammensetzt. Frauen riechen instinktiv eine Ratte und bleiben aus gutem Grund fern. Denn was ist er wert, ein Phallus ohne Libido – für Frauen, für Männer, für jeden Menschen oder für die Gesellschaft insgesamt? Absolut nichts.

Man beachte, dass weder Libido noch Mortido an sich als irgendeine Form von Energie beschrieben werden können. Vielmehr sollte die Libido als das Agenz beschrieben werden, das zwischen dem Körper und der subjektiven Erfahrung, die sich „dem Freude widmet“, angesiedelt ist. Mortido ist das Agenz jenseits der libidinösen Freude, das nichts besonderes tut, außer als hin und wieder Frustration und Ärger für die Libido zu erzeugen. Deshalb sprechen wir auch von Unterbewusstsein und nicht von Unbewusstem. Es gibt also ein greifbares Bewusstsein der Präsenz des Unterbewusstseins im Bewusstsein, aber es gibt keine Möglichkeit, in das Unterbewusstsein zu schauen, so wie das Bewusstsein sich ständig beobachtet und fixiert. Wo der Blick des Bewusstseins innerlich die dividuelle Identität erzeugt, wirkt die Abwesenheit des Unterbewusstseins genau umgekehrt. Mortido ist einfach die Agentur innerhalb des Subjekts, die es der dividuellen Identität unmöglich macht, Dauerhaftigkeit und Stabilität zu erlangen, das, was ständig frustriert und ärgert, das, was in die Phantasie als das *Reale* eindringt, ohne dass es nach seinen Einbrüchen irgendeine Harmonisierung oder Schaffung von Übereinstimmung im Ganzen erlaubt. Der slowenische Psychoanalytiker Slavoj Žižek zeigt in seinem Buch *Disparitäten* überzeugend auf, wie das Subjekt diese blutende Öffnung erzeugt, dieses greifbare und lästige Defizit in der Weltsicht, diesen verzweifelten Versuch, getrennte Momente erst zu lösen und dann zu assoziieren, um dann und dort versucht „die Welt zusammenhängen zu lassen". Was natürlich nicht der Fall ist. Und das wird es auch nie sein wird.

7

Die Nacht der Welt als Kern des zeitlichen Subjekts

Die europäischen Philosophen der Aufklärung entwickelten parallel Humanismus, Atomismus und Nationalismus als drei verschiedene und doch sich ergänzende Aspekte derselben individualistischen Kernideologie. Die Verwandtschaft wird durch die Etymologie bestätigt: sowohl das *Atom* im Griechischen als auch *Individuum* im Lateinischen bedeuten unteilbar. Bis zu Immanuel Kant, im späten 18. Jahrhundert, kehrten die Philosophen der Aufklärung immer wieder zum menschlichen Subjekt als dem *aufgeklärten und erleuchtenden Licht* im Dunkel der Existenz zurück, das sie alle als axiomatisch ansahen. Diese Überzeugung bildete somit das innerste Rückgrat des *Individualismus* als neue Religion. Der unteilbare und erleuchtete Mensch ist ganz einfach der Retter der Welt und Ausgangspunkt allen Denkens und Handelns. Das kantische transzendentale Subjekt muss vielmehr als eine gut ausgeführte philosophische

Ergänzung des 150 Jahre zuvor gestarteten kartesianischen Subjekts betrachtet werden.

Mit der Ankunft von G W F Hegel im frühen 19. Jahrhundert erfuhr die Konzeption des Subjekts als Licht des Daseins jedoch eine 180-Grad-Wende. Hegel zufolge war das Subjekt stattdessen das, was er als die *Nacht der Welt* bezeichnete: buchstäblich das genaue Gegenteil des Lichts, das die Existenz erhellt. Die Erklärung ist, dass Hegel der erste westliche Philosoph war, der tatsächlich verstand, dass der Mortido unter der Libido lauert und seine eigentliche Triebkraft darstellt. Das einzige, was wir in uns selbst wahrnehmen, ist eine ständige Frustration, die durch einen vagen und ambivalenten Überschuss verursacht wird. Aber es ist genau dieser Überschuss, der *de facto* unsere Libido ist. Der Schweizer Psychoanalytiker Carl Gustav Jung nennt dies den Überschuss an Frustration, diese Nacht der Welt, den *Schatten* des Menschen, ein schreckliches Monster, das sich hinter dem Subjekt versteckt, wo eine Begegnung eine Prüfung nach sich zieht, die nur die härtesten Psychoanalysanden zu ertragen hoffen können.

Oder, um einen noch genaueren philosophischen Jargon zu verwenden, wir nennen diese unbewusste Nacht der Welt das *Asubjekt* – den Teil des Kerns des Subjekts, den es ständig zu verdrängen versucht –, der unter dem bewussten Subjekt als dessen Haupt- und Antriebskomponente lauert. Wir sprechen also vom *Mortido als dem zugrunde liegenden Motor der Libido.* Es wäre weise, diese Nacht der Welt besser kennenzulernen. Tatsächlich ist die *Kenntnis des eigenen Schattens* eine Voraussetzung dafür, dass wir einer anderen Person vertrauen können. Und erst nach der Ankunft des Hegelschen Subjekts können wir damit beginnen, das Subjekt zu psychologisieren – die psychologische Disziplin wird später von Nietzsche und Freud in Europa und vom pragmatischen Philosophen William James in den Vereinigten Staaten entwickelt, wobei alle drei von Hegels Prozessphilosophie beeinflusst waren – was man dann in einem verheerenden Rausch, und mit unterschiedlichem Erfolg, zu tun beginnt. Die Psychologisierung von uns selbst und der Gesellschaft wird zu einer Art Volksbewegung – die Massenaktivität, die wie keine andere die aufkommende Moderne kennzeichnet. Aber auch

Prozessphilosophen dieses Kalibers – Hegel, Nietzsche, Freud, Jung, James – waren nötig, um die umfassende Arbeit zu leisten, die für die grundlegende Demontage des individualistischen Aufklärungsprojekts notwendig war.

Was wir in unserer Arbeit als *Dialektik von Eternalismus und Mobilismus* bezeichnen (siehe *The Global Empire*), ist eigentlich die zeitgemäße, phänomenologische Entwicklung der dialektischen Entwicklung des Hegelschen Subjekts durch intellektuelle Reflexionen. Der Pionier Hegel eröffnet seine Dialektik mit der *Positionierungsreflexion*, die einer grundlegenden *Eternalisierung* entspricht. Es folgt dann die *externalisierende Reflexion*, die der sekundären *Mobilisierung der Eternalisierung* entspricht. Die hegelsche Dialektik wird schließlich durch die *abgeschlossene Reflexion* abgerundet, die der *Meta-Eternalisierung* entspricht, d.h.: der abgeschlossenen Eternalisierung aller anderen, vorhergehenden Eternalisierungen, die in Beziehung zueinander gesetzt und danach als kohäsives Weltbild in Form einer *Hierarchie zwischen verschiedenen Ebenen fixierter Bewegungen* wahrgenommen, niedergeschrieben und katalogisiert werden. Das hegelsche Subjekt entsteht dann als Reaktion auf diesen Prozess, als eine *Negation* desselben. Fetische und Abjekte mögen zwar als Ausgangspunkte für die Subjektproduktion funktionieren, aber das Subjekt an sich ist nach Hegel eine gereinigte Negation und nichts anderes. Also ohne ein Asubjekt, gar kein Subjekt.

Der slowenische Philosoph und Psychoanalytiker Slavoj Žižek amüsiert sich in seinen Büchern *Weniger als nichts* and *Disparitäten* damit, indem er die Details hinter dem hegelschen Subjekt als Nacht der Welt weiterentwickelt. Die grundlegende Eternalisierung ist eine rein formale Beschreibung des betrachteten Objekts. Die sich daraus ergebende, sekundäre Mobilisierung der Eternalisierung entspricht bei Žižek der externalisierenden Reflexion, die entsteht, wenn das Objekt in eine chaotische und komplexe Umgebungswelt versetzt wird und so aus unterschiedlichsten Perspektiven unterschiedlichsten Interpretationen unterworfen wird. In einem philosophischen Geniestreich beschreibt Hegel dann, wie sich diese Reflexion „nach innen zu sich selbst beugt", um sich dann in eine abschließende, allumfassende Reflexion, *das Hegel-*

sche Absolute, zu verwandeln, in der die Variation der Deutungen und Ausdrücke das Objekt anschließend modifizieren und vertiefen darf. Das heißt: genau das, was wir in der Dialektik von Eternalismus und Mobilismus als *Meta-Eternalismus* bezeichnen, wo freilich die Welt ontisch gesehen immer ein *matriarchalisches und mortidinales Chaos* ist, während dieses natürlich einer Reflexion unterzogen werden muss, nach der es am Ende ontologisch als *phallische und libidinöse Ordnung* (und nicht als besonderer Fetisch oder Abjekt) verstanden und mit klaren Grenzen versehen (und damit praktisch handhabbar) wird. Wir gelangen so zu einer besonders funktionalen Plattform für eine Ontologie, einer Phänomenologie und einer Epistemologie für die dialektische Prozessphilosophie. Als Bonus gelingt es uns auch, das libidinöse Subjekt dorthin zu stellen, wo es hingehört: an das Ende, und nicht an den Anfang der Dialektik von Eternalismus und Mobilismus, als *die hegelianische Negation*, die sich der Eternalisierung immer wieder entzieht, als ein letztes verwirrtes Lebenszeichen, das in einem ansonsten verknöcherten Subjektprozess nach vorne weist, als *die Eternalisierung schlechthin*.

Das Ich erscheint als der illusorischer, aber funktionaler und scheinbar fester Ausgangspunkt, den der Geist schafft, wenn nichts anderes zur Verfügung steht, um sich in einer eigentlich völlig chaotischen Welt zu orientieren. Und da das Bewusstsein lediglich die sichtbare, aber vom Ausmaß her unbedeutende Spitze des Eisbergs bildet, der die menschliche Psyche ist und das ansonsten vom Unterbewusstsein konstituiert wird, ist es per definitionem für jedes Dividuum unmöglich, in Bezug auf Antriebe und Wünsche jemals ganz ehrlich zu sich selbst oder anderen zu sein. Betrachtet man das Dividuum dann noch in seinem sozialen Kontext, steigt die Komplexität exponentiell an. Würde man diesen unvermeidlichen Realitätsverlust ins Spiel bringen und mit allen Beziehungen, die Teil des kollektiven Geflechts sind, multiplizieren, würde der blinde Fleck kolossale Ausmaße annehmen. In der Praxis gibt es keine wahrnehmende Reflexion über die Antriebsmaschinerie, ob es sich nun um Instinkt, Antrieb oder Begehren handelt. Was *de facto* existiert, ist ein Sammelsurium von teilweise getrennten Monologen, die zusammen ein unbegreifliches kollektives Drama bilden, in dem alle Akteure fortwährend im Widerspruch zueinander stehen, gerade weil es ihnen sowohl an Selbstbewusstsein als auch an Scharfsinn mangelt. Deshalb sprechen wir in dieser besonderen Hinsicht vom gemeinsamen Umgang innerhalb des Stammes als *dem sozialen Theater*. Und sowohl die Farce als auch die Tragödie stehen auf dem Spielplan.

Aus Unwissenheit heraus phantasieren wir. So arbeitet unser Gehirn, es füllt die vielen Lücken in unserer Wahrnehmung mit Annahmen, die mit den bisher bewährten Mustern zu übereinstimmen scheinen. Das Gehirn ist eigentlich völlig desinteressiert an dem, was tatsächlich wahr ist oder nicht, es ist so konstruiert, dass es am effizientesten Vorhersagen produziert, die das Überleben begünstigen. Wir können dann diese Phantasien über uns selbst und unsere Umgebung in zwei verschiedene Kategorien einteilen. Zum einen haben wir die *imaginäre Ordnung* – unsere mehr oder weniger funktionalen Phantasien über das soziale Theater und die Rollen, die wir selbst innerhalb seiner Grenzen spielen –, die mit Instinkt und Antrieb verbunden ist. Zum anderen haben wir die *symbolische Ordnung* – die Formen, durch die sich uns das soziale Theater über sprachliche Aussagen, künstlerische Ausdrucksformen und religiöse Erfahrungen offenbart –, die stattdessen mit dem Begehren und der Transzendenz verbunden ist.

Der Mangel an authentischem Kontakt sowohl mit dem dividuellen Unterbewusstsein als auch mit den tatsächlichen Motiven der Welt um uns herum führt dazu, dass die Realität, die sich außerhalb unserer imaginären und symbolischen Ordnungen abspielt, reine Chimären bleiben. Nur ausnahmsweise, wenn die imaginären und symbolischen Ordnungen durch verschiedene Arten ärgerlicher Überraschungen umgestülpt werden, wenn das Reale in die fiktive Konzeption der Weltkonstitution eindringt und die Unterscheidungen zwischen Terrain und Karte unterstreicht, werden wir daran erinnert, dass diese Ordnungen nichts anderes als fabrizierte, auf Phantasien aufgebaute Orchestrationen sind und sein können. Darüber hinaus ist *das Reale* nicht wirklich ein Stück objektive und verlässliche Realität, das sich durch irgendeine Art von Magie offenbart und damit die Wahrheit über die Welt für uns offenbart. Im Grunde genommen ist es nur ein Signal, das besagt, dass es Zeit ist, Struktur und Substanz in den Phantasien über die Welt, die wir gerade unterhalten, anzupassen. Gerade diese Störung als solche kann ebenso phantasmatischer Natur sein wie die imaginären und symbolischen Ordnungen, die sie stört. Oder auch nicht. Wir sind nicht ausgerüstet, dies zu entscheiden.

Die kosmologischen Entsprechungen zur Libido und zum Mortido des menschlichen Geistes werden *Zentropie* und *Entropie* genannt. Wir leben in der Nachwirkung des *Urknalls*, der vor fast 14 Milliarden Jahren stattfand, und die wissenschaftliche Forschung hatte lange Zeit ihren Schwerpunkt auf die offensichtliche Entropie innerhalb der Existenz gelegt. Aber das Universum wäre nicht in der Lage zu existieren, wenn die Entropie nicht durch eine ebenso starke Zentropie ausgeglichen würde, die die eingebaute Fähigkeit des Universums ist, nicht nur seine Existenz zu erhalten, sondern sich auch durch immer komplexere Systeme auszudehnen und zu organisieren. Die Ähnlichkeiten sind vielfältig und die vier Konzepte sind als Metaphern füreinander sehr nützlich. Doch während Zentropie und Entropie in einen direkten Machtkampf miteinander verwickelt sind – das Universum kann sich im Prinzip ewig ausdehnen, solange sich Materie und Gravitation in einer Art kosmischem Nullsummenspiel gegenseitig aufheben – stehen sich Libido und Mortido in einer komplexen Dialektik gegenüber, wobei gerade die *Ambivalenz* zwischen ihnen die menschliche Antriebsmaschine am Laufen hält.

Es ist nicht verwunderlich, dass sich dieser Sachverhalt leicht in syntheologischen Begriffen ausdrücken lässt: Atheos und Entheos zum Trotze ist es in Pantheos, wo die wirklich faszinierenden Dinge geschehen, die damit zusammenhängen, dass der Ort des kosmischen Kampfes und nicht die Kämpfer als solche unser Interesse wecken. Oder um die Sache aus einer libidinösen Perspektive auszudrücken: Gerade weil wir uns nicht wirklich entscheiden können, ob wir tief im Inneren leben oder sterben wollen, sind wir so fest davon überzeugt, dass wir um jeden Preis überleben wollen. Jenseits all dieser existentiellen Leidenschaften verbirgt sich eine einfache zeitliche Logik: Wir können immer noch sterben, wenn wir in der Gegenwart überleben, aber wir können nie wieder leben, wenn wir einmal gestorben sind, es sei denn, wir nehmen die absurde Doktrin der Reinkarnation ernst. Und es ist genau dieses fundamentale Ungleichgewicht zwischen Libido und Mortido, das der Libido den symbolischen Vorteil im Kampf zwischen diesen Beiden verleiht, die das Bewusstsein zu kontrollieren scheinen. Was wiederum erklärt, warum der vorsätzliche *Selbstmord* – das heißt: die Materialisierung eines Mortido, das sich von seinem gegebenen Platz im Unterbewusstsein zu einer tragischen Hauptrolle im Bewusstsein verschoben hat – eines der stärksten moralischen Tabus der Kultur ist und sein muss.

In der bunten und leidenschaftlichen Geschichte der Psychoanalyse gerät Jung schließlich in zahlreiche und ausgedehnte Konflikte mit seinem Meister Sigmund Freud. Aber ein Thema, bei dem Jung weiter geht als Freud, und bei dem Freud später nachgeben und zugeben muss, dass Jung Recht hatte, ist das Prinzip des *Monolibidinalismus*. Jung argumentierte, dass der Geist dazu neigt, die Libido in eine einzige feste Kraft zu komprimieren, um eine maximale Wirkung zu erzielen, nicht unähnlich der Art und Weise, wie Licht in unserem Zeitalter in einen einzigen kompakten und starken Laserstrahl komprimiert werden kann, anstatt es in eine Reihe von verschiedenen Ausdrücken zu zersplittern. Dies erklärt, warum die Libido dort so kraftvoll und überzeugend ist, wo sie sich manifestiert, und auch, warum jede Form der Erschöpfung der Libido den gesamten Libidostatus dramatisch beeinflusst. Es ist ein und dasselbe. Als Freud 1920 *Jenseits des Lustprinzips* schrieb, war er immer noch davon überzeugt, dass die Libido als eine Vielzahl von unterschiedlichen Ausdrücken verstanden werden muss, die in keinem direkten Zusammenhang miteinander stehen. Aber in *Das Ich und das Es* ein paar Jahre später führte Freud den Jungschen Monolibidinalismus so weit, dass er Libido und Mortido sogar als ein und dasselbe behandelte und nicht als dialektische Gegenstücke.

Freud behauptete, dass alle Antriebe lediglich Varianten ein und desselben Antriebs sind, und dass die einzige zugrunde liegende Kraft der Todestrieb ist. Er vertritt daher die Position, dass im Grunde genommen alles Mortido ist. Das einzige, was der Organismus wünscht, ist, dass ihn die ständig irritierende Umgebungswelt in Ruhe lässt, damit er aufhören kann zu existieren. Die Libido kann also nur als Verdrängung eines stärkeren und ständig zugrunde liegenden Mortido verstanden werden. Und unter dem Deckmantel einer einzigen großen Verdrängung ist Libido eine einzelne Kraft, unabhängig davon, ob wir sie auf einen chemisch-hormonalen Komplex reduzieren oder als eine logische Art der Organisation einer momentan begrenzten Ressource betrachten. Gemäß des deutschen Existentialisten Martin Heidegger ist der Tod nicht nur der Tod des Dividuals von der Welt, *sondern auch der Tod der Welt als Welt für das Dividuum.* Doch der große Schrecken, der uns Menschen heimsucht, hat weder seinen Ursprung in der Erkenntnis unserer Sterblichkeit, noch – was noch schlimmer wäre – in der Überzeugung, dass wir tatsächlich unsterblich sind oder sein könnten, mit allem, was dies in Form einer ewigen Zukunft als rastlos umherziehende Vampire mit sich bringen würde.

Es geht nicht um den Schrecken der Phasenverschiebung von der Libido zum Mortido innerhalb des Geistes auf dem Sterbebett, vom vermeintlichen Überlebenswillen zu einer Akzeptanz und einem Gefühl der Befreiung, das mit dem bevorstehenden Tod verbunden ist. Nein, der wirkliche Horror betrifft eher die Vergangenheit als das, was kommen wird. Es geht um das Verständnis, wie unglaublich unwahrscheinlich die *Wirklichkeit* ist, was zu einer eisigen Erkenntnis führt, wie unglaublich unwahrscheinlich und daher schwerfällig und entblößt das erfahrende Subjekt tatsächlich ist. Heideggers berühmter Seinszustand, sein reines Bewusstsein ohne direkte Subjektivität – *Dasein* – hing und hängt immer an einem besonders zarten Faden. Das ist das *Erhabene* entlang der Zeitlinie. Im Grenzbereich zwischen Bewusstsein und Unterbewusstsein hängt die Libido an einem dünnen Faden in einem stürmischen, gigantischen Meer von Mortido, soweit das Auge reicht; wenn das Auge alles sehen könnte, was unter dem Horizont des Bewusstseins liegt. Was es natürlich nicht kann.

Die fragliche Verschiebung ist logisch, wenn wir sie als Umkehrung der dialektischen Verschiebung innerhalb der Philosophie von der Frage des deutschen Philosophen Gottfried Wilhelm von Leibniz – „Warum gibt es etwas und nicht nichts?" – bis zur Frage des Franzosen Henri Bergson – „Warum gibt es von allem so viel?" – als grundlegendste Frage der Philosophie betrachten. Leibniz' Frage geht natürlich von einem Verständnis von Libido und Mortido als selbstverständlichem Axiom aus: Libido ist für Leibniz das Etwas, und Mortido ist das Nichts, und damit reduziert Leibniz die Grundlage der Philosophie auf eine weitere Frage der Subjektivität des Philosophen – das zum existentialistischen Axiom erhobene kartesianische Cogito der Aufklärung. Leibniz macht sich damit zum Aufklärer *par excellence*, zum prominentesten aller Individualisten, dessen radikaler Atomismus von seinen bizarren Monaden mit hoher Vorhersehbarkeit nachfolgt, zusammen mit all den anderen Philosophen, die fest im Leibnizschen Paradigma stehen.

Bergsons Verschiebung des Schwerpunkts der Metaphilosophie von der Existenz an sich zu der *Vielfalt innerhalb der Existenz* als fundamentale Untersuchung der Philosophie beruht vor allem auf der Einsicht, dass der Zustand *Nichts* wirklich nirgendwo existiert – es ist weder möglich, Nichts als Nichts zu denken, noch außerhalb der Zeit zu denken –, was bedeutet, dass die Leibniz-Frage auf fatale Weise falsch gestellt ist. Denn sie ist natürlich auf einem nicht vorhandenen Widerspruch aufgebaut, was sie *de facto* völlig uninteressant und als Grundlage für weiteres Philosophieren unbrauchbar macht. Denn wenn der Zustand des Nichts in irgendeiner Form eine ontische und damit ontologische Bedeutung hat, dann existiert es definitiv, und dann ist es per Definition nicht mehr „nichts"; es gibt also überhaupt kein „Nichts", weder in einem ontischen noch in einem ontologischen Sinn, außerhalb unserer eigenen hochmenschlichen Phantasie über uns selbst als „nicht existierende Existenzen" vor unserer Geburt und/oder nach unserem Tod.

Vielmehr beobachtet Bergson eine Welt von autarken, unabhängigen *Emergenzen*, und mitten in der offensichtlichsten dieser Emergenzen, nämlich dem Menschen selbst und seiner unmittelbaren Umgebung, beobachtet Bergson zunächst eine Welt, in der es immer schwindelerregend viel von allem gibt, sowohl eine Menge *realisierte* Wirklichkeiten als auch darüber hinaus eine enorme Menge an virtuellen *Möglichkeiten*. Das ist es, was Bergson, ebenso wie sein Zeitgenosse Heidegger in Deutschland, als das wirklich große Rätsel begreift, mit dem die Philosophie zu ringen hat: eine Philosophie im Zentrum der Welt, geschaffen von und für den Menschen als Akteur und nicht als Beobachter, eine Philosophie, die alle verzweifelten Versuche des Menschen problematisiert, sich im Dasein, inmitten der drastischen *Eigendynamik*, entlang der unveränderlichen Zeitachse zu orientieren. In Bezug auf die Vielfalt der Existenz gibt es, wie Bergson bemerkt, keinerlei Zweifel. Vielfalt selbst ist als Ausgangspunkt des philosophischen Diskurses kaum zu übertreffen. Und aus Bergsons Argumentation folgt auch, dass die Zeit das große Mysterium des Daseins und darüber hinaus grundsätzlich absolut ist, da sich gerade entlang der hartnäckig fortschreitenden, unaufhörlichen und ständig unidirektionalen Zeitlinie all diese Vielfalt offenbart und zu einem Universum wird.

Man beachte, dass Bergson in seiner Philosophie zwei verschiedene Dimensionen der Zeit präsentiert: erstens *die lokale Zeit*, die relativistisch ist, wie auch sein Zeitgenosse, der Physiker Albert Einstein, zeigt. Aber Bergson behauptet auch – nicht zuletzt in einer klassischen Debatte in Paris im April 1922 mit Einstein selbst –, dass wir auch das berücksichtigen müssen, was Bergson als *Dauer* oder *Weltzeit* bezeichnet, die absolut ist – also eine feste Zeit für das Universum als Ganzes. Nicht in der relativen Zeit, sondern entlang der endlosen Dauer entsteht Vielfalt über Vielfalt in dem genialen phänomenologischen System, das wir in die *Dialektik von Eternalismus und Mobilismus* entwickeln. Bei näherer Betrachtung ist es natürlich wesentlich einfacher, sich zwei zeitliche Dimensionen vorzustellen als eine. Zunächst einmal ist es vernünftig anzunehmen, dass das Universum an seiner Oberfläche ganz anders funktioniert als in seinem Kern. Entlang der Oberfläche stößt die Expansion des Universums auf keinerlei direkten Widerstand, während alles innerhalb des Universums mit allem anderen verflochten ist, was nach Einstein selbst die Geschwindigkeit der relativen Zeit (einschließlich z.B. der Bewegung besonders lokaler Uhren) beeinflusst. Dies ist der grundlegende Unterschied zwischen der *globalen Zeit* (oder *Hyperzeit*, wenn man so will), mit der wir beispielsweise das Alter des Universums selbst messen, und der *lokalen Zeit* (oder *relativen Zeit*), die Einstein von seinem begrenzteren Weltbild aus als einzige Zeitdimension annimmt.

Auffallend ist, wie die globale Zeit mit ihrer unaufhaltsamen Vorwärtsbewegung so sehr an den Lacan'schen Antrieb erinnert, während die lokale Zeit mit ihrer Relativität gegenüber ihrer Umgebung starke Ähnlichkeit mit dem Lacan'schen Begehren hat. Der Physiker Lee Smolin und der Philosoph Roberto Mangabeira Unger erforschten in dem Buch *The Singular Universe and the Reality of Time* (2014) gemeinsam die physikalischen und philosophischen Implikationen dieser beiden Zeitdimensionen. Denn gerade dieser fehlende Widerstand macht die globale Zeit so wesentlich unterschiedlich als die lokale Zeit. Gerade an der Oberfläche des Universums entsteht der *entscheidende Mangel an Widerstand.* Eine solche grenzenlose Flexibilität gibt es nirgendwo sonst im Universum, wo es stattdessen immer Felder und Kräfte gibt, die absolut alles beeinflussen und damit alle Existenzformen im Universum relativieren – eine notwendige *Relativierung*, die sich damit zu einer ebenso notwendigen *Verabsolutierung* entlang der Oberfläche des Universums verschiebt.

Was also ist dieses physikalische Absolute, wenn nicht das einzige Phänomen in einem komplexen System, das sowohl ontisch als auch ontologisch wirklich eins ist? Der Begriff *Holobewegung* [*holomovement*] des britisch-amerikanischen Physikers und Mathematikers David Bohm – das Universum als eine einzige zusammenhängende Einheit innerhalb dessen, was in Anlehnung an den prozessphilosophischen Pionier Alfred North Whitehead als Whiteheadscher Impuls bezeichnet wird – ist also nicht nur die Summe alles Ontischen, sondern auch das Einzige im Universum, das im Grunde ein einziges, zusammenhängendes und klar abgegrenztes Phänomen ist. Alles andere existiert innerhalb dieser universellen *Holobewegung* und ist daher, wie Nietzsche beobachtet, immer mindestens zwei, Multiplizitäten auf Multiplizitäten aufgetürmt, die später durch die Nietzsche'sche Wahrnehmung willkürlich in kohärente ontologische Phänomene oder Objekte verewigt werden. Metaphysisch hat dies zur Folge, dass die Vielfalt nicht einfach der *Unzweideutigkeit* [univocality] entspringt, sondern die Unzweideutigkeit die ständig fortwährende Fortsetzung des *Urknalls* ist, die also nicht nur der Ursprung des Universums ist, sondern auch seine noch intakte und kohärente Oberfläche, die sich mit einer Geschwindigkeit ausdehnt, die sehr viel schneller sein kann als die des Lichts – und die Lichtgeschwindigkeit ist bekanntlich einfach die Höchstgeschwindigkeit der Lokalzeit, also: die Geschwindigkeit, mit der die Lokalzeit stehen bleibt – denn die globale Zeit an der Oberfläche des Universums ist unbeeinflusst von äußeren Faktoren und lässt sich daher durch nichts verlangsamen.

Es mag verlockend sein, die globale Zeit als eine Art Rache für Isaac Newtons *absolute Zeit* darzustellen, aber wir tun wahrscheinlich gut daran, eine solche Ehrung für den Moment aufzuschieben. Zunächst einmal muss nach Newton die absolute Zeit als die einzige Form der Zeit betrachtet werden. Und zweitens hat die absolute Zeit in ihrer göttlichen Gestaltung auch einen seltsam gleichmäßigen Puls, den die globale Zeit eigentlich gar nicht haben muss. In einer netzwerk-dynamischen Kosmologie sollten die Konstanten stattdessen auf ein absolutes Minimum beschränkt werden. Das bedeutet, dass es durchaus sinnvoll ist, sich *Chrono-Erscheinungen* während der Entwicklung der Weltzeit vorzustellen. Die kosmische Geschichte zeigt mehrere Anzeichen dieser Geschwindigkeitsverschiebungen, ganz im Sinne des *kosmologischen Emergenzismus*. Die totale Expansion des Universums kann sich verlangsamen und dann wieder beschleunigen. Es genügt die Feststellung, dass wir die globale Zeit zu Recht als etwas anderes und vor allem als etwas stabileres als die lokale Zeit definieren, um dann die *Unzweideutigkeit* als Grundprinzip des gesamten Universums in Bezug auf die *Vielheit* als Grundprinzip des chaotischen Kerns des Universums zu etablieren.

Dies bedeutet jedoch nicht, dass die Einheit des Universums eine andere Eternalisierung der Welt als diejenige ermöglicht, die die Wahrnehmung von *automatisch* erfindet. Zugegeben, die Unzweideutigkeit hat in der relationalistischen Weltsicht den größten ontischen Status. Aber es ist eine präsentistische Unzweideutigkeit, die ontisch nur von Momentum zu Momentum Bestand hat. Die fortdauernde ontologische Welt ist nichts anderes als eine phänomenologische Erfindung des Menschen selbst. Denn auch das Universum als Ganzes befindet sich in einem ständigen Wandel, in genau dem konstanten Tempo der Veränderung, das wir als *Hyperzeit* oder *globale Zeit* bezeichnen. Man beachte jedoch, dass es in dieser Zeitphilosophie nirgendwo Unendlichkeiten geben muss, es reicht mit einem Arsenal an mikroskopischen bzw. kosmologischen Ungeheuerlichkeiten völlig aus, um unser monistisches Universum mit seinen beiden Hauptattributen, der eindeutigen Oberfläche und dem Vielfachen im Inneren, zu beschreiben. Daher ist die Metapher *Himmelskörper* endlich einmal wirklich motiviert.

Was Bergson in den Mittelpunkt stellt, ist jedoch die *Zeit-Erfahrung des Menschen*, ein komplexes Phänomen, das von mechanischen Uhren, so präzise sie auch sein mögen, nicht erfasst werden kann. Eine streng naturwissenschaftliche Herangehensweise an die Zeit wurde von ihm als das Gefängnis der Emotionen angesehen. Für Einstein hingegen war es unerlässlich, die subjektive Zeiterfahrung zu vernachlässigen, um überhaupt eine Möglichkeit zu haben, die Gemeinsamkeiten dieser Erfahrung zu erfassen, weshalb alle verwendeten Begriffe besonders gut definiert sein müssen. Die Synchronisierung von Uhren, die sich an verschiedenen Orten befinden, wird vor allem zu einem praktischen Problem, das Einstein zu detaillierten Berechnungen veranlasst. Physik und Philosophie sprechen hier zwei verschiedene Sprachen über zwei verschiedene Dinge; die Argumentationslinien verlaufen parallel und werden sich nie treffen, auch nicht in einer vorläufigen Übereinstimmung. In jedem Fall ist die Zeitlichkeit grundlegend für die existentielle Erfahrung, da sie selbst für die zugrunde liegende Dialektik von Ewigkeit und Mobilismus grundlegend ist. Oder wie Heidegger die Sache ausdrückt: „Wir sind Zeit."

Die moderne Zeitphilosophie beginnt mit der Veröffentlichung von J.M.E. Taggarts *The Unreality of Time* im Jahre 1907. Als Vorläufer der Debatte zwischen Bergson und Einstein 15 Jahre später stellt Taggart zwei Alternativen vor, die er als B-Theorie und A-Theorie der Zeit bezeichnet. Die B-Theorie ist die Grundlage von Einsteins geliebtem *Eternalismus* – Vergangenheit, Gegenwart und Zukunft sind alle real, und was wir als Zeit erleben und sogar mit unseren Uhren messen, ist in Wirklichkeit eine Illusion. Das heißt: Es handelt sich um genau den gleichen Eternalismus, den wir in der Dialektik von Eternalismus und Mobilismus finden, aber nach Einstein ist es Eternalismus, der primär ist, und nicht Mobilismus. Nicht mehr der Mensch ist es, den mit seiner Wahrnehmung eine chaotische Welt einfriert, sondern es ist die Existenz an sich, die nach Platons gehorsamem Schüler Einstein jenseits der Illusion von Zeit und aller Bewegung und Veränderung eingefroren ist, die illusorisch ist. Wann aber genau dieses rätselhafte Einfrieren eingetreten sein soll, wollen Einstein und die anderen Eternalisten jedoch nie beantworten, denn sie behaupten auch, dass es keine Zeit außerhalb der relativen Zeit gibt, trotz ihrer rätselhaften Tendenz, sich nur in eine Richtung vorwärts zu.

Die Einsteinsche Raumzeit ist also ein einziges großes *Blockuniversum*, eine Art platonische kosmologische Phantasie jenseits unserer Erfahrung der unveränderlichen Vorwärtsbewegung der relativen Zeit. Alle dividuellen Objekte müssen in einer eternalistischen Welt folglich als die Summe dessen verstanden werden, was sie waren, sind und sein werden. Wir fassen dies als *dauerhaftes [perdurantist] Weltbild* zusammen. Glauben Sie also nicht einen Moment lang – verzeihen Sie uns unseren kindlichen Humor – dass Sie nur der sind, von dem Sie gerade denken, wie Sie es sind. Nach Einstein ist die Subjektivität *de facto* gezwungen, alles einzubeziehen, was es jemals selbst als das Sein erlebt hat und vor allem alles, was es jemals als das Sein erleben wird – genau in diesem Moment und solange das Subjekt existiert. Jede Veränderung, auch in seiner eigenen subjektiven Identität, ist nach Einstein natürlich eine völlige Illusion. Taggarts A-Theorie ist jedoch die Grundlage des modernen *Presentismus*. Nur der aktuelle Moment ist real, das bereits Geschehene hat gleichzeitig jeglichen ontischen Wert verloren, und die Zukunft ist eigentlich sowohl offen als auch indeterministisch, gerade weil sie, selbst in unserer wildesten Vorstellung, noch nicht geschehen ist. Es gibt in der gegenwärtigen [presentist] Welt keine festen Objekte im Laufe der Zeit, sondern das, was ontologische Bedeutung hat, sind lediglich die ständig veränderlichen *Intensitätsfelder* oder *Phänomene* innerhalb der sogenannten *andauernden [endurantist] Weltsicht*.

Nach dem Presentismus ist also nicht die Zeit, sondern das einsteinische Blockuniversum die eigentliche Illusion. Die Zeit ist sehr real, eigentlich das Wirklichste, was es gibt, das Fundament, auf dem sowohl

Raum als auch Materie beruhen. Der Moment ist das Zentrum der Existenz; zudem ist das gesamte Universum auf einen einzigen Moment auf der globalen Zeitachse synchronisiert, eine Weltanschauung, die Whitehead und Bohm im 20. Jahrhundert eingehend untersuchen. Bohms Vorstellung der Existenz als *Holobewegung* ist als das logische und totale Gegenteil von Einsteins *Blockuniversum* zu verstehen. Es ist kaum ein Geheimnis, dass die relationalistische Metaphysik, die wir in diesem Text vorstellen, auf dem Presentismus aufbaut und den Einsteinschen Eternalismus als metaphysisches Axiom ablehnt. Damit kehren wir zu dem Punkt zurück, an dem Bergson in seinem Konflikt mit Einstein 1922 Recht hatte. Wenn wir mit der Zeit ringen, sind wir nicht nur gezwungen, ihre Verbindungen zu den *hyperontischen Momenten* des Presentismus zu akzeptieren. Man muss auch zwischen der globalen Zeit, dem modernen Erben der absoluten Zeit Isaac Newtons, und der lokalen Zeit, die die relative Zeit ist, auf der die Einsteinschen Modelle aufgebaut sind, unterscheiden.

Was Bergson jedoch nicht zu verstehen scheint, ist, dass er mit seiner Revolte gegen das Leibniz´sche-Paradigma auch die Besessenheit des Menschen von seiner eigenen *Sterblichkeit* umstößt. Denn nur ein eingefleischter Leibnizianer kann behaupten, dass der Kampf des Menschen zwischen dem eigenen Etwas und dem eigenen vermeintlichen Nichts die bewusste oder unbewusste Antriebskraft hinter dem existentiellen Projekt als Ganzes ist. Ein Bergsonianer hingegen muss sich selbst und seine unmittelbare Umgebung in aller Ehrlichkeit als eine lange Reihe von Verschiedenheiten betrachten, die entlang einer geheimnisvoll pulsierenden absoluten Dauer postuliert werden, wo jeder Augenblick ein Kampf ist, um das zu finden, was Lacan den *Meister-Signifikanten* nennt, einen einzigen *Fetisch* oder ein einzelnes *Abjekt* im wahrnehmbaren Sog, an dem sich die Illusion einer zusammenhängenden Weltsicht festmachen lässt. Es geht um die Herstellung einer fundamentalen *primordialen Eternalisierung*, auf der die gesamte nachfolgende Dialektik von Eternalismus und Mobilismus aufgebaut werden kann. Diese *primordialen Eternalisierung* ist also nicht in erster Linie ein Etwas, das einem Nichts gegenübersteht, wie sich Leibnizianer von Leibniz selbst bis Heidegger vorstellen, sondern eine überwältigende Vielfalt, die in einem einzigen phantasmatischen (fiktiven) Moment eingefroren sind – dem Ereignis, das in der Syntheologie als das unendliche Jetzt bezeichnet wird (vgl. *Syntheismus - Gott erschaffen im Internet-Zeitalter*) – als Illusion eines einzigen zusammenhängenden Objekts, nämlich: des *Meistersignifikanten par excellence.*

Dabei sind es die Ungeheuerlichkeiten in alle Richtungen innerhalb dieses ontischen, mobilistischen Chaos und nicht seine Sterblichkeit, die den Menschen gleichermaßen erschrecken und faszinieren. Das *Erhabene* lauert – nicht nur in Form dessen, was Freud *Unbehagen* nennt, sondern auch als das, was wir in Bohms Sinne als *Überwältigung* bezeichnen können – in der ungeheuren Vielfalt des Daseins und nicht in seiner behaupteten Existenz. Ein Ausdruck dieses Verhältnisses ist die Grundfrage des post-Bergsonischen Dividuums an sich selbst: Wie wäre die viel wahrscheinlichere Chance einer Welt ohne meine Teilnahme gegenüber der Welt erschienen, in der sich das wissbegierige Subjekt noch zu finden scheint und an der es unweigerlich auch teilnimmt? Die Antwort auf diese Frage ist die existenzielle Widerspenstigkeit, die der dänische Existentialist Søren Kierkagaard Mitte des 19. Jahrhunderts als *Angst* bezeichnet. Und wie geht der Mensch dann mit dieser fundamentalen, existentiellen Angst um, mit dieser unendlichen Zersplitterung seiner selbst in die ebenso unterschiedlichen Existenzbereiche? Er verdrängt sie ins Unterbewusstsein, wo seine schwindelerregende *Angst* beiseite geschoben und zu einem mehr oder weniger produktiven *Trauma* verdichtet wird. Auf diesem Trauma baut der Mensch die Illusion einer ewig eingefrorenen Unvergänglichkeit auf, das heißt: des Haupt-Signifikanten. Während dieser fiktiven Eternalisierung pulsiert das Trauma natürlich weiterhin bedrohlich, wie ein schwelender Vulkan mit immer wiederkehrenden Ausbrüchen, was Lacan als *das Reale* bezeichnet, und diese pulsierende Bewegung unter der Oberfläche erzeugt gleichermaßen bedrohliche und faszinierende Phantasien des Menschen über sich selbst, seine unmittelbare Umgebung und nicht zuletzt sein Unterbewusstsein. Es ist diese bedrohliche und faszinierende, in Dunkelheit gehüllte Unterwelt, die das *Erhabene* ist. Hegels „Nacht der Welt", Jungs „Schatten", unser eigenes „Asubjekt" kehrt als innerster Kern des Subjekts zurück. Der Versuch des Individualismus, den Menschen als die zusammenhängende Darstellung des Universums darzustellen, scheitert. Wir sind nicht nur Zeit, wie Heidegger es ausdrückt, wir sind eine enorme und chaotische Vielfalt entlang der unidirektionalen Zeitlinie. Die gegen die Leibnizsche Metaphysik gerichtete Bergson'sche Revolution ist erst dann abgeschlossen, wenn wir auch verstehen, dass es die *Erhabenheit der menschlichen Existenz* und nicht die Sterblichkeit ist, die das menschliche Unterbewusstsein aufrechterhält und damit auch den Treibstoff liefert, der die Phantasiewelten des Menschen antreibt.

Das Erhabene lässt sich am besten beschreiben als der katastrophale und ambivalente Zusammenstoß zwischen Libido und Mortido, der Ort, an dem Ekstase und Entsetzen, Schönheit und Böses aufeinander treffen. Die ultimative Erfahrung, jenseits des ekstatischen Glücks, wo das Glück durch die unaufhaltsame Vorwärtsbewegung der linearen Zeit aufgelöst wird – das, was in der Syntheologie als das *unendliche Jetzt* bezeichnet wird – ist ein Zustand endloser Trauer und endloser Schönheit zugleich. Dies ist der bewusste, syntheistische Moment des Todes, die Erfahrung, dem Tod in die Augen zu sehen, kurz vor dem endgültigen und unaufhaltsamen Ende der imaginär autonomen Existenz, einem Ende, das den endgültigen Sieg des Mortido über die Libido nach sich zieht, sobald es an einem bestimmten Punkt der Zeitlinie geschieht. Da diese Erfahrung alles andere in der existentiellen Erfahrung durchdringt – da sie das Unterbewusstsein beherrscht und Phantasien färbt, lange bevor sie tatsächlich stattfindet – bezeichnen wir sie als das *Erhabene*. Deshalb muss die metaphysische Kontemplation vom *Erhabenen* als axiomatische Grundlage ausgehen. Alles andere im Leben eines Menschen erhält seinen spezifischen Wert je nach seiner Stellung gegenüber dem Erhabenen.

Die heideggersche Frage ist ganz einfach: „Was bedeutet das für mich auf dem Sterbebett?" Nicht, weil auf dem Sterbebett überhaupt nichts wirklich etwas bedeutet, sondern weil dies der einzige Horizont ist, gegen den man *vor* dem Moment des Todes einen Wert setzen kann. Und nicht, weil wir sterbliche Menschen sind, sondern weil wir Geschöpfe sind, die sich der Sprengkraft des Erhabenen bewusst sind, dessen, was unter dem Deckel des Topfes kocht, den wir das Unterbewusstsein nennen. Der Mensch ist gezwungen, alle anderen Konflikte in Bezug auf *Existenz, Zivilisation und Tod* aus der Rolle des Erhabenen als zusammenhaltender Fetisch und/oder als unterwürfig in seiner Phantasiewelt endlich zu bewältigen. Deshalb bezeichnen wir das Erhabene als den Motor des Antriebs. Und Antrieb ist grundsätzlich abstoßend. Er reagiert mit gewalttätiger Kraft auf das Abstoßende und Furchterregende im Erhabenen. Aber er wird wie sein eigener Motor ebenso gewaltsam, aber unbewusst auf das Erhabene zurückgeworfen.

Dieses grundlegende Element existiert bereits im Instinkt als Verlangen nach der sofortigen Behebung eines erlebten akuten Mangels. Da der Trieb zu gleichen Teilen aus Instinkt und Begehren besteht, umfasst er auch ein Bewusstsein oder sogar ein Unterbewusstsein, sowohl über die Sterblichkeit des Subjekts als auch über seine Erhabenheit. Folglich ist die Reaktion des Antriebs auf *Unzufriedenheit* oder *Übermacht* nicht nur instinktiv, sondern umfasst auch eine erfahrene Bedrohung der eigenen Identität und der damit verbundenen Phantasiewelten. Das Leben wird von allen Seiten als belagert erlebt und die Phantasien laufen Gefahr, in der brutalen Dunkelheit des Erhabenen zu ertrinken. Diese prekäre Situation erzeugt eine enorme Ambivalenz. Auf der Suche nach dem *phallischen Blick* sehnen wir uns auch nach dem *Vatermord*, dem Mord am Patriarchen. Auch wenn wir in der verlogenen, aber bequemen, anspruchslosen Sicherheit der Mamilla verbleiben wollen, sind wir von ihr angewidert und wollen in die Kälte der unbekannten Freiheit außerhalb der Mamilla hinausgeworfen werden – so wie Adam und Eva aus dem Garten Eden geworfen wurden –, wo wir nur hoffen können, dass der Phallus in den Stürmen des Erhabenen wartet.

Das bedeutet zunächst einmal, dass die Freiheit in jeder Hinsicht ein besonders zweischneidiges Schwert ist. Der deutsch-jüdische Psychoanalytiker Erich Fromm, der ursprünglich der Frankfurter Schule (Institut für Sozialforschung) angehörte, vertritt in seinem berühmten Werk *Flucht vor der Freiheit* (1941) die These, dass die Befreiung von Gott und äußeren Autoritäten, wie auch von ererbten Traditionen und Konventionen, die sich aus Individualismus und Aufklärung ergeben, bei der Trennung vom Mutterleib zu einer dringenden Angst und einem Gefühl der Hilflosigkeit führen kann, das der lähmenden Unsicherheit des Säuglings ähnelt. Die Freiheit ist alles andere als eindeutig angenehm, sie kann katastrophale Folgen haben, wenn das verängstigte Kollektiv politischer Manipulation ausgesetzt ist und sich, wie es die deutschen Kleinbürger in den chaotischen 1930er Jahren taten, in sozialem Masochistenrausch bereitwillig extremer totalitärer Unterdrückung unterwirft, nur um um jeden Preis die schreckliche Last der Freiheit zu vermeiden. Die Verwüstungen des Nationalsozialismus sind – so die offizielle Position der heutigen Frankfurter Schule – ein sadomasochistisches Psychodrama, das sich im Theater des gesellschaftlichen Kollektivs abspielt. Diese massive Unterwerfung ist mit enormer Freude verbunden. Sie drückt sich darin aus, dass die Ästhetisierung der Politik ungeahnte Höhen erreicht. „Die zunehmende Entfremdung des Menschen von sich selbst hat einen Grad erreicht, in dem er seine eigene Vernichtung als ästhetisches Vergnügen erster Ordnung erleben kann", schreibt der dem Frankfurter Kreis lose verbundene Kulturkritiker Walter Benjamin in *Das Kunstwerk im Zeitalter seiner technischen Reproduzierbarkeit* (1936).

Zweitens bedeutet diese fundamentale Ambivalenz in Bezug auf die Freiheit, dass es der Antrieb ist, der spricht. Leider gibt sie uns keinen Hinweis darauf, in welche Richtung wir gehen sollten. Der Antrieb tobt nur in uns, angespornt durch die Ambivalenz des Geistes gegenüber seiner eigenen Existenz. Und sein unvorhersehbares gewalttätiges Verhalten lässt uns nach patriarchalischer Verbannung sehnen, dem Phallus als dem Grenzsetzer *schlechthin*, einer Verbannung, die allerdings die Ambivalenz – das Verbot erhöht die Anziehungskraft eher, als dass es sie vermindert – und damit auch den Trieb an sich erhöht. Das ist die Dialektik von Libido und Mortido in voller Lautstärke, nicht als Kampf zwischen Leben und Tod, sondern als endloser, ambivalenter Tanz des Erhabenen im Unterbewusstsein. Das Erhabene sind ganz einfach die schwelenden Steine, auf denen sich die Libido dem bizarren Tanz widmet, der uns am Leben hält. Ein Tanz, bei dem ein einziger Fehltritt – das Ausrutschen auf einem einzigen Stein – genügt, um von dem darunter lauernden knochenfressenden Mortido verschlungen zu werden.

Wenn die Sozioanalyse auf der *Dialektik von Libido und Mortido* aufbaut, so baut die Phänomenologie auf der *Dialektik von Ewigkeit und Mobilismus* auf. Und kaum verwunderlich, dass es eine Fülle von Parallelen gibt. Libido und Eternalismus sind insofern verwandt, als sie in erster Linie Chimären sind, wenn auch äußerst produktive und notwendige. Sie sind ontologisch, aber nicht ontisch, um es auf heideggersche Weise auszudrücken. Das heißt, sie existieren nur als notwendige Spielfiguren in unserem Bewusstsein bzw. in unserer Wahrnehmung. Unter der dünnen libidinösen Verkleidung, im Unterbewusstsein, herrscht der Mortido. Und unter dem dünnen ewig-währenden Furnier, in der materiellen Realität, die uns umhüllt und durchdringt, wütet trotz der platonischen Phantasien Einsteins uneingeschränkt der Mobilismus. Mortido und Mobilismus sind nicht nur ontologisch, sondern auch grundlegend ontisch. So ist ihnen am Ende immer der Sieg garantiert – so wie Mortido und Mobilismus vor unserer Geburt die Welt mit eiserner Faust regierten – und unsere Subjektivität ist nichts anderes als der erhabene, ambivalente und damit libidinöse Protest gegen ihren unvermeidlichen, kommenden Sieg.

Tatsache ist, dass eine Welt ohne unser Bewusstsein und ohne unsere Wahrnehmung keine dieser dialektischen Beziehungen enthalten würde, es wäre eine Welt mit einem einzigen wütenden Mortido in einem einzigen mobilistischen Chaos. Dialektik in all ihren Varianten entsteht nur in unserem Verhältnis zur umgebenden Welt. Wir nehmen Mortido als Libido wahr, weil wir dazu verleitet werden, uns als libidinöse Subjekte zu vermehren und zu überleben. Und wir nehmen den Mobilismus als Eternalismus wahr, weil dieses überlebende Geschöpf, dem die Fortpflanzung gelingt, sich auch phänomenologisch orientieren und mit seiner Umgebung kommunizieren können muss, um zu überleben und sich fortzupflanzen. Aber weder Libido noch Eternalismus an sich tragen über diese grundlegenden, logisch abgeleiteten Funktionen hinaus irgendwelche höheren Werte. Und sie existieren auch nicht außerhalb unserer notwendigen, aber illusorischen Phantasiewelten. Platon lag also, wie sein Schüler Einstein, grundlegend falsch. Alles, was tatsächlich existiert, lebt und für uns einen Sinn hat, befindet sich im Inneren der Höhle selbst; außerhalb der Höhle gibt es lediglich den eingefrorenen Tod.

8

Auf der Suche nach dem verlorenen Phallus in der digitalen Plurarchie

Die Libido ist eine mächtige und oft gewalttätige Kraft. Das Gegenteil der libidinösen Gesellschaft ist natürlich die mortidinale Gesellschaft, die per Definition *dekadent* ist, da sie auf der *unbewussten Anziehung zum eigenen Untergang* aufgebaut ist, etwas, von der der deutsche Philosoph Walter Benjamin in seinem Aufsatz *Das Kunstwerk im Zeitalter der mechanischen Reproduktion* (1936) spricht, eine Anziehung, die mit der zunehmenden Entfremdung des Menschen von sich selbst zunimmt. Der Konflikt zwischen diesen beiden Kräften – der libidinösen und der mortidinalen – erzeugt enorme Spannungen. Ein ebenso aufschlussreiches wie absurdes Beispiel für die Widersprüchlichkeit, die durch dieses ewige Tauziehen entsteht, ist, wenn eine säkularisierte Gesellschaft die Anhänger einer gewalttätigen und gewaltverherrlichenden Religion dazu auffordert, friedlich und tolerant gegenüber den vielen abweichenden Gruppen der Gesellschaft zu handeln, obwohl die fragliche Religion offen ihre inhärente Libido zum Ausdruck bringt, die alles andere als tolerant gegenüber Abweichungen ist. Was in der Natur der Sache liegt, denn die Libido, die durch Kompromisse und Unschärfen abgeschwächt wird, verliert einerseits gegenüber anderen Gruppen im unaufhörlichen darwinistischen Überlebenskampf zwischen verschiedenen Memen an Boden, und erleidet andererseits auch eine Niederlage im unaufhörlichen Tauziehen mit dem Mortido, das diese Kompromisse und Nivellierungen vorantreibt.

Die säkularisierte Gesellschaft verlangt also, ganz im Sinne ihres ebenso autoritären wie dekadenten Diskurses, dass die Religion, die ihrer Natur nach religiös ist, so tut, als seien ihre Anhänger eigentlich weder überzeugt noch gläubig, sondern tatsächlich säkularisiert und in Verkleidung gehüllt, und das heißt: eine Spur dekadenter als die Dekadenten selbst. Diese Forderung mag vernünftig und ansprechend erscheinen, zumindest in Übereinstimmung mit dem säkularisierten Diskurs, aber sie ist auf einer tiefen Unkenntnis dessen aufgebaut, was religiöser Glaube ist und wie religiöse Gemeinschaften funktionieren. Sie ist natürlich auch nicht durchführbar, unabhängig von den materiellen Vorteilen, mit denen man in Versuchung führen könnte, und unabhängig von den Bedrohungen, die man als Abschreckung nutzen kann. Mortido trifft auf die Libido, das von ihrem phallischen Aufstieg erschrocken ist, aber die Libido kann Mortido nie mit etwas anderem als der Verachtung für ihre buchstäbliche Sexlosigkeit begegnen. Was bedeutet, dass die immer wiederkehrenden Forderungen von Mortido nach selbstverschuldeter Kastration von sowohl Ideologie als auch Aktivismus zu immer wiederkehrenden Konflikten zwischen einer dekadenten, multikulturellen und damit auch dekorativen Gesellschaft einerseits und ihren monokulturellen Rivalen andererseits führen, die aufgrund ihrer wesentlich höheren Libidinalität auch wesentlich sexier sind und so ihre Anhänger leichter begeistern und eine starke soziale Identität erzeugen können. Oder um die Sache so einfach und grob wie möglich auszudrücken: *Die virile Rute der Wildnis wird immer mächtigere Verlockungen aussenden als der gepflegte Tratsch der stilvollen Salons.*

Dieser Zusammenhang zwischen *libidinöser Potenz* und *mortidinaler Dekadenz* erklärt, warum die strikt abgegrenzten, militanten Subkulturen des Internetzeitalters die perfekte Brutstätte für wiederkehrende virtuelle wie physische Konflikte mit der umgebenden Welt bieten, wo nicht die verwässerten, leblosen, mortidalen und mehrheitlichen Organisationen in den intensivsten Konflikten triumphieren, sondern die libidinösen und nicht selten minoritären Alternativen. Es handelt sich also um eine umfassende und eskalierende Gewaltkultur – oft in Form von pervertierten Guerillakulten, berauscht von der eigenen romantisierenden Rhetorik – und nicht um eine Art anarchistische Verwirklichung eines globalen, pazifistischen Traums, den sowohl die libertäre Rechte als auch die postmarxistische Linke in ihrer naiven Blindheit predigen. Das Internet-Zeitalter ist eher *plurarchisch* als demokratisch (siehe *The Netocrats*). Es wird von einer *Plurarchie* verschiedener Knotenpunkte in einem gigantischen, abgeflachten Chaos regiert, denen es an der Fähigkeit, dem Anreiz und dem Willen fehlt, sich gegenseitig zu verstehen und/oder für das Gemeinwohl zu kooperieren, denn gerade in der isolierenden Distanzierung von konkurrierenden Machtknotenpunkten eskaliert die begehrte Libido. Indifferentes Kapital wird durch leidenschaftliche *Aufmerksamkeit* verdrängt, aus dem einfachen Grund, dass in dem plurarchischen Chaos, das die Dynamik des Internets hervorbringt, natürlich die Libido, und nicht die politisch korrekte Ideologie, die stärkste Anziehungskraft ausübt.

Hinzu kommt die Tatsache, dass die Plurarchie an sich alle Versuche, eine kohärente globale Arena aufrechtzuerhalten, effizient verhindert. Der korrupte, von der Bürokratie zerrissene Nationalstaat bricht zusammen – kein Nationalstaat hat jemals, unabhängig von der ideologischen Färbung des herrschenden Regimes, mehr Gesetze abgeschafft, als er produziert hat –, wenn ihm alle zentralen Akteure des globalen Machtspiels den Rücken kehren (*The Global Empire* enthält eine gründlichere Analyse dieses Phänomens). Darüber hinaus ist es auch eine Entwicklung, die durch das Aufkommen der digitalen Krypto-Währungen und die allmähliche Erosion der staatlichen Besteuerung beschleunigt wird. Das soziale Theater ist daher in unzählige separate Subkulturen zersplittert, die in der Praxis keine engeren Verbindungen untereinander haben und die sich allenfalls sporadisch über datenanthropologische und sensokratische Überwachungssysteme gegenseitig kontrollieren. Wenn die alte, demokratische Gesellschaft aufgrund einer Reihe von kollaborativen Faktoren nicht mehr aufrechterhalten werden kann und in einem Bereich nach dem anderen gezwungen ist, ihre Veralterung einzugestehen, werden wir stattdessen zur *plurarchischen Gesellschaft* gezwungen. Die Frage, die wir uns eher stellen sollten, ist, ob die demokratische Gesellschaft überhaupt existierte, und insbesondere, ob sie in einer Weise existierte, die auch nur annähernd mit ihrer eigenen Marketingkampagne übereinstimmt, oder ob man sie nur als einen abgestandenen Mythos betrachten kann. Wie auch immer, die neue (Un)ordnung ist in erster Linie durch die flache und unübersichtliche Struktur des Internets bedingt. Die Plurarchie bietet keine Abkürzungen. Die stärkste Machtposition in der Knotengesellschaft ist die Spitze der Netzwerkpyramide. Doch kein Akteur hat über diese lokale virtuelle Macht hinaus eine Art quasi-göttlichen Überblick über die gesamte Plurarchie. Nie zuvor war der Nietzscheanische Tod Gottes offensichtlicher.

Das Muster, das auftaucht, wenn wir beginnen, *Big Data* sinnvoll zu analysieren, ist, dass jeder Mensch lügt (was auch der Titel eines populären Buches zum Thema ist: *Everybody Lies* des Ökonomen und Philosophen Seth Stephens-Davidowitz). Jeder lügt seine Freunde, Chefs, Kinder und Eltern, Geschwister und Cousins, Freunde und Freundinnen an – ja, jeder lügt jeden an. Vor allem lügt jeder, wenn er in verschiedenen Umfragen zu Gewohnheiten und Einstellungen befragt wird. Und jeder belügt nicht zuletzt sich selbst. Die Menschen lügen darüber, wie viel sie essen und trinken, sie lügen darüber, wie oft sie Sex haben, sie lügen über alles in einem mehr oder weniger unbewussten Bestreben, zu ihren eigenen Phantasien über das zu passen, was das Kollektiv als normal und/oder wünschenswert erachtet. Und all diese Lügen bedeuten natürlich, dass unsere Vorstellungen von dem, was tatsächlich normal und wünschenswert ist, nur auf einem Mischmasch aus reinem Unsinn beruhen. Die aufkommende *Daten-Anthropologie* enthüllt nicht nur alles über den Menschen, was wir bisher nur erahnen konnten. Sie zeigt vor allem, wie grundlegend Lügen und wilde Vorstellungen für das Selbst- und Weltbild des Menschen sind.

Wohin wir unseren Blick im Internet auch immer richten, wir riskieren, von einem Tsunami an Informationen ertränkt zu werden, die von jedermann nur in einem winzigen Ausmaß angefordert werden. Nach Informationen, deren Wahrheitsgehalt schwer einzuschätzen ist, generieren wir Menschen täglich eine Informationsmenge, die ca. 2,5 Quintillion (18 Nullen) Byte entspricht. Das bedeutet, dass die Informationsmenge in etwa in dem Maße zunimmt, während gleichzeitig die Möglichkeiten des Einzelnen, mit dieser Informationsfülle sinnvoll und produktiv umzugehen, abnehmen. Das immer begehrtere und kostbarere knappe Gut wird also Ordnung und Übersicht sein. Fakten zu dem einen oder anderen Thema, die früher die Grundlage für brillante Forscherkarrieren gewesen sein könnten, sind heute durch das Drücken einiger weniger Computertasten sofort kostenlos verfügbar, zumindest für diejenigen, die wissen, wo und wie sie zu finden sind. Und das ist der Trick: Die begehrten Nadeln im gigantischen Heuhaufen des Internets zu sehen und zu wissen, wie man diese am besten einsammeln und in Interaktion bringen kann, um sie optimal zu nutzen.

Was also ist das historische Symbol für Übersicht und strukturierte Kraft, in der Kultur und in der Geschichte, wenn nicht der *Phallus*? Die Ironie könnte kaum auffälliger sein: Genau in dem Moment, in dem der Phallus brutal aus dem gesellschaftlichen Theater ausgestoßen wird – nicht zuletzt wegen des antipatriarchalen Projekts des Feminismus, eines beispiellos ehrgeizigen Vatermordes, der dennoch seinen Zweck verfehlt –, tritt er wieder einmal gefeiert auf der gleichen Bühne auf, eindringlicher und begehrter denn je; etwas, was niemanden, der Kulturgeschichte studiert hat, überraschen kann. Wenn der Treibstoff des Industrialismus das Kapital des Patriarchats war, wird der Informationalismus stattdessen von der Aufmerksamkeit des Phallus angetrieben. Die Macht gehört nicht mehr demjenigen, der die materiellen Ressourcen besitzt, oder gar demjenigen, der am effizientesten über diese Ressourcen kommuniziert, sondern demjenigen, der den Phallus personifiziert, das heißt: der Person, die die Fähigkeit hat, libidinöse Anziehungskraft zu mobilisieren. Dann wird es wichtiger denn je, zu verstehen, wie unsere Beziehungen zum Phallus auf verschiedenen Ebenen *de facto* strukturiert sind. Um diese Beziehungen erforschen zu können, müssen wir die Psychoanalyse und die Sozioanalyse unseren dividuellen und existentiellen Ursprüngen, der *Kindheit*, und unseren kollektiven und biologischen Ursprüngen, also dem *Nomadenstamm*, widmen.

Die Leere im Herzen jeder dividuellen Identität ist mit Phantasien über die drei grundlegenden Symbole gefüllt: Die *Matrix* symbolisiert die innere und die pathologische Beziehung zum Inneren, der *Phallus* die äußere und die pathologische Beziehung zum Äußeren, während die *Mamilla* die konservative tröstende Verbindung zum Inneren symbolisiert, die durch die ambivalente Bedrohung durch das Äußere aktualisiert wird. Mamilla (die weibliche Brust im Lateinischen) ist buchstäblich der notwendige Übergang von der Matrix (Gebärmutter) zum Phallus (der Penis des Mannes), nach dem das autonome Leben dann im Schatten des Phallus gelebt wird, bis das Dividuum im Moment des Todes in die Matrix und seine „nicht existierende Existenz" (*Atheos* in der Syntheologie) zurückgeworfen wird, wo es keine narzisstische Subjektproduktion (*Entheos* in der Syntheologie) gibt. Aber gleichzeitig symbolisiert Mamilla den Traum des Dividuums, nicht erwachsen werden zu müssen, die geistige Entwicklung einzufrieren und in bequemer Verlogenheit weiter zu leben, indem man als Kind in einem erwachsenen Körper verbleibt, was sich deutlich darin zeigt, wie das Christentum die Gläubigen bevormundet und sie ausdrücklich als *Kinder Gottes* bezeichnet. So wird die Religion, am ehesten verkörpert durch die Jungfrau Maria, zu einer großen mütterlichen Brust, die einer infantilisierten, verängstigten und passivierten Gemeinde Trost und Sicherheit gibt, im Gegensatz dazu, wie das Judentum ein hochgradig *phallisches* Gottesvolk verkündet, das selbst danach strebt, den ewigen Tempel aus eigener Kraft zu bauen.

Wie wir wissen, kümmert sich die Natur um die erste Abjektion von der Matrix bis zur Mamilla – *die natürliche Abjektion* – das heißt: die biologische Geburt selbst, sehr gut aus eigener Kraft. Der Körper weiß in der Regel, was er zu tun hat. Wir werden geboren und sind somit unerbittlich vom mütterlichen Körper getrennt, ob wir wollen oder nicht. Aber dann wird es komplizierter. Der Übergang von der *Besessenheit mit der Mamilla* zur *Faszination mit dem Phallus* wird durch *kulturelle Abjektion* ermöglicht. Und da dies unsere eigene aktive Teilnahme erfordert, wird es wesentlich komplizierter. Nun läuft der Prozess nicht mehr von selbst ab. Das verwöhnte Kind, das sich weigert, erwachsen zu werden, ist natürlich ein eklatantes Beispiel für eine kindliche Person, die sich weigert, die Mamilla loszulassen, um nach dem Phallus zu greifen; der Phallus hat aus irgendeinem Grund nie das imaginäre Universum des Kindes übernommen. Das Dividuum ist in der Oszillation des Säuglings zwischen Matrix und Mamilla gefangen – zum Beispiel in einer tatsächlichen physischen Fluktuation zwischen einem Zuhause und einer Institution –, ohne sich zum Erwachsenen zu bewegen, der zwischen Mamilla und Phallus schwankt, das heißt: die Sicherheit, die die Gemeinschaft des Stammes bietet, ausgeglichen durch die Abenteuer des Erwachsenseins in einer unvorhersehbaren und anspruchsvollen Realität.

Probleme entstehen dadurch, dass die Begegnung zwischen dem Kind und dem Patriarchen nie stattfindet, so dass das Kind nie lernt, sich nach der erwachsenen Identität zu sehnen, mit allem, was sie in Form von Freiheit und Verantwortung mit sich bringt, so dass die Welt, die sich außerhalb der Sehnsucht nach der Matrix und der Trost-spendenden Mamilla befindet, unangenehm und beängstigend erscheinen kann. Der Mensch, der von außen erwachsen erscheint, bleibt jedoch infantilisiert. Doch nicht nur das eine oder andere Dividuum scheitert oder schiebt die kulturelle Abjektion immer wieder ab, auch ganze Gesellschaften können in dieser entscheidenden Hinsicht ins Wanken geraten. Wir sprechen hier von der *dekadenten Gesellschaft*, einer Gesellschaft, die buchstäblich im Verfall begriffen ist, die durch ihre kollektive Weigerung, die Mamilla zu verlassen und sich dem Phallus zu unterwerfen, auf ihren Untergang zusteuert. Ein Test, der zeigt, ob eine Gesellschaft so infantilisiert ist, dass sie dekadente Tendenzen aufweist, fragt, ob die Gesellschaft eher als mamilisch als phallisch handelt und sich selbst als mamilisch begreift. Dann geht es darum, Fragen wie die folgenden zu beantworten: Welches Symbol dominiert den kulturellen Diskurs? Gibt es noch Phallusse, die eine wirkliche Legitimation haben? Ist der Glaube an den Phallus verschwunden? Feiert die Gesellschaft ihre wagemutigen Pioniere und Unternehmer, oder hat man sich ganz und gar eine Abhängigkeitsideologie zu eigen gemacht, nach der folgend man als Bürger das Recht hat, seine eigenen Bedürfnisse befriedigen zu lassen, ohne etwas zu erreichen oder etwas zu opfern, was tatsächlich etwas kostet?

Wir sprechen von der *dekorativen [decorationist] Gesellschaft*, einer Gesellschaft, deren einzige Ideale das sind, was man gewöhnlich „Selbstverwirklichung" nennt, und die natürlich völlig ohne Werte ist, für die jeder Mensch bereit wäre, sich zu opfern und zu sterben. In solchen Gesellschaften haben viele das Internet als Möglichkeit oder sogar als Versprechen begrüßt, ständig die Aufmerksamkeit der unmittelbaren Umgebung zu erhalten, ohne dass man entweder ein greifbares Talent beweisen oder irgendeine Form von anstrengender Arbeit leisten muss – das heißt: als eine große Mamilla in einer Welt ohne Phallus. Die Gefahr eines harten und unangenehmen Erwachens ist also groß, wenn endlich klar wird, dass die gewünschte Aufmerksamkeit die ganze Zeit illusorisch war. Die enttäuschten und verbitterten Konsumenten werden sich nach ihrem Erwachen dann darüber bewusst werden, dass das Gedränge auf der gesellschaftlichen Bühne dazu führt, dass sich jeder als eine Art Künstler betrachtet, aber dass die Aufmerksamkeit des Publikums für all diese Amateurproduktionen *de facto* nicht vorhanden ist; wir sprechen von Produktionen, die in jeder Hinsicht völlig wertlos sind. Unter anderem aus diesem Grund wachsen die Ressentiments gegen die digitale Welt explosionsartig an und stellen eine der wichtigsten Triebkräfte des verwirrten Konsumententums dar. Das Letzte, dem ein logischer Mensch seine wertvolle *Aufmerksamkeit* schenken will, ist schließlich der verzweifelte *Hypernarzissmus* eines anderen Menschen.

Die aktuelle Entwicklung hängt damit zusammen, dass das Internet von Natur aus ein matrichales, nicht phallisches Medium ist. Die Organisation ist flach, die Kommunikationsflüsse, die dadurch ermöglicht werden, bilden einen riesigen, amorphen Ozean unstrukturierter Impulse, die in alle möglichen Richtungen gehen. Die Verlagerung von Welt und Gesellschaft, Kommunikation und Identitätsbildung in die digitale Sphäre bedeutet also, dass alle alten, hierarchischen Machtstrukturen bröckeln und uns in den *plurarchischen Zustand* schicken: ein ständig wandelbares Chaos ohne klare Orientierungsmuster. Das Einzige, was auch nur provisorischen Maßstäben ähnelt, sind bestenfalls einige dynamische Netzwerkknoten – deshalb sprechen wir von einer knotenförmigen Plurarchie und nicht von einer völlig unstrukturierten Anarchie –, die als eine Art provisorischer Phallus funktionieren können. Denn so wie der Kapitalismus eine Konzentration von Menschen in der physischen Landschaft verursacht hat, den Makrotrend, der *Urbanisierung* genannt wird, so verursacht der Informationalismus eine Konzentration wertvoller Informationen in der virtuellen Landschaft, den Makrotrend, der folglich *Knotenbildung* genannt wird.

Das Internet ist in erster Linie ein Ort, an dem alle ununterbrochen vor sich hin plaudern, ohne dass jemand anderes zuhört. Das heißt: Die Plurarchie ist das netzwerk-dynamische Äquivalent des Internetzeitalters zur matriarchalen Sphäre der Nomadenstämme, aber ohne ergänzende, patriarchale Korrespondenz. Das Internet ist nämlich ein idealer Ort für endlose Gespräche, imaginative Verschwörungen und mehr oder weniger substanzlose Spekulationen, aber es ist ein Alptraum, wenn es wirklich um funktionale Jagdgruppen-Hierarchien, strategische Planung und Wohlstand schaffende Infrastrukturkonstruktionen geht. Und die Frage ist, wie man schließlich die Menschen dazu bringen kann, ausreichend lange und fokussiert zuzuhören, um eine gut organisierte Zusammenarbeit bei verschiedenen umfassenden Projekten zu erreichen, die für das Gemeinwohl wichtig – vielleicht sogar entscheidend – sind. Erschwert wird dies alles noch durch all die postindividualistischen Akteure, die dazu neigen, richtungslos umherzudriften, die vom Gefühl zurückgehalten werden, dass immer irgendwo anders, vielleicht um die nächste Ecke, etwas Interessanteres passieren könnte, was sich in einer intensiven Angst vor einem Engagement in verschiedenen Formen langfristiger Unternehmungen ausdrückt und was der amerikanische Historiker Christopher Lasch bereits Ende der 1970er Jahre vorausschauend als *Bindungsphobie* bezeichnet, die zur dominierenden Sozialpathologie des Internetzeitalters geworden ist.

In einer Gesellschaft, in der sich niemand zu irgendeiner Form von Ideal oder gar einer dauerhaften Beziehung zu verpflichten wagt oder berufen fühlt, fehlen die notwendigen Voraussetzungen für das, was der französische Philosoph Alain Badiou *Wahrheit als Akt* nennt – die synthetische Grundvoraussetzung für ein authentisches Leben (siehe *Syntheismus - Gott erschaffen im Internet-Zeitalter*). Diese Furcht vor dem Phallus besteht nicht nur aus dem, was am offensichtlichsten ist: der Schrecken vor der Kastration, die mit der Einhüllung in die symbolische Ordnung einhergeht. Nein, es geht vor allem um die Angst, deren Ursprung darin liegt, wie der phallische Blick gnadenlos die herzzerreißende Leere in dem postindividualistischen Zustand des ziellosen Wanderns offenbart. Es ist der Phallus, der entscheidet, wo die Linie gezogen wird, was auch bedeutet, dass es *sowohl* die Grenze als auch die Grenzsetzung ist, die der Akt verkörpert. So wird durch die Vermittlung des Phallus das Nichts der Grenzenlosigkeit für jeden, der die Fähigkeit und den Mut hat zu sehen, deutlich.

Selbst in seiner Abwesenheit ist die Libido des Phallus auffällig, was bedeutet, dass es die Libido und nur die Libido ist, die überhaupt einen Sinn verleihen kann. Für viele ist es dann wesentlich angenehmer, die Augen zu schließen und an etwas anderes zu denken. Man kann sich zum Beispiel hinter heuchlerischer Demut verstecken, man kann sich das Motto des Spätkapitalismus zu Eigen machen, das „der Kunde immer Recht hat“, oder in Bezug der Politik: „Der Wähler hat immer Recht“. Was zwar sympathisch und demokratisch klingt, aber in Wirklichkeit natürlich ein großer Schwindel ist. Dass der Kunde das Geld besitzt, das man in die eigene Tasche stecken will, ist eine Sache, genauso wie der Wähler die Stimme hat, die man seinem politischen Gegner entreißen will. Aber das bedeutet natürlich keineswegs, dass diese infantilisierten Konsumenten in irgendeiner Weise „Recht“ haben. Sie wollen im Gegenzug ihre Bedürfnisse und Wünsche mit minimalem Aufwand befriedigt sehen. Sie haben keine Ahnung oder geben vor, nicht zu verstehen, dass das schockierend billige Kleidungsstück von Kinderarbeitern in der Dritten Welt hergestellt wurde, und wollen ihre eigenen speziellen Interessen befriedigen, ohne, wie die Wissenschaft beweist, viel Einsicht in die Funktionsweise einer Wirtschaft und die

Produktion von Reichtum zu haben. Also entscheidet man sich – ob man etwas verkauft oder ob man Politiker ist – aus rein egoistischen Gründen dafür, mitzuspielen und sich als Weihnachtsmann auszugeben, der Geschenke bringt, um eine Transaktion zu sichern. Aber in welcher Hinsicht würde das bedeuten, dass der Kunde oder der Wähler tatsächlich „Recht" hat? Sie wissen nichts, oder so gut wie nichts.

Wer die Welt etwas besser verstehen will, wendet sich an eine Bildungseinrichtung für Erwachsene und hört nicht auf infantiles Wunschdenken. Mit anderen Worten: Man muss sich von der Mamilla verabschieden und sich stattdessen auf den Phallus konzentrieren, vor allem, wenn man das Leben in dem komplexen globalen Imperium, das das Internet erzeugt, in den Griff bekommen will. In krasser ökonomischer Hinsicht bedeutet dies, dass genau das, was die phallische Energie darstellt – Visionen, Strategien und Ordnung in einem ansonsten monumentalen Chaos – in der digitalen Plurarchie zu einer unendlich wünschenswerten Mangelware wird. Und in der Eigenschaft als begehrenswerteste Knappheit wird die phallische Energie zum am höchsten bewerteten Phänomen im Internet – soweit sie überhaupt beschworen werden kann, ist sie ausschließlich den mächtigsten hochrangigen Netzwerken der globalen Netzwerkpyramide vorbehalten (siehe *Die Netokraten*). Das Bedürfnis nach einer Hierarchie, Richtung und Struktur im sozialen Bereich war noch nie so groß, ganz einfach, weil die ausfransendenden Energien, die Gesellschaften und Kollektive auseinanderziehen, noch nie so stark waren.

Das ist der Grund, warum das Management der Kommunikationsflüsse wichtiger wird als die Produktion von Gütern und Dienstleistungen, und dass dieses *Kuratorium* die Ökonomie der Gesellschaften übernimmt und antreibt. In seiner einfachsten Form besteht es aus einem billigen, vollständig automatisierten Management, das mit Hilfe von gut genutzten Suchmaschinen durchgeführt wird; in seiner wertvollsten und exklusivsten Form wird es durch den *Kurator* als einem Stammes-Persönlichkeitstyp verkörpert. Und zwar in dem Maße, wie die Kuratoren und ihre begehrte *Aufmerksamkeit* sogar auf dem Markt erworben werden können. Die eigene Glaubwürdigkeit für Geld zu verkaufen erfordert einen sensiblen Balanceakt, und es besteht immer die Gefahr, dass diese Glaubwürdigkeit abgewertet wird. Es geht nur um soziales und kulturelles Talent, und wenn dieses Talent durch die Kombination mit kritischem Denken auch den vollen netzwerk-dynamischen Austausch erreichen kann, haben wir einen optimal potenten Phallus für das Internet-Zeitalter gefunden. Die Frage ist, ob dieser Phallus in dem Chaos, das die Plurarchie hervorruft, überhaupt noch zu erkennen ist. Oder um die Sache syntheologisch auszudrücken: Ist es möglich, einen glaubwürdigen Syntheos als Maßstab aufzubauen, an dem man sich orientieren kann?

Interessanterweise hat die digitale Plurarchie eine passende Entsprechung in der *Theorie der Abjektion* der bulgarisch-französischen Psychoanalytikerin Julia Kristeva. Bevor es ein Jahr alt wird, muss das Kind mit den Werkzeugen ausgestattet werden, die es braucht, um sich allmählich von der Mutter zu lösen und um die Reise zu einer sicher riskanten, aber auch vielversprechenden Autonomie zu beginnen. Kristeva argumentiert, dass die Mutter von der warmen und sicheren Matrix des Kindes – eine, die es von der Realität abschirmt – zu einem gehassten und schließlich auch abgelehnten Abjekt werden muss. Der Grund dafür ist, dass sich das Kind um seines eigenen Überlebens willen von der Mutter befreien und das, was es mit seiner Mutter teilt – was Kristeva geschickt die *semiotische Suppe* nennt – verlassen muss, um stattdessen als autonome, überlebensfähiges Dividuum in die Welt hinauszugehen. Diese notwendige Abjektion kann aber nur erfolgen, wenn dem Kind ein Hebel zur Seite gestellt wird, und dieser Hebel ist der *Phallus*, das oft patriarchalische oder väterliche Symbol für Ordnung und Grenzsetzung im matriachalen Chaos. Mit anderen Worten bedeutet dies, dass es verheerende Folgen haben wird, wenn dieser notwendige Phallus nicht zur Verfügung steht, wenn er gebraucht wird, was bedeuten könnte, dass keine Abjektion eintritt. Der Junge wird keine Vaterfigur haben, die er nachahmen kann, und das Mädchen wird keinen Phallus haben, den es erotisieren könnte. Das Kind fällt in eine permanente *Infantilisierung* zurück – grenzenlos, respektlos, kindlich frustriert und vor allem ohne jeglichen triebhaften Willen zur Konstruktivität. Sowohl psychiatrische als auch psychoanalytische Diagnosen beginnen sich niederzuschlagen.

Das bedeutet, dass die Abjektion mit Hilfe eines starken und klaren Phallus der einzige Weg des Kindes zu einer eigenständigen und sich ständig weiterentwickelnden, wenn auch nicht ohne Risiken und Gefahren, erwachsenen Existenz ist. Die Alternativen sind schwankende Stagnation und schlimmstenfalls ein psychotischer Kollaps.

Jede kommunikationstechnische Revolution hat ihre Weltuntergangsprophezeiungen hervorgebracht. Was als willkommener Segen, als Geschenk der Götter erscheint, ist in Wirklichkeit ein Fluch. Wenn wir Menschen das Angebot annehmen, graben wir uns unsere eigenen Gräber. In Wirklichkeit schließen wir, genau wie Faust, einen Pakt mit dem Teufel und bezahlen mit unseren Seelen, was uns dessen, was uns menschlich macht, beraubt. Die Perspektiven variieren, aber die Argumentation folgt tendenziell ein und derselben Hauptrichtung: Die neue Technologie liefert zweifellos eine Vielzahl praktischer Vorteile, die uns das Speichern und Suchen von Informationen jeglicher Art erleichtern, und sie setzt die menschliche Gehirnkapazität frei, da wir verschiedene Funktionen aus unserem eigenen Kopf für verschiedene Arten von technologischen Innovationen auslagern können. Wir können, zumindest in der Theorie, diese befreite Gehirnkapazität nutzen, um die Welt besser und unser Leben reicher zu machen.

Aber es gibt einen Preis, der zu zahlen ist, argumentiert diese lange Tradition von Kritikern, die mit Platon beginnt, und dieser Preis ist für uns abschreckend. Platons Dialog *Phaidros* enthält eine Geschichte über die mythische Entstehung der Schriftsprache. Hier stellt sein Vertreter Sokrates klar, dass er skeptisch und der gleichen Meinung ist wie der weise König Thamos von Ägypten, der von dem, was die Buchstaben erreichen können, völlig unbeeindruckt war. Nein, im Gegenteil, Sokrates sieht in den Briefen eine direkte Bedrohung für das echte Wissen. Wer lesen lernt, lernt auch, sein eigenes Gedächtnis zu vernachlässigen. Man lässt sich „von fremden Zeichen von außen, nicht aus eigener Kraft, erinnern". Deshalb betrachten Thamos und Sokrates (und Platon) die Schrift als eine „Droge", die dem Süchtigen eine gefährliche Illusion des Weise-Seins einflößt und die Grenze zwischen scheinbarer und wahrer Weisheit verwischt. Nirgendwo erkennt Platon den ironischen Aspekt dieser Kritik an Briefen und Texten, die dem Leser durch Briefe und Texte vermittelt werden – wodurch sonst? Das bedeutet aber nicht unbedingt, dass die Kritik uninteressant oder unbegründet ist. Wie wir in unseren Büchern unzählige Male behauptet haben, hat jede durchdringende informationstechnologische Veränderung je nach Perspektive Vor- und Nachteile. Einige werden zu Gewinnern, andere zu Verlierern.

Auf ähnlichen Widerstand stieß auch die Druckmaschine. Ein Abt im Benediktinerkloster in Sponheim, Johannes Trithemius, verteidigt in seiner Schrift *De Laude Scriptorum* das mühsame Abschreiben von Texten von Hand durch die Mönche. Gerade die Arbeit und Langsamkeit sei wichtig, argumentiert der Autor. Der Prozess gibt dem Mönch Gelegenheit, in lange Kontemplation zu versinken, denn nur so kann ein vollständiges Verständnis des Inhalts geschaffen werden. Außerdem behauptet er, dass Papier vergänglich ist, während das, was auf Pergament geschrieben wird, ewig währt. Die Herstellung und der Konsum von gedruckten Büchern bringt es nach dieser Ansicht, die vielleicht nicht ganz ohne Eigennutz ist, mit sich, dass man das Lernen und die Kultivierung trivialisiert und vulgarisiert. Aber natürlich wurde dieser Angriff auf das gedruckte Buch in Form von gedruckten Büchern verbreitet, sonst wäre die Verbreitung der Idee nicht sehr weit gekommen, jedenfalls nicht in jenen Tagen. Als Katholik hatte unser Abt allen Grund zu befürchten, was gedruckte Bücher und eine erhöhte Alphabetisierung für die einzige Religion bedeuten könnten, die er als wahr ansehen konnte, wie die Geschichte in Bezug auf Reformation, Inquisition und Religionskriege später beweisen würde. Es gibt, wie erwähnt, sowohl Vor- als auch Nachteile für jede technologische Neuerung von Bedeutung. Sie löst eine Reihe alter Probleme, was der Grund dafür ist, dass sie einen Durchbruch erzielt und in der Kultur Fuß fasst, während sie gleichzeitig eine Reihe neuer Probleme schafft.

Die Kritik am Internet ist oft massiv, was in der Tat als verständliche Reaktion auf den übertriebenen und einseitigen Optimismus gesehen werden kann, den die übermütig begeisterten Cheerleader der digitalen Kommunikationstechnik auf ihrer Seite äußern. So könnte man beispielsweise dem Fortschritts-Evangelisten Kevin Kelly zustimmen, der argumentiert, dass das Internet die Antwort auf jede Frage liefert, die man sich jemals stellen möchte, und der in dem Buch *What Technology Wants* behauptet, dass der Mensch heute in einer Symbiose mit seinen Maschinen lebt. Die Kritik an der Technik könne daher als Ausdruck des Selbsthasses interpretiert werden. Doch soll das heißen, dass Selbsthass notwendigerweise unmotiviert und anstößig ist? Nein! Die eigentliche Grundlage von Kellys Begeisterung für die neue Technologie, und die ihm einen Blick auf Gott in seinem Handy ermöglicht, ist, dass sie eine Verbindung zwischen seinem eigenen Gehirn und Milliarden anderer Gehirne darstellt. Die zugrundeliegende Annahme ist, dass viele Milliarden miteinander verbundener Gehirne zusammen ein emergentes Phänomen in Form einer unverschämt dynamischen, kollektiven Intelligenz darstellen. Was Enthusiasten wie Kelly jedoch nie in den Sinn kommt, ist, dass das unaufhörliche Murmeln all dieser aufmerksamkeitsdurstigen Gehirne selbst eine Ablenkung oder Umweltverschmutzung darstellen könnte.

Skeptiker, wie der Wissenschaftsjournalist Nicholas Carr behaupten in dem bekannten Buch *The Shallows* genau dies. Ausgehend von der Beobachtung des Medientheoretikers Marshall McLuhan, wie die von uns Menschen entworfenen Werkzeuge uns Menschen selbst formen – es ist die Technik, die letztlich bestimmt, wie und was wir denken, es sind nicht unsere Gedanken, die in irgendeinem vernünftigen Sinne die Technik bestimmen –, stellt Carr in umfassender neurophysiologischer Forschung fest, dass die Kosten für die vielen Segnungen des Internets hoch sind. Dies wiederum hängt davon ab, dass das menschliche Gehirn so hochgradig plastisch und anpassungsfähig an seine Umwelt ist, die in diesem Moment die mit der Expansion des Internets verbundenen transformativen Veränderungen auf Kosten anderer Medien durchläuft. Das menschliche Gehirn durchläuft somit einen kontinuierlichen, äußerst umfassenden Anpassungsprozess unter dem starken Druck einer Vielzahl neuer Reize. Eine Folge davon wird sein, dass die Funktion des Gehirns allmählich weniger „linear" im Sinne von McLuhan wird, weniger angepasst, um sich lange und hart darauf konzentrieren zu können, komplizierte Argumente in mehreren aufeinanderfolgenden

Phasen zu verfolgen, wie sie zum Beispiel in gedrucktem Text auf den Seiten eines Buches präsentiert werden (die Leser, die uns auf diesem ganzen Weg folgen konnten, sind zu beglückwünschen; sie werden es sicher auch durch den Rest des Textes schaffen).

Folgt man der Forschung, auf die sich Carr bezieht, wurden wir Menschen in kurzer Zeit sehr viel schlechter, unsere Aufmerksamkeit auf langfristige, ununterbrochene Informationsbeschaffung zu fokussieren, da wir uns daran gewöhnt haben und darauf angewiesen sind, ständig von etwas ganz anderem abgelenkt zu werden. Manche glauben daher, dass das Internet uns auf diese Weise dümmer macht und schlechter ausrüstet, um Desinformation und Manipulation zu durchschauen. Die Abwesenheit von Strukturen, die Ordnung schaffen, schadet dem Menschen; deshalb ist die zunehmende Freizeit, die aus der Automatisierung und Digitalisierung folgt, die Arbeitsplätze und ganze Industrien vernichtet, tatsächlich schädlich, selbst wenn wir durch politische Reformen dafür sorgen könnten, dass die Menschen es schaffen, sich selbst zu versorgen. Ein mühsamer und eintöniger Job ist in dieser Hinsicht viel besser als gar kein Job. Demenz und Psychose stehen vor der Haustür, wenn wir unser Gehirn in einen permanenten Urlaub schicken, vor allem, wenn dieser Urlaub zu einem großen Teil im Netz verbracht wird: ein flacher Ozean von nicht systematisierten Kommunikationsflüssen – man kann hier wirklich von einer „semiotischen Suppe" im Sinne Kristevas sprechen. Früher oder später werden die Besitzer der Gehirne, die in dieser Umgebung übermäßig umprogrammiert werden, infantilisiert, besonders wenn sie nie dem phallischen Blick begegnen und dabei unterstützt werden, dem matriarchalischen Chaos zu entkommen und als autonome Dividuen in die Welt einzutreten.

Man beachte, dass es keine Garantien gibt. Die Tatsache, dass der Phallus notwendig ist, um einen angemessenen Entwicklungsprozess der Persönlichkeit zu gewährleisten, bedeutet natürlich nicht, dass er automatisch verfügbar ist, noch dass es möglich ist, sich mit nur einigen guten Absichten zu mobilisieren. Vielmehr zeigt die heutige Situation, dass wir die *Suche nach dem verlorenen Phallus in der digitalen Plurarchie* als das große bestimmende Drama des Internet-Zeitalters betrachten müssen.

Überall herrscht Dunkelheit, und die Situation wird zunehmend alarmierend. Durch die Geschichte lernen wir auch, dass, wenn das Chaos herrscht und kein authentischer Phallus beschworen werden kann, die Menschen aus Mangel an allem anderen an falsche Phallusse wie Hitler im Deutschland der Depression oder Stalin in einer vom Hunger geplagten und vom Bürgerkrieg zerrissenen Sowjetunion klammern. Offensichtlichere Personifikationen des falschen Phallus als diese sind schwer vorstellbar. Der authentische Phallus ist, in Nietzscheanischen Begriffen beschrieben, *aktionsorientiert* und an den Fetisch als sein kathexales Objekt gebunden (vom griechischen Wort kathexis, das emotionale Fixierung bedeutet), während der falsche Phallus aus einer Nietzscheanischen Perspektive *reaktionär* und an das Abjekt als sein kathexales Objekt gebunden ist. Syntheologisch drücken wir dies so aus, dass wir Syntheos bauen müssen, um uns in der Existenz zu orientieren, anstatt Syntheos nur deshalb zu bauen, weil wir uns danach fühlen. Das Begehrte wird das Notwendige, wenn sich die Komplexität der Existenz beschleunigt.

Wir sind besessen davon, von der Welt um uns herum, wie auch von ihren Autoritäten in Form von Eltern und Göttern, gesehen und bestätigt zu werden. Es ist einer der frühesten, ursprünglichen Impulse, der sich manifestiert, sobald das Kind die Grundlagen der Sprache erobert hat: „Schau mich an!" Wir sind geborene Exhibitionisten, wir bestehen auf die Aufmerksamkeit des Publikums. Aber unterschiedliche Theater setzen unterschiedliche Arten von Voyeuren voraus. Der matriarchalische Blick ist horizontal, er bietet (im besten Fall) bedingungslose Liebe oder (im schlimmsten Fall) bodenlosen Hass. Es sind die Emotionen, denen es an Tiefe fehlt und die denen zugrunde liegt, dass sie sich nie erklären müssen, da sie sich als selbstverständlich begreifen. Die Emotionen, die an den Fetisch oder an das Abjekt gebunden sind. Die Emotionen, die stark und bedingungslos sind, aber auch einfach und unkontrolliert. Der matriarchalische Blick ist also in erster Linie emotional, nicht ethisch. Sie rühmt sich, im Überfluss für alle und für alle Zwecke zu sorgen – jeder soll gesehen und gehört werden, als ob es sich um ein Recht handelt, das keinerlei Gegenleistung verlangt –, ohne darüber nachzudenken, dass diese grenzenlose Großzügigkeit eine ständige

Gefahr der Inflation mit sich bringt, da sie die wachsende Gefahr mit sich bringt, dass die Liebe als verwässert empfunden wird.

Der phallische Blick hingegen ist vertikal, er verläuft von oben nach unten, vom Himmel hinunter auf die Erde. Er ist damit urteilend, bewertend und damit auch bedingend. Er ist eher pragmatisch ethisch als emotional in einer idealisierten Form. Er bietet Anerkennung, die Wissen als Ausgangspunkt und ständigen Vergleich voraussetzt, und nicht bedingungsloses Gefühl, das letztlich ganz auf der Biologie beruht. Phallus zieht die Grenzen, innerhalb derer Wert und Bedeutung entstehen können. Der phallische Blick ist kulturell und begrenzt, wo der matrichale Blick natürlich und unbegrenzt ist. Der phallische Blick ist in der Realität verankert und ständig berechnend in Bezug auf Energieverbrauch und -verteilung. Er beabsichtigt nicht, allen alles zu geben, sondern einigen wenigen Auserwählten viel und den anderen wenig oder nichts zu geben. Denn der phallische Blick repräsentiert eine Welt der begrenzten, nicht unbegrenzten Ressourcen, das heißt: *die Welt der Erwachsenen außerhalb der unersättlichen Matrizenphantasien des Kindes.* Phallus geht also über den Fetisch oder das Abjekt hinaus, um die Erklärung für die Entstehung des kathexalen Objekts zu suchen. Er sieht weder den Fetisch noch das Abjekt als Objekt, sondern lediglich als zeitliche Phänomene, die in der Zukunft nicht selbstverständlich sind, und mit einer Lebenskraft, die es zu problematisieren und zu erforschen gilt.

Phallus kann die äußere Offenbarung sowohl des Fetischs als auch des Abjekts ignorieren und sich stattdessen auf deren Konstitution konzentrieren. Im jüdischen Tempel etwa landete der matriarchale Blick im heiligsten Raum mit seiner materiellen Fülle, während der phallische Blick bis in den heiligsten Raum vordrang – den nur der patriarchale Hohepriester betreten durfte, was wiederum genau seinem Blick maximalen phallischen Wert verlieh. Wer die Natur Gottes tatsächlich erfassen konnte, muss wohl auch in allen anderen Angelegenheiten, seien sie geistlicher oder weltlicher Natur, gerechte und verlässliche Wertungen vornehmen können. Und was darf der patriarchalische Hohepriester dann in einem höchst heiligen, wenn nicht gar erschöpfenden Abbild seiner selbst sehen? Eine Leere, die in eine Leere blickt, ist die Geburt des phallischen Blicks. Denn inmitten der Leere, die in die Leere blickt, sieht der Patriarch die triebhaften Kräfte in sich selbst. Der patriarchale Hohepriester sieht das Phallische in sich selbst; er verkörpert den Phallus und kann sich aus dem Allerheiligsten herauswagen und die Libido entdecken und gegebenenfalls auch erzeugen, wenn es notwendig ist. Weil er bereits direkt in seine eigene Sterblichkeit geschaut hat, direkt in seine eigenen Limitationen, hat der Phallus sein Leben mit Sinn durchtränkt. Dies im Gegensatz zu der eskalierenden Sinnlosigkeit in der Unsterblichkeit und Grenzenlosigkeit der Matrix.

Das bedeutet, dass das Judentum in erster Linie eine patriarchalische und neurotische Religion ist, die auf den Forderungen des Gesetzes aufgebaut ist (seine levitischen Rabbiner sind Männer, die sich fortpflanzen, ihre Kinder werden ihnen folgen, wenn sie sterben), während der Katholizismus eine matriarchalische und psychotische Religion ist, die auf einem anspruchslosen Traum aufgebaut ist (seine Priester sind Junggesellen, die sich nicht fortpflanzen, denn sie sollen natürlich selbst ewig leben). Die Juden nennen sich selbst das *Volk Gottes*, während die Christen sich als *Kinder Gottes* betrachten. Die gesamte christliche Religion ist auf der Feier der Geburt eines Kindes aufgebaut, eines Kindes, das später von einem gleichgültigen und phallischen Gott geopfert werden muss, und das deshalb niemals aufwachsen und selbst Nachkommen zeugen konnte. Was Christus am Kreuz mit den Worten „Mein Gott, mein Gott, warum hast du mich verlassen?“ ausdrückt, muss als die starke Verzweiflung des jungen Mannes nach einer langen, fruchtlosen Suche nach dem phallischen Blick verstanden werden. Seine Existenz ist in einem sinnlosen Chaos zusammengebrochen, und genau aus diesem Grund fehlt ihm jede Identität.

Wenn Christus also am Kreuz geopfert wird und der Moment des Todes naht, erkennt er, dass weder sein eigener noch der Blick seines Vaters über die Welt fegen wird. Die Gläubigen werden stattdessen auf den matriarchalischen Blick der Jungfrau Maria verwiesen, und das Christentum wird zu einer Religion, die auf matriarchalische Liebe ohne Grenzen und Bedingungen fixiert ist, die dies genau aus diesem Grund mit einem enormen, willkürlichen Durcheinander von unmöglichen

Regeln und einem pompösen Moralismus kompensieren muss, der vom Sünder verlangt, einen Grund zu haben, ständig den Trost der ewigen Mamilla zu suchen. Die Liebe, die das Christentum verbreitet, ist also nicht nur naiv, sondern auch durch die Inflation ausgehöhlt und daher von zweifelhaftem Wert. Das Christentum ist die Wiege des Nihilismus, wie Nietzsche feststellte. Der Nihilismus ist von Anfang an in das Evangelium des Christentums eingebaut. Das Problem ist, dass es nie einen Übergang vom matriarchalischen zum phallischen Blick gab; das Kind kann nie erwachsen werden. Wer sich zum christlichen Glauben bekennt, ist und bleibt ein *Kind Gottes*, und die Bezeichnung für diesen absurden Lohn für nichts an der ewig pumpenden Mamilla ist natürlich *Gnade*.

In seinem Buch Time *Driven: Metapsychology and the Splitting of the Drive* verbindet der amerikanische Psychoanalytiker Adrian Johnston diese unbewussten Identitäten im Grenzbereich zwischen Phallus und Matrix mit *den Phantasien des Menschen über den Genuss des anderen*, was Johnston treffend als *Phantomgenuss* des Menschen bezeichnet. Johnston argumentiert, dass sich dies in vier verschiedenen Varianten ausdrückt: nostalgischer, messianischer, symbiotischer und paranoider Phantomgenuss. Johnston geht weiterhin von der Hypothese aus, dass das Verlangen der ultimative Horizont des Antriebs ist, und behauptet, dass der vollständige Genuss nicht existiert und nicht existieren kann. Aber wenn wir einmal die Transzendenz jenseits des Begehrens in Betracht gezogen haben, erkennen wir, dass dies nicht stimmt. Vollständiges Genießen geschieht im *unendlichen Jetzt*, ist aber so gewaltig, dass es sublimiert werden muss. Es muss schnell ein Ende haben und kann dann nur noch als Erinnerung weiterleben. Das gleiche gilt für sein Gegenteil, das gefürchtete *Trauma* oder *Anti-Ereignis*, das dadurch überlebt werden kann, dass es nicht dauerhaft ist, sondern auf eine hoffentlich Empathie-erzeugende Erinnerung reduziert wird.

Transzendenz unterscheidet sich jedoch radikal vom Begehren, indem es auf dem Ereignis basiert, zu dem der Geist zurückkehren will, ohne jedoch als Begehren etwas Neues in der Erfahrung zu suchen. Vollständiger Genuss sucht nichts anderes, als sich zu wiederholen. Das Einzige, was es braucht, ist eine Unterbrechung von sich selbst, um nicht Teil des Schreckens des Erhabenen zu werden. So gibt es in der Transzendenz – im Gegensatz zum Begehren und seinem ständig fortwährenden Konsum von Fetischen und Abjekten – einen Ort, zu dem der Geist zurückkehren will, ohne dass dieser Ort in irgendeiner Weise verändert wird. Dieser Punkt in der phantasmatischen Raumzeit ist das unendliche Jetzt, ein Jetzt, weil es ein zeitliches Ereignis ist, und unendlich, weil es keine Veränderung seines Inhalts sucht. Die Verschiebung vom Begehren zur Transzendenz als ultimativem Horizont der Triebe bringt es auch mit sich, dass man von der *Vollendung des Individuums zur Wiederkehr des Ereignisses* als ultimative Triebkraft der Metaphysik wechselt. Mit seinem radikalen Nihilismus vervollständigt Johnston somit das freudianisch-lacan´sche Projekt, das Individuum als metaphysisches Projekt des Kapitalismus zu entkleiden. Er tötet den Menschen auf die gleiche Weise wie Nietzsche etwas mehr als hundert Jahre zuvor Gott getötet hatte.

Johnston praktiziert eigentlich nicht einmal praktische Psychoanalyse, sondern beschränkt sich darauf, seine brillanten Theorien zu verfassen. Was nützt es überhaupt, sich einer umfassenden und rigorosen Psychoanalyse zu unterziehen, wenn sie nicht einmal in der Theorie zu einem gewünschten, konkreten Ergebnis führen kann? Man hat die Psychoanalyse kritisiert, weil sie keine Ergebnisse in Form von glücklichen und gut angepassten Bürgern hervorbringt, aber dann vergisst man, dass Freud ein verbitterter Pessimist ist, der bestimmte grundlegende Konflikte als unvermeidlich ansieht. Was noch zu lösen bleibt, ist die Frage, wie das Begehren der Transzendenz untergeordnet werden kann – wenn auch nur vorübergehend, um dann als unauslöschliche und unbestreitbare Erinnerung aufrecht erhalten zu werden – etwas, das einen Paradigmenwechsel erfordert. Und zwar einen, der eine Aufgabe der Idee des Individuums – in diesem Fall des Analysanden selbst als ein fortlaufendes Projekt, und eine Umarmung der Idee eines Ereignisses, das der Analysand *de facto* erleben und dann als sinnvoller Ersatz für sein von Anfang an tot geborenes Selbstverwirklichungsprojekt in Beziehung setzen kann –, mit sich bringt.

Es ist diese Fokusverschiebung, die Transzendenz ermöglicht. Wenn *das Individuum* sowieso tot ist, warum überhaupt annehmen, dass das Individuum das Projekt der Psychoanalyse ist? Warum nicht stattdessen den Fokus direkt auf das Ereignis verlagern, so wie es Jacques Lacans radikalster Schüler, nämlich Alain Badiou, befürwortete? Aber das erfordert eine prozessphilosophische Revolution in der Sicht des Menschen. Das unendliche Jetzt ist keine vorübergehende, äußere Störung in einer ansonsten kontinuierlichen und einheitlichen Persönlichkeit. Es ist insofern eine revolutionäre Erfahrung, als sie rücksichtslos dem Dividuum, das diese Erfahrung durchmacht, mit dem Tod des Individuums aussetzt. Für alle Ewigkeit. Was dann bleibt, ist ein Dividuum, das aus Prozessen aus Prozesse aus Prozessen, Beziehungen aus Beziehungen aus Beziehungen, und Netzwerken, die aus diesen Prozessen und Beziehungen auf der Metallebene bestehen, besteht, aber darüber hinaus überhaupt aus nichts. Die Dividualität ist eine Vielheit in aller Ewigkeit. Das einzige, was real ist, ist das Ereignis, in dem die Prozesse und Beziehungen fixiert werden können.

Das definitive Ereignis dieser Art ist eines, bei dem Phallus und Matrix vereint werden – nicht wörtlich, sondern existentiell – und bei dem das Leben gemäß dem Ideal der Transzendenz *maximiert* wird, anstatt dass es gemäß dem Ideal des Begehrens *vervollständigt* wird. Das macht einen großen Unterschied. Denn wir streben nicht mehr vergeblich nach dem gelobten Land, das niemals erscheint. Wir machen vielmehr Urlaub im gelobten Land und verlassen es dann, wenn es schließlich unerträglich wird – was unvermeidlich ist, um dann mit der Erinnerung an dieses herausragende Ereignis weiterzuleben. Das setzt jedoch voraus, dass wir den Freudianern und Lacanianern die ihnen zugrunde liegenden Freude am Begehren des Unmöglichen stehlen und gleichzeitig behaupten, dies sei das Ende der Geschichte. Das Begehren ist nicht das Ende der Geschichte, aus dem einfachen Grund, dass Freud und Lacan uns helfen, sie zu durchschauen, was *uns selbst verändert*. Und die Libido hat keinen Grund, sich mit dem zu begnügen, was sich ein für alle Mal offenbart. Deshalb ist es notwendig, den Wechsel vom Begehren zur Transzendenz zu vollziehen, um das Modell zu vervollständigen. Wenn Johnston also die freudianisch-lacan´sche Revolution mit seinem radikalen, post-analytischen Nihilismus abrundet, was können wir dann von seinem Konzept des Phantomgenusses in seinen vier verschiedenen Varianten lernen?

Der *nostalgische Phantomgenuss* ist kaum ein Rätsel, er umgibt uns überall in der Kultur in Form von Mythen, dass „früher alles besser war", oft mit menschlichen oder materiellen Abjekten, die für den großen Verlust in der Gegenwart verantwortlich gemacht werden. Vom verlorenen Paradies der Bibel bis hin zu Jean-Jacques Rousseaus bizarrer Erfindung des edlen Wilden hat uns die Kultur über Jahrhunderte hinweg nostalgische Märchen in großen Mengen serviert. Noch heute hält beispielsweise der israelische Historiker Yuval Noah Harari in seinem Bestseller *Sapiens* den Mythos aufrecht, dass das Nomadendasein vor der permanenten Besiedlung ein wahres Paradies gewesen sei und dass das Projekt Menschheit mit der Entstehung der Zivilisation zu entgleisen begann. Diese Aussagen spiegeln nur noch einmal die matriarchalische Anziehungskraft des nostalgischen Phantomgenusses wider. Paradigmenwechsel sind eingetreten, sie haben die Lebensbedingungen verändert und einige begünstigt, während sie andere missbilligen oder einfach vernachlässigen. Tiefgreifende Veränderungen haben bestimmte Arten von Talent belohnt und andere nicht; das Leben ist sicherlich anders geworden, aber ernsthaft zu behaupten, dass es in jedem objektiven Sinne entweder besser oder schlechter geworden ist, ist einfach Unsinn.

Wichtig ist vielmehr, dass der nostalgische Phantomgenuss eine bequeme, aber banale Form der Flucht aus der Realität ist, ein masochistischer Rückschritt und die Rückkehr zur Mamilla, was natürlich eine kollektive Erklärung juristischer Inkompetenz aller Beteiligten voraussetzt. Am tiefsten betrachtet, spiegeln alle Mythen vom verlorenen Paradies lediglich eine nostalgische Sehnsucht nach dem einen wirklichen Paradies wider, das für uns alle zwangsläufig verloren sein muss: die neun köstlichen Monate im Mutterleib, der Matrix, bevor die höllische Erniedrigung der Natur – die Geburt – die Party für uns alle zerstört hat. Wir sind gezwungen worden, bewusste, autonome Geschöpfe zu werden, es gibt einen guten Grund, dies als Verletzung zu betrachten, und es gibt guten Grund für uns, uns danach zu sehnen, zu der einfachen

Existenz zurückzukehren, die unserer faktischen Existenz vorausging. Aber es bedeutet nicht, dass dieser Genuss auch nur ein bisschen sinnvoll ist. Alle abrahamitischen Religionen gehen zum Beispiel von dem gleichen Grundgedanken aus: dem *großen Fall.* Dass die geschwätzige Schlange Eva und Adam dazu gebracht hat, sich an der Frucht der Erkenntnis zu ergötzen, führt dazu, dass Gott zornig wird und den Menschen aus dem Paradies vertreibt. Die Frage ist also vielleicht, ob diese Schlange nicht tatsächlich ein Fehler war, wenn die ewige Unwissenheit wirklich so wichtig war.

Der Prozess folgt einem Weg, den wir inzwischen erkennen sollten: Was ist die Geschichte des Falles, wenn nicht die Geschichte der Abjektion aus der matriachalen Perspektive und ein Ausdruck der matriachalen Enttäuschung über die unerbittliche Notwendigkeit der Abjektion? Und was ist die Frucht der Erkenntnis, wenn nicht der Phallus in seiner absoluten Pracht, der optimale Hebel, der uns von der semiotischen Suppe in der Matrix wegführt, in der nie etwas passiert („Der Himmel ist ein Ort/ein Ort, an dem nichts/nichts jemals passiert", singen die Talking Heads). Denn das Phallischste von allem ist natürlich gerade unser unersättlicher Hunger nach echtem Wissen, die triebhafteste Suche nach Kontakt mit der faktischen Realität und der Reiz, den die gefährliche Realität außerhalb der matriachalen Blase ausübt. Phallus repräsentiert nicht nur die Wirklichkeit außerhalb der semiotischen Suppe, sondern auch die Liebe zur Wirklichkeit, das, was der ultra-phallische Nietzsche *amor fati*, die Liebe zum Schicksal, nannte, das wir kennen lernen müssen, um es umarmen zu können. Was ist dann – wenn wir noch etwas länger an diesem mentalen Bild festhalten – der Wechsel vom verlogenen Paradies zur brutalen Realität, wenn nicht der perfekteste Wechsel vom *Mortido des Unterbewusstseins zur Libido des Bewusstseins*? Dass dies der Fall ist, zeigt sich nicht zuletzt im matriachalen Mythos der Existenz des freien Willens – man kann alles werden, was man will, man kann alles haben, was man will –, der in krassem Gegensatz zu Phallus' brutaler Erinnerung an die überwältigende Macht des kontingenten Schicksals über die gänzlich sinnlose Existenz des kleinen Menschen steht – eine Lektion, die die mächtige Libido eher beflügelt als mindert.

Dabei geht es nicht um die Vertreibung aus dem Paradies, sondern um die Unterdrückung des Mortido, um die Ankunft und Etablierung der Libido zu ermöglichen. Wobei das Blatt – um das Geschlechtsorgan wegen der Scham zu verstecken, die der Mensch plötzlich als Folge seiner neuen Fruchternährung empfindet –, den Übergang von der impulskontrollierten Libido des Kindes zur strategiekontrollierten Libido des Erwachsenen darstellt, den Übergang von der chaotischen Vergewaltigung zum Stammesritual als sexuellem Akt. Was uns weiter zum *Luzifer-Mythos* führt. Der Rebell Luzifer wird innerhalb dreier Glaubenssysteme gefeiert, die sich sonst dramatisch unterscheiden: Zoroastrismus, Mithraismus und Gnostizismus. Von der Frucht der Erkenntnis zu essen, bedeutet nach diesen antiabrahamischen Ideologien einen Sieg, sicher nicht eine Niederlage für die Menschheit. Gleichzeitig ist dieser Trotz gegenüber dem Tyrannen, diese riskante Verweigerung des Nachgebens, etwas, das man innerhalb der abrahamitischen Religionen so sehr hasst und fürchtet. Luzifer ist natürlich der junge Mann, der mit dem Patriarchen bricht und gegen ihn rebelliert, das heißt: Er ist Phallus in seiner reinsten Form. Luzifer ist der Sohn, der den Vater imitiert, danach aber nicht nur vom Kurs des Patriarchen abweicht, um eine eigene Identität zu etablieren – was natürlich in allen funktionierenden Generationenbeziehungen der Fall ist –, sondern der sich darüber hinaus in jedem Punkt und in jeder Hinsicht gegen den Patriarchen stellt und so zum stärksten Herausforderer des Patriarchen wird. Während Luzifer im Lateinischen der Morgenstern bedeutet, ist sein hebräischer Name passenderweise *Satan*, der Widersacher.

Die Suche nach dem verlorenen Phallus ist der *messianische Phantomgenuss*, der in jeder dialektischen Geschichtsschreibung wiederkehrt. Der Ursprung liegt im Mythos unter den iranischen Zoroastriern, nämlich eines kommenden *Saoshyanten*. Der Saoshyant ist die phallische Figur *schlechthin*, jemand, der in einer nebelverhangenen Zukunft in die soziale Arena tritt, das Volk vor der Verwüstung rettet und ein goldenes Zeitalter einleitet, das sowohl von utopischer Perfektion (*haurvatat*) als auch vom Kontakt mit der Realität (*asha*) geprägt ist. Das saoshyantische

Konzept wird dann vom jüdischen Volk entlehnt, nachdem die Perser es aus der babylonischen Gefangenschaft befreit hatten. Dies wird zum jüdischen Messiasmythos, wo der universelle Saoshyant des Zoroastrismus durch die nationalistische Messiasfigur des Judentums ersetzt wird. So wie die Zoroastrier auf einen Saoshyanten warten, der nie ankommt, so warten die Juden auf einen Messias, der nie kommt. Dies, während die christlichen und islamischen Sekten ebenso sehnsüchtig auf einen Christus oder einen Propheten warten, der gekommen ist, aber nie zurückkehrt. Und was ist dann der Messias-Mythos, wenn nicht der kulturelle Wunsch, der zwangsläufig ständig weitergetragen wird, um seine eigene Auflösung zu vermeiden?

Die einzigartige Messias-Mythologie des Christentums besagt, dass der Messias kam, unsichtbar wurde und erst nach seinem Tod als Messias sichtbar gemacht wurde. Christus war also nie ein Phallus. Er war ein ewiger Junge, oder wenn man so will: ein Eunuch. Was das Christentum zur einzigen sowohl dialektischen als auch matriarchalischen Religion macht. Es versucht, sowohl das moralisch Zirkuläre als auch das libidinös Dialektische in ein und dasselbe System zu fassen, indem die Trauer der Jungfrau Maria über den toten Christus am Kreuz angebetet wird. Das setzt aber voraus, dass entweder der Mortido oder die Libido geopfert wird, und dann bleibt die Libido auf der Strecke. Dieses spezifische Ereignis an sich, und nicht irgendeine ausgewählte Person oder ein Symbol, wird also das metaphysische Zentrum des Christentums sein. Das macht die Jungfrau Maria zur kreisförmigen Menschengöttin, zur eigentlichen Brücke zwischen Himmel und Erde. Die Macht über Himmel und Erde liegt natürlich nicht im kastrierenden, postlibidinösen Pseudophallus Christi, sondern in der moralisch hochaktiven Mamilla der Jungfrau Maria. Dort und nirgendwo sonst residiert das Heilige.

Der christliche Himmel ist also ein ewiger Schoß, eine Urmatrix, und eine ewige mütterliche Brust, eine Art Urmamilla, ohne dass ein schmerzhafter Entsagungsprozess erforderlich wäre. Das christliche Weihnachtsfest ist die Reise von der Matrix zur Mamilla und das christliche Osterfest ist die Reise von der Mamilla zurück zur Matrix, ohne jeglichen phallischen Eingriff dazwischen (dies im Gegensatz zum jüdischen Osterfest, das mit seinem Exodus aus Ägypten in das gelobte Land das phallische Fest *schlechthin* ist). Wenn man nur an die Gnade Gottes glaubt, wird die göttliche Ewigkeitsmaschine alles in Ordnung bringen. Es geht buchstäblich um die Rückkehr in das verlorene Paradies – ein ewiges Leben ohne Leben, ein Leben ohne Erhabenheit und Mortidinität, und damit auch ohne die Libido selbst. Kein Wunder, dass das Christentum die sexualitätsfeindlichste Religion von allen ist, die Religion, in der buchstäblich jede sexuelle Aktivität als verschwendete Gelegenheit zur Ausübung von Spiritualität angesehen wird.

Johnston fährt fort, indem er die Konzepte des *symbiotischen Phantomgenusses* und des *paranoiden Phantomgenusses* entwickelt. Der symbiotische Phantomgenuss erfordert ein Ende des autonomen Zustandes und die Zugehörigkeit zum sozialen Staat, damit der Genuss möglich ist. Es geht also um eine Rückkehr zur Mamilla, weg vom Phallus: eine Infantilisierung, die den infantilisierten Menschen mit bisher unerreichbarem Genuss belohnen soll. Der paranoide Phantomgenuss geht noch einen Schritt weiter und lenkt ganz einfach alle potenziellen Freuden auf *das Andere* um. Das Subjekt hat nun jede Hoffnung verloren, jemals die Möglichkeit zu haben, Genuss zu erlangen. Alles Genießen, entweder per Dekret oder durch eine Art unveränderliches Naturgesetz, gehört dem Anderen, und in diesem Abgrund der Hoffnungslosigkeit ist die entfliehende Paranoia nur noch ein kurzer Schritt, Neid und Rachsucht warten, alles motiviert und verteidigt durch und durch paranoiden Phantomgenuss.

In der Netzwerkgesellschaft explodiert der symbiotische Phantomgenuss in Form von naiven Infantilisierungen der Antriebsmaschine des Menschen – viele überzeugen sich tatsächlich selbst davon, dass Yoga, Meditation, ein Fitnessstudio, eine frisch renovierte Küche oder ein Ausflug an einen exotischen Strand dem Leben Richtung und Sinn geben können. Dabei wird der paranoide Phantomgenuss dadurch genährt, dass Globalisierung und Digitalisierung uns in einen unangenehmen engen Kontakt mit fremden Welten, Kulturen und Hautfarben zwingen. Wir sind gezwungen, den habituellen *Intratribalismus* zu verlassen und ihn durch den bedrohlichen und fordernden *Intertribalismus* zu ersetzen. Dies geschieht, wenn der Widerstand gegen den Kosmopolitismus, den die Netokratie erzwingt, eine Gegenreaktion in Form der oft gewalttätigen Fremden- und Abweichlerfeindlichkeit des Konsumententums erzeugt, selbst ein Ausdruck der *Freude* des Neides gegenüber dem projizierten Vergnügen des gefürchteten Fremden. Die Soziobiologie holt den Menschen ein. Fünftausend Jahre des Zivilisationsprozesses haben die Umwelt des Menschen und seine unmittelbare Umgebung radikal verändert. Aber der Mensch selbst, als biologisches Geschöpf auf einer dividuellen Ebene, hat sich im gleichen Zeitraum überhaupt nicht verändert. Wir haben heute genauso wenig Hoffnung wie früher, uns in der Existenz niederzulassen und in der Kultur zu gedeihen. Frustration und Verbitterung sind und bleiben unser Los, und das Beste, was wir daraus machen können, ist, wie man sagt, unser Schicksal ganz einfach zu akzeptieren: *amor fati*.

Wenn das unendliche Jetzt der Motor der Metaphysik während des Informationalismus ist – wie verhält sich dann der Phallus zu diesem transzendentalen Ereignis? Wir finden die Antwort in der *Dialektik von Eternalismus und Mobilismus* (siehe die erschöpfende Darstellung in *The Global Empire*). Auch wenn die Existenz radikal mobilistisch ist, wird der Mensch erst durch Eternalisierung und nur durch die Eternalisierung authentisch. Die Eternalisierung des Phänomens, die diesen in ein Objekt der Wahrnehmung verwandelt, ist natürlich die symbolische Kastration par excellence. Und genau hier, im Zentrum der synthetischen Metaphysik, zeigt sich die radikale Wertdiskrepanz zwischen dem matriachal-mortidinalen und dem phallisch-libidinösen am deutlichsten. Beide Eternalisierungen zwingen das Trennende zur Rückkehr zum Ereignis und zur Wiederholung in dem, was, um mit Nietzsche zu sprechen, die *existenzielle Wiederkehr desselben* ist.

Doch je nach Perspektive ergeben sich aus ein und derselben Eternalisierung, dem ein und demselben Moment und ein und derselben Erfahrung ganz unterschiedliche Werte. Die Eternalisierung aus der matriachal-mortidinalen Perspektive betrachtet wird natürlich Trauma genannt – wenn es etwas gibt, was infantilisierte Menschen gerne tun, dann ist es, in dem Ressentiment, das aus den eigenen erlebten oder fabrizierten *Traumata* stammt, anzuhalten und darin zu schwelgen – während die Eternalisierung aus der phallisch-libidinösen Perspektive betrachtet natürlich das *Ereignis* genannt wird. Das bedeutet: Wenn die Geburt das ultimative Trauma ist, dann ist das unendliche Jetzt das ultimative Ereignis. Und der einzig mögliche Weg vom Trauma zum Ereignis führt über das dramatische Eindringen des Phallus in das Leben. Das heißt, je komplexer die Welt wird, desto wichtiger wird die Rolle des Phallus in seiner Eigenschaft als Vergleicher, Bewerter und Zuweiser von Bedeutung. Und was dies wiederum bedeutet, ist, dass der Phallus noch nie zuvor gebraucht und noch nie so sehr vermisst wurde wie jetzt, wo der Informationismus die Gesellschaft mit voller Wucht trifft und uns neue, unlösbare LebensbBedingungen für genau alles aufzwingt.

9

Der Fetisch und das Abjekt - die Symbole, die das soziale Theater antreiben

Das Orakel von Delphi ermahnte den Menschen: „Erkenne dich selbst“. Aber da dies nicht die einfachste Aufgabe ist, kennen wir weder uns selbst noch die Welt um uns herum auch nur annähernd so gut, wie wir uns selbst schmeichelnd glauben machen, es zu tun. Zunächst einmal sind wir uns der wesentlichen Elemente unseres Antriebssystems nicht bewusst, aus dem einfachen Grund, dass sie sich hinter dem Horizont des Bewusstseins abspielen, und wir lügen uns auch über die tiefsitzenden Wünsche an, die wir schließlich irgendwo im Inneren haben und die wir mehr oder weniger widerwillig uns selbst – oder den Suchmaschinen, wenn wir im Netz surfen – eingestehen, da wir diese Wünsche mit dem vergleichen, was wir uns als die gewöhnlichen und normalen, schlecht informierten Vorstellungen vorstellen, an die wir uns dann anzupassen pflegen, so dass wir anderen und uns selbst gegenüber gewöhnlich und normal erscheinen. In dem höllischen Gewirr von

Lügen und Vermutungen ist es nicht leicht, sich zu orientieren, aber um überhaupt mit der Existenz umgehen zu können, müssen wir sowohl ein Selbst- als auch ein Weltbild herstellen, das einigermaßen funktional ist.

Diese beiden sich ergänzenden und interagierenden Bilder bilden zusammen zwei Seiten derselben Medaille: die Grundlage des kulturellen und historischen Paradigmas. Und wir schaffen diese intim miteinander verbundenen Bilder mit dem Ausgangspunkt der uns umgebenden Phänomene, in die wir unsere stärksten Emotionen investieren. Hier tritt der für die Paradigmentheorie so wichtige Begriff der *Kathexis* in unser Vokabular. Dieses griechische Wort bedeutet *Projektion der eigenen Emotionen auf die Umwelt.* Angesichts der zentralen Rolle, die diese Projektionen und diese Emotionen in diesen persönlichkeitskonstruierenden Zusammenhängen spielen, muss die Sozioanalyse die *kathexalen Objekte* als grundlegend und für die Kultur betrachten. Zu untersuchen, wie sich ihr Einfluss bildet, ist folglich entscheidend für eine Sozioanalyse, die sowohl nach Relevanz als auch nach Präzision strebt. Der Mensch investiert sein *Pathos* ganz einfach in diese spezifischen Phänomene, um sich später in einer ansonsten chaotischen Existenz an den Positionen der kathexalen Objekte orientieren zu können. Diese stellen somit eine Art mehr oder weniger willkürlich ausgewählt und emotionalisierten Knotenpunkte in der lokalen Plurarchie der Umwelt dar.

Das bedeutet, dass wir uns Menschen *de facto* einem tief verwurzelten Glauben an das, was in der Praxis Magie und Beschwörung ist, verschreiben und in unseren Handlungen zum Ausdruck bringen. In Wahrheit widmen wir uns dieser Aktivität jede Woche, jeden Tag und jede wache Stunde. Wir tun dies ganz selbstverständlich und mit einer Hingabe, die von dem grundlegenden Irrtum angetrieben wird, dass wir gerade mit Hilfe dieses Aberglaubens – den wir als etwas anderes bezeichnen, da Selbstbetrug völlig notwendig ist –, die Welt um uns herum kontrollieren. Natürlich ist es genau umgekehrt, es ist die umgebende Welt und die dominierende Technik, die die Welt strukturiert, und die deshalb auch den Menschen strukturiert, der natürlich *de facto* auch die Welt ist (was sollte er sonst sein?). Oder, um den klassischen Ausspruch des kanadischen Medientheoretikers Marshall McLuhan zu zitieren: „Zuerst formen wir unsere Werkzeuge, danach formen unsere Werkzeuge uns.“ Dies ist natürlich ein kontinuierlicher Prozess ohne Anfang und ohne Ende, wobei die Reihenfolge auch umgekehrt sein kann; dieses „Wir“, das im ersten Satzteil eine Reihe von Werkzeugen formt (und danach von diesen geformt oder umgestaltet wird), wurde eigentlich schon von einer älteren Reihe von Werkzeugen geformt, und diese wiederum von einer älteren Ausgabe des „Wir“, die wiederum... *und so weiter* und so fort bis ins Unendliche. Wir sind Menschen dank unserer Werkzeuge, und der reine, klare Blick auf die Welt um uns herum, wie sie „wirklich“ ist, hat nie existiert.

Die reaktive Haltung des Menschen gegenüber dieser kolossalen, verheerenden Übermacht ist grundsätzlich sexuell. Und Sexualität ist, wie Sigmund Freud es ausdrücken würde, das *konkret Universelle*, das die Weltsicht des Menschen durchzieht und das Selbst als lustvoll erfahrbares Subjekt inmitten dieser Performance positioniert. Es geht um das erotische Gefühl, das der Mensch in die ihn umgebenden Phänomene investiert, und das die Priorisierung bestimmt, die er zwischen diesen macht, und damit auch die hierarchische Stellung, die sie in seiner Phantasiewelt einnehmen werden. Unter all diesen Phänomenen gibt es eines, das eine unbestrittene Ausnahmestellung einnimmt; das Phänomen, das das Objekt des konkret Universellen ist, das die aggregierte erotische Spannung mit der Illusion einer zusammenhängenden, durchsichtigen Welt verbindet: das *kathexale Objekt als die libidinöse Eternalisierung schlechthin.* Freuds Name für dieses Objekt ist *Phallus.* Doch die Analyse dieser Beziehung kann noch weiter vertieft werden. Hinter dem Phallus befinden sich mehrere kathexale Objekte. Was passiert, wenn das kathexale Objekt in die soziale Arena übertragen wird – mit anderen Worten: wenn wir von der Psychoanalyse zur Sozioanalyse übergehen –, dann erfährt das Objekt einen Übergang: entweder zu dem, was die klassische Anthropologie den *Fetisch* nennt, oder zu dem, was die bulgarisch-französische Psychoanalytikerin Julia Kristeva als Gegenstück zum Fetisch das *Abjekt* nennt. Es ist daher von größter Bedeutung, dass wir verstehen, welche Rolle der Fetisch und das Abjekt im Leben der Menschen im Laufe der Geschichte spielen. Erst wenn wir uns darüber im Klaren sind, wird es für uns sinnvoll, zu untersuchen, wie sich diese Muster in der Netzwerkgesellschaft wahrscheinlich wiederholen werden.

Das primäre kathexale Objekt in der Existenz des Menschen ist die *Mamilla*, während das sekundäre kathexale Objekt – dasjenige, das die ursprüngliche Fantasie der Mamilla als das Portal, das eine Rückkehr zur begehrten *Matrix* ermöglicht, stört – der *Phallus* ist. Die existentielle Erfahrung baut in diesem Zusammenhang auf Phantasien auf, wie der Mensch mit dem kathexalen Objekt durch die Einverleibung in den eigenen Körper – durch Essen, Trinken oder Geschlechtsverkehr – verbunden ist. Das kathexale Objekt erscheint plötzlich, in der Gestalt dessen, was dem Menschen seine eigene Freude bereitet. Die Matrix kann also nicht als ein kathexales Objekt an sich betrachtet werden, einfach weil sie nicht als bewusste Erinnerung im Kind lebt, das sich im Mutterleib entwickelt hat. Auch der Moment der Geburt wird nicht im Gedächtnis bewahrt, da die Mechanismen des Gedächtnisses in diesem Moment noch nicht ausreichend ausgereift sind. Die Matrix treibt stattdessen das mortidinale Unterbewusstsein an, während das libidinöse Bewusstsein ständig zwischen Mamilla und Phallus oszilliert. Deshalb meinen wir, Mamilla und Phallus überall zu beobachten, wenn wir die geringste topologische Abweichung in unserer Umgebung registrieren, während wir uns unbewusst eine Matrix aus verschiedenen Modellen in Form von Betten, Badewannen, Sofas, Höhlen und gemütlich eingerichteten, behaglichen Räumen verschiedener Art schaffen: warme Umgebungen, die Sicherheit schaffen und in die wir uns zurückziehen können, wenn wir uns unsicher fühlen. Dabei ist das vorrangige Ziel, unser Bedürfnis nach Bestätigung zu befriedigen: Wenn dies getan ist, suchen wir mit leidenschaftlichem Engagement nach Nahrung und Unterkunft.

Das Auftauchen des Fetischs und des Abjekts in der Phantasiewelt des Kindes wird durch die schwere Enttäuschung verursacht, die unweigerlich entsteht, wenn dem Kind klar wird, dass sein geliebtes kathexales Objekt nicht mehr sofort verfügbar ist und dass es nicht mehr ohne Anstrengung Anspruch auf das Objekt erheben kann. In dem Moment, in dem diese Tatsache offenbart wird, wird der Traum von der Mamilla als Bindeglied, das die ersehnte Rückkehr zur Matrix ermöglicht, zerschlagen. Der Fetisch wird kathexal, da es nun eine Anstrengung des Kindes erfordert, ihn zu. Unabhängig davon, ob er tatsächlich erreichbar ist oder nicht, symbolisiert der Fetisch das ewig wiederkehrende Begehren – der *Phallus ist natürlich der Fetisch schlechthin*. Das *Abjekt* wird kathexal, da es nicht möglich ist, mit ihm zu essen, zu trinken oder Geschlechtsverkehr zu haben – oder richtiger: es droht, das Kind zu kastrieren, wenn es versucht, mit dem Abjekt zu essen, zu trinken oder Geschlechtsverkehr zu haben. Das Kind versteht es also als eine Störung, ein Eindringen, etwas Abstoßendes. Was das Abjekt will, ist scheinbar Hindernisse für die Freude des Kindes zu errichten. Mit dem Ausgangspunkt in diesen libidinös-inzestuösen Modellen bestimmt das Kind den Status des kathexalen Objekts; entweder wird es zum Fetisch erhoben oder es wird zu einem Abjekt degradiert. Tatsächlich klassifiziert das Kind alle Objekte, die es in seiner Umgebung registriert, entweder als Fetische, als Abjekte oder möglicherweise als kathexale Objekte im Allgemeinen – wobei die letztere Kategorie in ein mehrdeutiges, widersprüchliches Niemandsland zwischen den Versuchungen der Fetische und den Schrecken der Abjekte gestellt wird, wo die kathexalen Objekte stattdessen in *ambivalenter Erhabenheit* sowohl anziehend als auch abstoßend wirken.

Der Fetisch ist in erster Linie das kathexale Objekt der symbolischen Ordnung, während das Abjekt der imaginären Ordnung angehört. Der Fetisch ist also mit dem Patriarchen, dem Phallus, der kosmischen Ordnung und dem Eternalismus, dem *Yang* des Taoismus, verbunden, während das Abjekt wiederum mit der Matriarchin, der Matrix, dem kosmischen Chaos, dem Mobilismus und dem *Yin* des Taoismus verbunden ist. Diese beiden Phänomene können entweder für die Trennung oder die Vereinigung sozialer Bindungen genutzt werden. Und für das eine und das andere gleichzeitig. Wenn der Fetisch und das Abjekt in ein und demselben kathexalen Objekt vereint sind, das gleichzeitig mit voller Kraft angebetet und gehasst wird, dem Yin-Yang des Taoismus – zum Beispiel Christus am Kreuz (verachtet und gedemütigt von der jüdischen Menge, die Zeuge der langwierigen und demütigenden Hinrichtung war, geliebt und fetischisiert von der christlichen Herde, die ihm folgte) – dann erweckt dies eine ambivalente Erhabenheit, die so massiv ist, dass die dadurch entwickelte Energie ausreicht, um sogar eine neue Religion zu entfachen. Der französische Philosoph und Anthropologe René Girard geht diesem Phänomen in seinem Buch *Das Heilige und die Gewalt* nach. Folgt man Girard, so konstituiert das Fetisch-Abjekt das notwendige Opfer für die sakrale Gewalt, wo das Angebetete und das Gehasste in ein und dasselbe verwandelt werden: wo der Phallus mangels der Matrix als Opferakt, als *kathexales Objekt par excellence*, begriffen werden kann. Nur über das Fetisch-Abjekt kann das, was Girard die *mimetische Gewalt* zwischen den Rivalen innerhalb des Stammes nennt, aufgelöst werden, was es dem Stamm ermöglicht, sich aus der Sackgasse des Konflikts zu befreien und voranzuschreiten. Dazu muss das Fetisch-Abjekt geopfert und damit in der Geschichtsschreibung des Stammes verewigt werden.

Der *authentische Phallus* vereint das Kollektiv um den Fetisch – konkret um den Stammes-*Totempfahl*, um das historisch offensichtlichste Beispiel zu nennen. Der Totempfahl zeigt nach vorne und gibt die Richtung für die weitere Reise des Stammes vor. Die Geschichte, die der Totempfahl vermittelt, ist die Heldenerzählung früherer Siege, die zu neuen Opfern und großen Leistungen inspirieren soll. Die starke sexuelle Färbung des Fetischs stellt ihn in die libidinöse Sphäre. Er wird von der *Anziehung* getrieben und verhält sich als sich wiederholende Konstante. Der amerikanische Psychoanalytiker Adrian Johnston argumentiert in seinem Buch Time *Driven - Metapsychology and the Splitting of the Drive*, dass der Fetisch mit dem Konzept *objet a* des französischen Psychoanalytikers Jacques Lacan verbunden ist, dem Phänomen, das Lacans Nachfolger Jacques-Alain Miller als das exakte Objekt und das Jean Laplanche als den rätselhaften Signifikanten bezeichnete. Lacan behauptete, dass es inmitten jeder Subjekterfahrung die Erfahrung eines *verlorenen Fragments* aus der Urerfahrung gibt. Dieses kleine phantasmatische Objekt kann zum Beispiel die abwesende Mamilla oder der furchterregende Phallus sein. Wichtig ist aber, dass das verlorene Fragment im Inneren der eigentlichen Erfahrung liegt und dennoch als Mangel wahrgenommen wird. Deshalb nennt Miller das Objekt nicht intim, sondern *extim*: gleichzeitig bedrohlich nah und eisig distanziert in Bezug auf das Subjekt.

Nach Lacan, Miller und Laplanche ist es gerade diese Extimität, die dazu führt, dass das gesamte Antriebssystem auf das verlorene Fragment fixiert ist. Das bedeutet, dass jedes Phänomen, das den Weg des Subjektes kreuzt und das dahingehend wahrgenommen wird, dass es in Kontakt mit dem ursprünglichen extimaten Objekt kommt, sofort einen fetischistischen Einfluss auf das Subjekt ausübt. Die Triebe suchen also *das kathexale Objekt*, das sie niemals offenlegen können oder gar wollen, und der Fetisch ist immer wieder gezwungen, als Ersatz für das verlorene Fragment zu fungieren, was erklärt, warum wir es mit der perfekten repetitiven Konstante zu tun haben. Wenn dieser Zustand für die Lacanische Psychoanalyse in all ihren Formen grundlegend ist, können wir davon ausgehen, dass das extime Objekt in Form des Fetischs und/oder des Abjekts auch innerhalb der Sozioanalyse ein notwendiger Baustein ist. Eine authentische soziale Konstellation kann nur dann intakt bleiben, wenn sie sich um ein fremdes Fragment in sich vereint, ein Fragment, das es gleichzeitig nie die Chance hat, kennenzulernen. Dieses Phänomen wird aus syntheologischer Sicht als *Utopie* oder ganz einfach als Syntheos – der geschaffene Gott oder die göttliche Kreativität – bezeichnet. Folglich ist die *Dystopie* ihr abjektives Gegenteil. Der Phallus wird zum ursprünglichen Fetisch, indem er uns mit der utopischen Geschichte verführen und von der Mamilla weglocken muss, die behauptet, dass wir eines Tages – wenn wir ihr folgen –, mit erwachsener Sexualität belohnt werden. Währenddessen wird die Mamilla zum ursprünglichen Abjekt, das uns genau in dieser Eigenschaft durch die dystopische Geschichte der bedrohlichen Welt außerhalb ihrer trügerischen Sicherheit in die Illusion der anspruchslosen Belohnung lockt. Der Preis, den wir dafür zahlen, dass wir uns von dem Abjekt versklaven lassen, ist, dass wir für immer kindisch bleiben.

Wenn Friedrich Nietzsche beklagt, dass die Menschen ständig die Unterwerfung der Übermacht vorziehen, meint er in Wirklichkeit, dass sich die phallische Versuchung ständig als unzureichend herausstellt, weshalb die Menschen in der falschen Sicherheit der Mamilla gefangen sind, deren Abjektivität in Form von Ressentiment, einem Hass auf die eigene Existenz, verinnerlicht wird. So wie der dividuelle Mensch sein ganzes Leben auf einer Plattform aufbauen kann, die ganz auf einer lebenslangen Täuschung beruht, so kann auch das soziale Kollektiv, zumindest vorübergehend, eine Identität konstruieren, die auf völlig falschen Prämissen aufgebaut ist. Die Gruppe produziert sowohl ihre Identität als auch ihren Zusammenhalt mit Hilfe eines Phänomens, das alle äußeren Zeichen eines authentischen Phallus aufweist, sich aber später bei genauerem Hinsehen als völlig unecht erweist. Was einen solchen *falschen Phallus* besonders auszeichnet, ist, dass er die Gruppe mit Hilfe des Abjekts definiert und vereinigt. Das auffälligste Beispiel ist natürlich, wie Adolf Hitler das deutsche Volk in einem biologisch und kulturell konditionierten Hass gegen den Juden, dem Abjekt *par excellence*, definiert und vereint. Eine solche Bewegung wird durch Abstoßung getrieben und wirkt wie eine vibrierende, flüchtige Oszillation. Das Abjekt hat also stark abstoßende und damit auch mortidinale Züge. Es ist mit Denunziation und reaktionärem Verhalten verbunden, einem bewussten oder unbewussten Hass auf Veränderung und einer Sehnsucht zurück in den matriachalen Zustand, in dem keine Veränderungen stattgefunden haben oder stattfinden konnten.

Das Abjekt hängt also mit Freuds Konzept des *Unbehagens* zusammen, aber auch mit dem Konzept des *homo sacer*, des Geächteten unter den Menschen, das der italienische Philosoph Giorgio Agamben aus dem römischen Recht übernommen hat. Das Unbehagen bei Freud erscheint in dem subjektiven Genuss der kollektiven Distanzierung. Dabei ist Agambens unsichtbar gemachter und in der gesellschaftlichen Hierarchie ganz unten angesiedelter Akteur das abjektive Äquivalent zum extimen Objekt Lacan´s. Gerade weil die verbindende Rolle für denjenigen, der sich auf der untersten Stufe der Hierarchie befindet, aktiv geleugnet wird – indem dieser Akteur unsichtbar gemacht und in einen Homo sacer verwandelt wird –, kann kein anderer Akteur mehr als das notwendige, verbindende, kathexische Objekt funktionieren. Die soziale Arena verwandelt sich dadurch in einen ewigen Kampf zwischen – und sogar innerhalb – allem und jedem. Faschismus, Nazismus, Kommunismus, Stalinismus und Islam sind auf dieser konsequenten Abjektivität aufgebaut.

Ohne den authentischen Phallus können innerhalb solcher Systeme keine langfristig tragfähigen Allianzen aufgebaut werden. Der extime Feind bedeutet alles und erzeugt die Energie, die benötigt wird, um das Netzwerk bis zu dem Zeitpunkt zu betreiben, an dem es unter seinem eigenen Gewicht zusammenbricht. Es ist dieses fundamentale freudianische Unbehagen, dieser hegelsche Abgrund, die abjektive Extimität selbst im Intimsten, die alle Akteure innerhalb der falschen phallischen Systeme früher oder später zum Feind des anderen werden lässt. Ohne eine wirklich phallische Grenze, wie weit die Ideologie in das Unterbewusstsein eindringen darf – eine Grenze, innerhalb derer der Akteur eher ein fehlgeleiteter Mensch als ein perfekter Ideologieproduzent und -konsument sein kann – können alle Beteiligten immer dafür verantwortlich gemacht werden, nicht ausreichend fundamentalistisch, loyal und energisch zu sein. Wenn Hitler sich am 30. April 1945 endlich in den Kopf schießt, dann tut er das in der konsequenten Überzeugung, dass nicht einmal er seinem eigenen, unmöglichen Nazi-Ideal gerecht werden konnte. Sein Kampf – wie er ihn in seinem Pamphlet *Mein Kampf* darstellt – und die Bewegung, die aus diesem Kampf hervorging, war daher auch von Anfang an nichts anderes als ein großer, systematisch-mortidaler Akt der Todesverehrung.

Das Verhältnis zwischen dem Fetisch und dem Abjekt ist widersprüchlich; teils antagonistisch, teils komplementär. Sie sind die Gegensätze des jeweils anderen und bilden gleichzeitig die beiden Seiten derselben Medaille. Sie erscheinen beide getrennt und paarweise. Oftmals ist das Verhältnis zwischen ihnen dialektisch oder gegenseitig überlappend. Der Einfachheit und Klarheit halber halten wir sie getrennt, einerseits den Fetisch an sich und das Abjekt an sich, andererseits nutzen wir den Begriff Fetisch-Abjekt, wenn sie interagieren oder wenn sie in der Praxis als kathexales Objekt gegeneinander austauschbar sind. Um dies weiter zu entwickeln, müssen wir beachten, dass das Fetisch-Abjekt der Knotenpunkt ist, in dem der Trieb auf das Begehren trifft und eine illusorische Einheit zwischen ihnen erzeugt. Folglich ist es das Fetisch-Abjekt, das wiederum die subjektive Erfahrung und damit auch die Identitätsproduktion testet. Das Fetish-Abjekt ist ganz einfach die symbolische Interpretation des Mortido selbst, da das kathexale Objekt das Zentrum des Antriebssystems darstellt.

Das Heilige ist das ultimative Beispiel für das kathexale Objekt, das sowohl als Fetisch als auch als Abjekt fungiert, indem es die Ambivalenz zwischen Phallus und Matrix stimuliert. Ein konkretes Beispiel dafür ist die symbolische Unterscheidung, die zwischen Sex als Liebesakt und Sex als Prostitutionsakt getroffen wird. Formal sind die Aktivitäten identisch. Aber innerhalb der symbolischen Ordnung sind sie radikal verschieden. Sex-als-Liebesakt wird dazu gemacht, als Fetisch im Bewusstsein einer Person zu agieren, während Sex-als-Akt-der-Prostitution dazu gemacht wird, als Abjekt zu agieren, während die Rollen natürlich gleichzeitig die Plätze im Unterbewusstsein wechseln. Das eine begehren und phantasieren wir, das andere lehnen wir leidenschaftlich ab, um uns dann durch den Rollentausch des Unterbewusstseins erregen zu lassen. Da der sexuelle Akt an sich, als Formalität, ebenso gut als Fetisch angesehen werden kann, entsteht eine umfassende ambivalente Spannung innerhalb des gesamten sexuellen Feldes. Diese Spannung bleibt ungelöst und muss daher zwangsläufig in alle sexuellen Phantasien und Aktivitäten, in denen der Mensch sich engagiert, zurückkehren und sich bemerkbar machen.

Die Unterscheidung zwischen Sex als Liebesakt und Sex als Prostitutionsakt ist natürlich nur eine Chimäre, beide Phänomene koexistieren auf allen Ebenen des sexuellen Feldes. Daher ist Sexualität an sich ungelöst und unverbesserlich ambivalent, sowohl kontrovers als auch attraktiv. Und so perfekt in der Rolle als Grundlage für das Heilige in der Kultur. Um zu verstehen, was dies bedeutet, ist es wichtig, den wesentlichen Unterschied zu sehen, der zwischen dem *Sexualtrieb* auf der einen Seite und der *Sexualität* auf der anderen Seite besteht. Der Sexualtrieb ist natürlich, wir Menschen teilen ihn mit anderen Tierarten, und er dominiert Instinkt und Trieb. Syntheologisch positionieren wir ihn zwischen Atheos und Pantheos. Auf der anderen Seite ist Sexualität kulturell und damit exklusiv für den Menschen; sie dominiert das Begehren und die Transzendenz. Syntheologisch positionieren wir sie zwischen Entheos und Syntheos. Der Grund dafür, dass der Mensch unerbittlich zwischen dem Sexualtrieb und der Sexualität hin- und hergerissen ist, liegt darin, dass sich beide parallel entwickelt haben und während der menschlichen Evolution in ständigem Konflikt miteinander stehen. Der Sexualtrieb ist innerlich und dividuel, während Sexualität äußerlich und sozial ist. Tatsächlich kann die verlockende Ambivalenz zwischen ihnen als die *ambivalente Erhabenheit schlechthin angesehen werden.*

Wenn wir zum Beispiel davon ausgehen, dass alle Männer des Nomadenstammes über die Vergewaltigung von Frauen fantasieren, bedeutet das nicht, dass alle Männer diese Fantasie in die Tat umsetzen. Es gibt eine evolutionsbiologische Logik dafür. Es könnte durchaus sein, dass es im besten Interesse des Stammes ist, den Genpool zu erweitern, indem Frauen aus anderen Stämmen gefangen und vergewaltigt werden, wann immer dies möglich ist, was auch aus dem einfachen Grund geschieht, dass Jean-Jacques Rousseau sich geirrt hat: Das Leben im Nomadenstamm war alles andere als paradiesisch leichtes Leben, bei dem alle Bedürfnisse automatisch befriedigt wurden. Das heißt aber nicht – tatsächlich, ganz im Gegenteil –, dass es im Interesse des Stammes wäre, wenn die eigenen Frauen ständig von den eigenen Männern vergewaltigt würden. Dies ist nicht der Weg, um stabile soziale Strukturen zu erschaffen. In ähnlicher Weise gehen wir davon aus, dass alle Frauen des Nomadenstammes sowohl über Sex mit vielen verschiedenen Männern phantasieren, als auch über Formen von Sex, die sowohl Unterwerfung als auch Gewalttaten beinhalten. Was stark auf letzteres hinweist, ist, dass Frauen im 21. Jahrhundert in hohem Maße Pornographie mit Elementen von Zwang und Vergewaltigung konsumieren, was durch die eigenen Statistiken der Pornoseiten bestätigt wird (siehe *Everybody Lies* von Seth Stephens-Davidowitz). Wenn wir tatsächlich bestätigen können, welche Phantasien die Menschen konsumieren wollen, entsteht dieses Bild. Aber das bedeutet natürlich nicht, dass es den gemeinsamen Interessen des Stammes zu Gute käme, dass irgendeine dieser Phantasien in großem Umfang in die Tat umgesetzt wird.

Über einen längeren Zeitraum betrachtet muss der störende Sexualtrieb der Stammesmitglieder in der Regel von dem Patriarchen und der Matriarchin kontrolliert werden. Ihn sozusagen freizulassen würde ein unüberschaubares Durcheinander erzeugen, bei dem sich einige Dividuen auf Kosten der gemeinsamen Interessen des Stammes Vorteile in Bezug auf Genuss verschaffen würden, was natürlich die Chancen des Stammes verringern würde, sich im mörderischen Überlebenskampf durchzusetzen, der ständig mit anderen Stämmen, mit denen man um begrenzte Ressourcen konkurriert, geführt wird. Das bedeutet, dass – in Bezug auf die Kontrolle der Sexualität – die imaginären und symbolischen Phantasiewelten des Menschen, die um den Sexualtrieb herum konstruiert sind, die wichtigsten Machtinstrumente des Patriarchen und der Matriarchin darstellen und die eigentliche Grundlage des *Stammesmoralismus* mit all seinen moralisch-didaktischen Geschichten sind, die als Anleitung dienen. Es ist kaum verwunderlich, dass der zeitgenössische Mensch sowohl Gene als auch Meme vom plastischen Nomadenstamm geerbt hat, Replikatoren, die zusammen leidenschaftliche, aber auch – da sich die sozialen Strukturen so umfassend verändert haben – zunehmend verwirrende sexuelle Normen und Regeln hervorbringen, wo der kulturell bedingte Hass des Männerkollektivs auf den Vergewaltiger, der den patriarchalen Kodex verletzt, und die Verachtung des Frauenkollektivs gegenüber der Hure, die den matriarchalen Kodex verletzt, in Form von mächtigen, fast tödlichen Stigmatisierungen in vielen Kulturen im Laufe der Geschichte zurückkehren.

Diese Verschiebung von der hedonistischen, fetischistischen Phantasie hin zu einer amoralischen, abjektiven Ablehnung findet also nicht innerhalb des Triebes statt, der sich ausdrückt, oder gar innerhalb des Aktes – formal gibt es natürlich keine Unterscheidungen zwischen diesen Aktivitäten –, sondern genau in der Verschiebung, die sich von der unabhängigen Aktivität außerhalb des sozialen Theaters zu dem identitätsstiftenden Ereignis vollzieht, das sich im Rampenlicht der sozialen Theaterbühne abspielt. Die Macht über diesen dramatischen Definitionsakt liegt vollständig bei dem Patriarchen und der Matriarchin innerhalb des egalitären Nomadenstammes. Was als private, verinnerlichte Phantasie akzeptabel ist, wird zu einer verachtenswerten Schande, die sofort verurteilt werden muss, sobald sie sich in Form des äußeren Schauspiels des anderen manifestiert. Es ist kaum verwunderlich, dass es die Verantwortung des Patriarchen ist, den Vergewaltiger auf eine Waldlichtung zu führen und denjenigen, der gegen die Regeln des Stammes verstoßen hat, vor den Augen der anderen Männern der Jagdgesellschaft zuerst zu kastrieren und dann hinzurichten. Und aus dem gleichen Grund ist es die Matriarchin, die die systematische und gnadenlose Kampagne der Ächtung der jungen Frau, die die eindeutigen Normen des Stammes für die weibliche Sexualität verletzt, sowohl sanktioniert als auch leitet. Letztlich geht es um das Überleben des Stammes, denn er muss ständig weiterziehen und die Suche nach Nahrung und Unterkunft fortsetzen können, ohne durch Konflikte und soziale Zerrüttung zu sehr gehemmt zu werden.

Sowohl der Patriarch als auch die Matriarchin haben daher viele gute Gründe, sexuelle Enthaltsamkeit und vor allem Kontrolle innerhalb des Kollektivs zu verkünden und nach bestem Wissen und Gewissen aufrechtzuerhalten. Bis zum Beginn des 20. Jahrhunderts sterben in allen Bevölkerungsgruppen regelmäßig junge Frauen im Zusammenhang mit der Entbindung. Daher hat der Stamm nichts zu gewinnen und alles zu verlieren durch ungeregelte, unregelmäßige Geburten zu verschiedenen Zeiten des Jahres, insbesondere was die vielen Tage des Jahres betrifft, an denen der Stamm auf Wanderschaft ist. Stattdessen gibt es guten Grund für geregelte Geburten, die zu bestimmten Zeitpunkten im Kalender stattfinden. Dies wiederum ist nur dann möglich, wenn es gelungen ist, die Sexualität zu regulieren, vor allem durch Ritualisierung und die Sicherstellung, dass sie nur an bestimmten ausgewählten Feiertagen stattfindet, d.h. wenn man sie als Belohnung für ertragene Nöte in Form von sinnlicher Ekstase vermarktet und nicht als erlaubter oder zumindest tolerierter Alltagsgenuss. Darüber hinaus kann die aufgestaute, angestaute sexuelle Energie für andere Zwecke kanalisiert werden, was dem Stamm Zugang zu einer äußerst nützlichen allgemeinen Libido verschafft, die von der Sexualität weg auf andere Dinge gelenkt werden kann, insbesondere auf die Förderung des Überlebens und des Gruppenzusammenhalts. Frühe, weit verbreitete urbane und der Schriftkundige Kulturen brachten sogar spezifische Subkulturen hervor, wie den *Taoismus* in China und *Tantra* in Indien, um die Libido in eine allgemein kreative und nicht in eine spezifisch sexuelle Richtung umzuleiten.

Die Kontrolle des Sexualtriebs durch die Regulierung und Ritualisierung der Sexualität erhöht somit in hohem Maße die Überlebenschancen des plastischen Nomadenstammes. Tatsächlich wird erst später in der Geschichte, wenn die stammesbezogene Ritualisierung der Sexualität weder den Interessen des Menschen noch der Gesellschaft dient, die gesamte moderne Problematik, die mit Sexualität verbunden ist, explosiv und wirklich bedrohlich. Keinesfalls ist die Sexualität eine Kraft, die sich einfach so zähmen lässt, aber die Komplikationen nehmen zu, wenn die Gesellschaft einen Veränderungsprozess durchläuft und der Mensch ständig neuen Anforderungen zur Bewältigung seines Überlebens unterworfen wird. Der Sexualtrieb ist natürlich *de facto* die Libido in ihrer reinsten Form. So hält man ihn unter einem verschlüsselten, dornigen Sprachgebrauch verborgen, konditioniert durch die Tabu-Vorstellungen, die mit der Sexualität verbunden sind. Mit dieser Tabuisierung sind sowohl Fetische als auch Abjekte verbunden; auf diese Weise wird ein Kontext hergestellt, in dem bestimmte Handlungen so umstritten sind, dass sie nicht nur verboten sind, sondern sie müssen auch vertuscht und unsichtbar gemacht werden und niemals einen wie auch immer gearteten Status innerhalb der symbolischen Ordnung erhalten.

Die Konsequenz dieser harten Zensur des Denkens ist zwangsläufig, dass diese Handlungen gerade deshalb einen besonders starken Reiz innerhalb der imaginären Ordnung haben, was die Psychoanalyse als Sehnsucht nach *Überschreitung* bezeichnet. Das wiederum bedeutet, dass diese tabuisierten Handlungen von der Elite, die im Moment die Machtausübung der Gesellschaft beherrscht und definiert – da diese Elite per Definition die symbolische Ordnung kontrolliert – mit dem Ziel benutzt werden können, die weniger kultivierten Massen zu manipulieren, indem sie sie in Sprache und Schrift als Sklaven ihrer verbotenen Phantasien darstellen. Ein bei Freud sehr präsentes Beispiel dafür ist der *Inzest*, der seit den Tagen des Primitivismus den Göttern und dem Königtum vorbehalten ist und für den Rest der Bevölkerung als undurchdringliches und damit auch axiomatisches Tabu dargestellt wird. Und dies, obwohl wir natürlich jedes Mal, wenn eine Mutter ihre *Mamilla* anbietet und ihr eigenes Kind säugt, ein eklatantes Beispiel für einen inzestuösen Akt und inzestuösen Genuss sehen. Viele würden behaupten, dass das Bild der stillenden Mutter schön ist, aber nur wenige können leugnen, dass es auch mit Spannungen beladen ist.

Die dominante Rolle des Patriarchen und der Matriarchin, und der Macht, die sie aufgrund ihres massiven Informationsvorteils ausüben können, führt uns weiter zu dem Punkt, der den blinden Fleck sowohl der Psychoanalyse als auch der buddhistischen Erleuchtung ausmacht, nämlich die *vierte Abjektion.* So wie die Lacanische Psychoanalyse erst dann abgeschlossen werden kann, wenn sich der Analytiker selbst zurückgezogen hat – Jacques Lacans *Non-Sequitur* besteht darin, dass er nicht voraussagte, dass gerade der Analysand, der seine Psychoanalyse durchlaufen hat, und der folglich seine Methode gut beherrschen sollte und daher auch zumindest zeitweilig die Transzendenz über Trieb und Begehren, erreicht hat (das heißt: *Meta-Bebegehren*) – so muss auch die Kette der Abjektion durch die *Meta-Abjektion*, die endgültige Abjektion des Abjektionsprozesses selbst, vervollständigt werden. Das erklärt, warum wir den Begriff der *transzendentalen Abjektion* verwenden. Nach der vollendeten Abjektivierungskette – die aus *Matrix-Abjektivierung* (Geburt), *Mamilla-Abjektivierung* (Entwöhnung) und *Phallus-Abjektivierung* (Teenager-Rebellion/Erwerben des Erwachsenseins) besteht – explodiert die narzisstische Grenzenlosigkeit in einer regelrechten Orgie der *Hyperautonomie*, deren extremste Ausdrucksform der *Messias-Komplex* ist. Diese berauschende Autonomie ist jedoch weitgehend eine auf Hybris aufgebaute Illusion, der Mensch ist und bleibt ein Stammesgeschöpf, ein geselliger Mensch, was erfordert, dass der hyperautonome junge Mann und/oder die hyperautonome junge Frau früher oder später in die herrschende Ordnung zurückgedrängt und unter die Kontrolle des Stammes gestellt werden muss.

Die Institution des Stammes, die den Übergang vom Narzissmus zur produktiven Unterordnung markiert und bestätigt, ist der *Übergangsritus*, der von den Schamanen oder ihren Erben, den Geistlichen, durchgeführt wird. Es spielt keine Rolle, wie der Übergangsritus in der Praxis durchgeführt wird oder woraus er genau besteht – im ursprünglichen Nomadenstamm, wie bei den heutigen Stämmen in z.B. Südamerika und Zentralafrika, wurde und wird er meist unter dem Einfluss großer

Mengen mächtiger psychedelischer Drogen durchgeführt – so ist es immer ihre Aufgabe, das *Reale* in die imaginären und symbolischen Universen des jungen Narzissten zu drängen und dadurch das junge Stammesmitglied dazu zu zwingen, nach Unterwerfung gegenüber dem Patriarchen, der Matriarchin und den aggregierten Überlebensinteressen des Stammes zu streben. Durch den Übergangsritus wird der Fokus von der Aufmerksamkeit – der Suche nach dem bewundernden Blick des Patriarchen und der Matriarchin – auf die existenzielle Bedeutung verlagert, die am besten zum persönlichen Archetyp des jeweiligen Teilnehmers und damit auch zu seiner sozialen Rolle innerhalb des Stammes passt. Auf diese Weise erfüllt sich das, was Nietzsche *die ewige Wiederkehr des Gleichen* nennt. Die Zirkularität übertrumpft die Linearität, wenn der Mortido als grundlegendes Element innerhalb der Libido wieder eingeführt wird. Der Mobilismus überlebt also im Kern des Eternalismus. Der dialektische Prozess setzt sich unaufhörlich fort.

Wichtig ist hier die Feststellung, dass der Übergangsritus an sich nicht ausreicht, um die angestrebte produktive Unterwerfung zu erreichen. Vielmehr muss er als der Höhepunkt des Domestizierungsprozesses selbst betrachtet werden, aber als solcher eignet sich der Übergangsritus hervorragend als das *dividuelle Ereignis schlechthin* in der re-tribalisierten netzwerk-dynamischen Gesellschaft. Eine der wichtigsten Errungenschaften des Syntheismus ist die Einsicht, dass ein gut gestalteter Übergangsritus auch die Jugendlichen der Netzwerkgesellschaft vor hunderten Stunden destruktiver und egozentrisch-therapeutischer Nabelschau bewahren kann. Nur so kann die isolierende Autonomie – die die individualistische Psychotherapie aus institutionellem Eigeninteresse voraussetzt und fördert – durch ein begehrtes, stammesorientiertes Erwachsensein ersetzt werden. Die transzendentale Abjektion besteht nicht nur in der Verschiebung vom Narzissmus zum Tribalismus, sondern umfasst auch die Verschiebung von der *Unsterblichkeit zur Sterblichkeit* als metaphysischer Motor, das heißt: als *phantasmatischer Horizont*. Die vierte Abjektion ist auf diese Weise auch gleichbedeutend mit der ersten Verschiebung von der libidinösen Endlosigkeit zurück in die mortidinale Grenzsetzung. Es ist, als ob die Libido im hegelschen Sinne auf sich selbst bezogen sein muss, um ihren vollen Ausdruck zu erreichen.

Dieser mortidinale Eingriff direkt in die Libido erzeugt sowohl beim jungen Mann als auch bei der jungen Frau den ersten Impuls, Eltern zu werden oder sich zumindest in die Geburt und Erziehung der nächsten Generation des Stammes zu vertiefen, indem sie verschiedene Stammesrollen mit elterlichen Absichten übernehmen. Die Libido wird ganz einfach verstärkt und ist auf konkrete Ambitionen ausgerichtet, indem sie im Unterbewusstsein sterblich gemacht wird. Es entsteht dann eine radikale Ambivalenz zwischen dem Streben nach Autonomie einerseits und dem Streben nach sozialer Angleichung andererseits, ein Konflikt, der irgendwann das Bewusstsein der meisten jungen Stammesmitglieder beschäftigt. Hinter dieser bewussten Ambivalenz verbirgt sich ein tieferer, unbewusster Konflikt zwischen der Unsterblichkeit des Dividuums (Libido ist mit sozialer Unabhängigkeit verbunden) und seiner Sterblichkeit (Mortido ist mit sozialer Abhängigkeit verbunden). Nur am Rande des Stammesgebietes, in dem Gebiet, das an die Heimatgebiete anderer Stämme grenzt, findet die Unsterblichkeit als Erwachsener eine intakte Rolle, eine Rolle, die sowohl die *Schamanen-Kaste* mit ihren Priestern, Priesterinnen, Mönchen und Nonnen, als auch die *Kriegerkaste* mit ihren Soldaten, Kundschaftern, Diplomaten und Forschern spielt.

Diese Nietzscheanischen Meister ihres eigenen Schicksals – der Reiz der Unsterblichkeit ist nicht das ewige Leben an sich, sondern das ekstatische Gefühl der Freiheit, mit dem die kompromisslose Libido verbunden ist – sind und bleiben jedoch eine soziobiologische Minderheit innerhalb aller menschlichen Bevölkerungen. Die überwiegende Mehrheit ist und verbleibt – sowohl als Kind als auch als Erwachsener – in einem Zustand der kindlich-mortidinalen und todesverehrenden Unterwerfung. Der Konformismus wird so zu seiner eigenen Belohnung und zur vorherrschenden gesellschaftlichen Norm. Der Preis, den der Stamm dafür zu zahlen hat, ist natürlich, dass die Mehrheit seiner Mitglieder ständig nach dem *Status quo* strebt und sich bei allen Formen äußerer Veränderung auch daran festhält. Man schwärmt von *einem Status quo*, der zudem stark mit der kurzen Zeit in der Jugend verbunden ist, in der die Mehrheit der Stammesmitglieder tatsächlich mit einer immer noch zeitweiligen Autonomie gegenüber patriarchaler und/oder matriarchaler Top-down-Herrschaft experimentierte. Dies bedeutet, dass abgesehen von der seltenen und manchmal intensiven Romanze, die einige der Jugendlichen mit der Revolution verspüren, der Löwenanteil der Bevölkerung in allen Gesellschaften immer reaktionär bleiben wird. Und die Reaktionäre entscheiden sich immer dafür, sich um das *externale Abjekt* zu versammeln, da dieses ihr kohäsives kathexisches Objekt darstellt.

Darüber hinaus klammern sich die Reaktionäre so lange wie möglich an das externale Abjekt für ihre Identitätsproduktion, um zu vermeiden, dass sie sich den inneren, wachsenden Spannungen der Gruppe stellen, die durch das unreflektierte Tanzen um das selbstzerstörerische innere Abjekt entstehen, an sich Spannungen, die geschürt werden, bis sie z.B. in einem Bürgerkrieg explodieren. Das bedeutet, dass es Populismus ist, nicht eine progressive Reformagenda, die den normalen Zustand des demokratischen Diskurses im Laufe der Zeit darstellt. Das bedeutet zum Beispiel, dass der Begriff der direkten Demokratie nicht mit irgendwelchen progressiven politischen Zielsetzungen verschmelzen kann, egal was nicht-historische und quasi-radikale Ökomarxisten des 21. Jahrhunderts behaupten, wenn sie von einer *emanzipatorischen Politik* sprechen, die durch eine bisher unbekannte Form der politischen Magie dann Lösungen für alle Herausforderungen, mit denen die Netzwerkgesellschaft konfrontiert ist, bieten soll. Selbsternannte, kritisch denkende Anhänger wie Slavoj Žižek, Michael Hardt und Toni Negri sollten es sicher besser wissen. Denn wenn wir es historisch, biologisch oder kulturell betrachten, ist es in der Tat umgekehrt: Je zahlreicher und je älter die Teilnehmer am demokratischen Prozess sind, desto reaktionärer und doppelzüngiger wird der Prozess sein. Und der Grund dafür ist in keiner Weise mit irgendeiner Form von Ideologie verbunden, sondern lässt sich aus so etwas einfachem wie der Stammessoziobiologie ableiten.

Ein Teil des demographischen Genies des Kapitalismus liegt natürlich – zum großen Ärger der postmodernen Linken, die sich mit Karl Marx nur unzureichend auskennt – darin, wie er die schamanischen Ressourcen des Stammes in Form von kreativem Unternehmertum und Wirtschaftsunternehmen außerhalb des *akademischen und politischen Diskurses* freisetzt. Auf diese Weise durchläuft die Gesellschaft eine technologisch getriebene Radikalisierung, und dann ist es von marginaler Bedeutung, dass die Akademiker und die Politiker aufgrund ihrer steuerfinanzierten, institutionellen Korruption aus reinem Eigeninteresse als Bremse wirken, da jede Veränderung aus ihrer Sicht schlechte Nachrichten mit sich bringt. Der Kapitalismus nutzt ganz einfach die minoritäre Aktivität – über netokratische Subkulturen und Investmentfonds – gegen die mehrheitliche Passivität, um die gesellschaftliche Entwicklung voranzutreiben. Im Internetzeitalter wird dies besonders deutlich, da die alte Rechte und die alte Linke, die politischen Restprodukte des zerfallenden Nationalstaates, dazu verdammt sind, ihre rasch nachlassende Energie zu verschwenden, indem sie darum konkurrieren, wer von ihnen der Konservativste und Reaktionärste ist. Das Spiel ist hart umkämpft, und das Ergebnis ist schwer vorhersehbar. Sie können einfach nicht anders handeln, da ihre ideologischen und existentiellen Plattformen von Voraussetzungen untermauert werden, die allmählich unter ihren Füßen erodieren und verschwinden.

Die Politik wird im Internet-Zeitalter zunehmend ironischer. Sie erzeugt mediale Dramatik durch die Aufblähung von Konflikten, die entweder rein fiktiv oder aber völlig trivial und in der Praxis unbedeutend sind. Man macht viel Aufhebens um nur marginale Anpassungen an eine Struktur, die selbst kurz vor dem Zusammenbruch steht. Das erklärt, warum der Hauptzweck aller theatralischen Aktionen darin besteht, die Tatsache zu vertuschen, dass die Politik, wie wir sie kennen, langsam aber sicher ihren faktischen Einfluss verliert. Die Realität ist dabei, die Politik hinter sich zu lassen; die wichtigsten Entscheidungen werden zunehmend anderswo – und vor allem in ganz anderen Formen – getroffen, worauf die Politik erst im Nachhinein, mehr oder weniger wirkungslos, reagiert. Sowohl die Rechte als auch die Linke wählen, die Augen fest zu schließen, während man gleichzeitig das, was wir das *falsche Axiom des Demokratismus* nennen, unterstützt, nämlich die vermutlich unbestreitbare, aber heuchlerische Heiligung des nationalstaatlichen Stimmzettels und den blinden Glauben an die uninformierte und ahistorische, illusorische Prämisse, dass die konsumierenden Massen immer

Recht haben. Und wenn diese dann trotz allem falsch wählen – gemäß der herrschenden Supraideologie, was auch geschieht: Donald Trump, Brexit und so weiter – dann ist grundsätzlich jemand anders schuld, auch wenn immer unklar bleibt, wer dieser jemand anders eigentlich ist.

Dies wiederum zeigt, dass die Eliten nicht nur den Kontakt zur Masse verloren haben, sondern vor allem das Verständnis für die faktische Wahrheit über die Interaktion zwischen Mensch und Technologie an sich; ein Phänomen, das der amerikanische Blogger Jordan Greenhall treffend als die verwirrte Verteidigung der *Blue Church* durch die Eliten gegen die, wie er es nennt, frenetisch angreifende *Red Religion* des netokratischen Schwarms bezeichnet. Aber die Probleme mit der konsumierenden Masse sind vielfältig, zumindest wenn man eine gut funktionierende Gesellschaft ohne allzu gewalttätige interne Konflikte anstrebt, insbesondere unter dem aktuellen, dramatischen Einstieg in die sogenannte Informationsgesellschaft, wo das gesamte soziale Biotop tiefgreifende und vor allem verwirrend schnelle Veränderungen durchläuft und sich viele in dieser Masse aus gutem Grund insofern bedrängt fühlen, als sie auf einem durch Digitalisierung, Globalisierung und Automatisierung immer weniger gefragten Arbeitsmarkt immer weniger gebraucht werden. Ein Hauptproblem ist, dass diese Massen in abgrundtiefer Unwissenheit darüber leben, wie eine Wirtschaft tatsächlich funktioniert, wie Wohlstand geschaffen wird und welche Folgen verschiedene politische Maßnahmen zur Verteilung des Wohlstands tatsächlich haben. Diese Unwissenheit – natürlich sorgfältig erforscht und nachgewiesen – pervertiert den gesamten politischen Prozess. Der Politiker, der gewählt und wiedergewählt werden will, muss den Stimmen der Unwissenden nachgehen, da die Unwissenden so zahlreich sind, was wiederum entweder zu zutiefst zynischen und betrügerischen Wahlkämpfen oder aber zu wirklich schlechter Politik führt, da dies die eigentlichen Forderungen der unwissenden Wähler sind. Oder beides; das eine schließt das andere nicht aus.

Diese monumentale Ignoranz wird durch das Phänomen des Internets, das als *Filterblase* bezeichnet wird, sorgfältig gepflegt und verstärkt. Um mit unwissenden Konsumenten zu kommunizieren und ihnen Konsumgüter in großen Mengen unterzuschieben, ist es vernünftig und nützlich, sich die Nase zuzuhalten und ihren Vorurteilen zu schmeicheln. Das Internet gibt ihnen unbegrenzte Möglichkeiten, indem sie ein oder zwei Tasten drücken und andere Informationen oder Unterhaltung suchen, sobald sie auf Meinungen stoßen, die nicht mit ihrer eigenen übereinstimmen, oder auf Fakten, die sich nicht in ihre bereits zementierte Weltanschauung einfügen lassen. Jede Störung dieser Art bedeutet eine Bedrohung der sozialen Identität und des Zugehörigkeitsgefühls zu einer sozialen Gemeinschaft. Das bedeutet, dass jemand, der z.B. innerhalb einer bestimmten Bevölkerungsgruppe durch das Ausspucken von Unsinn in Form von leicht verdaulicher Unterhaltung an Popularität gewonnen hat, diese Popularität relativ leicht in politische Unterstützung umwandeln kann, wenn er sich entschließt, in die Politik zu gehen. Dabei spielt es keine Rolle, dass qualifizierte politische Kommentatoren und Kolumnisten die vielen Unzulänglichkeiten des clownesken Kandidaten aufdecken, da diese Kritik keine Chance hat, die gepanzerte Filterblase zu durchdringen, in der deren Anhänger Medien konsumieren. Und in dem Maße, in dem diese Kritik tatsächlich durchdringt, fühlen sich diese Anhänger persönlich angegriffen, was sie stattdessen noch loyaler gegenüber ihren „Truth-Tellers“ macht. Ein Ausweg aus diesem Dilemma ist nicht in Sicht.

In einer Episode der dystopisch-satirischen TV-Serie *Black Mirror* erringt ein animierter blauer Bär, der gemein und extrem unflätig ist, einen großen Sieg bei einer Nachwahl zum britischen Parlament. In der realen Welt wählten die Vereinigten Staaten 2016 einen orangen, einfältigen Entertainer zum Präsidenten, ebenfalls gemein und extrem unflätig. Der Aspekt des Demokratismus, der der Geschichte keine Aufmerksamkeit schenkt, führt dazu, dass er in der verzweifelten Suche nach der Gunst des konsumierenden Mobs ständig und gerne ihr einziges eigentlich funktionierendes Projekt, nämlich die *repräsentative Demokratie*, zerstört wird, die die einzige würdige Verteidigung gegen den gruppenegotistischen Vorwurf des Populismus war, den der Nationalstaat zu mobilisieren vermochte. Aber wie rettet man die repräsentative Demokratie, wenn es keinen vernünftigen Bürger mehr gibt, der bereit ist, sich an der sozialen Demütigung und dem lächerlichen Medienzirkus zu beteiligen, die man als Kandidat für ein hohes Amt benötigt? Kein politischer Akteur und nur sehr wenige der ungebundenen Kommentatoren würden es wagen, darauf hinzuweisen, dass die Wähler nun die Wahl zwischen genau den Kandidaten haben, die sie verdienen. Die Bürger haben sich selbst um diese infantile Dummheit geschart und dafür gesorgt, dass alle Kandidaten, die seriös und bereit waren, den Wählern die Wahrheit zu sagen, abgeschrieben wurden. So wählt man in nicht unbedeutenden Ländern schließlich grenzenlos vulgäre und ignorante Charaktere aus dem so genannten Reality-TV als Präsidenten. Das Ergebnis ist ein sowohl nationales als auch internationales Chaos sowie endlose Diskussionen über sogenannte 'alternative Fakten'.

Nimmt der Fetisch eine persönliche Form an, nennen wir ihn ein *Idol*. Nimmt das Abjekt auf ähnliche Weise eine persönliche Gestalt an, nennen wir es einen *Dämon*. Götzendienst ist also eine Fetischisierung einer anderen Person oder Kreatur. Dementsprechend ist eine Dämonisierung eine Abjektifizierung einer anderen Person oder Kreatur. Das kathexischste Objekt von allen, einschließlich sowohl fetischistischer als auch erniedrigender Anziehungskraft, ist der Phallus. Das Gegenteil des Phallus, die Matrix, hat nicht die gleiche Funktion – sie wird aus offensichtlichen Gründen, die nicht mit der grundsätzlichen Sinnlosigkeit des Phallus zusammenhängen, aus der Not heraus in den Erhalter der Libido verwandelt. Die Matrix ist vielmehr Ursprung und Abschluss des gesamten Prozesses, der durch das ständige Oszillieren zwischen Phallusanbetung (Verewigung) und Phallusdämonisierung (Mobilisierung) gesteuert wird, also: der Wille zum Leben an sich. Der Phallus ist also das Symbol der Libido im Bewusstsein und die Matrix ist das Symbol des Mortido im Unterbewusstsein.

Phallus vereinigt das gesamte Sinnesfeld und gibt ihm scheinbar auch Bedeutung, er ist das Symbol des Ewigen. Matrix zersplittert das Sinnesfeld, setzt es als chaotische Realität wieder zusammen, es ist das Symbol des Mobilismus. Das heißt, wenn der Phallus als Fetisch agiert, übernimmt Matrix die Rolle des Abjekts. Und wenn Matrix als Fetisch agiert, übernimmt der Phallus die Rolle des Abjekts. Sex an sich, oder das, was in der Psychoanalyse als *sexuelle Differenzierung* bezeichnet wird, ist also das Fetischobjekt *schlechthin.* Und das Fetisch-Abjekt garantiert nicht nur die Entstehung der Existenz, sondern auch ihre Aufrechterhaltung, durch ihren fundamentalen *Zwiespalt*, ihre Fähigkeit, jede Form von Perfektion und Befriedigung zu verhindern. Und das Fetisch-Abjekt garantiert nicht nur die Entstehung der Existenz, sondern auch ihre Aufrechterhaltung, durch ihren fundamentalen Zwiespalt, ihre Fähigkeit, jede Form von Perfektion und Befriedigung zu verhindern. Das Fetisch-Abjekt ist das kathexale Objekt. Folglich beginnt die Geschichte immer mit dem Satz „Am Anfang war das kathexale Objekt". Der Rest der Geschichte ist dann ein Tanz um das Fetisch-Objekt, ein Tanz, der durch eine ewige Wiederholung der gleichen Schritte immer und immer wieder gekennzeichnet ist. Und wenn der Tanz vorbei ist, stirbt der Organismus ab und kehrt, zumindest im übertragenen Sinne, in das ursprüngliche Unbewusste in der Matrix zurück. Wie sieht also die innere Beziehung zwischen dem Fetisch und dem Abjekt aus?

Ein grundlegender Rollen- und Wertunterschied entsteht für das Kleinkind, wenn die Mamilla nicht mehr als Eigentum des Kindes aufgefasst werden kann, sondern sich als das Eigentum der Mutter und damit des Phallus offenbart. Die Reaktion des Kindes auf diese Entdeckung wird die anschließende lebenslange Obsession mit dem verlorenen Fragment als solchem sein, einem Objekt, das immer gesucht, aber nie gefunden werden kann, Lacans *objet a.* Ob dieses Objekt dann den Charakter eines Fetischs oder eines Abjekts hat, wird davon bestimmt, ob das *phallische Eindringen* in das imaginäre Universum des Kindes geschieht oder nicht. Wenn das Kind Unterstützung vom Phallus als Attraktor der Realität außerhalb der matriachal-semiotischen Suppe erhält, wird es dem Kind auch gelingen, das kathexale Objekt zu fetischisieren, das es ständig sucht, aber nie findet. Aber wenn das phallische Eindringen scheitert, wird das Kind die verlorene Brust fetischisieren, sich weigern, Schicksal und Realität außerhalb der matriarchalischen semiotischen Suppe zu lieben, und dadurch ewig in der erweiterten Matrix eingeschlossen leben. Dies wiederum erfordert, dass die umgebende Welt verworfen [abjectified] wird. Die Welt wird zu einer großen Bedrohung für die kindliche, künstliche Idylle des Kindes, die an die Brust gebunden ist. Phallus, nicht Mamilla, wird verworfen. Und mit der Entsagung des Phallus wird auch das Leben und seine gnadenlose Libido beängstigend. Die Realität wird zu einer großen, unkontrollierbaren Bedrohung.

Das Kind gerät in einen infantilisierten, zermürbenden Todestrieb. Mortido schluckt die Libido. Das Leben verwandelt sich von der Liebe zur Realität in eine Anbetung des *Status quo* und dem „Leben als ein Leben ohne Veränderung", was dasselbe ist wie gar kein Leben, „Leben als ein totes Leben". Da das Kind unfähig wird, das imaginäre Universum zu verlassen und seinen Fokus auf das symbolische Universum verlagert, dauert seine Infantilisierung bis zum Tod, wenn nichts diese unproduktiven Kreise radikal durcheinander bringt. Das Kind wird ganz einfach nie erwachsen. Man beachte, wie sich der Fetisch und das Abjekt hier im Laufe der Zeit voneinander unterscheiden. Der Fetisch befindet sich in einem ständigen Wandel, was dazu beiträgt, dass er den Charakter hat, die schwer fassbare Belohnung für die Bemühungen des Menschen zu sein. Aber das Abjekt hat den Charakter einer Eternalisierung, die sich nie ändert. Das bedeutet, dass man den Fetisch vom Ausgangspunkt des Traums aus jagt, dass er sich nie ändern und seine magische Anziehungskraft verlieren wird. Im Gegensatz dazu hasst man das Abjekt und gibt ihm die Schuld für sein ontologisches Übel; das Abjekt ist das, was es ist und was es ist und was sich nie ändern kann und wird. Gerade deshalb kann das Abjekt ewig für seine Existenz verantwortlich gemacht werden, und so werden alle Barrieren dafür, wie viel Hass und Grausamkeit der Mensch auf das Elende ausgießen kann, beseitigt. Das Ergebnis ist etwas, das wir beobachten können, wenn Kinder sich auf dem Schulhof, aber auch bei allen Pogromen, ethnischen Säuberungen und Vernichtungslagern im Laufe der Geschichte rücksichtslos schikanieren.

Welche Mitglieder des Stammes enden also außerhalb der üblichen Regeln? Welche befinden sich sowohl innerhalb als auch außerhalb des sozialen Theaters, und in letzterem Fall im wahrsten Sinne des Wortes, da sie die meiste Zeit gezwungen sind, sich in der Wildnis allein durchzuschlagen? Die Schamanen konnten sich zwischen den verschiedenen Stämmen bewegen und so die temporären Friedensvereinbarungen aufbauen, die zum gemeinsamen Nutzen mehrerer Stämme getroffen werden konnten. Ein bleibendes Beispiel dafür sind die kroatischen *Zvoncari*, die in der heutigen Zeit durch die Täler der Berggebiete auf der Balkanhalbinsel ziehen, um den Frieden zwischen den Dörfern zu erhalten. Die Schamanen waren ganz einfach die rudimentären Diplomaten ihrer Zeit. Folglich sind es die Schamanen, die später zu den Priestern werden, die gemeinsame rituelle Stätten und die ersten Städte in der Geschichte errichteten, die die Dörfer während des Feudalismus teilen konnten. Eine bestimmte Gruppe junger Frauen, die Schamaninnen, konnten sich ebenfalls frei zwischen den Stämmen bewegen, sowohl um des Friedens willen als auch wegen der Variation des Genpools. Wenn sie sich dafür entschieden, sich nach ihrer Verbannung nie an einen neuen Stamm zu binden, konnten sie die Rolle von Hexen übernehmen, d.h. als Schamaninnen agieren.

Die Jagdgesellschaften brauchten Kundschafter und Krieger, um zu wissen, wohin sie gehen sollten und inwieweit es notwendig war, sich zu schützen, wenn sie sich für einen möglichen Weg entschieden, anstatt den anderen zu gehen. Deshalb schlossen sich die Späher und Krieger oft mit den Schamanen und Hexen in den geographischen Randgebieten des Stammes zusammen, entweder in der äußersten Peripherie oder ganz einfach periodisch ganz losgelöst von den Stämmen, und wanderten deshalb oft zwischen den einzelnen Konstellationen umher. Während des Primitivismus waren diese freien Seelen unbedeutend. Aber im zukünftigen globalen Zeitalter, das wir die Netzwerkgesellschaft nennen – gekennzeichnet durch enorme Kommunikationsflüsse zwischen großen Bevölkerungsgruppen – werden ihre Rollen im sozialen Theater plötzlich zentral und entscheidend. Dass diese empiretragenden Figuren oft androgynen Charakter haben, ist kein Zufall. Denn Androgynität hat zwei Vorteile: Zum einen versteht der Androgyne die jeweiligen Positionen der verschiedenen Seiten in einer Konfliktsituation besser und kann sie besser ausdrücken; zum anderen nimmt der Androgyne, unabhängig vom formalen Geschlecht, nicht an den männlichen Erfolgswettbewerben oder den weiblichen Intrigen teil, die sonst darüber entscheiden, welchen Status und welchen Einfluss man als Mann innerhalb des Patriarchats und als Frau innerhalb des Matriarchats innerhalb der Grenzen des primitivistischen Stammes erhält. Der androgyne Mensch spielt das Spiel im Wesentlichen nach seinen eigenen – oder zumindest alternativen – Regeln und kann durch andere Methoden Status und Einfluss erlangen.

Die androgynen Wertträger sind für das Patriarchat und das Matriarchat notwendig, um kooperieren zu können und einen kleinen Stamm innerhalb des Stammes zu bilden, was wir die *schamanische Kaste* nennen. Aus diesem Grund wird eine Gesellschaft, die ihre androgynen Mitglieder aus moralischen Gründen verfolgt, immer früher oder später in innere und äußere Konflikte gestürzt, die durch diese Engstirnigkeit und die dadurch entstehenden Mängel verursacht werden. Aber eine Gesellschaft, in der die Androgynie für alle Männer und Frauen normativ wird, verliert bald ihre kollektive Libido, was zu einer weitreichenden, mortidinalen Dekadenz führt – oft stark gefärbt durch gnostische und pazifistische Illusionen –, die die betreffende Gesellschaft in Richtung ihres Untergangs treibt. Der Beweis dafür, dass die Aufrechterhaltung dieses sensiblen Gleichgewichts – zwischen mehr oder weniger stereotypen Geschlechterrollen auf der einen Seite und der Androgynität auf der anderen Seite – als axiomatisches Grundgesetz für den primitivistischen Nomadenstamm wirkt, ist, dass alle Indikatoren, die wir in Bezug auf die Androgynität verwenden, zeigen, dass diese Eigenschaft gleichmäßig in allen Populationen, die wir auf dem Planeten betrachten, auftritt. Geschichte und Soziobiologie könnten kaum überzeugender zusammenarbeiten. Die androgynen Mitglieder sind zentral für das Überleben des Stammes, aber sie sind auch immer erfahrene Machtakteure an seinen Rändern und niemals Herrscher in seinem Zentrum.

10

Platons, Kants und Einsteins Fehler – der Traum des autistischen Affen von der perfekten Maschine

Was ist eigentlich real? Ist es die Wirklichkeit – die Welt der Herde und Töpfe, die wir mit unseren Sinnesorganen wahrnehmen, das, was wir mit unseren eigenen Augen sehen und mit unseren eigenen Händen berühren können – dass das wirklich Reale ist? Oder ist diese wahrnehmbare Welt, die Platon im antiken Griechenland nur als Projektion von Schattenbildern auf die Innenwand einer Höhle ansieht, nur ein trügerischer Schein – Bilder, die uns bestenfalls ein schwaches, vorläufiges Gefühl für die wirkliche Realität geben können, die irgendwo jenseits oder über dem existiert, was wir Menschen in unserer Unwissenheit gewöhnlich als Realität bezeichnen, die aber eigentlich als etwas ganz anderes bezeichnet werden sollte? In der Tat sind sich die Gelehrten in diesem Punkt uneins, und waren es seit Anbeginn der Zeit. Es gibt viele Arten, die Ideengeschichte zu betrachten. Eine davon besteht als langer Kampf um genau dies, nämlich die wahre Natur der Wirklichkeit und die Fragestellung, die mit dieser entscheidenden Unterscheidung verbunden ist. In der Philosophie gibt es sogar zwei Disziplinen, die *Ontologie* und die *Phänomenologie*, die diesem Fach vorbehalten sind.

Entweder ist die wirkliche Wirklichkeit, wie bei Platon, ein für alle Mal gegeben, fest und ewig, unveränderlich; oder aber die Wirklichkeit vor unseren Augen ist die einzige Wirklichkeit, die wirklich existiert, und damit auch in einem ständigen *Zustand des Flusses*. Dieser Wandel ist das Phänomen, von dem der Streit letztlich abhängt. Entweder ist die Veränderung eine fundamentale Eigenschaft der Existenz, oder aber sie ist eine unbedeutende Welle auf der Oberfläche eines illusorischen Abbildes, das an sich bedeutungslos ist. Dies kann in Übereinstimmung mit der *Dialektik von Eternalismus und Mobilismus* ausgedrückt werden (siehe *The Global Empire*): Ist die Existenz an sich, jenseits der menschlichen Wahrnehmung, grundsätzlich eternalistisch (fix) oder mobil (wandelbar)? Welchen Status beansprucht das eine oder das andere? Was geht wem voraus? Ist es der Eternalismus, der in Bezug auf den Mobilismus primär ist, oder ist es umgekehrt der Mobilismus, der in Bezug auf den Eternalismus primär ist? Gab es überhaupt ein Universum, bevor dieses spezielle Universum erschien, sich veränderte und ausdehnte? Oder ist die Veränderung und die Bewegung so entscheidend und grundlegend, dass die Existenz erst in Gang gesetzt werden muss, um überhaupt sinnvoll behaupten zu können, dass sie existiert? Gibt es noch etwas anderes als Veränderung?

Diese Fragestellung kann natürlich auch in physikalische Begriffe übersetzt werden: Ist Zeit, wie der Eternalismus behauptet, ein Nebenprodukt des Raumes? Oder ist Raum, wie der Mobilismus behauptet, ein Nebenprodukt der Zeit? Sollen wir die Raumdimensionen um die Zeitdimensionen erweitern? Oder ist es stattdessen richtig, die Raumdimensionen als eine Ergänzung zur Grundzeit zu betrachten? Dieser Konflikt zwischen Eternalisten und Mobilisten wiederholte sich in allen Zivilisationen. Er entstand zwischen Konfuzianern und Taoisten im alten

China. Er drückte sich in den Meinungsverschiedenheiten zwischen den eternalistischen Ägyptern und den mobilistischen Iranern im antiken Nahen Osten aus. Er war eingebettet in die nondualistischen Doktrinen der indischen Gurus als auch in dem heimtückischen Pseudodualismus der Mystiker. Er tauchte im Kampf zwischen den eternalistischen Rationalisten (der Mensch wird von der Vernunft regiert) und den mobilistischen Empirikern (der Mensch wird von Leidenschaften und Emotionen regiert) während der europäischen Aufklärung auf. Und er wird in der Kosmologie des 21. Jahrhunderts wiederbelebt in Form des Antagonismus, der zwischen dem Glauben an einen im Wesentlichen mathematischen Kosmos – wie in Max Tegmarks Buch *Our Mathematical Universe* – und dem Glauben an einen im Wesentlichen netzwerk-dynamischen Kosmos – wie in Lee Smolins und Robert Mangabeira Ungers Buch *The Singular Universe and The Reality of Time* – herrscht.

Im antiken Griechenland wurden die beiden Positionen der Konflikte zum Teil durch den radikalen Eternalisten Parmenides, zum Teil durch den ebenso radikalen Mobilisten Heraklit personifiziert. Parmenides behauptete, dass alle Zeit und alle Veränderung rein illusorisch seien. Es gäbe wirklich überhaupt keine authentische Veränderung, und daher auch keine Zeit, da es per Definition unmöglich ist, von Zeit zu sprechen, ohne eine Veränderung zu beobachten, die sowohl real als auch grundlegend ist – es muss sich etwas ändern, damit Zeit stattfinden kann, denn wenn sich nichts geändert hat, ist keine Zeit verstrichen. Zeit ist also nach Parmenides einfach eine Illusion. Und folglich ist die Existenz tatsächlich eine ewig unveränderliche, zeitlose Wesenheit, die wir sterblichen (und wandelbaren) Geschöpfe nicht richtig verstehen können, da die wirkliche Realität für unsere primitive und zeitgebundene Wahrnehmung nicht verfügbar ist. Veränderung kann nur in dieser sekundären Dimension existieren, und wir Menschen können nicht an der realen Existenz teilnehmen, die einfach unerreichbar ist. Nur die wirklich Intelligenten unter uns können sich das überhaupt vorstellen.

Wenn Parmenides auf diese Weise die Tür zum radikalen Eternalismus im europäischen Denken öffnet, dann ist es Platon, der das Projekt vollendet; dass er sogar einen seiner Dialoge genau nach *Parmenides* benennt, spricht Bände. Wie Platon es in seiner berühmten Höhlenmetapher in *Der Staat* formuliert, ist der Mensch dazu verdammt, gefesselt in einem Gefängnis zu sitzen, das sich in einer Höhle befindet und von einem Feuer erleuchtet wird. Er hat seien Rücken zur Öffnung und sein Gesicht zur Innenwand gedreht, über die die Schatten ziehen. Diese Schatten sind alles, was er sieht, und alles, was er als Ausgangspunkt hat, wenn er versucht, sich ein Bild von der Natur der Welt zu machen. Aber so hat er keine wirkliche Ahnung, er hat nichts als irreführende Illusionen zur Verfügung. Die wirkliche Realität liegt außerhalb der Höhle, außer Sichtweite. Dies ist Platons Ideenwelt, die in jeder Hinsicht vollkommen und daher zeitlos (manche würden sogar sagen, leblos) und per Definition unveränderlich ist. Wenn die Welt der Ideen Veränderungen erfahren könnte, wäre sie natürlich nicht perfekt, da das, was zum Besseren verändert werden kann, noch keine Vollkommenheit erreicht hat, und eine Veränderung zum Schlechten würde auf eine inhärente Unzulänglichkeit hinweisen. Platon unterstützt und entwickelt also den radikalen Eternalismus des Parmenides. Er erhöht die zeitlosen Formen, das Nichtmaterielle, während er die Materie und die menschliche Körperlichkeit erniedrigt. Es ist diese Seite von Platons Denken, die sowohl die christliche als auch die islamische Theologie kraftvoll einfärbt. Dieses gesamte Verständnis eines transzendenten Gottes, der jenseits aller Zeiten existiert, des wirklichen Wohnortes der unsterblichen Seele in einer ewigen, unveränderlichen Welt jenseits dieser fehlerhaften, von der Erbsünde verseuchten, provisorischen Welt, hat seinen Ursprung in Platons Höhle. Ohne Parmenides gibt es keinen Platon und ohne Platon keinen heiligen Paulus.

Heraklit, der iranischer Abstammung war – und der nach allem, was man weiß, als Hofphilosoph im Medianischen Reich in Westpersien und nicht im klassischen Griechenland diente – argumentiert umgekehrt. „Es ist nicht möglich, zweimal den gleichen Fuß in den gleichen Fluss zu setzen“, einfach weil es sich beim nächsten Mal nicht um den gleichen Fuß oder den gleichen Fluss handeln wird. Beide haben zwischendurch eine bedeutende Veränderung durchgemacht, eine Veränderung, die durch die Zeit herbeigeführt wurde und die neben der Veränderung selbst paradoxerweise in einem riesigen Ozean von Illusionen die einzigen Konstanten der Existenz sind. Alle festen Konturen und alle Konzepte der Permanenz sind Fiktionen, mit deren Hilfe wir eine willkürliche, aber dennoch funktionale Ordnung erschaffen. Eigentlich sind alle Grenzen fließend, und alles besteht aus Prozessen in ständiger Veränderung: *panta rei*. Diese Veränderung, die primär ist, bezeichnen wir als Zeit, die manche jedoch als sekundär betrachten. Folglich ist die Zeit nach Heraklit absolut. Zeit ist der Pfeiler, auf dem alles andere ruht, und sie ist auch die Grundvoraussetzung dafür, dass wir überhaupt etwas anderes in der Existenz verstehen können, sowohl innerhalb als auch außerhalb der Zeit selbst. Es überrascht nicht, dass es im alten Iran sogar eine Religion gibt, die sich der Zeitverehrung verschrieben hat; der *Zurvanismus* preist den geschlechtsneutralen, dem Menschen gegenüber gleichgültigen Gott *Zurvan*, das heißt: die Zeit selbst als Urgott hinter und jenseits von allem anderen, Unvater und Urmutter der Existenz, alles in einem.

Nach Parmenides ist die Situation, wie wir sie verstehen, tatsächlich genau umgekehrt: Zeit ist die große Illusion, alle Veränderung ist illusorisch und ein ebenso aufschlussreiches wie unvermeidliches Phänomen der Dekadenz in einer vorgetäuschten Scheinrealität. Aber allein die Tatsache, dass es für Parmenides' Leser bzw. Zuhörer einen Unterschied in der Art und Weise geben muss, wie sie sich die Zeit vorstellen, im Vergleich zu der Vorstellung, die sie nach dem Lesen oder Hören dieser Argumentation bilden, bedeutet natürlich, dass es auf jeden Fall Veränderung geben muss. Dieser Wandel ist real, und genau das ist es, was Parmenides dazu veranlasst, seine Gedanken überhaupt zu formulieren: diesen Wandel von einer irrigen zu einer korrekten Denkweise über die Existenz herbeizuführen. Der Widerspruch ist offensichtlich. Parmenides kann keine widerspruchsfreie Philosophie ohne Widerspruch produzieren, genauso wie auch Platon vermittels Schrift gegen die schriftliche Sprache argumentierte. Parmenides tut etwas anderes, als er sagt, dass er es tut; Veränderung ist unbestreitbar und Zeit ist daher real. Oder um die Sache ontologisch auszudrücken: Das Einzige, was sich mit der Zeit nicht verändert, ist die Veränderung selbst, die konstant ist. Der Wandel, und nur der Wandel, ist unser ständiger Begleiter.

Das Problem liegt dann darin, wie wir mit dieser grundlegenden ontologischen Erkenntnis umgehen. Was genau ist mystische Zeit? Und warum sind all diese Vorstellungen, dass die Zeit eigentlich unwirklich ist, so verwirrend populär und kehren im Laufe der Geistesgeschichte immer wieder, trotz des spektakulären Sturzes von Parmenides, nachdem er über sich selbst gestolpert war? Warum fällt es so schwer, sich den Gedanken zu eigen zu machen, dass Veränderung tatsächlich real ist? In diesem Zusammenhang ist es wichtig, dass man die Ebene der unfreiwilligen Ironie wahrnimmt, die Platons berühmtes Höhlengleichnis umgibt. Platon stellt sich natürlich vor, dass die Existenz, die sich im Inneren der Höhle abspielt, nur von einem lodernden Feuer beleuchtet wird und ein sich ständig veränderndes Schattenspiel an einer Höhlenwand ist, während die wirkliche Realität, die perfekte und damit unveränderliche Ideenwelt, das ist, was sich außerhalb des Höhleneingangs abspielt und damit auch für uns Menschen außer Sichtweite ist. Daher können wir uns kein Bild davon machen, wie die Dinge wirklich sind. Ironisch daran ist natürlich, dass es genau umgekehrt ist. Im Inneren der Höhle ändert sich so gut wie nichts. Draußen ist nur Wandel.

Platons Argumentation ist also eine Beschwörungsformel; er erschrickt bei dem Gedanken an die phallische Welt mit all der Verantwortung und Freiheit, die damit einhergeht, und fordert vom Menschen entschlossenes Handeln. Wieder einmal ist der Selbstwiderspruch knirschend: die Höhle ist die Utopie. Was Platon anstrebt, ist das, was das verlorene Paradies der abrahamitischen Religionen ausmacht: ein frenetischer Aufstieg über die Nabelschnur, über die *Mamilla*, die die süße Muttermilch anbietet, ohne auch nur den Hauch einer Gegenleistung zu verlangen, zurück in die warme und behagliche Höhle der Matrix, in der absolut nichts geschieht oder sich verändert. Wir sprechen in der Tat über die Rückkehr in die Welt des Kindes und die Abkehr von der Welt der Erwachsenen. In der matriarchalischen, kreisförmigen Welt ist die Veränderung nur eine Chimäre und die Zeit eine Illusion; alles ist von Anfang an sicher und vorherbestimmt, es können keine unangenehmen Überraschungen auftreten und keine unangenehmen Forderungen gestellt werden. Der Kontrast zur phallischen, dialektischen Welt, die sich mit ihren bedrohlichen Schatten bemerkbar macht, könnte nicht schärfer sein: Hier wartet die unberechenbare, erhabene Libido, die vom Menschen einen verantwortungsvollen Umgang mit der Freiheit verlangt, was natürlich in gewisser Hinsicht erschreckend ist. In all seiner kognitiven Raffinesse bleibt Platon das gehemmte Kind, erschrocken über die vielen herausfordernden Anforderungen des Erwachsenwerdens. Ein erwachsener Mensch zu werden bedeutet, dass der Jugendliche mit seiner eigenen Zeitlichkeit, seinem eigenen Altern und seiner eigenen Sterblichkeit konfrontiert wird und gezwungen ist, sich von allen kindlichen Phantasien von Dauerhaftigkeit, ewiger Jugend und ewigem Leben zu verabschieden.

Der Platonismus erhält seinen extremsten Ausdruck im sogenannten *Gnostizismus* – einem in der Religionsgeschichte weit verbreiteten Begriff, der verschiedene Bewegungen im Gebiet des Nahen Ostens ab dem Jahr 80 umfasst. Was die Gnostiker gemeinsam haben, ist die Überzeugung, dass die physische Welt, in der wir leben, von einem bösen Demiurgen geschaffen wurde: *Zeitlichkeit*, wie sie sich verändert und sich dadurch immer mehr vom Wahren und Guten entfernt, ist das bestimmende Merkmale dieser Welt. Die Zeit ist also die primäre Eigenschaft und das Werkzeug des Bösen, mit Hilfe der Zeit wirkt das Böse ständig auf Zerstörung und Verderben hin. Der Gegensatz zu dieser Sinneswelt des Demiurgs ist die Welt der Seelen, die vollkommen und zeitlos und damit ewig vor dem Verfall der Veränderung geschützt ist. Deshalb muss das Gute per Definition zeitlos sein. Paradoxerweise kann die Zeit im Paradies der Zeitlosigkeit noch immer nicht als endlich vorausgesetzt werden, da dieser Zustand als beständig und nicht als vergänglich angesehen wird. Das goldene Zeitalter der Gnostiker findet während des Manichäismus statt, einer dualistischen Religion, die von Mani, einem in Babylonien geborenen und aufgewachsenen Propheten, verkündet wurde, der vom iranischen Kaiser Bahram I. in 276 hingerichtet wurde. Die Mani teilt die Welt in eine gute Spiritualität einerseits und in eine böse körperliche Form andererseits. Seine Doktrin eroberte das Römische Reich in der zweiten Hälfte seiner Existenz im Sturm, als der Manichäismus zeitweise die am weitesten verbreitete Religion der Welt war. Das gnostische Erbe der Lehre lebt heute vor allem im schiitischen Zweig des Islam weiter.

Die hinduistische *Advaita-Vedanta*-Philosophie mit ihrer non-dualistischen Grundanschauung ist eine Doktrin, mit der alle radikalen monistischen Prozessphilosophen leicht sympathisieren können. Und doch gibt es ein Überbleibsel der robusten Überzeugung, dass es hinter all den disparaten Ausdrucksformen der Existenz – unter all den Prozessen und Beziehungen, die wir beobachten und ableiten können – nur einen Gott, *Brahman*, gibt, der über Zeit und Raum erhaben ist (um nicht von Veränderung zu sprechen), und der alle Fäden in der Hand hält. Wir nennen diese Überzeugung *Pseudodualismus*, da sich hinter dem offiziellen „nicht-dualistischen Monismus“ ein noch tieferer und primärerer Dualismus einschleicht. Selbst prozessphilosophisch orientiertere Denker innerhalb des Advaita Vedanta, wie z.B. Nisargadatta Maharj – einer der Giganten des 20. Jahrhunderts innerhalb dieser Denkschule – behaupten, dass der pseudodualistische Eternalismus die Grundlage für unser Verständnis der Welt sein muss. Es ist kaum verwunderlich, dass es eine solche Überzeugung möglich macht, eine Art *kosmisches Bewusstsein* zu erfinden, ein neutrales und unpersönliches Überbewusstsein, das sich in all den eher persönlichen Bewusstseinen ausdrückt, die wir zum Beispiel bei den sieben Milliarden Menschen finden, die hier in unserer Welt zusammenleben. Aber was ist dann dieser Eternalismus bei näherer Betrachtung, wenn nicht eine schleichende Akzeptanz eben jenes Dualismus, den Advaita Vedanta angeblich ablehnt? Und was ist dieser Eternalismus, wenn nicht die eigene Todesverehrung des Philosophen – die Wahl des eigenen Wahrnehmungsprozesses und dessen mehr oder weniger willkürliches (wahrscheinlich mehr) Einfrieren des mobilistischen Chaos der Existenz als Ausgangspunkt für das Verständnis der Existenz als Ganzem?

Trotz aller frommen, non-dualistischen Reden des Hinduismus landen seine wichtigsten Lehren immer noch mit einem Bauchklatscher in genau dem phallo-phoben Dualismus, der Platons Märchenwelt auszeichnet. Der hinduistische Pseudodualismus wird nur hinter Schleiern der Mystik verborgen und wird nicht als primäres Prinzip dargestellt. Aber in der Praxis macht das keinen Unterschied. Vielmehr wird der asiatische Monismus außerhalb der Grenzen des multikulturellen Indiens kultiviert. Es ist faszinierend, dass weder der Zoroastrismus in Zentralasien noch der Dzogchen-Buddhismus in Tibet – zwei einflussreiche, genuin monistische Traditionen innerhalb der asiatischen Philosophie – Adavaita Vedantas höchst zweifelhaftes, philosophisch gesehen pseudo-dualistisches Manöver in Richtung Eternalismus zulassen. Innerhalb dieser beiden Strömungen lehnt man alle deterministischen Ideen ab, die jenseits von Zeit und Raum postuliert werden und den Anspruch erheben, die gesamte Existenz zu untermauern; stattdessen werden all diese Dinge als Illusionsfabrikation und Selbsttäuschung betrachtet. Aus europäischer Sicht kann man es so ausdrücken, als ob Advaita Vedanta versucht, den Gott zu retten, den Nietzsche Ende des 19. Jahrhunderts für tot erklärt hatte. Das bedeutet, dass wir statt des Mystikers – als der raffinierteste Nihilist, der genau weiß, dass Gott eigentlich tot ist – bei einer Gilde hinduistischer Mystiker landen, die von Advaita Vedanta gegründet wurde und aus heimlichen Platonikern besteht. Die Zoroastrier und die Dzogchen-Buddhisten durchschauen diesen intellektuellen Trick.

Nach den Zoroastriern und den Dzogchen-Buddhisten wird die Existenz stattdessen in ihrem Wesen als ein *Prozess* betrachtet, sie ist *Veränderung in sich selbst*, und es ist dieser Prozess, der entlang der universellen Zeitlinie stattfindet, der Beziehungen, einschließlich der räumlichen Dimensionen, erzeugt, die wiederum die temporären Knoten der Intensität hervorbringen, die wir als *Relata* verstehen, die später *Phänomene* bilden. Wenn diese Phänomene aktiv sind, nennen wir sie innerhalb der Prozessphilosophie *Aktanten.* Wenn diese Aktanten zudem aus einem erkennbaren Eigeninteresse heraus agieren, nennen wir sie *Agenten*, da sie de facto von einer eigenen *Agenda* angetrieben werden. Der fundamentale Punkt ist, dass die Ereignisse entlang der Zeitlinie in genau dieser Reihenfolge stattfinden und dass keine alternative und zeitlose Ideenwelt, wie die, von der Platon träumt, - noch irgendein schleichendes ewiges Brahman unter der trügerisch non-dualen Spitze des Eisbergs – in einer Art frei erfundener Dimension existiert, die von der Zeit und den Prozessen, die sich unaufhaltsam in die Richtung bewegen, die die Zeitlinie anzeigt, getrennt ist. Der verborgene Eternalismus des Advaita Vedanta offenbart sich als das, was es wirklich ist: ein Märchen, ein Hirngespinst, eine Sehnsucht zurück zu der infantilen Verantwortungslosigkeit von Matrix und der Freiheit von Forderungen, stark durchdrungen von Todesverehrung, eine Flucht vor den ständig lästigen und disziplinierenden Forderungen der Libido nach erwachsenen Haltungen.

Vor diesem Hintergrund ist es kaum verwunderlich, dass es der Hinduismus ist – im Gegensatz etwa zum Zoroastrismus, Dzogchen-Buddhismus und eng verwandten Lehren wie *Chan* in China und *Zen* in Japan – der das tatsächlich existierende Leben nur als Auftakt zu einer Art neuem, realem Leben jenseits dieses Lebens und des Todes betrachtet. Die hinduistische Vorstellung von der *Reinkarnation* stellt somit einen nahezu unschlagbaren ideengeschichtlichen Rekord in Bezug auf dualistische Phantasmen dar. Sie ist offensichtlich völlig unvereinbar mit einer monistischen Prozessphilosophie. Die Reinkarnation setzt voraus, dass Körper und Seele im Wesentlichen getrennte Substanzen und nicht grundlegend miteinander verbunden sind. So zeigt auch die Reinkarnation auf den fundamentalen Pseudodualismus des Hinduismus. Die gegenteilige, weniger phantasievolle Haltung drückt sich in dem aus, was ein alter Zen-Mönch einmal sagte: „Es gibt keine Reinkarnation, da es keine Seele gibt, die reinkarnieren kann." Und wenn es keine ewige Seele im Menschen gibt (siehe auch *The Body Machines*), dann gibt es auch keinen zwingenden Grund, im Rest der Existenz nach etwas anderem zu suchen, das zeitlos und über alle Veränderungen erhaben ist. Heraklit, Zarathustra und der Begründer von Chan und Zen in China, der sogdische Mönch und Händler Bodhidharma, vertraten alle den Standpunkt, der letztlich als der einzig philosophisch vernünftige erscheint. *Panta rei.* Und deshalb sind sie auch die phallozentrischen Vorfahren der modernen Prozessphilosophie.

Wir können natürlich immer diskutieren, wie die schier unendliche Anzahl von Potentialitäten in der Existenz in die endliche Anzahl von Wirklichkeiten umgewandelt wird; wir können die Realität der Erscheinungen diskutieren und wie diese den *Indeterminismus* der Existenz statt ihres Determinismus demonstrieren (es reicht nicht aus, dass der Determinismus voraussetzt, dass die akzeptierte platonische Idee die Ursache für alles, was in der Existenz geschieht, ist, sie muss auch aktiv an der

Gestaltung jedes Details beteiligt sein). Aber wir können uns der beunruhigenden Einsicht nicht entziehen, dass das tiefste existentielle Bedürfnis des Menschen nicht darin besteht, sich selbst zu verstehen, sondern seine eigene Sterblichkeit zu erkennen und damit umzugehen. Diese Tatsache erzeugt die Dämonen, die ihn antreiben. Der Glaube an einen ultimativen Gott jenseits von Zeit und Raum – als eine Art Ausgleich oder vielleicht sogar als Heilmittel für das bedrückende Chaos und die entmutigende Sinnlosigkeit des Daseins – hat seinen Ursprung genau in dieser *Dämonologie*, und jede solche fatalistische Ideologie muss sich sowohl dem Determinismus als auch dem Dualismus unterwerfen und versuchen, ihn zu verteidigen, um auch nur das geringste Zeichen intellektueller Redlichkeit zeigen zu können.

Wenn man darauf besteht, so zu tun, als ob man in diesen Fiktionen – die bei genauerem Hinsehen nur aus heißer Luft bestehen – für sich selbst und/oder andere einen Sinn findet, kann man unmöglich Indeterminismus und Monismus als ideologische Grundlage akzeptieren, trotz allem, was unbestreitbar darauf hinweist, dass genau dies der Fall ist. Man muss also lügen. Und man wird, wie wir wissen, immer ein viel überzeugenderer Lügner, wenn es einem zuerst gelungen ist, sich selbst zu täuschen. Was also nicht ungewöhnlich ist. Man bildet Gemeinschaften, die vollständig auf diesem kollektiven Lügen aufgebaut sind. Man organisiert die Gesellschaft im Einklang mit dieser Lüge. Denn es ist nicht möglich, die Unterschicht – seien es arme Bauern oder arme Arbeiter – zu täuschen, damit sie sich auf Ackerland oder in den Fabriken anderer Leute zu Tode schuften, wenn man nicht im nächsten Leben eine fiktive Belohnung anbietet, die der täglichen Arbeit und der ewigen Armut einen erhebenden Sinn gibt. Deshalb nimmt man eine Ideologie an, die entweder einen Himmel oder Fortschritt hervorbringt. Man stellt Schecks über erstaunlich hohe Beträge aus, wobei der Haken daran ist, dass diese erst nach dem Tod eingelöst werden können.

Das bedeutet, dass Determinismus und Dualismus die Ideologieproduktion im Laufe der Geschichte dominiert haben, nicht weil sie etwas reflektiert haben, das tatsächlich existiert, sondern einfach weil sie funktionale und kosteneffiziente Machtinstrumente waren. Das schließt natürlich nicht aus, dass es viele ernsthafte Befürworter dieser Ideen gab, Menschen ohne Eigeninteresse, aber mit einer dringenden Sehnsucht nach einer Rückkehr zur Matrix, die sie behaupten lässt, dass die zeitlose Formelwelt der Mathematik tatsächlich realer ist als die Realität. Die Ideengeschichte wird von einer langen Reihe autistischer Affen bevölkert, die von der perfekten Maschine über den Wolken träumen. Platon, Descartes, Newton, Kant und, in unserem Zeitalter, Albert Einstein und Max Tegmark: Sie sind alle erklärte Eternalisten. In der Moderne verehren sie die Schöpfung – *den Urknall* – als den Fetisch, der alles Existierende zusammenzufügen scheint, und zwar mit einer Theorie, die besagt, dass alles, was nach dieser Urexplosion vor etwas weniger als 14 Milliarden Jahren geschah, tatsächlich vorprogrammiert war und sich in der Welt so abgespielt hat, wie Billardkugeln, die über den Tisch rollen und nach einem kräftigen Pausenschuss miteinander kollidieren. Zugegeben, das Ganze ist kompliziert, aber wenn man nur die Naturgesetze kennt, kann man mehr oder weniger alles vorhersagen.

Das Problem ist, dass die ganze Idee von Naturgesetzen auf Fiktion beruht. Zwar ist der Phallus das Symbol für Ordnung und Sauberkeit im Chaos der Existenz, aber diese Ordnung ist eine Chimäre. Eine zugegebenermaßen funktionale Chimäre, aber dennoch eine Chimäre. Einen Phallus als Symbol für diese Ordnung und diese Ordnung zu schaffen, bedeutet natürlich nicht, dass die Natur sich plötzlich entscheidet, einigen von Menschen gemachten Gesetzen zu folgen – warum sollte sie das tun? Wenn man die Natur studiert, zeigt sie in gewisser Hinsicht bestimmte Muster, aber das ist eine andere Sache. Sie befindet sich in einem ständigen Wandel; die Gesetze sind eine menschliche Erfindung, die als nützliches Nebenprodukt der Schriftsprache in verschiedenen Teilen der Welt vor etwa 5.000 Jahren entstanden sind. Unser Nachdenken über die Naturgesetze verleitet uns dazu zu denken, dass die Eternalisierungen, die wir uns ausdenken, um ein wenig Klarheit zu erlangen, tatsächlich real sind. Die ganze Angelegenheit wird klarer, wenn man die Sache durch eine alternative Optik betrachtet. In Wahrheit besteht die Geschichte aus einer Reihe *universeller zeitlicher Momente* und keineswegs aus einzelnen Objekten, die durch extreme Kräfte in Bewegung gesetzt werden und deshalb zusammenstoßen, argumentiert der britische Philosoph Alfred North Whitehead. Daraus folgt, dass das, was tatsächlich existiert, existenzielle Notwendigkeiten sind – wobei Zeit an sich die existenzielle Notwendigkeit *schlechthin* ist – aber keine Naturgesetze sind.

Über die existenziellen Notwendigkeiten hinaus – wozu wir die *vier großen Entwicklungen* in der allgemeinen Geschichte zählen: Physik, Chemie, Biologie und Bewusstsein – gibt es nur mehr oder weniger stabile oder instabile *Gewohnheiten der Natur*, die zudem lokal und nicht universell sind. Wenn wir uns also von der Idee der Naturgesetze verabschieden, können wir ebenso gut von der Idee eines *Moralapostels*, eines universellen Naturgesetzgebers, Abschied nehmen. Und es ist an der Zeit, dass wir das tun, denn der schöpferische Gott ist schon lange tot. Aus drei vermuteten Phänomenen mit axiomatischem Charakter, die sich bei genauerem Hinsehen auch als Mythen entpuppen, ist ein ideengeschichtliches Durcheinander entstanden: *die Leere, die Ewigkeit und die Unendlichkeit.* Aus ontischer Sicht gibt es keine Leere, ein Raum besteht immer aus etwas in sich selbst, er kann nie leer sein. „Nichts ist voller Dinge", wie der Physiker Lawrence Krauss bemerkt: Er ist voller virtueller Teilchen, die ständig auftauchen und verschwinden, und diese Art von „Nichts" produziert früher oder später ein „Etwas", da das, was wir eher als *Quantenorganik* denn als Quantenmechanik bezeichnen sollten, so funktioniert. Und ebenso gibt es aus ontischer Sicht keine Ewigkeit, außer in der Sprache. Die Zeitlinie hat immer einen Ausgangspunkt und ein endgültiges Ziel, vor und nach dem es keine Zeit gibt. Dasselbe gilt für die Unendlichkeit, die auch aus ontischer Sicht nicht existiert. Von einem enorm großen und gewaltigen Universum, einer *Ungeheuerlichkeit [enormity]* zu sprechen, ist nicht dasselbe, wie von einem unendlichen Universum zu sprechen.

Die Mathematik führt uns in dieser Hinsicht in die Irre. Ja, es gibt eine Null (nichts), und es gibt ein Ewigkeits- und Unendlichkeitssymbol (∞) in Gleichungen, aber die abstrakte Mathematik, die es erlaubt, mit diesen fiktiven Größen in Formeln zu experimentieren, ist keine Garantie und kein Beweis dafür, dass diese Zeichen irgendwo in der Natur eine Entsprechung haben. Ganz im Gegenteil, wenn die Mathematik das Null-

und das Unendlichkeitssymbol schafft, gibt sie gleichzeitig alle Ansprüche auf, die Existenz außerhalb der Phantasie- und Vorstellungswelt des Menschen tatsächlich darzustellen. Aus ideengeschichtlicher Sicht ist dies ganz entscheidend: *Die Mathematik repräsentiert nicht die Existenz, die Mathematik repräsentiert lediglich die Fantasie des Menschen über die Existenz* und sie hat in Wirklichkeit keine Existenz außerhalb dieser Fantasien. Das bedeutet, dass der Physiker Max Tegmark (und andere) grundlegend falsch liegt, wenn er (sie) behauptet, dass wir in „einem mathematischen Universum" leben. Tatsächlich ist es genau umgekehrt: Wir leben mitten in einem Prozess, wir leben in einem netzwerk-dynamischen Universum, und die Mathematik ist eines ihrer unzähligen Nebenprodukte. Nicht mehr und nicht weniger.

Das bedeutet, dass alle Gedanken eines ewigen und unendlichen Universums voller Leere drei grundlegende *Non-Sequituren* enthalten. Indem wir diese drei *Non-Sequituren,* sowie dem Eternalismus und Determinismus, die die Voraussetzungen für dieses fehlerhafte Denken darstellen, zur Kenntnis nehmen und ablehnen, wollen wir die Täuschungen beseitigen, die einer Einbeziehung des mobilistischen und indeterministischen Universums, das tatsächlich existiert und von dem wir tatsächlich ein Teil sind, in unsere Gedankengänge integrieren. Die mobilistische Alternative zur ewigen Mythologie besteht darin, eine lange Reihe von Fetischen zu schaffen – kontingente Erscheinungen, die erst später in der Geschichte tatsächlich auftreten –, und zwar als ontische Realitäten, die die lokalen Gewohnheiten der Natur in dem Teil des Universums, in dem sie auftreten, verändern oder erneuern. Die Vielfalt der Tier- und Pflanzenarten der darwinistischen Evolution auf unserem eigenen Planeten ist ein markantes Beispiel dafür. Aber sie erfordert eine indeterministische Weltsicht mit einer realen Zeit und einer offenen und unbekannten Zukunft. Wir sprechen von einer Welt, die nicht von Gott erschaffen wurde – mit oder ohne *Urknall* –, sondern die stattdessen und völlig bewusst den Gott erschafft, den diese Welt braucht, und zwar durch einen kollektiven Prozess, der mit dem Internet verbunden ist und das Kollektiv miteinander verbindet (für ausführliche theologische Überlegungen zu diesem Thema siehe *Syntheismus – Gott erschaffen im Internet-Zeitalter*).

Das ist die syntheistische Position, der utopische Glaube an den *Syntheos*, im Gegensatz zum szientistischen Erbe der monotheistischen Religionen mit ihrer unterwürfigen Verehrung der quasi göttlichen und mystischen *Urschöpfung* als Anfang und Ende aller echten Kreativität. Von Platon bis Einstein haben Philosophie und Wissenschaft Arm in Arm ein eternalistisches Weltbild geschaffen und zusammengeflickt, in dem Gott – oder das Universum, wenn wir säkular veranlagt sind – die einzige Singularität darstellt, die bemerkenswerterweise auf einen eingefrorenen Moment reduziert ist. Denn genau hierhin führen physikalischer Determinismus und ontologischer Eternalismus: in die *Ideenwelt* Platons, in den *monotheistischen Himmel* der abrahamitischen Religionen, in den *Para Brahman* des Hinduismus, in Einsteins *Blockuniversum* (ein massiver, abgegrenzter Block der Raumzeit, der alles Geschehene und alles Geschehene umfasst) oder in das *mathematische Universum* von Max Tegmark. Was jedoch immer wiederkehrt, gewissermaßen der gemeinsame Nenner in dieser bunt gemischten Fantasie, ist der Traum des *autistischen Affen von der perfekten Maschine.* Alles ist vorherbestimmt, deterministisch, und keine wirkliche Veränderung ist möglich.

Diese ganze Denkweise und all diese Konzepte sind reine Illusionen, die aus denselben fatalen Fehlern entstanden sind, nämlich aus der Idee, dass die Welt wirklich handhabbar eternalistisch statt herausfordernd mobilistisch ist. Als wäre der Mensch wirklich der Gipfel der Schöpfung und die Welt ein Spiegelbild unserer eigenen, selbstverliebten Fantasien über uns selbst. Als wäre die Welt nicht viel reicher und faszinierender als das. Drehen wir also stattdessen den Spieß um. Vieles deutet darauf hin, dass es ebenso lohnend sein kann, herauszufinden, was der Mobilismus tatsächlich über die Eternalisierung des Menschen in einer mobilistischen Existenz sagt, anstatt zu versuchen zu formulieren, wie die Fantasie des Eternalismus über die Existenz – als bequeme Entsprechung zum menschlichen Wahrnehmungsprozess – konstruiert ist. Es stellt sich dann heraus, dass das Subjekt sich sozusagen ständig am falschen Ort befindet. Genau dieser Zustand konstituiert eigentlich die Subjektivität. Die Suche nach der subjektiven Fixierung ist letztlich nichts anderes als die intensive Sehnsucht nach dem eigenen Tod. Der

Subjektprozess ist mit anderen Worten *die Dialektik zwischen Libido und Mortido schlechthin.*

Der deutsche Philosoph Markus Gabriel spielt mit diesem Thema auf interessante Weise in seinem Buch *Warum es die Welt nicht gibt.* Mit der Behauptung, dass alles, was der Mensch jemals erträumt hat, eine ontologische Bedeutung hat, außer dem Begriff der Welt an sich, versucht Gabriel das Thema vor dem philosophischen Aussterben zu retten. *De facto* ist es jedoch genau umgekehrt: Der amerikanische Physiker und Philosoph David Bohm zeigt in seiner schwindelerregenden Mathematik, dass, wenn die Quantenorganik und andere netzwerkdynamische Phänomene sowohl konzeptionell als auch mathematisch in das Weltbild des Menschen einfließen sollen, dieses Weltbild von einem radikalen und monistischen Holismus ausgehen muss. Das heißt, die Welt ist wirklich eine einzige Sache, ein einziges zusammenhängendes Phänomen, das sich ständig verändert, eine Veränderung, die sich entlang der Zeitlinie in einer einzigen Richtung abspielt. Die Frage, was in der Struktur, die Bohm *Holobewegung* – ein dynamisches Ganzes in ständiger Bewegung (und Veränderung) – nennt, daneben ontisch oder überhaupt ontologisch feststellbar ist, wird damit zweitrangig. Gabriel irrt sich also: Das einzige, was in Bohms unzweideutigem Universum ontisch existiert, ist die Welt in ihrer Gesamtheit als ein einziges zusammenhängendes Phänomen – ein Phänomen, das erst auftritt und dann aufhört, und das daher grundlegend wandelbar ist und sein muss – in jedem Moment entlang der Zeitlinie. Alles andere kann dagegen in eine reine Ontologie zerlegt werden, ohne einen notwendigen, zugrundeliegenden, ontischen Eigenstatus. Denn in diesem einen und einzigen zusammenhängenden Universum gibt es, wie Nietzsche die Sache ausdrückt, nichts, was weniger als zwei ist. Alles andere als das Universum selbst, das allein im Singular ist. Der Mensch ist in seiner eigenen Vorstellung nur singulär.

Auf diese Weise formulieren wir die hegelsche Negation zu Gabriels neo-kartesischer Ontologie: Es ist die Welt an sich, als Ganzes, die das unbestreitbare Monopol hat, als ontologisches Fundament zu fungieren, da das Ontische oder Noumenale – und das schließt alles Ontische ein – nur dann ontologische und damit auch phänomenologische Bedeutung erlangen kann, wenn es als temporär verewigtes Phänomen entlang der Zeitachse in Bohms *Holobewegung* postuliert wird. Wenn Gabriel argumentiert, dass „die Welt" als Begriff „ein Signifikant ohne jegliche Bedeutung" ist, erkennt er nicht, dass „die Welt" die hoch ontische bohmsche Holobewegung an sich bedeutet. Und als solches ist der Begriff „die Welt" nicht nur ontologisch nachhaltig und grundlegend – er ist, wenn er als *schwebender Signifikant* des französischen Psychoanalytikers Jacques Lacan verwendet wird, auch der *Signifikant schlechthin*, der Ausgangspunkt für jedes rationale Verständnis der Existenz. Wir sehen daher keine andere Möglichkeit, als Gabriels relativistisches Experiment als einen weiteren der vielen philosophisch interessanten Fehlschläge in der Geistesgeschichte abzulehnen.

Die Syntheologie verleiht der Holobewegung großzügig zwei Namen, einen ontologischen und einen ontischen: Zuerst das ontologische *Pantheos* für die Welt als Ganzes, für die Welt als ein äußeres ewiges Phänomen, und dann das ontische *Entheos* für die Welt als die ganz reale bohmische Holobewegung, für die Welt als ein innerem mobilistischen Noumenon. Das menschliche Subjekt wird die letzte Instanz in der gesamten ontologischen Kette. Es ist nicht die Welt, die nicht existiert, wie Gabriel behauptet, es ist ihr Spiegelbild, das menschliche Subjekt, das nicht als etwas anders als eine nützliche Fiktion existiert (was in der Tat nicht das Schlimmste ist, was es sein könnte). Die Erfahrung, ein Subjekt zu sein, entsteht, wenn der Verstand über den Wahrnehmungsprozess nicht in der Lage ist, die eingehenden Informationen zu einem zusammenhängenden Weltbild zu verbinden. Es ist der letzte Ausweg, eine kosmetische Notlösung in Form eines geheimen Verbergens von Erfahrungen, die über die Geheimnisse der Existenz verteilt sind, um alle Risse zu verstecken und eine kohärente Einheitlichkeit zu simulieren. Dort und nur dort entsteht das Bewusstsein als eine Art Abfallprodukt der Geschichte, und damit folgt das Selbstbewusstsein. Außerhalb dieses Prozesses gibt es überhaupt keine anderen Bewusstseine. Sie sind für die Existenz des Universums nicht notwendig. Zumal das Bewusstsein bei allem, was es hinterher angeblich beeinflusst hat, immer zu spät kommt, was auch die empirische Forschung zeigt (siehe *The Body Machines*). Der Körper agiert ganz von selbst und das Bewusstsein produziert im Nachhinein eine Geschichte, die Absichten bestätigt, die es nie gegeben hat, eben um die Illusion des Selbst und des freien Willens aufzubauen.

Man beachte, dass das netzwerkdynamische Weltbild keinerlei Probleme hat, strukturalistisches Denken zu erfassen. In Wahrheit können wir ohne ein mehr oder weniger zuverlässiges Vorverständnis überhaupt kein Einzelphänomen verstehen oder interpretieren und dem betreffenden Phänomen damit einen Platz in einer kontextuellen Struktur geben. Die grundlegende Frage, die es uns erlaubt, zu erfassen, wie Verstehen produziert wird, und den Grad der Vernünftigkeit zu bestimmen, ist, welche Struktur wir verwenden. Welches Modell nutzen wir, um uns in einer Existenz zu orientieren, die wir wirklich nicht überblicken können, und warum wählen wir dieses spezielle Modell? Der slowenische Philosoph Slavoj Žižek argumentiert, dass, da es diese Struktur dem Dividuum nicht nur ermöglicht, verschiedene Phänomene (auch sich selbst) zu beobachten, zu eternalisieren und mit ihnen zu interagieren, sondern de facto auch all diese Aktivitäten mit einem begleitenden Satz von Werten und Bewertungen färbt, der richtige Name für diese Struktur *Ideologie* sein muss.

Žižeks sozialanalytisches Projekt ist daher eine radikale Ideologiekritik, eine Art Frankfurter Schule des 21. Jahrhunderts, die methodisch und zielgerichtet die vielen Signale beobachtet und interpretiert, die ihren Ursprung in den tief verwurzelten Strukturen haben, die sowohl die bewusste als auch vor allem die unbewusste Ideologie der Gesellschaft untermauern und offenbaren. Denn nur die Meme und *Memplexe* (Mem-Cluster), die in den vorherrschenden Strukturen, Ideen und Vorstellungen, die den prägenden Ideologien hinreichend entsprechen, Fuß fassen, schaffen es – wenn wir die memetische Perspektive einnehmen – im ständig aktiven darwinistischen Selektionsprozess zu überleben. Genau diese Meme und Memplexe, und keine anderen, können in der kollektiv erfassten Weltsicht subsumiert werden. Alle denkbaren Alternativen zu diesen werden gnadenlos ausgemerzt. Das bedeutet, dass jede Weltanschauung zwangsläufig ideologisch bedingt ist. Wenn Nietzsche darauf hinweist, dass kein Philosoph, egal wie fortgeschritten, unter keinen Umständen außerhalb seiner eigenen Psychologie denken kann, macht Žižek deutlich, dass kein Philosoph jemals, egal wie fortgeschritten, außerhalb seiner eigenen Ideologie denken kann. Die Grenzen des Denkens sind immer da, sie können als ein Gefängnis verstanden werden, aber man muss sich auch bewusst sein, dass es diese Grenzen sind, die Sinn geben. Ohne die Grenzen, die die Grenzen der Ideologie markieren, wird das Denken sinnlos: keine Worte, sondern nur Töne.

Die Žižekianische Ideologie ist jedoch nie mehr als eine *phänomenale Struktur*, eine chaotische und oft sublim anziehende Wechselwirkung zwischen Lacans psychoanalytischen Strukturen, den imaginären und symbolischen Ordnungen. Daher kann Žižek auch Lacans Begriff des *Realen* als die Störung entlehnen, die die herrschende Ideologie abwechselnd vereint und auflöst. Žižek entwickelt und vervollständigt ganz einfach den lacan´schen Strukturalismus, indem er seine Psychoanalyse in eine Sozioanalyse verwandelt. Aber der prozessphilosophische Relationalismus, den wir selbst als Erben chronozentrischer Prozessphilosophen wie Alfred North Whitehead und Gilles Deleuze vertreten – also genau die Denker, die Žižek in Büchern wie *Körperlose Organe* (Alexander Bard und Jan Söderqvist waren auch Zielscheiben) gewöhnlich als seine Gegner herausstellt –, öffnet die Tür zu etwas wesentlich Radikalerem, nämlich der bohmischen Holobewegung als der noumenalen und nicht nur der phänomenalen *Struktur schlechthin.*

Es ist also kein Zufall, dass Whitehead Bohm inspirierte und dass Bohm wiederum Deleuze inspirierte. Was lange Zeit fehlte, waren Bestätigungen der Bohmschen Holobewegung aus der Welt der Physik, aber das ist nach dem Jahrtausendwechsel nicht mehr der Fall, und zwar wegen der Durchbrüche der Superstring-Theorie, der Loop-Quantengravitation und der bohmschten Theorie von allen, nämlich der holographischen Theorie, die am meisten von allen physikalischen Theorien geprägt ist: dem holographischen Universum. Folglich leben wir heute nicht nur in der philosophischen Ära von Whitehead-Bohm und Deleuze, sondern ebenso in der Ära der Physik. Žižek ist gezwungen, inmitten von harten Eternalisten wie Einstein und Tegmark nach

Anhängern zu suchen, da er nicht ein für allemal akzeptiert, dass sein Idol Hegel tatsächlich der erste Deleuzianer ist, und damit auch der Denker, der neben dem verwirrten Rationalisten Spinoza und dem ebenso verwirrten Deterministen Hume als einer der ersten, primitiven Prozessphilosophen innerhalb des westlichen Denkens angesehen werden muss. All diese stehen natürlich in fundamentaler Opposition zum prächtigsten autistischen Affen der Geschichte: Immanuel Kant.

Es ist wohl offensichtlich geworden, dass es sich hier um einen anderen, wesentlich radikaleren und tiefgreifenderen Strukturalismus handelt als das relativistische Modell, das sich in mehreren akademischen Disziplinen, die ihren Höhepunkt in den 1960er Jahren und vor allem in Frankreich hatten, großer Beliebtheit erfreute; eine Bewegung, die wir in vielerlei Hinsicht hinterfragen und in einem dialektischen Prozess, der seither erhebliche Fortschritte gemacht hat, als im Wesentlichen passé betrachten können. Nein, wir sprechen hier vielmehr von einem *transzendentalen Strukturalismus*, der seine Wurzeln in der Quantenorganik und der Entdeckung unseres eindeutigen, netzwerk-dynamischen Universums hat. Die Bohmsche Holzbewegung ist ganz einfach die Struktur, die alle anderen Strukturen ein für allemal erobert. Damit haben wir das *Hegelsche Absolute* in der physischen Umgebung des Menschen erreicht und nicht im historischen Selbstverständnis des Menschen, wie Hegel selbst sich das philosophische Absolute im frühen 19. Jahrhundert vorgestellt hat. Mit der bohmischen Holombewegung ist die Philosophie an einem äußerst wichtigen Punkt in der Geschichte der Metaphysik angekommen – mindestens so wichtig wie etwa der vor 400 Jahren begonnene heimliche Sieg des Atheismus über den Theismus oder der bereits vor 4.000 Jahren begonnene heimliche Sieg des Monotheismus über die Urväterverehrung - und kann die Reste der Erforschung dieses *Überbaus jenseits aller anderen Strukturen* an Kunst und Wissenschaft übergeben.

Was ist das *Hegelsche Absolute*, wenn nicht das philosophische Äquivalent der *physikalischen Emergenz*? Hier beschäftigt sich die Philosophie nicht wirklich mit der bohmischen Holobewegung an sich, sondern mit der Einsicht des Menschen in die Rolle der bohmischen Holobewegung als physische und philosophische Grundlage für unser Verständnis der Existenz. Denn selbst wenn jeder Moment so verstrichen ist, wie er entstanden ist, und selbst wenn die Existenz aus ontischer Sicht lediglich aus diesem Whitehead'schen *Momentum* nach *Momentum* und nichts anderem besteht, so folgt doch jedem Momentum eine enorm massive Struktur, nämlich: der Aufstieg und Fall eines ganzen Universums in einem einzigen Moment. Die Abhängigkeit und der Einfluss von allem anderen im Universum – *Entheos* im *Pantheos*, um die Materie syntheologisch auszudrücken – kann nicht als etwas anderes als eine unendlich veränderliche, raum-zeitliche Überstruktur betrachtet werden, wenn auch mit Betonung auf dem Zeitlichen und nicht auf dem Räumlichen, um nicht in irgendeine einsteinische Externalisierungsfalle zu tappen. Der Strukturalismus sollte also über die Physik (als physikalische Emergenz) mit der Metaphysik (als hegelsches Absolutum) verbunden werden, ohne dass dabei phänomenologische Betrügereien oder Unzulänglichkeiten berücksichtigt werden müssen. Wenn wir dagegen von phänomenalen Strukturen sprechen, so betrifft dies nur Wahrnehmungsplattformen, auf die der Mensch seine geliebten kathexalen Objekte stellen kann, um die Welt verständlich, handhabbar und leidenschaftlich zu machen. Und diese Plattformen sind natürlich auch in Bewegung. Die Existenz ist wirklich eine große Jahrmarktsattraktion.

Offensichtlich gibt es in einem chronozentrischen, relationalistischen Universum keine festen und tragfähigen Strukturen – phänomenal oder noumenal spielt in diesem Zusammenhang wirklich keine Rolle. Ein solcher statischer Strukturalismus ist für uns aus Gründen, die mittlerweile klar sein sollten, nicht von Interesse. Die bohmische Holobewegung mag vom Menschen als ein verewigtes Phänomen aufgefasst werden, aber das schließt nicht aus, dass sie *de facto* ihr direktes Gegenteil ist; vielmehr ist sie das *einzige noumenale Phänomen*, das es gibt. Die Bohmsche Holobewegung ist natürlich das einzige Phänomen, dessen ontische Existenz unbestreitbar ist, ein einziges zusammenhängendes Phänomen in ständiger Bewegung und Ausdehnung in alle Richtungen. Oder um auf Heraklit zurückzukommen: Beginnen wir mit dem *Panta rei*. Das gesamte Phänomen *Panta rei* ist jedoch in sich ein einziges zusammenhängendes Phänomen, nämlich die bohmische Holobewegung, deren unbestreitbare Grundlage einfach die Zeitlinie selbst ist, das *Entheos* des Syntheismus, das das *Pantheos* des Syntheismus in einen rasenden Tango als ein großes, eindeutiges Universum führt, das Universum, in dem wir selbst unsere Tage leben. Die Dialektik von Eternalismus und Mobilismus zeigt, wie die *Eternalisierungen* remobilisiert werden, sobald sich die Eternalisierungen als überlebende Meme in der geteilten Wahrnehmung etabliert haben. Der Verstand stellt sich vielleicht vor, dass er sich mehr Ruhe und Frieden leisten kann als das Universum selbst. Aber um mit dem Amoklauf der bohmischen Holobewegung Schritt zu halten und um sich konstruktiv mit ihr in Beziehung setzen zu können, kann der Verstand nichts anderes als notorisch treulos gegenüber all seinen bisherigen ideologischen Überzeugungen sein.

Die Wahrheit ist, dass je mobiler die transzendentale Struktur ist, desto größer die Überlebenschancen ihrer Nachfolger in einer Welt, in der die bohmische Holobewegung die Oberhand hat. Das bedeutet, dass wir innerhalb der Sozioanalyse eigentlich nur den Begriff „Strukturalismus" als Metapher – als Erklärungsmodell für die Funktionsweise der Žižekianischen Ideologie – verwenden, wo die Strukturen historisch, soziobiologisch und kulturell bedingt, aber ständig zu Bewegung und Veränderung gezwungen sind, da alles andere auf allen Ebenen in ständiger Bewegung und Veränderung ist. Die platonische Perfektion erscheint nie, weder außerhalb der Höhle noch irgendwo anders. Auch die mythische, ewige Ruhe erscheint nicht, außer als der eigene Tod des Dividuums. Die Kultur – und ihr Fehlen – lässt uns unzufrieden. Aber wenn wir umhergegangen wären und Frieden und Zufriedenheit erfahren hätten, hätten wir nie Zugang zu genau dem gehabt, was uns die grundlegende Verdrängung am meisten in uns selbst schätzen lässt – unsere *Libido*. Man sollte daher vorsichtig sein, was man sich wünscht; ein Paradies, in dem sich nichts ändert, ist definitiv nicht anzustreben. Deshalb sollten wir nicht trauern, dass es nicht existiert und nie existieren kann. Zumindest nicht, wenn wir das Gefühl zu schätzen gelernt haben, dass wir leben, solange wir leben.

11

Unser netzwerk-dynamisches Universum – Chronozentrismus, Emergentismus und Relationalismus

Der kanadische Medientheoretiker Marshall McLuhan unterschied zwischen einer visuellen und einer akustischen Welt, die durch zwei verschiedene Medientechnologien geschaffen wurden. Die führende Technologie, die eine visuelle Welt beherrscht, ist das phonetische Alphabet, wie es dem Leser auf der gedruckten Seite eines Buches begegnet. Das Auge folgt den Buchstaben, die Wörter bilden, die Sätze bilden und so weiter. Was das Auge dabei hervorhebt, ist die Linearität; auf diese Weise entsteht eine Grammatik, die die visuelle Welt strukturiert und die Objekte in gleicher Weise zusammenfügt – in einem geschriebenen Text werden bedeutungsgebende Beziehungen aufgebaut. Die verschiedenen Teile bilden zusammen ein Ganzes; das Verständnis wird dadurch geschaffen, dass man die verschiedenen Teile in einem ersten Schritt getrennt analysiert und dann in Modulen zusammensetzt. Dies geschieht durch eine zumindest scheinbar objektive Beobachtung und nicht als eine engagierte Beteiligung – eine Sichtweise, die die kapitalistische Ära, die wir bald hinter uns lassen werden, charakterisiert.

Sehen wird in diesem Zusammenhang zum dominanten und privilegierten Sinn des menschlichen Wahrnehmungsapparats. Das bedeutet, dass wir dazu neigen, das Sprichwort „What you see is what you get" wörtlich nehmen: dass wir die Welt mit unseren eigenen Augen lesen können. Was wiederum bedeutet, dass unser Weltbild stark auf das Visuelle ausgerichtet und durch einen starken *Optozentrismus* gekennzeichnet ist – eine effiziente Möglichkeit, dies auszugleichen, könnte darin bestehen, bei der weiteren Produktion der Analyse der Welt um uns herum regelmäßig auf die Perspektive blinder Menschen zurückzugreifen. Wir verwenden konsequent Metaphern, die sich auf das Sehen beziehen, etwa wenn wir von unserer *Weltsicht* sprechen, usw. Wir verlassen uns ohne jegliche kritische Reflexion darauf, dass unsere Augen Zeugen der Wahrheit sind. Der Optozentrismus täuscht uns auch in dem Glauben, dass das, was wir hier und jetzt zu sehen glauben – also die ontische Welt, von der wir glauben, dass wir sie mit Hilfe des autoritativ einflussreichen Sehsinns erfassen – notwendigerweise der Ausgangspunkt unserer Ontologie sein muss. Der Optozentrismus geht also Hand in Hand mit der Fixierung auf den Raum, dem *Spatiozentrismus.* Aber eigentlich ist die Zeit die primäre Dimension, der Raum ist nur sekundär im Verhältnis zur Zeit. Das bedeutet, dass es überhaupt nicht das ist, was wir jetzt und hier um uns herum sehen, dass die primäre Grundlage unserer Identitätsproduktion ist. Dieser Prozess beginnt vielmehr mit unserer ständig aktualisierten *Geschichtsschreibung [historiography]*, die wiederum ihren Anfang in den Erinnerungen und Reflexionen um diese Erinnerungen herum hat.

Der Mensch mag sich selbst verstehen und sich so verhalten, als sei er rein spatiozentrisch, aber die internen Prozesse, mit denen er versucht, die Welt ontologisch zu erfassen, müssen stattdessen die *chronozentrische Phantasie* über das Dividuum selbst und über die Welt als Ausgangspunkt haben. Selbst- und Weltbild sind daher also in erster Linie zeitliche und nicht räumliche Phänomene. Es ist die relative Situierung entlang der Zeitlinie in Bezug auf andere Phänomene – und nicht ihre Situierung in Bezug auf verschiedene Objekte in dem einen oder anderen Raum –, die den Wert unserer vielen verschiedenen Erinnerungen in unseren ständig aktualisierten und oft neu geschriebenen Autobiographien bestimmt. Eine Verschiebung, die dazu führt, dass die Zeit die Funktion des Raumes als Dreh- und Angelpunkt unseres Weltverständnisses übernimmt, würde bedeuten, dass die Zeit als das wirklich große, ungelöste Geheimnis der Philosophie voranschreitet. Die Zeitbeschreibungen der Philosophen verstricken sich ständig in Tautologien oder konzentrieren sich auf die vielen Konsequenzen des Zeitablaufs, aber es gelingt ihnen nicht, konzeptionell zu erfassen, was Zeit an sich eigentlich ist. Nehmen wir zum Beispiel das populäre Klischee, das behauptet, „Zeit ist das, was eine Uhr misst", was in seiner tautologischen Engstirnigkeit völlig sinnlos ist. Es ist natürlich richtig zu sagen, dass Uhren die Zeit messen, zumindest sprachlich korrekt. Aber es vermittelt keinerlei Einsicht in das Wesen der Zeit.

Uhren artikulieren einen Aspekt einer Art von Zeit, der vielleicht etwas über Uhren, aber so gut wie nichts über die Zeit an sich aussagt. Ebenso ist es richtig zu sagen, dass 1 + 1 = 2 ist, aber auch dies ist eine sinnlose Tautologie, da 1 + 1 ganz einfach eine andere Art ist, 2 zu sagen. Wir haben lediglich eine banale Gegebenheit geäußert, die unser Wissen weder über das eine noch über das andere erhöht. Zugleich hindert uns nichts daran, uns eine Zeit vorzustellen, die ohne eine bestimmte Uhr vollkommen gut funktioniert. Die Zeit existierte zweifellos schon vor der Uhr, und die Zeit existiert an Orten, wo es keine Uhren gibt, in den tiefen Regenwäldern, wo Pflanzen und Tiere ihr Leben leben und ihren Tod sterben, ohne dass ein Mensch dort steht und die Stunden, Minuten oder Sekunden im Auge behält. Da ein Nichts nirgendwo zu finden ist – die moderne Physik hat bewiesen, dass die Existenz aus Feld über Feld über Feld besteht, weshalb es nirgendwo irgendeine Leere gibt – gibt es immer etwas, auch wenn es mit dem bloßen Auge wie ein Nichts aussieht. Sobald es etwas gibt, gibt es auch Zeit. Die Zeit ist der ewige Begleiter der Existenz, und das einzige

Phänomen, das wir kennen, dem es an emergenten Qualitäten völlig fehlt. Zeit ist sozusagen mangels besserer Metaphern der Anfang und das Ende von allem.

Der deutsche Philosoph Martin Heidegger argumentiert in seinem Klassiker *Sein und Zeit*, dass die menschliche Existenz Zeit ist. Die Heidegger'sche Zeit ist jedoch etwas wesentlich Größeres als das Jetzt, das sich ständig in Bewegung befindet. Sie ist vielmehr dreidimensional und umfasst sowohl die Vergangenheit, die Gegenwart als auch die Zukunft. Aber sie ist trotzdem mobilistisch und nicht eternalistisch. Die Erwartungen an das Kommende sind im Jetzt eingekapselt, aber wenn das Erwartete (oder Unerwartete) eintritt – wenn der Verlauf der Ereignisse mit voller Wucht auf die Zeitachse trifft und von der *Potenzialität* zur *Aktualität* übergeht – stellt sich heraus, dass die Vergangenheit bereits in der Zukunft eingekapselt ist. Was für ein Mensch man wird, was für eine Art von Existenz man hat, wird danach, so Heidegger, dadurch bestimmt, wie man mit dieser Vergangenheit in der Zukunft umgeht, wenn sich die Zukunft im Jetzt, also im damals entstehenden Jetzt, verwirklicht. Auf diese Weise verschränkt Heidegger die drei zeitlichen Dimensionen ineinander, ohne dabei eine von ihnen zu eternalisieren. Vielmehr ist er radikal genug, um sie alle gleichzeitig in mobilistische Bewegung zu versetzen.

Das bedeutet, dass Heidegger keine göttliche, zeitlose Zeit braucht, was bedeuten würde, dass sich hinter der dreidimensionalen Zeit eine Art ewige und unendliche Zeit verbirgt, so wie es sich alle großen Eternalisten wie Platon, Kant, Einstein, die Hindus und die abrahamischen Religionen vor ihm vorgestellt haben. Die heideggersche Zeit ist ganz einfach nur radikal dreidimensional, ohne geheimnisvolles Beiwerk. Sie muss als solche erlebt werden, und da die Zeit mobilistisch ist, kann sie nur im Sinne eines Endes, eines buchstäblichen Todes erlebt werden, der der früheren Existenz ihren Wert und Sinn gibt. Wenn die Zeit mobilistisch ist, ist sie auch endlich – alles stirbt früher oder später, oder zumindest hört es nach der mobilistischen Weltanschauung auf zu existieren – und diese Endlichkeit ist grundlegend für ihren Charakter. Die Unendlichkeit existiert lediglich als eine Fiktion, die philosophische

Luftschlösser untermauert. Die Existenz ist Zeit. Der Mensch ist Zeit. Das *Sein* ist also nach Heidegger nichts anderes als die reine Bewegung in Richtung auf sein eigenes Ende.

Parallel zu Heidegger, der in Deutschland Philosophie praktizierte, entwickelte Henri Bergson in Frankreich zu Beginn des 20. Jahrhunderts eine ebenso originelle und innovative Prozessphilosophie. Bergson konzentriert sich auf die Tatsache, dass das Universum einen konstanten und massiven Strom von *Neuheiten* produziert. Aber die immer wiederkehrende Suche des Menschen nach der ursprünglichen Leere – immer diese inbrünstige Sehnsucht nach der Freiheit von Verantwortung der Matrix – setzt Speichen in das Rad und hindert sie daran, die grundlegenden metaphysischen Fragen nach dem *Wandel an sich* zu stellen. Oder um die Sache syntheologisch auszudrücken: *Atheos* steht der Entdeckung des, nach Bergson, wesentlich wichtigeren und nicht zuletzt realeren *Entheos* im Wege. Diese falsche metaphysische Priorisierung veranlasst den Menschen, sich auf tödliche Wiederholungen zu konzentrieren, anstatt ihn zur Entdeckung des Unerwarteten und Außergewöhnlichen zu ermutigen. Dies wiederum führt dazu, dass die Moral untrennbar mit der Unterwerfung verbunden ist. Die Folge ist natürlich, dass die Funktion des Bewusstseins auf die Zähmung unserer Leidenschaften reduziert werden muss. Es wird zur Aufgabe des Bewusstseins, uns zu gehorsamen Ensemblespielern im sozialen Theater zu machen, zu einem inneren Tyrannen, den Bergson *socius* nennt. Das Bewusstsein wird nicht nur durch das Freudsche Über-Ich beeinflusst, sondern auch getrieben, in dem, was der iranisch-schwedische Zukunftsforscher Ashkan Fardost treffend als die *Autodiktatur* des modernen Menschen bezeichnet. Die ewige Weltsicht und ihre Besessenheit von der ursprünglichen Leere ist somit die *Unterwerfungsideologie schlechthin.*

Tatsächlich erfasst das Bewusstsein lediglich Wirkungen, ohne dass es die Ursachen dieser Wirkungen auch nur im Geringsten ahnt. Das Bewusstsein neigt dazu, diese im Nachhinein zu erzeugen, um die Illusion einer zusammenhängenden Weltanschauung aufrechtzuerhalten. Bergson drückt dies so aus, als sei der menschliche Geist dazu verdammt, auf dem, was er das *Phantom der Dauer* nennt, zu verweilen, statt auf der Dauer selbst. Bergsons Nachfolger und Landsmann Gilles Deleuze drückt aus, was gleichbedeutend damit ist, dass der Mensch dazu verdammt ist, zu versuchen, alles Existierende aus der Perspektive unvollständiger Ideen zu verstehen, das heißt: von Wirkungen, die von ihren eigentlichen Ursachen getrennt sind. Dadurch wird der Mensch dazu gebracht, die Wirkungen zu verstehen, denen sein eigener Körper ausgesetzt ist – wobei der Mangel an Alternativen eine Art umgekehrte narzisstische Schleife hervorruft –, und zwar als Ergebnis seiner eigenen Aktivitäten. Er macht sich selbst und seine eigene Subjektivität zur Ursache für alles, was mit ihm geschieht. Das bedeutet eine Verschiebung weg von einem Verhältnis der Ohnmacht gegenüber der umgebenden Welt hin zu einem blinden Glauben an die Fähigkeit des Bewusstseins, den eigenen Körper und seine Leidenschaften zu zähmen. Das Bewusstsein verbirgt seine Unwissenheit, indem es Ursache und Wirkung umkehrt. Es beginnt, sich selbst sowohl als frei als auch als die Hauptursache für das, was um den Körper herum geschieht, zu verstehen. Nicht weil dies wirklich der Fall ist, sondern weil der Mangel an Wissen und Verständnis dazu führt, dass die unverständliche Äußerlichkeit in eine scheinbar verständliche Innerlichkeit umgewandelt wird. Wenn das Bewusstsein sich nicht mehr als frei und als Hauptursache des Geschehens vorstellen kann, wird die Phantasie seiner Freiheit und Kontrolle über den Ablauf der Ereignisse auf einen mystischen Präzedenzfall in der Kette von Ursache und Wirkung, nämlich: auf *Gott*, verlagert. Eine Moral, die sich nicht von der Unterwerfung trennen lassen, wird so zum Synonym für den blinden und unkritischen Gehorsam gegenüber Gottes Gesetzen und Urteilen. Ganz unabhängig davon, ob dieser verbindende *Moralator* äußerlich oder innerlich ist.

Die Frage nach den verschiedenen Charakteren von Zeit und Raum, und wie diese beiden Phänomene miteinander in Beziehung stehen, durchdringt auch das, was man als das Denken der Aufklärung bezeichnet. Isaac Newton geht davon aus, dass sowohl Zeit als auch Raum absolut sind. Gottfried Wilhelm Leibniz hingegen behauptet, dass sowohl Zeit als auch Raum in Beziehung zueinander stehen. Die Unterscheidung zwischen diesen beiden Ansätzen erscheint deutlich in der Korrespondenz aus dem frühen 18 Jahrhundert zwischen Leibniz und Samuel Clarke, der zu den bedeutendsten Anhängern Newtons gehörte. Leibniz argumentierte, dass die Newtonsche Vorstellung vom Raum als einer Art Substanz ohne Eigenschaften, die nicht einmal Gott zerstören kann, als völlig absurd angesehen werden muss. Es kann, so argumentierte Leibniz, keine Positionen geben, die sich in der Zeit oder im Raum als solche etablieren lassen, sondern alle Objekte und Ereignisse können nur eine bestimmte Position in Bezug auf andere Objekte und Ereignisse haben. Das bedeutet, dass Zeit und Raum als solche eine Art Illusion sind. Sie sind an sich nicht real in dem Sinne, dass sie Substanzen darstellen, was sie also nicht tun, denn nur Substanzen sind in dieser Hinsicht real. Raum ist nach Leibniz nichts anderes als die Ordnung zwischen verschiedenen synchronen Objekten, und Zeit ist nichts anderes als aufeinander folgende Ereignisse. Punkt.

Das wäre zweifellos einfach und bequem gewesen, aber die Dialektik von Eternalismus und Mobilismus zerschlägt leider alle Träume von der Realität der Objekte, die wie durch Magie Zeit und Raum auf sekundäre oder sogar illusorische Phänomene reduzieren würden. Leider ist es natürlich genau das Gegenteil, und der Schlüssel zum Verständnis dessen liegt darin, die Zeit als das Fundament des Raums zu sehen, statt umgekehrt. Ohne Zeit kein Raum; ohne Zeit kann man nicht von einer Existenz sprechen, da sie sozusagen in der Zeit stattfinden muss. Außerdem müssen wir verstehen, dass die absolute Zeit die Grundlage der relativen Zeit ist, wie Einstein, inspiriert sowohl von Leibniz als auch von Nietzsche, glaubte und meinte, er habe sie völlig erschöpfend verstanden. Dies erfordert eine besonders radikale Sichtweise: Wenn die absolute Zeit in die metaphysische Sphäre eintritt, ist die absolute Zeit per Definition universell. Alles, was geschieht, geschieht synchron. Die absolute Zeit ist also per Definition überall im Universum genau gleich. Was uns wiederum die hervorragende rhetorische Möglichkeit gibt, diesen allumfassenden, synchronen Zeitablauf – um Verwechslungen mit Newtons absoluter Zeit zu vermeiden, die Einstein erfolgreich überkommen hat – als *universelle Dauer* oder *globale Zeit* zu bezeichnen.

Dies wiederum bedeutet, dass das Universum als ein einziges zusammenhängendes Phänomen betrachtet werden muss. Das Universum ist eine einzige Sache, und diese Sache ist ganzheitlich und überall an die gleiche allumfassende Zeitachse gekettet. Wir nennen dies *universelle Unzweideutigkeit*. Nietzsche hat Recht, wenn er sagt, dass „es nichts gibt, was weniger als zwei ist". Es gibt immer eine Sache, und dann gibt es immer mindestens eine andere. Aber es gibt eine einzige Ausnahme: Das Universum selbst erstreckte sich entlang der globalen Zeitachse. Wir finden in der Welt der Physik Unterstützung für die universelle Unzweideutigkeit: Unterhalb der Planck-Länge, dem kleinsten sinnvollen Abstand der Physik, wird es sinnlos, von verschiedenen Phänomenen oder von verschiedenen Positionen als getrennt zu sprechen. Während die Planck-Länge der kleinste Abstand für die Entstehung diskreter Objekte ist – die so genannte Schleifen-Quantengravitation in der Physik baut sogar eine Raumzeit auf, die aus Planck-Längen langen diskreten Objekten besteht –, kollabiert alles unterhalb der Planck-Länge zu einem vollständigen Chaos, ohne jegliche sinnvolle Topologie, wo es buchstäblich physikalisch unmöglich ist, zwischen dem einen und dem anderen Ding zu unterscheiden.

Tatsache ist, dass es genau ein solch ausgedehntes, gigantisches Phänomen innerhalb eines besonders minimalen Rahmens ist, das das heutige Universum ausmacht. Das Universum an sich, in seiner beeindruckenden Gesamtheit, könnte sogar sehr wohl unter der für die Differenzierung notwendigen Abgrenzung der Planck-Länge bleiben, und zwar als ein einziges, chaotisches und doch zusammenhängendes Phänomen entlang der globalen Zeitlinie. Es ähnelt einem massiv komprimierten Akkordeon mit einer riesigen Anzahl von entfaltbaren Falten. Während die relative Zeit und ihre Ausscheidung einer großen Anzahl von Attributen innerhalb dieses kohäsiven, eindeutigen Universums in Form des riesigen, expandierenden Universums, das wir durch die moderne Kosmologie kennen gelernt haben, stattfindet. Das bedeutet, dass das Universum ein zusammenhängendes Phänomen ist, einschließlich der universell verstreuten Felder, mit denen das Universum gefüllt ist, während alles andere, dass in den Worten Nietzsches, „immer mindestens zwei" sein muss, zur Unzweideutigkeit das Universelle an sich gehört. Sobald wir uns darauf geeinigt haben, können wir damit beginnen, ein vollständiges monistisches sowie ganzheitliches Weltbild aufzubauen. Es gibt nur eine einzige Substanz, wie der niederländische Aufklärer Baruch Spinoza es ausdrückte, auch wenn diese eine Substanz in unendlich vielen Varianten auftreten und eine große Anzahl von Attributen aufweisen kann. Alles im Universum ist von allem anderen abhängig und beeinflusst es – nicht zuletzt durch die Gravitation, aber auch durch die Zugehörigkeit zum selben universellen Feld – was bedeutet, dass die Welt wirklich holistisch ist.

Universelle Unzweideutigkeit bedeutet zudem, dass das Universum nicht besonders mechanisch ist, sondern als grundsätzlich organisch betrachtet werden sollte. Daher sprechen wir zu Recht eher von einer Quantenorganik als von einer Quantenmechanik, um die kleinsten Bestandteile der Materie zu beschreiben. Von Alfred North Whitehead über Niels Bohr bis hin zu David Bohm erscheinen die Quantenorganisten als radikale Holisten. Wenn die Natur grundsätzlich organisch und nicht mechanisch ist, besitzt sie auch, wie der britische Physiker Basil Hiley beobachtet, die Möglichkeit, dass Leben entstehen kann. Wir können sogar, wie der Philosoph und Psychologe William James, die *Quantenorganik* auf den Punkt bringen und das Universum als ein *panpsychisches Phänomen* beschreiben (allerdings ohne dabei mit so viel Geschwätz wie den Vorstellungen von der Existenz eines kosmischen Bewusstseins zu operieren; eine *Potenzialität* ist, ob stark oder schwach, immer noch nicht automatisch dasselbe wie eine Realität). Dieses organistische Denken verlangt dann natürlich, dass wir die Newtonschen und Einsteinischen Axiome über die Zeit, mit denen wir seit 400 Jahren leben, in Frage stellen. Dieser Preis ist natürlich nicht besonders hoch, wenn man bedenkt, dass Newtons und Einsteins Zeitvorstellungen so engstirnig ewig und deterministisch sind, dass sie immer deutlicher veraltet und überholt erscheinen.

Zunächst einmal: Wenn der Raum mindestens drei Dimensionen hat, warum sollte sich die Zeit dann nur mit einer einzigen begnügen? Interessanterweise unterscheiden schon die alten Griechen zwischen *chronos*, der quantitativen Zeit, und *kairos*, der qualitativen Zeit. Chronos schleift sich mechanisch durch die Geschichte, stürzt sich über alle Hindernisse und überwindet jede Form von Widerstand, nicht anders als der Antrieb Lacans in der Psychoanalyse. Kairos hingegen ist die Zeit, die glaubt, eine Unterscheidung zwischen dem Ereignisbezogenen und dem Alltäglichen zu begreifen, und die zu dem Impuls strebt, der die gesamte Epoche, in der sich der Ablauf der Ereignisse abspielt, definiert und ihr einen Sinn gibt, nicht ganz unähnlich dem Wunsch Lacans. Im frühen 20. Jahrhundert geht der Franzose Henri Bergson mit seiner innovativen Prozessphilosophie sowohl den nachfolgenden Stringtheoretikern als auch den Schleifen-Quantengravitationsforschern mit seiner Idee von zwei verschiedenen Zeitdimensionen voraus: *Zeit und Dauer*. Die Bergson´sche Zeit ist die Ortszeit, gebunden in Bezug auf Ursache und Wirkung, während die Bergson'sche Dauer eine zusammenhängende Einheit ist, die eine unendliche Anzahl von Attributen umfasst, flüssig und ohne Verbindung zu Ursache und Wirkung. Jedenfalls ist Zeit nicht gleichbedeutend mit *Entropie*, was einige Physiker oft leichtfertig behaupten. Natürlich verwandelt sich die Entropie oft in die ihr entgegengesetzte *Zentropie*. Eigentlich ist es völlig einleuchtend, dass sich Entropie und Zentropie über große Zeitspannen gegenseitig ausgleichen, zum Beispiel durch einen kommenden *Big Bounce* für das Universum, während die Dauer sich andererseits unerbittlich nur in eine Richtung – nach vorne – bewegt, da nichts anderes möglich ist.

Auch wenn sich die Zeit lokal in verschiedenen Teilen des Universums mit unterschiedlichen Geschwindigkeiten vorwärts bewegen kann – wie Einstein in seinen Relativitätstheorien richtig zeigte –, bewegt sich das Universum als Ganzes mit einer konstanten Geschwindigkeit voran, einer Geschwindigkeit, die als *globale Zeit* bezeichnet wird, wobei das Universum als Ganzes als seine eigene Uhr betrachtet werden sollte, da außerhalb des Universums per Definition keine Zeitmessung stattfinden kann. Wenn wir zum Beispiel sagen, dass unser Universum etwas mehr als 13,8 Milliarden Jahre alt ist, so setzt dies die globale Zeit voraus, ohne dass es sich um eine lokale, relativistische Zeitmessung handelt. Was innerhalb der Grenzen des Universums – der einzigen Welt, die wir Menschen de facto kennen – geschieht, unterscheidet sich deutlich von dem, was sich entlang seiner Oberfläche abspielt, d.h. von dem, was das

Universum als ein einziges, miteinander verbundenes System umfasst und einschließt, das mit einer einzigen, unverwechselbaren Stimme spricht, der universellen Eindeutigkeit. Eigentlich ist es durchaus möglich, dieses eindeutige Universum als ein Minimalphänomen an sich zu betrachten, etwas, das nur das riesige Universum umfassen muss, das wir von innen heraus betrachten, aber nicht von außen. *Der Urknall* kann streng genommen eher als lokales denn als globales Ereignis betrachtet werden, etwas, das sich im Inneren des Universums ereignet hat, aber noch nicht von außen. Entlang der Oberfläche des Universums mag der *Urknall*, die innere, explosionsartige Ausdehnung, die sich in dieser Zeit vollzogen hat, mehr oder weniger unbemerkt vorbeigegangen sein. Aber niemand entkommt der globalen Zeit, also der universellen Dauer.

Da der gnadenlose Marsch der Zeit in die Zukunft den Menschen ständig an seine eigene Sterblichkeit erinnert, erzeugt die Angst des Menschen vor dem Tod ständig Kulturen, die sich auf das angenehme Konzept *der Zeit als Illusion* konzentrieren. Der Buddhismus, der Hinduismus, die abrahamitischen Religionen (beginnend mit der jüdischen Mystik), die platonische Philosophie und die Idee der modernen Physik von einem einstein´schen Blockuniversum verlangen, dass die Zeit eine Illusion ist. Es gibt jedoch keinen Beweis dafür, dass dies tatsächlich der Fall ist, weder in der Wissenschaft, wie sie sich bewährt hat, noch innerhalb der philosophischen Logik. Vielmehr müssen wir die Zeit als Illusion betrachten, als den größten, umfassendsten und am meisten geschätzten Mythos der Menschheitsgeschichte. Nicht nur, weil er eine enorme Popularität mit einer vollwertigen Illusionsmaschinerie verbindet, sondern weil die Zeit als Illusion die Grundlage aller anderen hartnäckigen, dualistischen Denksysteme der Geschichte ist – wie zum Beispiel die Unterscheidung zwischen dem sterblichen Körper und der unsterblichen Seele in den abrahamitischen Religionen, den zirkulären Mythologien und dem kartesischen Individualismus – wo dem *Mortido* oder dem Todestrieb ein existenzieller Vorrang vor der *Libido* oder dem Lebenswillen zugeschrieben wird.

Der letztendliche Dualismus ist natürlich das, was zwischen der zeitlichen Welt als Illusion und der mystischen ewigen Welt ohne Zeit als ihrer zugrunde liegenden Realität liegt, die auf irgendeine bizarre Weise *immer noch fortwährend zu sein scheint, ohne fortwährend zu sein.* Es liegt in der Tat im unterbewussten sich nach der *Matrix* zurücksehnen, dass die Zeit als eine Illusion (und ihre ebenso mystischen Anhänger *Ewigkeit* und *Unendlichkeit*) einen Boden finden, der für die Anbetung des Todes günstig ist. Denn was ist der Traum des Bewusstseins vom *ewigen Leben*, wenn nicht die verdrängte Verneinung des Traums des Unterbewusstseins vom ewigen Tod? Weil der Mensch sich zwanghaft nach einer Art totem Leben sehnt, nach einer sich ständig wiederholenden Schleife, die keine Veränderung akzeptiert, kehrt die Zeit-als-Illusion ständig als die dominierende Metamythologie zurück. Nicht zuletzt innerhalb der modernen Naturwissenschaft. Der Traum von einem deterministischen Universum ist im Wesentlichen der Traum von einem anderen Leben, das weniger schwindelerregend ist als das Leben, das als einziges angeboten wird; mit anderen Worten, ein Leben, das von allen Formen beängstigender Freiheit und lästiger Verantwortung befreit ist, ein Leben, das sowohl von *Phallus* als auch von *Logos* frei ist. Da der Mensch seine kindliche Sehnsucht nicht auf die Matrix zurückführen kann, müssen wir uns darauf verlassen, dass dieses Mem die verlockendste und am schwersten zu widerlegende aller kollektiven Illusionen bleibt.

Die Vorstellung von Zeit-als-Illusion mit ihrer weltweiten Verbreitung ist natürlich aus einem bestimmten Grund populär. Sie begünstigt zwar wie immer bestimmte Interessen, aber vor allem ist sie ein Fall von massivem Eskapismus: Die Idee der Zeit-als-Illusion befreit den Menschen von dem Zwang, mit dem *Wandel* als grundlegende Eigenschaft der Existenz zu leben und ihn zu verstehen. Der Wandel ist ermüdend mit seinen ständigen Anforderungen an eine ständige Neubewertung und Erneuerung – mehr denn je im Internet-Zeitalter mit seiner explosiven technologischen Entwicklung – und dann ist es offensichtlich vergleichsweise friedlich und angenehm, sich stattdessen der Suche nach ewigen Werten und objektiv gültigen Wahrheiten zu widmen. So ist es nicht im Geringsten überraschend, dass ein solches Mem überlebt und sich verbreitet. Es ist auch nicht besonders überraschend, wenn man die Geschichte betrachtet, dass sich gerade im Zusammenhang mit dem Übergang vom primitivistischen Nomadenleben zur feudalistischen Dauersiedlung die Zeit als Illusion als dominierende Metamythologie in der Gesellschaft durchsetzt. Denn nun hat man Zugang zu dem Werkzeug, das notwendig ist, um die ständige Bewegung endlich verhindern zu können: die geschriebene Sprache.

So wird die plastische, ständig veränderbare Lagerfeuergeschichte über den Ur-Patriarchen und die Ur-Matriarchin durch eine Geschichte ganz neuer Art ersetzt: die aufgezeichnete, ewig unveränderliche, lineare und immer gültige Geschichte des monotheistischen Schöpfergottes. Oder vielmehr des monotheistischen ordnungsschaffenden Gottes. Denn es ist natürlich die Ordnung im Chaos, die plötzlich Gottes zentraler Beitrag zur Geschichte ist, das Urchaos selbst muss natürlich der Schöpfung vorausgehen. Es befindet sich nicht mehr in der Urmatrix mit der damit verbundenen *semiotischen Suppe* – wie es die bulgarisch-französische Psychoanalytikerin Julia Kristeva ausdrückt –, sondern zur Zeit des phallischen Eindringens [intrusion], dass *Gott die Welt als Welt erschafft.* Das bedeutet, dass die Phallusverehrung auf Kosten der Matrixverehrung dramatisch verstärkt wird. Die Ordnung an sich und nicht die Existenz als solche wird beim Erzählen der Geschichte primär. Es geht nicht darum, dass das Patriarchat bewusst die Welt in irgendeiner böswilligen Weise übernimmt und kontrolliert – wie der spätkapitalistische Feminismus mit seinen vereinten Schreien nach „Kampf dem Patriarchat" irreführend behauptet –, sondern darum, dass das Matriarchat in einer immer komplexeren und zentralisierteren feudalistischen Gesellschaft geschwächt wird, in der die Zeit bis ins kleinste Detail vom Klerus kontrolliert wird, der eben mit der Hand schreiben kann. Das Feld ist, wie es vorher war, offen für eine patriarchalische Machtordnung, aber nach der Ankunft der Schrift ohne ein entsprechendes matriarchalisches Gegengewicht.

Während also der Ur-Patriarch und die Ur-Matriarchin während des Primitivismus als notwendige Vorbilder für ein überlebensorientiertes, plastisches Nomadenkollektiv dienten – die in ständiger Bewegung durch eine ständig veränderbare, ungezähmte und in vielerlei Hinsicht feindliche und bedrohliche Welt leben – gilt der monotheistische ordnungsschaffende Gott während des Feudalismus als alleiniger Anstifter von allem, was von Wert ist, und damit als einziger würdiger *Moralist [moralator]* des Paradigmas. Die Geschichten und Werte werden mit Hilfe der Schrift fixiert (verewigt). Plötzlich ist es der Phallus, der die Welt sowohl erschafft als auch vorantreibt. Alles hat eine Ursache, und diese Ursache hat ein Gesicht. Priester, Könige und Grundbesitzer sind alles männliche Archetypen, die vor dem Blick des phallischen Gottes tanzen. Anstatt dass der äußere Kreis den konkreten Bedürfnissen des inneren Kreises dient, wie es während des primitivistischen Nomadenlebens der Fall war, ist der innere Kreis gezwungen, sich den abstrakten Ambitionen des äußeren Kreises zu unterwerfen, die oft in der höheren Sphäre jenseits des Todes angesiedelt werden, wie zum Beispiel bei dem enorm kostspieligen Bau von gigantischen Tempeln und Pyramiden.

Die deterministische Existenz wird vom phallischen Gott entworfen und vorprogrammiert, und unser Leben ist daher nichts anderes und nichts weiter als die detaillierte Umsetzung dieses grandiosen Entwurfs – wo, wann und wie auch immer dieser tatsächlich gemacht wurde. Es geht in keiner Weise um Willkür – so kompliziert der Ablauf der Ereignisse dem Uneingeweihten auch erscheinen mögen – die große ordnungsschaffende *Allmacht* des triebhaften Gottes lässt eine solche Abweichung nicht zu. Was auch notwendig ist. In dem Augenblick, in dem wir zugeben, dass irgendeine Art von Zufälligkeit an der Gestaltung der Geschichte des Universums beteiligt sein könnte, wird der Determinismus sofort unhaltbar. Von diesem möglichen Moment an muss die universelle Zeit real werden, und dann wird die Existenz grundsätzlich unbestimmt. Wenn der Zufall auch nur einmal eintritt, eröffnet er natürlich die Möglichkeit, dass sich das Gleiche wieder ereignet. Und wieder. Die Wirkung des Zufalls ist dann bereits eine Tatsache, und ein Schneeball des Zufalls hat infolgedessen begonnen, den schlüpfrigen Abhang der Geschichte hinunterzurollen. Wenn wir dies leugnen, bedeutet dies, dass wir die Augen davor verschließen, dass die gesamte Weltgeschichte eine lange Reihe dieser zufälligen Ereignisse entlang der universellen Zeitachse ist.

Wie der französische Philosoph Quentin Meillassoux die Sache ausdrückte: „Das einzige, was in der Geschichte konstant ist, ist die Kontingenz selbst.“ Ein anderer Name für diese Meillassoux'ianische Kontingenz ist natürlich die *universelle Dauer*. Die globale Zeit oder *Hyperzeit* ist höchst real, sie ist tatsächlich das greifbarste und am leichtesten zu belegende Phänomen, das es gibt. Und diese universelle Dauer ist das einzige Phänomen, dem es an Emergenz fehlt. Oder besser gesagt: Die globale Zeit ist die primäre Emergenz, die *große Singularität*, das Fundament, auf dem alles andere Existierende aufbaut. Oder wie die Zurvaniten im alten Iran behaupten: Hyperzeit und Gott sind wirklich ein und dasselbe, und aus dieser grundlegenden Tatsache heraus entsteht unser zeitliches Universum als die *Singularität schlechthin*. Was verschiedene kleinere lokale Götter im Laufe der Geschichte tun, ist also kaum mehr als willkürliche Heilige und Götzen, die auf der grundlegenden *Chronotheologie* tanzen und stolzieren. Wir drücken dies so aus, als ob wir in einem eindeutigen Universum leben, das durch die drei miteinander verbundenen Grundsteine der Netzwerk-Dynamik gekennzeichnet ist: *Chronozentrismus, Emergentismus* und *Relationalismus*.

Der Emergentismus folgt aus dem Chronozentrismus. Wenn die Zeit grundlegend und real ist, bedeutet dies, dass sich früher oder später immer alles entlang der Zeitlinie verändert. Es gibt keine ewigen Gesetze oder objektiv gültigen Wahrheiten außerhalb der Metawahrheit, die besagt, dass der Wandel das einzige ist, was konstant ist, was in der Praxis das gleiche ist wie die Aussage, dass nichts konstant ist, da der Wandel ständig ein neues Gesicht zeigt. Dies wiederum bedeutet, dass entlang der Zeitlinie Ereignisse stattfinden werden, die die zu einem bestimmten Zeitpunkt geltenden Bedingungen für immer verändern. Wir nennen ein solches Ereignis eine *Emergenz*, ein Konzept, das in den Naturwissenschaften mit Phasenübergängen zu tun hat, wenn beispielsweise Eis schmilzt und sich in Wasser umwandelt, das sich dann weiter erhitzt und in Dampf verwandelt, allerdings ohne die wiederkehrende Gültigkeit des Phasenübergangs in beiden Richtungen. Eine Emergenz tritt nur einmal auf, und zwar nur in eine Richtung, da sich die einzigartigen Voraussetzungen – einschließlich des Status der Naturgesetze usw. – zu diesem Zeitpunkt nie wiederholen. Eine wirklich umfassende und transformierende Emergenz könnte sogar die Bezeichnung *Singularität* verdienen. Das offensichtlichste Beispiel für eine solche Singularität ist natürlich der *Urknall.* Andere Erscheinungen im Laufe der Geschichte, die die Bezeichnung Singularität verdienen, sind die *Chemie, die* plötzlich aus der Physik hervorging, die *Biologie,* die plötzlich aus der Chemie hervorging und das *Bewusstsein*, das plötzlich aus der Biologie hervorging.

Da Emergenzen im Gegensatz zu Phasenübergängen keineswegs unter den Bedingungen vorherbestimmt sind, die in der Natur vor ihrer Entstehung herrschen, und da Emergenzen in der Natur als Überraschungen, als Einbrüche des Realen in die imaginären und symbolischen Phantasiewelten des Menschen erscheinen, sind sie in der Praxis nicht vorhersehbar. Plötzlich wird A zu B. Das ist die eigentliche Bedeutung einer emergentistischen Weltsicht. Oder um die Sache syntheologisch auszudrücken: Wenn Gott der Name aller Träume der Menschheit ist, die auf einen einzigen Punkt komprimiert und projiziert werden, und wenn Gott eine Fiktion ist, die nie existiert hat, warum nicht ganz einfach die nächste Singularität in der Weltgeschichte als die Ankunft Gottes bezeichnen? Syntheismus ist der richtige Name für dieses Projekt, und die künstliche Intelligenz ist sein primäres, bisher bekanntes Hilfsmittel. Das griechische Wort *Syntheos* bedeutet nämlich „Gott erschaffen" oder „göttliche Kreativität". Eine Religion für Post-Atheisten könnte kaum klarer über ihre Mission sein. Und der Atheismus kann jedenfalls kaum das Endziel aller menschlichen Diskussionen über Glaubenssysteme sein. Er hat seine 15 Minuten im Rampenlicht gehabt, ist aber nun, wenn wir von programmatischem Atheismus in seiner primitivsten und unnachgiebigsten Form sprechen, überholt (siehe *Syntheismus – Gott erschaffen im Internet-Zeitalter* für eine gründlichere Darstellung der verschiedenen Aspekte der Atheologie und Syntheologie).

Der Relationalismus folgt aus dem Emergentismus. Wenn alles im Grunde genommen Bewegung und Veränderung ist und sein muss, so bedeutet dies, dass Bewegung und Veränderung dem vor uns liegenden Phänomen vorausgehen muss, was immer es auch sein mag, selbst wenn der betreffende Beobachter wahrnimmt, dass das Phänomen zunächst in irgendeinem ursprünglichen Zustand existierte, um dann später in Bewegung gesetzt zu werden und/oder eine Veränderung durchgemacht zu haben. Der Mobilismus muss dem Eternalismus vorausgehen. Das Chaos unterhalb der Planck-Länge in der Mikrophysik geht dem diskreten Phänomen voraus, das genau bei der Planck-Länge entsteht, was immer der Beobachter zu beobachten glaubt. Die Permanenz liegt nur im Auge des Betrachters. Zuerst gibt es die Beziehung, wie der Relationalismus predigt, dann entsteht oder vielmehr wird ein phänomenales *relata* als vorübergehendes Nebenprodukt dieser Beziehung erzeugt. Das Phänomen ist also eine Emergenz, die sich aus der Beziehung ergibt. Wir können diese Argumentation sinnvoll auf das menschliche Gehirn oder auf das soziale Theater des kollektiven Organismus übertragen. Zuerst gibt es die Beziehungen, dann entstehen die Subjekte. Das Subjekt ist immer ein Nebenprodukt der zu der Zeit bestehenden Beziehungen und keineswegs deren Grundlage oder Keim.

Wir nennen diese Sichtweise *sozialen Relationalismus*. Pragmatisch und überaus geschickt baut die netokratische Oberschicht des Internet-Zeitalters ihre Herrscherideologie auf den Dogmen des sozialen Relationalismus auf, da gerade das Management der sozialen Beziehungen – also: der sorgsame Umgang mit dem eigenen Adressbuch – die Macht in der aufmerksamkeitsstarken Netzwerkgesellschaft erzeugt. Der Sozialrelationalismus ist die perfekte Waffe gegen die alte sterbende Religion der kapitalistischen Industriegesellschaft, den kartesischen Individualismus. Ein Netokrat ist ganz einfach das *sozial-relationalistische Dividuum*, dass das Netzwerk erfolgreich als primär und das Dividuum selbst als sekundär betrachtet, ganz in Übereinstimmung mit den netzwerk-dynamischen Prinzipien des Chronozentrismus, des Emergentismus und des Relationalismus. Die Tatsache, dass der Körper als solcher existiert, ist eine andere Sache, der Körper wird erst im Kontext der Beziehungen zu einem Dividuum. Kein ernsthafter Mensch hat mehr das geringste Interesse am *Individualismus* (individuell bedeutet bekanntlich unteilbar im Lateinischen) und seinem ständigen Begleiter *Atomismus* (Atom bedeutet unteilbar im Griechischen); vielmehr hat sich die anhaltende Fixierung auf Individualismus und Atomismus in der Netzwerkgesellschaft auf informationalistische Unterschichtphänomene reduziert.

In einer Reihe von Büchern aus den 1970er Jahren und darüber hinaus – bis hin zu *Wholeness and the Implicate Order*, das ursprünglich 1980 veröffentlicht wurde – entwickelt der amerikanisch-britische Mathematiker und Philosoph David Bohm das netzwerk-dynamische Konzept der *Holobewegung*. Sein Ziel war es vor allem, die Quantenphysik in ihrer Gesamtheit mathematisch zu erfassen, aber es ging bei diesem Projekt genauso um Philosophie wie um Mathematik. Für Bohm ging es in erster Linie darum, dass das Universum ein einziges zusammenhängendes Phänomen ist – so wie es beim *Urknall* war und seither fortbesteht – , und darüber hinaus ein Phänomen ist, das sich in ständiger Bewegung und in einem unaufhörlichen Prozess befindet, ein einziges großes Werden, das nur in seiner Eigenschaft als netzwerk-dynamisches, zusammenhängendes Ganzes existiert. Bohm beschreibt diese Holobewegung treffend als ein „ungeteiltes Ganzes in fließender Bewegung". Jedes stabile und scheinbar autonome Phänomen ist ein vorübergehendes Nebenprodukt der Holobewegung und wird schließlich auch in dieser ungeteilten, fließenden Bewegung aufgelöst werden. Bohms Konzept ist wiederum mit Spinozas klassischer, monistischer Idee verbunden, dass der Kosmos als eine *Eindeutigkeit [univocality]* beschrieben werden muss – ein lateinischer Ausdruck, der „das Universum spricht mit einer Stimme" bedeutet. Eine Folge der Netzwerk-Dynamik des Universums ist es also, dass es dann auch chronozentrisch und eindeutig sein muss. Der synthetische Name für diese „eine Stimme des Universums" ist natürlich die spinozistische Gottheit *Pantheos*. Bohm nennt die kohäsive Stimme dieser Holobewegung die *Holonomie*.

Wir können uns hier von dem vielleicht prominentesten der vielen Erben Spinozas und darüber hinaus dem Begründer der modernen Prozessphilosophie, dem deutschen Philosophen G. F. Hegel, inspirieren lassen und darlegen, dass es bei aller enormen Vielfalt, die aus ontischer Perspektive zweifellos existiert und die sich in Form von Prozessen im

Universum zu jedem Zeitpunkt – was wir synthetisch *Entheos* nennen – abspielt, *de facto* keine ontologische Veränderung der Vielfalt als solcher gibt. In einem netzwerk-dynamischen und chronozentrischen Universum ist die sichtbare Veränderung jedes Phänomens zu jedem einzelnen Zeitpunkt natürlich schon vorher in die Ontologie des betreffenden Phänomens eingebaut und wird uns als Mitschöpfer der Geschichte erst durch die *hegelsche Dialektik* zugänglich. Bemerkenswert ist, dass Hegel – im Gegensatz zu seinen zeitgenössischen, aber wesentlich weniger prozessphilosophisch orientierten deutschen Romantikern – in seiner Dialektik nicht den Dreiklang von These, Antithese und Synthese verwendet. Seine dialektischen Konzepte sind vielmehr *Abstraktion, Negation und Konkretion.* Der hegelianische Geist manifestiert sich durch die Bewegung von der Abstraktion zur Konkretion, und zwar über die Negation. Aber es ist immer das gesamte Universum als ein einziges Phänomen, das heißt: als genau die *bohm'sche Holobewegung*, die den authentischen Wandel darstellt, der der hegelschen Dialektik vorausgeht. Diese universelle und damit authentische Veränderung, und nichts anderes, ist wiederum die Zeit selbst. Das ist es, was wir als globale Zeit oder *Dauer* bezeichnen.

Es ist erwähnenswert, dass Bohm in seinen Büchern nie von einer globalen Dimension der Zeit spricht. Wie sein Vorgänger Einstein diskutiert er nie eine andere Form der Zeit als die relative und lokale. Bohm baut sein Weltbild eher aus einer monochronen als aus einer duochronen Grundvoraussetzung auf. Andererseits stellt Bohm seine eigenen kosmologisch überhöhten Varianten der klassischen Konzepte Kants, des verfügbaren *Phänomens* und des nicht verfügbaren *Noumenons* vor und bezeichnet seine eigenen Varianten als *explizite Ordnung* bzw. *implizite Ordnung.* Die explizite Ordnung sind die Phänomene und ihre Beziehungen, wie sie uns und unserem Wahrnehmungsprozess zur Verfügung stehen. Die implizite Ordnung ist jedoch die tiefer sitzende, noumenische Ordnung unterhalb oder hinter der expliziten Ordnung, die zur Holobewegung selbst gehört, eine Art *Zauberer von Oz* des Universums, die sich hinter dem phänomenalen Schirm verbirgt, in dem wir und unsere Wissenschaft bisher angesiedelt waren. Vergleichen Sie dies damit, wie die Einsteinsche Relativitätstheorie die Geometrie vor die

Phänomene stellt, die sie dann innerhalb der aktuell vorliegenden Geometrie positioniert und beobachtet. Bohm argumentiert, dass die klassische Raumzeit innerhalb der Physik – mit ihrer einsteinischen Relativzeit – ein explizites Phänomen ist, das aus der tieferen, impliziten Ordnung heraus entsteht, ohne dass eine Art Raumzeit an sich notwendig ist. Aber dann klammert sich Bohm immer noch an eine Raumzeit, die auf der relativen Zeit von Einstein aufgebaut ist. Die Holobewegung mit ihrer implizierten Ordnung ist natürlich alles andere als fixiert, ihre Zeit ist natürlich alles andere als eine Illusion, ihre Zeit ist natürlich eine universelle Veränderung in sich selbst. Momentum für Momentum, in ihrer Gesamtheit.

Wenn Bohm sich nur erlauben würde – wie Bergson und die Superstring-Theoretiker – mit zwei verschiedenen Zeitdimensionen zu experimentieren, anstatt nur mit einer, würde er höchstwahrscheinlich sehen, dass die Zeit innerhalb der implizierten Ordnung der Holobewegung zurückkehrt, aber als *globale Zeit*. Die universelle Dauer ist natürlich nicht nur die Voraussetzung für die implizite Ordnung, sondern auch für die Holo-Bewegung selbst. Andernfalls wäre die Holobewegung natürlich nur ein weiteres einsteinisches, deterministisches Blockuniversum, das nach einem äußeren und zeitlosen Schöpfer ruft, und nichts Interessanteres als das. Bohm ist sich dessen wohl bewusst, und wenn er und sein Partner Basil Hiley sich der implizierten Ordnung mit Hilfe seiner mathematischen *Vorgeometrie* nähern – jener, die syntheologisch als das potentielle *Atheos* bezeichnet wird und die dem gegenwärtigen *Pantheos* vorausgeht – sprechen sie interessanterweise nur von einer Vorzeit und niemals von einer *Vorraumzeit*. Wenn wir die Sache also mit einem eher bohmischen Vokabular ausdrücken, können wir zwischen implizierter Zeit (als der absoluten und globalen Zeit entsprechend) und explizierter Zeit (als der relativen und lokalen Zeit entsprechend) unterscheiden. Das Vorhandensein der impliziten Zeit ist dann die eigentliche Grundlage des *chronozentrischen Weltbildes*. Es ist daher notwendig, zunächst die universelle Dauer zu verstehen, um sich überhaupt einem Verständnis der impliziten Ordnung, die Bohm schätzt, annähern zu können.

Ein Prototyp der Verarbeitung der materiellen Realität durch den Hegelschen Geist findet sich bereits in den Lehren des Propheten Zarathustra im alten Iran. Dort startet Zarathustra das erste theologische Konzept in der Geistesgeschichte, ohne die geringste Spur von übernatürlichen Phänomenen darin zu verweben. Er tut dies mit Hilfe des zweideutigen Konzepts *Ahura Mazda*, wobei Ahura die Materie (die explizite Ordnung) und Mazda den Geist (die implizite Ordnung) repräsentiert. Wir können sehen, wie dies in der Dialektik von Libido und Mortido wiederkehrt, wo die Libido den Geist (*Mazda*) und der Mortido die Materie (*Ahura*) repräsentiert. Zoroaster will den Geist als bewusste, existenzielle Wahl über die Materie stellen. Deshalb nennt er seine Anhänger *mazdayasni* (die Anhänger des Geistes) und nicht *ahurayasni* (die Anhänger der Materie). Der Zoroastrismus ist also nicht nur eng mit dem Buddhismus verwandt – die beiden Religionen teilten sich z.B. im indisch-iranischen Kushan-Reich mehr als 300 Jahre lang friedlich den Status der Staatsreligion –, sondern kann *de facto* auch in invertierter Buddhismus bezeichnet werden. Denn welche religiöse Gruppe könnte man am treffendsten als *ahurayasni* bezeichnen, wenn nicht die Buddhisten? Im Geiste des slowenischen Philosophen und Psychoanalytikers Slavoj Žižek können wir Zoroasters existentialistische Verteidigung der Libido gegen der *Mortido* so ausdrücken, als ob die Libido von dem Motto „lebendig, wenn sie tot ist" angetrieben würde, zu vergleichen mit der starken Anziehungskraft des Freudschen Todestriebs auf ein Ideal, das stattdessen das direkte Gegenteil ist, ein *Mortido*, dass das Motto „tot, wenn sie lebt" feiert.

In der netzwerk-dynamischen Weltsicht sind *universelle Eindeutigkeit* und *globale Zeit* zwei notwendige Seiten ein und derselben notwendigen Medaille. Die Welt ist nie geteilt und die Zeit nie gebrochen worden, stattdessen sind Welt und Zeit immer in der Holobewegung als ein einziges, zusammenhängendes Phänomen ineinander verzahnt. Sie sind die wesentlichen Voraussetzungen für einander. Dieses Phänomen umfasst nicht nur Physik und Kosmologie mit ihren besonderen Eigenheiten, sondern, wie Bohm gerne betont, auch das Bewusstsein und das Leben selbst. Die Grenze zwischen Physik und Metaphysik ist also aufgehoben. Es ist kaum verwunderlich, dass Bohm sich mit dem irreführenden Begriff der Quantenmechanik merklich unwohl fühlt und lieber von einer *Quantenorganik* sprechen möchte, um die Grundlagen der Physik zu diskutieren. Der Mobilismus geht dem Eternalismus voraus und löst sich am Ende immer in der *Dialektik von Eternalismus und Mobilismus* auf (siehe *The Global Empire*). Dies ist unvermeidlich, da das eingefrorene Bild, das man geschaffen hat, durch alle ständig stattfindenden Veränderungsprozesse obsolet wird. Oder wie Bohm selbst die Sache ausdrückt: „Jede relativ autonome und stabile Struktur ist nicht als etwas unabhängig und dauerhaft Vorhandenes zu verstehen, sondern als ein Produkt, das sich in der gesamten fließenden Bewegung gebildet hat und das sich letztlich wieder in dieser Bewegung auflösen wird. Wie sie sich formt und erhält, hängt von ihrer Platzfunktion innerhalb des Ganzen ab".

Für Bohm ist *der Prozess* primär. Was aus ontologischer Sicht als permanente Strukturen erscheinen, sind aus ontischer Sicht nichts anderes als relative, autonome Untereinheiten, die aus der Holobewegung entstehen und sich dann in dieser Bewegung durch einen großen und unaufhörlichen Veränderungsprozess wieder auflösen. Bohm verkündet damit einen entscheidenden Ausgang des klassischen Kampfes zwischen dem ewigen Parmenides und dem mobilistischen Heraklit zum Vorteil von Heraklit und den Mobilisten. Die prozessphilosophische Revolution, die der britisch-amerikanische Philosoph und Mathematiker Alfred North Whitehead in den 1920er Jahren in Gang gesetzt hat, wird von Bohm in Bezug auf Mathematik und Physik genauso vervollständigt wie sie von Bohms zeitgenössischem und hingebungsvollem Bewunderer Gilles Deleuze in Bezug auf Politik und Ästhetik vollendet wird. Aus den metaphysischen Werken dieser prozessphilosophischen Pioniere bauen wir das sozialrelationalistische Verständnis des Internet-Zeitalters auf (siehe *Syntheismus - Gott im Internet-Zeitalter erschaffen*). Whiteheads *Aktualitäten* als Grundlagen der Existenz haben ihre Entsprechung in den *Momenta* Bohm´s, in denen jeder einzelne Impuls als eine *Projektion* aus der gesamten impliziten Ordnung beschrieben werden kann. Sowohl die Teilchen als auch die Felder tanzen auf der globalen Zeit als den unzähligen Attributen der einen und einzigen Holo-Bewegung.

Ein interessanter Aspekt von Bohms Modell für die implizite Ordnung der Holobewegung und die explizite Ordnung des Universums ist, dass dasselbe Modell auch auf das menschliche Bewusstsein anwendbar ist. Anstatt eine große Anzahl von ungleichartigen Objekten zu sammeln und dann zu erraten, wie diese materiellen und scheinbar mechanischen Objekte auf irgendeine magische Weise zu einem ebenso materiellen, aber plötzlich auch höchst organischen Bewusstsein verbunden sind, können wir von der Einheit des Bewusstseins ausgehen und seine Komponenten als Attribute des Ganzen verstehen, wobei erlebte Momente entlang der Zeitlinie als explizite Projektionen des Bewusstseins und seiner impliziten Ordnung verstanden werden können. Das Implikat in der Zukunft wird, so Bohm, das Explikat in der Gegenwart sein, als ein *existenzieller Impuls*, etwas, das dann in eine Erinnerung umgewandelt wird, die sich als Implikat in der Vergangenheit über das gesamte Gehirn ausbreitet. Syntheologisch bezeichnen wir einen solchen Existenzmoment – dem es gelingt, die Selbstidentität des gesamten Bewusstseins zu durchdringen – als das *unendliche Jetzt*. Und das unendliche Jetzt ist natürlich das ultimative Ereignis, das die metaphysische Triebkraft für das Internet-Zeitalter darstellt.

Es geht um nichts Geringeres als das *Auftauchen* und, für wirklich spektakuläre Erfahrungen, die *Singularität* als subjektive Erfahrung. Es ist natürlich während und vor allem nach der Erfahrung des unendlichen Jetzt, wo das Dividuum seine eigene Identität erhält oder radikal neu bewertet. Das unendliche Jetzt ist also aus verständlichen Gründen der mystische Kern des Syntheismus, sein inbrünstig begehrter *Satori*, während die Erinnerung an die Erfahrung danach seine *Erleuchtung* ist. Die Übergangsriten, die zwischen Geburt und Tod stattfinden, waren nie wichtiger als in der ereignisgesteuerten, chronozentrischen Netzwerkgesellschaft. Das Momentum gehört hier zur expliziten Ordnung, während die Selbstidentität – das Bewusstsein als eine zusammenhängende und scheinbar dauerhaftere Einheit – auf die implizite Ordnung bezogen wird. Das Bewusstsein kann daher auf genau dieselbe – und ebenso radikal materialistische – Weise beschrieben werden wie das Universum selbst, ohne dass auf irgendeine übernatürliche Magie zurückgegriffen werden muss. Deleuzes Wort für dieses netzwerk-dynamische Thema im Internet-Zeitalter ist natürlich das *Dividuum*. Er zieht dem kartesischen Individuum den Teppich unter den Füßen weg, so wie Whitehead es uns unmöglich macht, das Newtonsche Atom als Fundament der physischen Existenz zu behalten. Dieses monistische Subjekt kann, genau wie die Whitehead´sche Realität, als ein expliziter Impuls verstanden und beschrieben werden, der auf dem phänomenalen Bewusstsein und der noumenalen Bewegung der Holomouvement tanzt und Stabilität impliziert.

Der Überrest der existentiellen Erfahrung ist eine ständige *Faltung* und *Entfaltung* des Materials der Erinnerung, wie sowohl Bohm als auch Deleuze die Sache ausdrückten, ohne dass wir uns in irgendeiner vulgärmaterialistischen Konzeption der illusorischen Natur der Subjektivität verheddern müssen. Stattdessen ist das Gegenteil der Fall: Wenn das Bewusstsein aus diesem Hin- und Herfalten und aus nichts anderem besteht, können wir überall dort, wo das Implizite und das Explizite aufeinander treffen, Proto-Bewusstsein finden. Es reicht beispielsweise bei einer Membran, die eine Zelle von der umgebenden Welt isoliert, um von einer *Protosubjektivität* zu sprechen. Das Universum kann zur gleichen Zeit als monistisch, materiell und mehr oder weniger „bewusst" beschrieben werden. Wir nennen es ein *panpsychisches Universum*, in dem der Panpsychismus über die Implikation der Netzwerk-Dynamik hinaus expliziert wird. Der Ursprung von all dem ist ein Prozess, reine Bewegung, ohne jede Substanz an sich. Der Mathematiker Hermann Grassman bemerkt, dass es in der Mathematik nicht um Ordnung in Zeit und Raum geht, sondern um Ordnung im Denken. Die Mathematik ist also eine phallische Organisation einer grundsätzlich matriarchalischen Realität. Sie spiegelt nicht die Wirklichkeit an sich wider, sondern beschreibt, wie der Mensch seine brutale und ambivalente Interaktion mit der Wirklichkeit in seiner eigenen Begriffswelt organisiert. Diese Gedanken verwandeln eine ständige transformative Realität von Prozessen in greifbare Phänomene, die Bausteine der menschlichen Weltsicht darstellen.

Durch die Dialektik von Ewigkeit und Mobilismus schafft der Mensch Ziele und Sinn in einer mobilistischen Welt. Es gibt keine ausdehnungslosen Punkte, weder in der Zeit noch im Raum. Stattdessen setzt sich die Raumzeit aus *Momenta* zusammen. Innerhalb dieser Momente wird die Welt von riesigen Feldern beherrscht. Nach der relationalistischen Weltsicht ist das Subjekt nichts anderes als die vollkommene, in jedem Augenblick entstehende Wirklichkeit. Das Subjekt kann hier als ein Tanz um ein leeres Loch beschrieben werden, bei dem das Subjekt von innen das Loch im Zentrum der Bewegung als das Subjekt selbst betrachtet, aber ein Beobachter von außen genau den Tanz um das Loch als das Subjekt versteht. Die Dialektik von Ewigkeit und Mobilismus wiederum versteht das Subjekt als die Diskrepanz zwischen dem inneren, ewigen und dem äußeren, mobilistischen Subjektverständnis. Subjektivität entsteht also erst am Ende eines Impulses als Kern der Diskrepanz zwischen der inneren ewigen und äußeren mobilistischen Beobachtung dieses Impulses. Das heißt: *Wir produzieren am Ende des Prozesses selbst ein Subjekt, das für uns keinen Sinn ergibt.* Als letzter Versuch, das Unverständliche zu flicken, identifizieren wir uns mit dem Widerspruch selbst. Diese Selbstobjektivierung täuscht uns vor, dass wir das Rätsel der Ambivalenz in dem vorliegenden Momentum gelöst haben, indem wir uns in die Mitte des Rätsels stellen, als ob unsere Subjektivität die greifbare Leere überbrücken könnte. Das Selbst ist nichts anderes als die Leere, die die umgebenden Diskrepanzen zu einem funktionalen Ganzen vereint. Das Selbstbild ist buchstäblich der Spiegel der Weltanschauung.

Es bleibt nur ein Unterschied im Grad zwischen all den verschiedenen Subjekten, die sich automatisch in allen intelligenten Systemen bilden. In der Natur wimmelt es von diesen illusorischen und temporären Subjektivitäten. Jede Illusion bleibt dann so lange bestehen, bis der nächste Schwung den Topf neu aufrührt und eine neue Erfahrung von Subjektivität erzwingt. Und diese Prozesse verdrängen sich gegenseitig in einem stetigen Strom. Diese Erfahrung bildet dann eine Linie mit dem vorhergehenden erfahrenen Subjekt, etwas, das der Verstand wählt, um es als ein *kohärentes Subjekt entlang der Zeitlinie* zu interpretieren. Die Libido kämpft dann mit Händen und Füßen gegen den Mortido, um dieses zeitliche Subjekt zu erhalten und zu verstärken. Dieser Prozess ist die Verdrängung des matriarchalischen Mortido ins Unterbewusstsein und der Sieg der phallischen Libido im Bewusstsein. Wir glauben, dass wir glauben, dass wir (als zusammenhängende Subjekte) existieren, und wir glauben, dass wir als eine *Kontinuität* leben wollen. Es sind funktionale Illusionen, die die Existenz handhabbar machen. Je robuster dieser Glaube von der Umwelt in Frage gestellt oder angezweifelt wird, desto stärker und verlässlicher erscheint er dem Subjekt selbst. Bewusstsein ist also eine Betrachtung um das Subjekt und die umgebende Welt sowie um deren Beziehungen zueinander. Es ist daher bedeutungslos, von einem Bewusstsein zu sprechen, wenn man nicht sowohl von einem Selbstbewusstsein als auch von einem Bewusstsein der umgebenden Welt spricht. Das Bewusstsein, so beobachtet der portugiesische Neurowissenschaftler Antonio Damasio, ist in erster Linie auf dem Willen zum Leben und zur Pflege des Selbst aufgebaut, um später erweitert zu werden und auch andere Selbste zu umfassen, die auf der sozialen Bühne auftauchen. Im Einklang mit diesen kultivieren wir dann die existenziellen und ästhetischen Möglichkeiten des Lebens. Auf diese Weise schaffen wir Sinn in unserem Leben.

12

Individualismus als Opium des Volkes - Hypernarzissmus, Pornoflation und Interpassivität

Die dramatische Rahmung [framing] der Medien ist aus vielen Gründen und in vielerlei Hinsicht problematisch, nicht zuletzt, weil unsere Gehirne darauf programmiert sind, Risiken so weit wie möglich zu vermeiden. Wenn sie ein Rascheln in einem Busch in der Savanne hörten, taten unsere Vorfahren gut daran, jedes Mal so zu reagieren, als gäbe es eine drohende und lebensgefährliche Bedrohung – etwa eine Giftschlange oder ein hungriges Raubtier – und sich sofort zurückzuziehen, auch wenn die Situation in Wirklichkeit ein falscher Alarm war und sich in 99 von 100 Fällen als völlig harmlos herausstellte. Beim hundertsten Mal wurde derjenige belohnt, der sowohl schnell reagierte als auch sehr vorsichtig war, während derjenige, der unvorsichtig und/oder langsam war, schwere Konsequenzen riskierte. Die natürliche Auslese sorgte dafür, dass die sehr vorsichtigen Personen mit der Zeit belohnt wurden. Diese Menschen lebten länger und pflanzten sich mit größerem Erfolg fort, und ihre Veranlagung zu instinktiver Angst und Vorsicht wurde auf Kosten der unüberlegten Risikobereitschaft vererbt. Im primitivistischen Nomadenstamm war dies also ein siegreiches Konzept. Aber für die heutigen Erben dieser instinktiven Angst und der Neigung, jede Veränderung als Bedrohung zu sehen ist es wesentlich problematischer.

Der schwedische Ideenhistoriker Johan Norberg zeigt in seinem Buch *Progress* auf, wie die ursprüngliche Haltung des Menschen, nach Bedrohungen in jeder Umgebung Ausschau zu halten, zu einer ständigen, kognitiven Verzerrung führt, die wiederum dazu führt, dass Rückschläge verschiedener Art vergrößert und übertrieben werden, während Fortschritt und Erfolg versteckt oder vergessen werden. Die Nachricht von einem Flugzeugabsturz verbreitet sich schnell über die Medien auf der ganzen Welt und sorgt für große Schlagzeilen. Unterdessen werden 40 Millionen Landungen erfolgreich und ohne jegliche Medienberichterstattung durchgeführt, was ein völlig falsches und erschreckend düsteres Bild vom Flugverkehr als unsicheres Transportmittel vermittelt, obwohl er eigentlich außerordentlich sicher ist, viel sicherer als beispielsweise das Auto. Wenn sich diese kognitive Verzerrung im Laufe der Zeit aufbaut und sich innerhalb großer Bevölkerungsgruppen ausbreitet, hat sie verheerende Folgen. Da der Mensch genetisch darauf programmiert ist, mögliche Bedrohungen zu übertreiben – und damit seine tägliche Realität zu sensationalisieren – wird sein gesamtes Verständnis seiner Umwelt und seine Beziehung zu ihr allmählich deformiert. Die Bedrohungen werden bedrohlicher, die Dunkelheit wird dunkler, während die positiven Möglichkeiten unbedeutend oder schlimmstenfalls nicht vorhanden zu sein scheinen. Wir verunstalten unsere Welt frenetisch, was ein erhöhtes Risiko mit sich bringt, dass die Verunstaltung zu einer sich selbst erfüllenden Prophezeiung wird.

Diese Situation dient sicherlich nicht unseren kollektiven Interessen an dem durch Digitalisierung, Medialisierung und Knotenbildung gefärbten und geprägten Weltreich, das in den ersten Jahrzehnten des 21. Jahrhunderts mit beispielloser Geschwindigkeit entstanden ist. Das Problem besteht nicht nur, nicht einmal in erster Linie, darin, dass die Paranoia und der Sensationalismus ein verzerrtes und schwer zu handhabendes Bild der Realität erzeugen. Besorgniserregend ist, dass die verzerrte Optik, durch die der Medienkonsument die Welt betrachtet, das kollektive Subjekt äußerst effizient stört und zersplittert. Die verschiedenen Stammes-Subkulturen zerfallen und kapseln sich in ihren jeweiligen Filterblasen ein, in denen sie den Hass, die Verachtung und das Misstrauen kultivieren, die sich gegen das richten, was per Definition *das Andere* ist, und die sich außerhalb der vertrauten Meinungsgemeinschaft befinden, die alle Informationen, die gegen die vorherrschenden Vorurteile verstoßen, sorgfältig aussortiert. Wenn es früher zumindest ein gewisses Maß an Konsens darüber gab, was die Fakten sind, und wenn die Uneinigkeit nur darüber bestand, wie diese Fakten je nach ideologischem Standpunkt zu verstehen sind, dann sind wir jetzt auf dem Weg zu einem Zustand in der Gesellschaft, in dem jedes Lager, jeder plurarchische Knotenpunkt seine eigene Menge von „Fakten" hat und alle unerwünschten Informationen als „fake news" ablehnen kann.

Es ist heute durchaus möglich, nach Strich und Faden zu lügen und sich eine beträchtliche Menge an politischer Popularität zu bewahren, ganz einfach, weil die Lügen dem Wunschdenken und den Halluzinationen entsprechen, die von großen Gruppen programmatisch unwissender Konsumentinnen und Konsumenten gehegt werden. Eine solche Beschäftigung mit willkürlich gewählten Symbolen – statt mit der tatsächlich vorhandenen Realität – nennen wir *Dekorationismus*. Die dekorative Gesellschaft entsteht, wenn einflussreiche Gruppen innerhalb der Eliten so sehr von oberflächlichen, sozialen Codes absorbiert wurden, dass sie jeglichen sinnvollen Kontakt mit der übrigen Bevölkerung verlieren. Es ist nicht mehr möglich, sich in erheblichem Maße auf inhaltliche Fragen zu konzentrieren, aber das, was ein Dialog über wichtige Dinge sein sollte, reduziert sich auf einen ewigen Streit um die Repräsentativität, das heißt: eine Frage, wer spricht und wer stattdessen das Recht hat oder möglicherweise sprechen sollte. Die dekorative Macht verwechselt bewusst Menschen mit Standpunkten. Eine Besessenheit von Tonalität und Etikette ersetzt Objektivität und Substanz.

Die postmoderne Gesellschaft ist durch eine Fixierung auf Oberfläche, Codes, Bild und Mode gekennzeichnet. Dazu kommt die blinde, ideologisch bedingte Überzeugung, dass alles in der Welt um uns herum auf rein soziale Konstruktionen reduziert werden kann. Das Ergebnis ist ein Zustand, der als *Dekorationismus par excellence* bezeichnet werden muss. Man beachte die auffallenden Ähnlichkeiten zwischen der politischen Korrektheit der Postmoderne – zum Beispiel als die Besessenheit der intersektionalistischen Theoretiker von der sensiblen Wortwahl, um alle Formen denkbarer verbaler Verletzungen verschiedener Minderheiten-Opferkulturen zu vermeiden – und den französischen (und Francophilen) Adelsvorstellungen der *noblesse oblige.* Dieses komplizierte Codesystem beruhte natürlich auf einer ständigen Besessenheit auf die Notwendigkeit, das kleinste Privileg, das einem sozialen Akteur gewährt wird, sofort durch die Pflicht auszugleichen, zumindest den Anschein zu erwecken, das Privileg auszugleichen oder auszulöschen – ein letztlich völlig erschöpfendes soziales Theater ohne jegliche dauerhafte praktische Konsequenzen, meisterhaft dargestellt beispielsweise von Honoré de Balzac in dem Roman *Die Lilie im Tal* von 1836. Durch seine dogmatische Relativierung untergräbt das dekorative Projekt jeden Versuch eines konstruktiven gesellschaftlichen Diskurses, der letztlich zu einem gewaltsamen Zusammenbruch führt, der in erster Linie durch eine totale und lähmende Uneinigkeit darüber verursacht wird, worüber man eigentlich uneins ist.

Eine zumindest einigermaßen funktionierende gesellschaftliche Konfliktbearbeitung erfordert zumindest eine grundsätzliche Einigung über die Formen der Uneinigkeit. Das bedeutet, dass Dekorationismus als Lebensform und kollektive Norm grundsätzlich mit *Tribalismus* in seiner elementarsten Form unvereinbar ist. Vielmehr behauptet der Dekorationismus, dass kein Mensch mit irgendeiner Form von konstruktiv beitragendem Persönlichkeitstyp oder mit irgendetwas Besonderem geboren wird – wir alle sind wie leere Seiten, die zu jedem oder irgendetwas entwickelt werden können, und jedem muss es erlaubt sein, die Träume zu verwirklichen, die er hegt –, während niemand jemals Verantwortung für irgendetwas übernehmen muss, da alle Misserfolge letztlich mit der unzureichenden Fähigkeit der Gesellschaft zusammenhängen, sich an die Bedürfnisse jedes Einzelnen anzupassen und sie zu befriedigen. Die Realität ist nach dieser Auffassung nicht real genug, was bedeutet, dass sie gezwungen werden muss, den Wünschen jedes einzelnen Menschen entgegenzukommen; es ist ganz einfach ein Menschenrecht, die Rolle zu spielen, die man auf der Bühne des sozialen Theaters spielen möchte. Zumindest solange man es schafft, sich – nach dem zugrunde liegenden Rousseau´schen Axiom – für den narzisstischen Status als *minoritäres Opfer* zu qualifizieren.

Das historische Problem des Dekorationismus besteht also nicht nur darin, dass er die Gesellschaft in eine Vielzahl verschiedener antagonistischer Subkulturen spaltet, sondern auch darin, dass er insofern äußerst matriarchalisch ist, als er jede Form phallischer Zivilisationsprozesse vermisst und dabei verachtet, was er als getarnte Unterdrückung betrachtet. Dekorationismus ist natürlich per Definition eher dekorativ als konstruktiv. Er ist besessen von der kulturellen Fassade und ihren endlosen Geschichtsschreibungen, als ob die materiellen Grundlagen der Zivilisation und die tatsächlich vorherrschenden Begriffe ganz einfach durch Wunschdenken entbehrlich wären, oder dass man sie mit Hilfe der intensiven Illusionsherstellung ignorieren kann. Wenn also der Dekorationismus den Durchbruch schafft, bedeutet das, dass die Architekten der Zivilisation von phallischen Helden zu gierigen und allgemein bösen Unterdrückern degradiert werden – der *Phallus an sich* ist natürlich böse – während man anfängt, Geschichten von erfundenen Pseudomatriarchaten von einst zu erzählen und diese als Ideale für die Gesellschaft insgesamt und auch als beispielhafte Modelle dafür zu präsentieren, wie man heute soziale Führung ausüben sollte. Plötzlich wird jede Firma, Organisation, politische Partei oder Religionsgemeinschaft so organisiert, als wäre sie ein großer, fröhlicher Kindergarten, der nicht jeden Tag einem gnadenlosen Wettbewerb ausgesetzt ist. Dieser Prozess findet statt, während die Forderungen des Tribalismus nach *Zusammenarbeit* als Grundprinzip der sozialen Gemeinschaft durch den Flirt des Dekorationismus mit der narzisstischen *Selbstviktimisierungsmythologie* als kleinsten gemeinsamen Nenner ersetzt werden.

Folglich wird die dekorative Wahrheit auf ein leeres Machtspiel reduziert, bei dem es darum geht, wer als *größtes Opfer* mit der größten Aufmerksamkeit belohnt werden soll. Diese Verlagerung des Schwerpunkts hat dramatische Folgen. Denn der Dekorationismus tauscht nicht nur den Fetisch gegen das Abjekt als kohäsives kathexales Objekt ein, sondern er beginnt auch einen Wettstreit darum, wer plötzlich die Ehre haben soll, den Phallus zu ersetzen und als das verhasste Abjekt zu agieren, mit anderen Worten: Wer ist am besten darin, sich selbst in der sozialen Arena in dem verzweifelten Kampf um Aufmerksamkeit zu hassen und zu verachten? Es spielt auch keine Rolle, ob die schrecklichste Angst vor dem Rechtsstaat verwirklicht wird und Unschuldige beginnen, einer nach dem anderen geopfert zu werden – im Vergleich zum größten Opfer sind natürlich alle anderen gesellschaftlichen Akteure durch ihre bloße Existenz schuldig –, denn es ist das Opfer und nicht der Held, der die Rolle des *Moralapostels* beansprucht hat, der die willkürlichen Spielregeln aufstellt. Eine logische Konsequenz dieser Machtverschiebung, die eine neue Metapher des Spiels darstellt, besteht darin, dass alle Akteure auf die dystopische Ebene des mortidinalen Opfers herabgesetzt werden müssen, um ihre existentielle Schuld aufzuheben, anstatt, wie früher, auf die utopische Ebene des libidinösen Helden gehoben zu werden, um ihr Potenzial zu verwirklichen. Die dekorative Postmoderne ist ganz einfach ein rein matriarchalisches Projekt der mortidalen Todesanbetung, ohne eine Spur phallischer Ausrichtung – eine aggressive Reaktion gegen die fast parodistische phallische Triebkraft der Moderne –, die in ihrem Eifer, die Moderne zu *dekonstruieren*, schließlich das eigentliche Fundament der Zivilisation angreift, nämlich die phallische Vision an sich.

Wir sprechen davon, wie auf den libidinösen Aufstieg einer Zivilisation ihr mortidinaler Verfall folgt; die gegenwärtige *Dekadenz* sollte wirklich wörtlich verstanden werden. Alle Akteure sollten gehört werden, alle Akteure müssen das Recht haben, gesehen zu werden, jeder hat das Recht auf seine aufmerksamkeitsstarke Plattform und auf ein großzügiges Maß an Aufmerksamkeit, auch wenn alle Formen der Glaubwürdigkeit fehlen; genau hier liegt der dekorative Wert. Und dies gilt unabhängig davon, ob das, was gesehen und gehört wird – von der Plattform aus, die man mit ideologisch bedingtem Wohlwollen versorgt – irgendeinen konstruktiven Wert hat, der über das rein Rhetorische, das nur mit der Theaterbühne verbunden ist, hinausgeht. Dass schwierige

Entscheidungen getroffen werden müssen, dass Zielkonflikte behandelt und Ziele erreicht werden müssen, wird völlig ignoriert. Doch abgesehen von dem Stück, das unter dem Scheinwerferlicht der Medien aufgeführt wird, gibt es eine andauernde Realität, die das dekorative Spektakel sowohl irrelevant als auch gefährlich für die Gesellschaft macht. Es ist insofern gefährlich, als sich der Fokus aller Diskurse von der phallischen Herausforderung und der triebhaften Volljährigkeit auf die matriachale Freiheit von Forderungen und die mortidinale Infantilisierung verlagert. Wir haben sehr reale gesellschaftliche Probleme zu bewältigen, aber wir haben eine Medienkultur geschaffen, die von kastrationsbedingter Unentschlossenheit geprägt ist – was in vielerlei Hinsicht unsere Fähigkeit, mit den Herausforderungen ernsthaft umzugehen, stark einschränkt –, da wir darauf bestehen, uns als hilflose Kinder mit Rechten zu sehen, die jemand anders schützen muss, statt als fähige Subjekte, die zusammen mit Gleichgesinnten bedeutende Veränderungen erreichen können.

Die Massen würden lieber jammern, als zu handeln. Und das erklärt, warum die Konsumentinnen und Konsumenten in der Netzwerkgesellschaft nie volljährig werden. Sie können sich nicht dazu durchringen, die *Mamilla* für den *Phallus* zu verlassen, und führen daher nicht die zweite und dritte Phase der Abjektion durch, sondern bleiben an der Brust des *Großen Anderen*, obwohl es sich um eine reine Illusion handelt. Diese groß angelegte Infantilisierung des Konsumententums findet unter stolzen, aber völlig falschen und irreführenden Fahnen statt, wie z.B. der Idee „der Konsument hat immer Recht“ und „der Wähler hat nie Unrecht“ des Demokratismus – zwei perfekte Beispiele für völlig trügerischen Unsinn. Das Internet ist natürlich zum Teil ein Spross der amerikanischen Gegenkultur und war lange Zeit von glühend optimistischen Bestrebungen umgeben: Die neue Technologie würde den Traum einer vernetzten Menschheit verwirklichen, die sich allmählich zu einer klassenlosen und zunehmend wohlhabenden Gesellschaft entwickelt, in der jeder Zugang zu allen relevanten Informationen hat und in der jeder zu einer intelligenten und konstruktiven Debatte unter dem Gesichtspunkt der Chancengleichheit beitragen kann. Stattdessen bewegen wir uns schnell auf eine Welt zu, die von unzähligen wohlfahrtsbedingten

Krankheiten belastet ist und in der sich die Mehrheit der Erwachsenen wie überfütterte und verwöhnte Kinder verhält. Wir amüsieren uns zu Tode, wie der Medientheoretiker Neil Postman beobachtet hat, während wir uns, unterstützt durch massive Mengen an schnellen Kohlenhydraten, bis zur tödlichen Fettleibigkeit verzehren.

Der Dekorationismus kündet mehr als alles andere vom Untergang der fettleibigen und müden Zivilisation. Dekorationismus ist ganz einfach *Dekadenz par excellence.* Ein deutlicheres Beispiel für die verheerende Wirkung des politisch korrekten Dialogs auf die gesellschaftliche Debatte ist kaum vorstellbar. Wieder einmal wiederholt sich das Muster, dass das Wertesystem der Oberschicht im Zusammenhang mit einem informationstechnologischen Paradigmenwechsel von der neuen Unterschicht geerbt wird, während die Wahrheitsproduzenten der neuen Oberschicht die Metaphysik des neuen Paradigmas auf das nun entstandene Spielfeld abstimmen. Das wiederum bedeutet, dass das, was wir mit dem Aufkommen des Informationalismus erleben, nichts anderes ist als der *Niedergang des Individualismus.* Denn wer sind diejenigen, die bis zuletzt an der knochentrockenen Mamilla des dysfunktionalen Individualismus festhalten, wenn nicht das infantilisierte Konsumtariat? Die unwillkommenen, ungelesenen, narzisstischen Newsletter überfluten die Spam-Ordner der Mailboxen. Die Konsumentinnen und Konsumenten widmen ihre verfügbare Zeit dem Konsum banaler Unterhaltung in Form von Wettbewerben, bei denen die eine oder andere Person abgewählt wird, während die anderen weiterhin um die Gunst des Publikums kämpfen. Oder aber man lädt massenhaft talentlose Medienproduktionen in Form von selbstproduzierten Bildern, Filmen und Musik hoch, die sich niemand jemals anschaut.

Die dekorative Gesellschaft kann als eine Art goldenes Zeitalter des Kulturnihilismus beschrieben werden. Wie verhält sich nun der postmoderne Kulturnihilismus zu den soziobiologischen Grundvoraussetzungen des Menschen? Die Technik ist natürlich die Mutter allen Wandels. Aber der Mensch wehrt sich natürlich beständig gegen die Technik. Wie sieht also die Dialektik der Variable t für die Technik und der Konstante m für den Menschen aus? Die Wahrheit ist, dass der Mensch im Schnittpunkt zwischen seiner Innerlichkeit (Selbstbild) und seiner Äußerlichkeit (Weltbild) lebt. Die Innerlichkeit, die matrichal ist, lässt sich nie vermeiden. Sie macht ihre Präsenz ständig spürbar. Das Äußere, das phallisch ist, kann dagegen entweder in die Innerlichkeit absorbiert oder aber ins Unterbewusstsein verdrängt werden. Diese grundlegende dialektische Asymmetrie bewirkt, dass alles im Leben des Menschen, seine Plattform für alles andere, aus der Innerlichkeit aufgebaut wird, da sie immer der Äußerlichkeit vorausgeht. Das Subjekt geht dem Objekt voraus. Oder besser gesagt: Das Subjekt ist das erste Objekt in seiner eigenen Existenz. Dieser Prozess muss wiederum mit dem wohl am missverstandensten aller Begriffe beginnen: der *Selbstliebe.* In der dekorativen Netzwerkgesellschaft – in der der Mensch ständig zur *Hyperemotionalität,* zur Entlarvung seiner Innerlichkeit durch Fühlen und Denken und zur Selbstdarstellung ermutigt wird, um später dieses Fühlen und Denken ohne problematische Reflexion zu formulieren – wird die Selbstliebe ständig als ein weiteres Projekt in einer Reihe von unzähligen hyperemotionalen Projekten missverstanden. Aber das ist sie definitiv nicht. Diese Möglichkeit besteht nicht einmal.

Sie kann nicht existieren, weil ein Gefühl für das Selbst ein Engagement von der Externalität erfordert, und genau hier stößt das Projekt auf starken Widerstand. Etwas für sich selbst zu empfinden, wird immer zu einer Frage der Suche nach Meinungen und Zustimmung von anderen Menschen, obwohl die Meinungen und Zustimmung anderer Menschen keinerlei Auswirkungen auf die Selbstliebe als solche haben können. Wer sich selbst nicht liebt, kann nicht glauben, dass ein anderer ihn auch lieben könnte, egal was andere Menschen sagen oder tun. Er macht sich ganz einfach unempfindlich gegenüber der Wertschätzung von außen. Wir sehen die Welt durch unser eigenes Selbstbild und können nicht anders handeln. Der Mensch kann sich selbst nicht akzeptieren, wenn er nicht zuerst eine matriachisch bedingungslose Liebe und Bestätigung als existentielle Einsicht aufbaut oder wahrnimmt. Die Eigenliebe gehört daher zu der einzigartigen Liebe, die Baruch Spinoza *amor intellectualis* nennt und die Friedrich Nietzsche als *amor fati* definiert: die intellektuelle Liebe bzw. die Liebe zum Schicksal. Das ist Liebe als ein emotionsloser, ethisch-logischer Akt und nicht als sentimentales

Gefühl. Eine zwar bedingungslose, aber dennoch phallische und nicht matriarchalische Liebe. Man liebt sich selbst, weil es ethisch richtig ist, weil es logisch unvermeidbar ist und weil es strategisch notwendig ist.

Es ist genau diese brutale Verbindung mit der Realität, die die Selbstliebe zu einem phallischen Grundbaustein macht. Aber nicht, weil man zuerst den Luxus hatte, überhaupt etwas zu empfinden. Selbstliebe ist also nichts anderes als eine radikale Akzeptanz der eigenen Existenz – ohne Ausreden oder Übertreibungen – und damit auch eine radikale Akzeptanz und Achtung vor dem Schicksal, das dieses spezifische Geschöpf hervorgebracht hat, das dies selbst erlebt. Nur von dieser netzwerk-dynamischen Plattform der Selbstliebe innerhalb der matriachalen Innerlichkeit aus kann der Mensch nach außen schauen, etwas in sich aufnehmen und echtes Mitgefühl für die phallische Äußerlichkeit empfinden. Dazu gehört die Fähigkeit, dann etwas für sich selbst als soziales Wesen zu empfinden. Sonst wird alle Energie verbraucht, um einen anspruchsvollen Selbstschikanen-Mythos des blinden Genusses innerhalb der Innerlichkeit zu kultivieren, wo mehr oder weniger alles, was zur Äußerlichkeit gehört, ins Unterbewusstsein verdrängt werden muss. Das heißt, ein Leben voll eklatanten Narzissmus als Ausgleich für den Mangel an Selbstliebe. Das Leben wird in diesem Sinne nicht nur lieblos, sondern auch grundlegend verlogen und extrem verwirrt. Wir finden dann ein Geschöpf, das nach dem pseudophallischen Idol mit einfachen Lösungen als Antwort auf alle Fragen sucht, die sich aus den Dilemmas ergeben, die durch das Fehlen der Eigenliebe entstehen.

Auf diese Weise wird der Mensch grundlegend dysfunktional, wenn ihm die Fähigkeit fehlt, ethische Selbstliebe zu beschwören. Ein Therapeut nach dem anderen wird auf der Suche nach dem ersehnten, infantilisierenden Geschichtenerzähler, der die phallische Wahrheit *vermeidet*, entlassen. Auf kollektiver Ebene führt dies zu dem Dekorationismus, der Dekadenz in seiner reinsten Form. Wir sprechen also von einer kollektiv verbreiteten Selbstverachtung von gigantischen Ausmaß. Und da Narzissmus das menschliche Kompensationsverhalten *schlechthin* ist, bezeichnen wir diesen Zustand als *Hypernarzissmus*. Aus Mangel an Selbstliebe – was wiederum auf einem Missverständnis beruht, denn Selbstliebe ist eigentlich gar keine Emotion, sondern lediglich ein logisch notwendiger Standpunkt in Form von Selbstakzeptanz – kompensiert das Dividuum, indem es die Wertschätzung anderer Menschen für mehr oder weniger alles sucht, was er tut. Wir sind dem Punkt sehr nahe, an dem der Narzisst nicht einmal mehr in einen Bus einsteigen kann, ohne verzweifelt den Applaus des Busfahrers und der Mitfahrer für genau diesen Akt des Einstiegs zu suchen, der somit als außerordentlich bemerkenswert gilt. Aber es ist nie genug. Die Zustimmung kann niemals ausreichen. Egal wie viel Aufmerksamkeit und Anerkennung der Narzisst von anderen Menschen erhält, sie kann niemals seinen Mangel an Selbstliebe und – vor allem – Selbstakzeptanz kompensieren. Es ist so, als ob die Aufmerksamkeit nie im narzisstischen Selbstbild Halt macht und es daher unmöglich wird, sie aufzunehmen, sich wirklich darüber zu freuen und sie als auch nur ein bisschen überzeugend zu sehen. Deshalb muss die Bestätigung immer wieder gesucht werden – ein Verhalten, das ständig verbundene Smartphones und Laptops mit massiver Kraft antreibt – auch wenn das Ergebnis ständig deprimierend ist.

Das zwanghaft wiederholende Verhalten kann niemals das gewünschte Ergebnis erzielen, denn der Narzisst ist ein schwarzes Loch in Bezug auf Aufmerksamkeit und Wertschätzung. Und dieses ständige wiederholte Versagen wird grundlegend für eine zutiefst dysfunktionale Persönlichkeit. Wenn sich dieser destruktive Kreislauf oft genug vollzogen hat, wird er als natürlicher Zustand der Dinge wahrgenommen und schafft eine Illusion von Sicherheit und ein Gefühl der Unvermeidbarkeit, das sich zu einer dividuellen Identität mit klaren Konturen formt – eine fatale Reaktion, da dies den Narzissten wirksam von der umgebenden Welt abschirmt und externe Impulse und alternative Perspektiven ausschließt. Der Organismus sperrt sich dadurch in ein *Mortido* ein und beginnt, sich dem Genuss der robusten Eternalisierung und ihrer scheinbaren Nachhaltigkeit zu widmen. Nach Sigmund Freud ist dieser Zustand der *Todestrieb* in seiner reinsten Form. Der Kontakt mit der umgebenden Welt verengt sich und wird in der Praxis darauf reduziert, dass die eigene Inkompetenz ständig bestätigt wird, auch wenn der volle Sinn verdrängt werden muss, um das Selbstbild des Narzissten zu erhalten. Auf diese Weise ist es völlig in Ordnung, dass Menschen ihre Tage in einem Kokon der Unzulänglichkeit ausleben. Aber warum ist das so? Was macht den Narzissmus für den Menschen so natürlich und so leicht absorbierbar und identitätsstiftend? Und wie kann er außerdem als ideologisches Gebot akzeptiert und hochgehalten werden, obwohl er es dem Menschen unmöglich macht, als gut integriertes Geselligkeitstier unter anderen zu funktionieren? Was ist es, das Jean-Jacques Rousseau und seine dekorativen Heterodoxien so unglaublich populär macht, dass sie stets wiederkehren?

Eine Antwort finden wir im *kartesianischen Individualismus*, der einen einzigartigen Versuch darstellt, den menschlichen Narzissmus in ein philosophisches und theologisches Dogma zu verwandeln – das dann die westliche Welt nach dem 17. Jahrhundert bis zur Ankunft des netzwerkgestützten Internets etwas mehr als 300 Jahre später beherrschen wird – zusammen mit der ideologischen Ergänzung des *Newton´sche Atomismus* innerhalb der Naturwissenschaften. Aber selbst wenn wir den Franzosen René Descartes als Autor des Individualismus und den Engländer Isaac Newton als Autor des Atomismus in ihren unterschiedlichen Ausprägungen im 17. Jahrhundert benennen, wird dieses Konzept erst etwa 100 Jahre später durch den Deutschen Immanuel Kant perfektioniert. In Kant finden wir den Schlüssel, der das Rätsel der Umarmung des Narzissmus erklärt. Denn Kant argumentiert, dass das innerste Wesen des Subjekts gerade in seiner Unersättlichkeit liegt. Das Subjekt ist nicht nur durch eine Art tierischen Überschuss gekennzeichnet, der einem Defizit an Menschlichkeit entspricht. Was Kant behauptet, ist, dass das Subjekt eigentlich dieser fundamentale Überschuss ist und nichts anderes. Das Subjekt kann sich selbst nur durch seine Völlerei erkennen. Das kantische Subjekt wird somit zum *libidinösen Subjekt schlechthin*. Und die Forderung, die Kant an dieses nachchristliche, libidinöse Subjekt richtet, ist, dass es genau die Rolle spielen muss, der Gott entsagt hat, nämlich die Rolle des *Meisters der Natur*.

Es ist kaum verwunderlich, dass die Welt dem kantisch-libidinöse Subjekt in Europa seit dem späten 18. Jahrhundert durch den Kolonialimperialismus und die eskalierende Verwüstung der Ressourcen des Planeten zu Füßen liegt. Es ist natürlich dasselbe kantische Libidinalsubjekt, das sich dann auf die Couch des Psychoanalytikers Jacques Lacan, des größten Kantianers des 20. Jahrhunderts, legt, was dazu führt, dass Lacan das kantische Libidinalsubjekt als einen Überschuss um eine Leere herum zusammenfasst, die sich nie selbst findet, sondern sklavisch seinem Begehren bis zum Tod folgen muss. Lacan hat natürlich insofern Recht, als er den kantischen Individualismus so weit wie möglich führt, d.h. bis zu dem Punkt, an dem wir die unendlichen Ressourcen der Natur erschöpfen. Und nur dort, bei der explosionsartigen Entstehung von *Netzwerk-Dynamiken*, sowohl in der Physik als auch in der Soziologie, kann der Mensch damit beginnen, mit sich selbst zu experimentieren, und zwar als Teil eines Netzwerkes, das einen viel größeren Wert hat als das Dividuum selbst, und darüber hinaus auch viel höher ist als das, was der Summe des Wertes aller beteiligten Dividuen entspricht. Dies erfordert sowohl Einsicht als auch Entschlossenheit, um diese Transzendenz als Ausgang aus dem gusseisernen Griff des Begehrens zu akzeptieren. Es erfordert ganz einfach die Einsicht und Entschlossenheit eines Nietzscheanischen *Übermenschen*. Für die große Mehrheit der Menschen liegt die Reaktion stattdessen im genauen Gegenteil: Was wir vor dem drohenden Sturz des Individualismus in die Welt treten sehen, ist nichts anderes als eine Überreaktion der noch immer kartesianischen Unterschicht: Der *individualistische Fundamentalismus ist die Ideologie des Konsumententums schlechthin.* Was ist also individualistischer Fundamentalismus, wenn nicht ein Individualismus, der die Tür zu allen Formen der Kritik von außen verschlossen und aufgehört hat, auf sie zu hören, und der daher nur als Narzissmus in seiner reinsten und hysterischsten Form erscheinen kann?

Kein gesellschaftlich struktureller Wandel ist jemals einfach oder schmerzlos. Wenn sich die Netzdynamik als der Trend etabliert, der gleichbedeutend ist mit der Macht, die die netokratische Elite während des Informationalismus formt, lauert hinter ihr der Gegentrend *Hypernarzissmus* des Konsumtariat als sein dunkler, unentrinnbarer Schatten. Was also trennt den Hypernarzissmus vom klassischen Narzissmus? Nun, er entsteht als eine historisch neue Kombination von Masochismus und Exhibitionismus. Früher neigten Sadismus und Exhibitionismus dazu, sich einander anzunähern, während der Masochismus eher mit dem Voyeurismus sowohl auf der sozialen Bühne als auch in der Identitätsproduktion interagierte. Neu in der Netzwerkgesellschaft ist die Explosion von aufmerksamkeitsdurstigen Kulten, die sich auf den demonstrativen Opferstatus konzentrieren. Der Hypernarzissmus ist also an einen mortidinalen Märtyrerkomplex gebunden, der seine Energie aus der aus seiner Sicht vorherbestimmten Niederlage bezieht. Es ist natürlich im Wesentlichen eine rousseau´ische Todesverehrung, die sich erlaubt, so viel Lärm wie möglich zu machen, da der Kult ohnehin sterben wird. Es ist diese Überzeugung des Schicksals, die den Hyperzustand erzeugt, von dem wir sprechen. Der Hypernarzissmus kann anfangen zu kochen und übersprudeln, da er keine hemmenden Komponenten enthält; die Intensität ist im Prinzip unbegrenzt und wird in einer Zeit, in der das *Ereignis* den kollektiv umfassten Motor der Metaphysik darstellt, noch verstärkt.

Der Hypernarzissmus nutzt alle verfügbaren Mittel und verbraucht jede verfügbare Energiequelle, um sich am Leben zu erhalten und so lange und so viel wie möglich gesehen, gehört und in jeder Hinsicht wahrgenommen zu werden. Die Medienentwicklung verstärkt und beschleunigt diesen Prozess. Der Übergang vom klassischen Individualismus zum Hypernarzissmus ist eng mit der ausgeprägten *Interpassivität* und *Pornoflation* der sozialen Medien verbunden und erhält einen optimalen Nährboden: ein hysterischer Wettstreit der Selbstentblößung für die gleichgültige Masse, bei dem jeder zu sehr damit beschäftigt ist, Fotos seines eigenen Mittagessens zu posten, um Zeit für etwas anderes zu haben als sich über Kim Kardashian zu informieren. Dieser chronische Mangel an authentischer Aufmerksamkeit lässt das hypernarzisstische Hamsterrad immer schneller drehen. Das Ergebnis ist ein Todestanz des Konsumtariat, der auf *dem falschen Ereignis per excellence* aufgebaut ist: der faden und chronisch frustrierten Sehnsucht nach der bestätigenden Präsenz des *phallischen Blicks.* Aber es gibt keinen phallischen Blick, der die sehnlichst erwünschte Bestätigung liefern kann, die den Hypernarzissten zufriedenstellt. Die Situation ist in der Tat so schlimm, dass es überhaupt kein Publikum gibt. Stattdessen existiert der phallische Blick nur innerhalb des netokratischen Kollektivs, wo er eher *angereichert[imploited]* als ausgebeutet wird – er wird nur innerhalb eines stark begrenzten und sorgfältig ausgewählten Kreises ins Spiel gebracht und genutzt. Was außerhalb dieses kreativen Eliten-Netzwerks übrig bleibt, ist lediglich eine Müllhalde voller sinnloser, mittelmäßiger Medienproduktion, um die sich niemand kümmert und die völlig entbehrlich ist. Dazu kommen viele Millionen zerbrochene Träume, von einem phallischen Blick gesehen zu werden, der nicht existiert.

Die Entwicklung hin zum *hypernarzisstischen Zustand* wurde von Menschen vorhergesagt, die sowohl Einblicke in die Soziobiologie des Menschen als auch in seine Kulturgeschichte haben, Menschen, die sowohl die technologischen Veränderungen als auch ihre Auswirkungen in Form von pathologischen Symptomen verstehen. So behauptete der amerikanische Historiker Christopher Lasch bereits Ende der 1970er Jahre in seinem Buch *The Culture of Narcissism*, dass die Entstehung der modernen Konsumkultur nach dem Zweiten Weltkrieg den westlichen Individualismus zu seiner endgültigen Form vorangetrieben hat, einem Zustand, den wir *therapeutischen Narzissmus* nennen. Lasch argumentierte, dass das schwache Selbstbewusstsein des Narzissmus zu einer weitreichenden Angst vor verbindlichen Verpflichtungen führt, einer erschreckenden Angst vor dem Tod und dem Altern, die sich in der Besessenheit von Jugend und der Fixierung auf Ruhm und die äußeren Attribute des Erfolgs äußert, ein Prozess, der viel von seinem Treibstoff aus den Massenmedien wie Film und Fernsehen bezieht. Dem neuen Fortschrittsideal fehlt es an Inhalt, stellte Lasch fest. Es gibt keine objektiven Kriterien mehr, was bedeutet, dass der Narzisst in den Augen des gleichgültigen – oder abwesenden – Zuschauers Macht ausübt. Diese Tatsache, sowie die Tatsache, dass das Leben in so hohem Maße über elektronische Bilder in den digitalen Medien vermittelt wird, führt zu einer Vorstellung davon, wie das Handeln eines jeden auf der Bühne des sozialen Theaters vor einem unsichtbaren Publikum zum Ausdruck kommt.

Dies wiederum bedeutet, dass der Begriff des Ruhmes den Charakter völlig verändert. Andy Warhol verkündete 1968, dass in Zukunft jeder für 15 Minuten berühmt sein wird, was angesichts der Medienentwicklung nun revidiert werden muss. Der Schriftsteller und Kritiker Martin Amis hat stattdessen den Begriff *Karaoke-Ruhm* vorgeschlagen, was bedeutet, dass in Zukunft jeder ständig berühmt sein wird, aber nur in seinem eigenen Kopf, in seinem eigenen Wahn mit einem illusorischen Publikum und tatsächlich nicht vorhandener Aufmerksamkeit. Wenn also der Spätkapitalismus dem ständig auf der Therapiecouch liegenden Narzissten reichlich Brennstoff gab, so war dies nur eine milde Vorahnung im Vergleich zu der Explosion des Hypernarzissmus, die der Informationalismus vorantreibt. Die ständige Exposition über die sozialen Medien gegenüber zeitweiligen, aber im Allgemeinen oberflächlichen Kontakten mit Hunderttausenden von Menschen im Verlaufe eines Lebens – etwas, das eine beträchtliche Belastung darstellt, da wir biologisch darauf programmiert sind, mit nur wenigen hundert sozialen Kontakten sinnvoll umgehen zu können – lässt das informationalistische Dividuum tendenziell auf den Hypernarzissmus des Internet-Zeitalters hereinfallen. Einige sind so versiert in der raffinierten Kunst der Selbsttäuschung, dass es ihnen gelingt, die Illusion zu bewahren, dass es ein Publikum für die endlosen Wiederholungen des Hypernarzissmus des schwarzen Lochs, das das aufgeblasene Ego ist, gibt. Für die anderen gibt es andere Lösungen; es ist anscheinend völlig in Ordnung, die Aufmerksamkeit zu konsumieren, indem man einen Therapeuten für regelmäßiges Vorgeben des Zuhörens bezahlt.

Der Kapitalismus treibt den therapeutischen Narzissten also dazu an, hart zu arbeiten, um Geld zu verdienen, um mit diesem Geld die Aufmerksamkeit zu kaufen, die ihm während der endlosen Therapiesitzungen fehlt, und wenn diese Sitzungen niemals das begehrte „Glück" bringen, bleiben unerschöpfliche Möglichkeiten, die schmerzhafte Leere mit weiterem trendbewusstem Konsum von Gütern und Dienstleistungen – notfalls auf Kredit – zu füllen, vorzugsweise terminologisch getränkt mit allerlei spirituellem Hokuspokus. Was wäre zum Beispiel ein *selfie* ohne ein modisches *hashtag*? Auf diese Weise ist der Hypernarzisst in seinem sich ständig drehenden Hamsterrad gefangen; das ist Kants animalischer Überschuss als subjektive Erfahrung, der kantische Alptraum der Flucht vom unerreichbaren Phallus zurück zur scheinbar verfügbaren Mamilla, die den unstillbaren Hunger des Narzissten nie stillt. Diese Flucht zur Mamilla kann natürlich nie zu einer funktionierenden Libido führen, und was bleibt, ist nur die mortidinale Muttermilch in verdichteter Form, als *angstlösende Pille*. Das geringste Anzeichen dafür, dass jemand überhaupt bemerkt, was vor sich geht, da der Hypernarzisst seine Umgebung ständig mit sinnlosen Botschaften bombardiert, versorgt den Sender mit einer neuen Dosis Sauerstoff und damit mit neuer Energie, um seinen unaufhörlichen Feldzug noch härter voranzutreiben. Es ist diese hysterische Eskalation der Pseudoaktivität, die als *Pornoflation* bezeichnet wird.

Während der tägliche Newsletter des Hypernarzissisten immer mehr in die netokratischen Spam-Ordner verschoben wird – diese ständige Flut von verbalen Selbstliebkosungen, die von der phänomenale Klugheit und den wohlverdienten Ruhm des Narzissisten künden – kindliche Plädoyers, die den Forderungen eines Vierjährigen nach ständigem Lob von der Erwachsenenwelt für jeden einzelnen Federstrich in einem steten Strom produzierter „Zeichnungen“ ähneln – muss es eine ständige Eskalation in Form von immer verzweifelteren Aktionen geben, um die Illusion einer funktionierenden Aufmerksamkeitsmaschinerie aufrechtzuerhalten. Am Ende bleibt nur ein herzzerreißender, verzweifelter Schrei direkt in die pechschwarze Leere der medialen Gleichgültigkeit. Der Hypernarzisst schlägt isoliert und verlassen, ohne jegliche Stammeszugehörigkeit, auf dem Boden auf. Der letzte Warteraum für diesen sozialen Tod des Internet-Zeitalters ist genau der Raum, in dem die Hypernarzissten am Ende zusammengepfercht sind, indem sie vorgeben, die Beiträge der anderen in den sozialen Medien zu mögen und vorgeben, für diese Pseudounterstützung dankbar zu sein, nach dem Motto „Wenn Du vorgibst mein untalentiertes und sinnloses Gekritzel in Form von simulierter Kreativität zu konsumieren und auch zu ‚liken‘, werde ich im Gegenzug vorgeben Deins zu konsumieren und zu liken, und wir werden gemeinsam eine Gemeinschaft der Vortäuschung aufbauen, die unsere narzisstischen Bedürfnisse befriedigt, aber nur als Täuschung.“ Das quasi-ideologische Korsett, das diese Verzweiflungstat stützt, ist ein empörter Moralismus, der sich an allen Netokraten orientiert, die an echter Vernetzung und kollektiver Ko-Kreation interessiert sind und deshalb die Bühne längst verlassen haben. Über die authentische Interaktivität der Netokraten, an der man weder teilnehmen kann noch darf, hegen die Hypernarzissten einen ebenso intensiven wie verwirrenden Verdacht. Willkommen im Konsumtariat, der reaktionären Unterschicht des Internet-Zeitalters, und seiner ironisch fiebrigen *Interpassivität.*

Wenn die Netokratie durch libidinöse Interaktivität getrieben wird, wird das Konsumtariat entsprechend durch mortidinale Interpassivität gelähmt. Das Konzept wurde von dem österreichischen Philosophen Robert Pfaller in dem Buch *Interpassivität: Die Ästhetik des delegierten Genusses* definiert und entwickelt. Pfaller stellt den informationalistischen Konsumenten als den *mortidinalen Organismus par excellence* vor, einem erwachsenen Fötus, der auf alle Formen der äußeren Einwirkung mit Abscheu reagiert: der Freudschen Todestrieb in seiner reinsten Form. Es handelt sich um eine Art vegetativen Konsum per Tropfflasche ohne gegenseitige Forderungen. Das einzige, was der passiv konsumierende Konsument tun muss, ist, rein physisch zu existieren und damit eine Lücke in der Statistik zu füllen. Darüber hinaus ist aber nichts notwendig, niemand erwartet irgendwelche konstruktiven Bemühungen. Das Konsumverhalten in der Informationsgesellschaft ist durch verschiedene interpassive Pseudoverhaltensweisen gekennzeichnet. Der beträchtliche Teil des täglichen Lebens, der in sozialen Medien verbracht wird, wird mit Postings, Uploads, Vorlieben und Informationsspeicherung von geringem oder gar keinem Wert gefüllt, nicht einmal für den Konsumenten selbst. Es handelt sich lediglich um eine mechanisch zwanghafte Wiederholung eines Verhaltens, das durch eine fetischistische Verbindung zur Umgebung bedingt ist. Keine Lebensweise könnte reaktionärer sein.

Inzwischen treibt das Internet die Entwicklung hin zur *transparenten Gesellschaft* voran. Auf lange Sicht wird nichts mehr verborgen bleiben. Die Suchscheinwerfer blicken in die dunkelsten, entferntesten Winkel. Alles wird am helllichten Tag sichtbar. Selbst die Informationen, von denen die Netokratie profitiert – jedoch meist erst, wenn es zu spät ist, um sie auszunutzen und davon zu profitieren. Die unattraktivsten und aggressivsten Instinkte des Menschen treten zum Vorschein. Es entstehen Risse in der Fassade der Zivilisation; es ist nicht nur der Tribalismus, der mit voller Wucht zurückkehrt, sondern auch das menschliche Tier an sich. Und mit ihm folgen die unnachgiebigen physiologischen und mentalen Unterschiede zwischen den Geschlechtern. Der Mensch mag den Hass lieben, und der Hass kocht über, wenn er nicht in physische Gewalt kanalisiert wird. Doch Männer drücken ihre Gefühle nach außen, gegenüber der Welt, aus und vermitteln sie, während Frauen in der inneren Positionierung geschult werden, was wiederum zu einer endlosen Kette von Vergleichen führt, die, wenn sie pervertiert wird, wiederum kaum etwas anderes als einen Ozean der Selbstverachtung zur Folge haben kann. Dieses neue, emotionale Patriarchat wird dadurch verstärkt, dass die Männer nach Anerkennung in sich selbst und in der männlichen Herde suchen, während die Frauen darauf konditioniert sind, ihre Anerkennung bei dem Mann zu suchen, der der ihre in von der Gesellschaft vorgeschriebenen Monogamie ist. Dies geschieht, während der Stamm als Ganzes seine Anerkennung immer noch von der einzigen Instanz sucht, die einen kollektiven, unbewussten Wert hat, nämlich dem *phallischen Blick* selbst.

Die Zivilisation ist seit den Tagen des Primitivismus auf dem Prinzip der symbolischen *Kastration* aufgebaut. Die ältere Generation kastriert die jüngere, im Allgemeinen symbolisch, aber dennoch greifbar, durch verschiedene institutionalisierte Übergangsriten, um sie von unverantwortlichen Kindern in verantwortungsbewusste und fürsorgliche Erwachsene zu verwandeln. In psychoanalytischer Hinsicht geschieht diese Verschiebung, wenn die *phallische Energie* zwischen das Kind und die Brust der Matriarchin tritt, was dazu führt, dass dem Kind die Brust weggenommen wird, was das Kind zwingt, seinen Blick von der matriarchalen Mamilla auf den patriarchalen Phallus zu verlagern. Die vermittelte Lektion ist, dass das Kind nicht alles haben kann, was es will. Es muss wählen und daher auch zurücklassen, was an sich schon schmerzhaft ist. Darüber hinaus muss das Kind immer die Anstrengung unternehmen, überhaupt etwas zu bekommen, insbesondere das, was es will. Solange das Kind aber noch direkten Zugang zur Mamilla hat, ist der gefährlich verführerische Phallus ständig außer Reichweite.

Genau hier wird die Grenze zwischen dem imaginären und dem symbolischen Universum gezogen, und der Übergang des Kindes vom ersteren zum letzteren ist die Verschiebung vom Instinkt, Sicherheit aus der Mamilla zu saugen, zum Wunsch, den ständig schwer fassbaren, aber ambivalent verlockenden Phallus mit allem, was er mit sich bringt, zu besitzen. Die symbiotische Verschmelzung des Kindes mit der matriarchalen Mamilla wird gegen die Trennung zwischen dem erwachsenen Subjekt und dem schwer fassbaren Phallus ausgetauscht. Nun steht das Dividuum allein in der Existenz und muss wirklich das Schicksal annehmen, muss Mortido in Libido verwandeln und die erzwungene existenzielle Einsamkeit genießen. Nicht jedem gelingt dieser Sprung und die Bewältigung dieser enormen Freiheit; diejenigen, die es schaffen, sind die Menschen, die Nietzsche als *Meister* bezeichnet. Der Sprung ist für immer risikobehaftet, so dass die große Mehrheit hartnäckig versucht, an der matriarchalischen Brust zu saugen. Hier erfährt man, dass man mit dem Kosmos vereint ist, auch wenn es ein Sklavendasein bedeutet, eine ständige Suche nach Nietzsche´schen Herren, denen man sich unterwerfen kann, innerhalb des zyklischen Mortido und nicht in der dialektischen Libido. Die Verschiebung von der mortidinalen Mamilla zum libidinösen Phallus wird ständig konterkariert, gestoppt und verleugnet; wenn man sie überhaupt verhindern kann, bleibt die Volljährigkeit aus, und das Subjekt bleibt ein Kind, das in seiner Beziehung zur Umwelt passiv ist. Die soziale Kastration ist also gescheitert, und dem Kollektiv wurde ein weiterer verantwortlicher Erwachsener entzogen.

Eine andere Form zwanghaft sich wiederholenden Verhaltens, das im Internet-Zeitalter explodiert, ist die *Hyperhypochondrie.* Wenn das Leben für das informationelle Dividuum nicht mehr optimal zu funktionieren scheint – wenn die Existenz nicht mehr völlig unrealistischen Erwartungen gerecht wird und die Aufmerksamkeit anderer Dividuen, die man sich so sehnlichst wünscht, nur durch ihre Abwesenheit auffällt – dann liefern der Kapitalismus und das soziale Theater gleichzeitig eine breite Palette von Ausreden, um das Gesicht zu wahren und das Selbstbild zu schützen, und zwar in Form von Diagnosen, Therapien, Behandlungen, Kursen sowie Verschwörungstheorien und verschiedenen anderen Erklärungsmodellen, die alle mit dem Hypernarzissmus interagieren, indem sie die dividuelle Freiheit von der Verantwortung für alle seine Unzulänglichkeiten verleihen sowie die Erlaubnis, ständige neue Präparate und Behandlungsmethoden zu konsumieren. Die israelische Soziologin Eva Illouz beschreibt und analysiert in einer Reihe von Büchern die postmoderne Therapieindustrie des 21. Jahrhunderts und wie dieses Phänomen – zusammen mit der durch die Therapieindustrie bedingten neuen *Überemotionalität* – die soziale Arena in der Netzwerkgesellschaft dominiert. Die subjektive Erfahrung wird in den Vordergrund gerückt und lässt alle kritischen Reflexionen im Schatten stehen. Die gesellschaftliche Debatte entwickelt sich zu einem immerwährenden Wettbewerb darum, wer am meisten fühlt und sich am glaubwürdigsten als eine Art Opfer darstellen kann. Das wiederum bedeutet, dass sachliche Argumente in einer Flutwelle von Selbstverliebtheit und subjektivem Gefühl untergehen. Jeder hat ein Recht auf seine eigene Geschichte. Das Internet mit seinem scheinbar unerschöpflichen Raum wird zu dem Gefäß, in das jeder seine Geschichten gießt, und damit auch zu einem Ozean des Selbstmitleids, in dem es schwer sein kann, echte Initiativen zu erkennen, die auf Struktur und Koordination abzielen.

Ein Phänomen, das vielen Menschen sehr am Herzen liegt und für das sie nicht selten Abscheu empfinden – ein Gefühl, das in hitzigen Meinungsbeiträgen zum Ausdruck kommt, in denen die Opfer benannt und bemitleidet werden – ist Pornografie. Kritische Betrachtungen darüber, wie es wirklich um Pornografie bestellt ist, wer sie tatsächlich konsumiert und was diese Konsumenten tatsächlich suchen, sind jedoch selten – das Thema sensibel und im Wesentlichen bisher unerforscht ist, da keine Suchdaten in großen Mengen zur Verfügung standen. Das heißt: bis jetzt nicht. Die so genannten *Big Data* – digital in so großen Mengen gespeicherte Informationen, dass man keine statistischen Selektionen und Analysen mehr durchführen muss, sondern Zugriff auf das gesamte Faktenmaterial hat, zum Beispiel auf das, was Pornografie-Konsumenten im Internet tatsächlich suchen – ermöglichen es, sich eine qualifizierte Meinung zu bilden, statt nur zu raten und zu moralisieren. Am Horizont begegnet uns eine neue Wissenschaft, die man *Datenanthropologie* nennen kann.

Bei der Pornographie geht es im Grunde um Übertragung und Repräsentation: Man erlaubt jemand anderem, die libidinöse Tätigkeit an seiner Stelle auszuüben. Wir drücken dies aus, indem wir sagen, dass der Pornographie-Konsument die sexuelle Intimität im Austausch gegen etwas anderes verschiebt – sei es eine radikale Autonomie oder verschiedene Formen von Stammesintimität, die nicht in erster Linie mit der Sexualität verbunden sind, die man insofern ausgelagert hat, da sie sehr kompliziert und schwer zu handhaben ist. Und dies ist sicherlich keine neue Erfindung, sondern geschah zuvor weitgehend innerhalb des primitivistischen Nomadenstammes, wo die Sexualität stark ritualisiert war und gewöhnlich in Gruppen unter der Leitung und Aufsicht der Matriarchin durchgeführt wurde, um die Schwangerschaften der Frauen so weit wie möglich zu regulieren. Seit Anbeginn der Zeit haben wir anderen Menschen beim Sex miteinander zugesehen und diesen Konsum von Pornographie in unsere eigene Sexualität und die kollektive Sozialisierung insgesamt integriert. Diese Auslagerung der Sexualität eröffnet sowohl für Männer als auch für Frauen Gemeinschaften, die von der Erotik – wir nennen das *Bonding* – völlig abgekoppelt sind und die aus der Netzdynamik entstehen, die zwischen Exhibitionismus und Voyeurismus innerhalb der ritualisierten Sexualität des plastischen Nomadenstammes entsteht. Wenn die Pornographie tatsächlich unsere Bedürfnisse erfüllt, indem sie unsere sexuellen Fantasien auf Bilder in dem Maße festsetzt, in dem Sex selbst uns langweilt, warum sollten wir dann überhaupt versuchen, wirklich dauerhafte, intime Beziehungen aufzubauen, die auf etwas so Vergänglichem und Entzündlichem wie sexueller Anziehung beruhen?

Darüber hinaus bringt die aufmerksamkeitsstarke Medienentwicklung mit sich, dass es vernünftig ist, den Pornografiebegriff zu erweitern. Das enorme Angebot an Kommunikationsströmen und die aus der Digitalisierung resultierende Transparenz – alles wird natürlich früher oder später in einer Gesellschaft auftauchen, in der jeder Trennende in jeder Situation Zugang zu ausgeklügelten Kommunikationsmitteln hat – bilden die Grundlage für die *Entstehung der sozial-pornographischen Gesellschaft.* Heute ist es möglich, alles durch Stellvertreter zu genießen, nicht nur Sex, sondern absolut alles, was in gewisser Weise attraktiv erscheint und sich innerhalb der Dialektik von Libido und Mortido abspielt. Es geht um die existentielle Erfahrung als solche, weshalb es relevant ist, schlicht und einfach von *Sozialpornographie* statt von Pornographie zu sprechen. Über die Medien leben und konsumieren wir zunehmend pornografisch. Die sozialpornographische Gesellschaft tränkt die menschliche Libido mit sinnlichen Leidenschaften; das Internet überhäuft uns mit Abermillionen von auditiven und visuellen Erfahrungen von höchster technischer Qualität. Die Folge ist eine weit verbreitete kreative Lähmung: Was kann ich als Dividuum dem massiven Strudel der Kulturproduktion des Internet-Zeitalters noch hinzufügen? Wie kann ich als Akteur auch nur davon träumen, mit den gefeierten Schauspielern in diesem manischen Tanz zu konkurrieren?

Das bedeutet, dass die Libido nach Alternativen suchen muss, die sich völlig von der künstlerischen Interaktivität unterscheiden, die das netokratische Ideal des Internet-Zeitalters ist. Zumindest muss sie von Werten und Wertvorstellungen ausgehen, die sich radikal von denen unterscheiden, die das Individuum des Industrialismus als kompensatorische Reaktion zur Produktivität treiben. Wie so oft gibt es im Wesentlichen zwei Möglichkeiten, dem *sozial-pornografischen Tsunami* zu begegnen: zum Teil ein konservativ-mortidinales, reaktionäres Muster, zum Teil eine netokratisch-libidinöse Handlungsweise. Die konsumatorisch-mortidinale Reaktion ist die Pornoflation: Wenn alle anderen Akteure in unserem Medienstrom sich hemmungslos beschleunigen und genau alles über sich selbst ausplaudern, dann lasst uns einfach noch lauter schreien, um zu versuchen, alle unsere Rivalen im unversöhnlichen Kampf um die Aufmerksamkeit der Welt zu übertönen. Ignorieren wir alles, was die Privatsphäre und unsere Intimsphäre betrifft, und enthüllen uns mit mehr Rücksichtslosigkeit und Detailreichtum als jeder andere. Abgesehen von der Interpassivität ist die Pornoflation also die Konsum-Reaktion *par excellence*, um dem massiven informationellen Lärm zu begegnen. Qualität wird durch Quantität – und Volumen! – ersetzt, wenn die Wettbewerbsqualität nicht mehr aufzubringen ist.

Da wir von einer Reaktion und nicht von einer Aktion sprechen, gehört die Pornoflation eher in die Nietzscheanische Kategorie der falschen *Gegentrends* als der authentischen *Trends* (siehe *The Netocrats*); sie ist einfach eine verwirrende und kontraproduktive Reaktion – sie trägt dazu bei, den allgemeinen Lärmpegel in der Gesellschaft, der noch mehr lautstarke Versuche, den Lärm zu übertönen, antreibt – zu einem sozialen Zustand, den der frustrierte Konsument nicht versteht und aus dem er keine produktiven Schlüsse ziehen kann. Hier kann man wirklich von *falscher Kommunikation* sprechen. Die Suche nach einem *add* oder *like* – ohne überhaupt zu hinterfragen oder zu bewerten, wer etwas *hinzufügt* oder *mag* und warum – treibt die Pornoflation nur weiter in die Höhe. Das Streben nach *falscher Aufmerksamkeit* – falsch im Sinne von illusorisch – wird zur Zwangssucht. Der Konsument begibt sich in einen psychotischen Zustand, in dem Quantität mit Qualität verwechselt wird, was die Flammen des Über-Ichs anfacht, das immer lautstarkere, persönliche und private Prahlerei für alle zur Schau stellt. Das spärliche Publikum, das dem Spektakel zunächst Aufmerksamkeit schenkt – etwa als der Verfall des Reality-TVs in eine Freak-Show oder der Ehrgeiz des politischen Theaters, durch seine ständigen Forderungen nach einem populistischen Sturz des angeblichen Establishments „gefährlich" zu wirken –, wird jedoch allmählich dünner und verschwindet dann entweder aus Langeweile oder aus Abneigung. Oder beides. So bleibt nur noch das, was man als emo-narzisstische Pattsituation auf einer in die Dunkelheit abgesenkten Bühne ohne Publikum bezeichnen könnte, wo der einzelne Schauspieler lediglich illusorischen Ruhm in seinem eigenen Kopf erlangt. Wir können diese traurige letzte Station der Pornoflation folglich als *emo-narzisstischen Nihilismus* bezeichnen.

Die netokratisch-libidinöse Handlungsweise geht vielmehr von einer historischen Verschiebung weg vom traditionellen Exhibitionismus der Oberschicht und dem ebenso traditionellen Voyeurismus der Unterschichten hin zu ihren dialektischen Antithesen aus. Die konsumatorische Pornoflation führt dazu, dass die Unterschicht von ihrem eigenen sinnlosen Exhibitionismus verschlungen wird. Das bedeutet, dass der Voyeurismus zur begehrten Mangelware in der Netzwerkgesellschaft wird, und er wird von der entstehenden Netokratie mit List und Finesse betrieben, ganz im Einklang mit der Zelebrierung des interaktiven *Schwarmes* (im Gegensatz zum konsumierenden interpassiven *Mob*) und der pragmatischen Plattform als Ideal. So ist das netokratische Sozialtheater nicht nur dividuell und stammesbezogen, es ist zudem subkulturell und in den geschlossenen Mauern der Anreicherung [imploitation] angesiedelt, und erst in diesem besonderen Kontext erhält es seinen transzendentalen Wert. Durch Anreicherung statt Ausbeutung – durch Einfriedung, Abschottung, Beobachtung und aktives Mitschaffen, statt durch Vermarktung und Massenproduktion – des Wertvollsten steht die Netokratie im Gegensatz zu den bisherigen gesellschaftlichen Paradigmen, sowohl zum Konsumtaariat als auch zu den Eliten. Hier ist der künstlerische Ausdruck qualitativ, nicht quantitativ. Während der konsumierende Mob von einem tragischen Mortido getrieben wird, wird der netokratische Schwarm stattdessen von einer humoristischen Libido getrieben.

Auf diese Weise baut die Netokratie ihre Macht über die qualitative Kultur auf – und dann ist es egal, ob wir das antiquierte Vokabular des französischen Soziologen Pierre Bourdieu verwenden und diesen Wert als kulturelles Kapital bezeichnen, oder ob wir es mit einer aktuelleren, netzwerk-dynamischen Terminologie als *soziographische Aufmerksamkeit* bezeichnen. In jedem Fall verdrängt der *Aufmerksamkeitssinn* den Kapitalismus als paradigmatische Kernfunktion im selben Moment, in dem der Wert der Anreicherung den der Ausbeutung übertrifft. Und er tritt de facto mit enormer Geschwindigkeit in den netokratischen Netzwerken auf, in denen die Mitgliedschaft nicht für Geld erworben werden kann (siehe *The Netocrats*). Diese Netzwerke werden vom Grundprinzip des heiligen Tempels und nicht von denen des offenen Marktes angetrieben: „Die besten Dinge im Leben sind nicht umsonst, sie sind unbezahlbar". Wenn man nicht bieten kann, was verlangt wird, wird man nicht zugelassen, unabhängig davon, was man zu zahlen bereit ist. Denn in dem Moment, in dem das Netzwerk beginnt, die Mitgliedschaft gegen Geld zu verkaufen, hat es den Wert der Mitgliedschaft bereits abgewertet, und damit beginnt der Status des Netzwerkes zu schwinden. Diese aufmerksamkeitsstarken Prozesse bewegen sich im digitalen Zeitalter in rasender Geschwindigkeit. Der echte Netokrat sieht sich ausnahmslos in der

Lage, auch mit Geld als Verlockung Nein zu sagen, wenn die Gesellschaft zu wenig stimuliert wird. Tatsächlich ist der Netokrat genau dazu gezwungen, um seinen Platz in der Netzwerkpyramide zu behalten, in der alles ständig in Bewegung ist und in der Status und Reputation ständig bewertet und neu bewertet werden. Das Geld folgt der Aufmerksamkeit – nicht umgekehrt.

Wenn wir Nietzsche die Einsicht zuschreiben, dass Gott tot ist – damit Descartes den Individualismus und Newton dann den Atomismus als zwei Seiten derselben religiösen Medaille erfinden konnte, genügte es, dass man Gott abwesend und betäubt hielt, was zur Genese der kantischen Moral und der Newtonschen Naturgesetze wurde – ist es der französische Philosoph und Anthropologe Michel Foucault, der in den 1970er Jahren mit der Ausstellung des Totenscheins für das Individuums beginnt. Aber das schließt natürlich nicht aus, dass das kartesische Individuum – selbst in seiner vollkommensten Inkarnation in Gestalt des napoleonischen Patriarchen – von Anfang an genauso tot war wie Gott. Diese Fiktion hatte eine metaphysische Aufgabe zu erfüllen. Es gibt eine ewig andauernde Metastory der zyklischen Entstehung und des Verschwindens des phallischen Blicks, eine Geschichte, in der die Charaktere in einem endlosen Staffellauf aufeinander folgen, und in dieser Geschichte ist der Tod des Individuums ebenso vorherbestimmt wie der Tod, der seinen Vorgänger ebenso unerbittlich ereilte. So wie sich der mythische Urvater hinter prähistorischen Nebelschleiern verbarg und Gott hinter den Wolken am Firmament verborgen war, so war das kartesische Individuum in der kleinen Zirbeldrüse des Gehirns verborgen – genauso unsichtbar und illusorisch, aber in seiner Blütezeit immer noch hochpotent wie die Instanz, von der der phallische Blick ausgeht, der Blick, ohne den wir Menschen und unsere Gesellschaften nicht überleben können.

In Wahrheit gibt uns unsere Sehnsucht nach dem phallischen Blick, die sich nie erfüllt, keinen Frieden. Besonders da dem matriachalen Blick – alle Träume müssen erfüllt werden, alle Kinder müssen einen goldenen Stern bekommen, unabhängig davon, was sie erreicht haben oder nicht erreicht haben – offensichtlich jede Form der Erdung in der Realität und damit die Solidität fehlt, die den Erfolg in der Netzwerkgesellschaft ermöglicht. Andererseits bringt der phallische Blick, wenn er im Alter von einem Jahr in das Leben des Menschen eintritt, eine Sinnhaftigkeit mit sich, die in scharfem Kontrast zu der allumfassenden und bedingungslosen Liebe der Mamilla steht – einer Liebe, die dem erwachsenen Menschen sinn- und wertlos erscheinen muss. Es ist dieser phallische Blick, der im Zentrum der metaphysischen Geschichte steht und sie antreibt. Liebe muss mit Hierarchisierung verbunden sein, um glaubwürdig und sinnvoll zu sein in einer Welt, in der die Hierarchisierung der Rahmen ist, der die offensichtliche Unterscheidung zwischen Tod und Überleben schafft und die Libido selbst antreibt. Nur die phallische Liebe überlebt und hat in einer Welt, die von Knappheit und Konkurrenz geprägt ist, einen Wert. Nur phallische Liebe kann das Kind verführen und es von der Mamilla weglocken, hinaus in die abenteuerliche Reise des wirklichen Lebens von der Kindheit in die Welt der Erwachsenen. Eine enorme Sehnsucht nach dem phallischen Blick entsteht in dem Augenblick, in dem die Einsicht in die Brutalität des Lebens geweckt wird. Es ist die Sehnsucht, eines Tages über erwachsene Sexualität und Autonomie zu verfügen.

Während des Paradigmenwechsels findet die ständige Wiederholung der Neupositionierung des phallischen Blicks statt, wenn sich der vorherige Ausgangspunkt des Blicks als Illusion offenbart. Wohin zieht der Nachthimmel, wenn sich der Nachthimmel als so leer und gleichgültig wie die Matrix selbst offenbart? Denn ohne den metaphysischen Voyeurismus des phallischen Blicks stirbt die soziale Ordnung. Alles im Antriebssystem des Menschen, außer dem grundlegendsten Instinkt, bricht zusammen. Das bedeutet, dass der phallische Blick auch in der Netzwerkgesellschaft wieder auftauchen muss, aber seine alte Position in der Zirbeldrüse des Gehirns ist jetzt durch den Zusammenbruch des alten Paradigmas gründlich diskreditiert, und dann muss ihm ein neuer Ausgangspunkt gegeben werden. Es muss einfach eine neue Heimatadresse haben. Und wie bisher ist diese Adresse mit dem leuchtendsten Stern des Nachthimmels verbunden, wo sie als die optimale Voyeur-Position im Verhältnis zum sozialen Bereich des vorherrschenden Paradigmas lokalisiert ist.

Der phallische Blick befindet sich natürlich dort, wo das Gesichtsfeld am deutlichsten ist. Der Urvater befindet sich im Zentrum des ursprünglichen Stammes mit seinem Überschuss an Nahrung, Schutz und Libido, das heißt: in der vorzüglichsten aller Höhlen, der Matrix der Ur-Mutter. Gott seinerseits residiert dort oben im Himmel, der uns nach dem Tod oder nachdem die Lebenszyklen ihren Weg zu einem Abschluss gefunden haben, und zwar in Form des Schiedsrichters, der über die Moral des Menschen oder deren Mangel an Moral urteilt. Das Individuum wohnt in der Zukunft als die erfolgreiche Konklusion und die Bestätigung der Verwirklichung des Fortschritts, als die Vollendung eines erfolgreichen Lebens und als der Raketentreibstoff, der den Prozess in die liberale oder sozialistische Utopie treibt, in der unsere Kinder besser dran sein werden als wir selbst. Auf die gleiche Weise sucht die Netzwerkgesellschaft fieberhaft ihren eigenen glaubwürdigen phallischen Blick und wendet ihn frenetisch auf die sehr aufdringliche, mystische Leere an, in der sich der Adressaufkleber des phallischen Blicks immer am wirkungsvollsten in den Geschichten der Schamanen, der Priester und der Ideologen eingeordnet hat. In der Leere glaubt der ereignisgesteuerte Netokrat nun gefunden zu haben, was er so intensiv sucht: den netokratischen Voyeur und Richter, den phallischen Blick, der die Schlüsselfunktionen des netokratischen Netzwerks kontrolliert. Wir suchen fieberhaft nach der Personifizierung des heiligen Knotenpunktes. Wer verbindet alles andere miteinander in einem chaotischen, netzwerk-dynamischen Universum? Wer ist im Besitz des universellen Adressbuches?

13

Die Dialektik der Ressentiments - Identitarismus als Fluch des Konsumtariats

Im späten 19. Jahrhundert beklagte der deutsche Philosoph Friedrich Nietzsche die Tatsache, dass die große Mehrheit der Menschen im Laufe der Geschichte lieber Sklaven irgendeiner äußeren Macht – die nie spezifiziert wurde – gewesen sind, als die Verantwortung für sich selbst und ihre Handlungen zu übernehmen. Sie haben die Macht nie verinnerlicht und haben sich stattdessen der Macht eines anderen über ihr eigenes Schicksal unterworfen, haben ständig reagiert und nie gehandelt. Die Mehrheit zieht ganz einfach den *Mortido* oder den Todestrieb der *Libido* oder dem Lebenswillen vor. Auf diese Weise ist das Leben bequemer und weniger anspruchsvoll. Diese Menschen suchen die Unterwerfung, um allen Forderungen und der Verantwortung zu entgehen, die mit dem Leben in der Freiheit des wahren Erwachsenseins einhergehen, sie begrüßen und streben danach, dem Tod so nahe wie möglich zu sein und vor allem sogar vernichtet zu werden (die beeindruckendste und imposanteste Manifestation äußerer Macht ist natürlich der Tod selbst). Die meisten Menschen suchen ganz einfach eine leicht verständliche Eternalisierung statt einer komplizierten Mobilisierung, damit sie nicht gezwungen sind, sich auf all die unaufhörlichen und beunruhigenden Veränderungen der Existenz zu beziehen und diese zu parieren (wobei der einzige Zustand, der ewige Stabilität und völlige Abwesenheit von Veränderungen garantieren kann – wieder einmal – der Tod selbst ist).

Diese Sehnsucht nach Bequemlichkeit und Verantwortungslosigkeit veranlasst die Menschen, wenn wir Nietzsches Argument folgen, ständig neue Ausreden zu suchen, um sich den Freuden der Infantilisierung zu widmen und darauf zu verzichten, erwachsene und autonome Dividuen zu werden. Ein fast zu offensichtliches historisches Beispiel für diesen Eifer der Infantilisierung, den Nietzsche zu betonen pflegt, ist natürlich die lüsterne Anbetung des monotheistischen Gottes, der explizit die Rolle des Vaters spielt. Vor Ihm werden alle Erwachsenen zu Gottes unverantwortliche und unterwürfige Kinder reduziert. Eine offensichtlichere und rein buchstäbliche Infantilisierung ist kaum vorstellbar. Zumindest wenn man sich noch nicht mit den Möglichkeiten extremer Infantilisierung vertraut gemacht hat, die das digitale Zeitalter bietet. Denn nie zuvor in der Geschichte war die notwendige *Heranziehung von Erwachsenen* jungen Männer und junger Frauen so schwer zu bewerkstelligen wie in der sich anbahnenden Netzwerkgesellschaft. Tatsächlich wird die Spaltung zwischen einer netokratischen Oberschicht und einer konsumorientierten Unterschicht letztlich sogar zu einer Frage, ob es gelingt, eine selten gesehene Erwachsenenhaltung aufrechtzuerhalten, oder ob man angesichts des unerbittlichen menschlichen Bedürfnisses nach heiliger *Aufmerksamkeit* auf das im Infantile zurückgreift.

Dieser mortidinale Infantilismus ist mit den narzisstischen Träumen von Ewigkeit und Unsterblichkeit verbunden. Wenn es keine klaren Grenzen gibt, die ein Vorher und/oder ein Nachher der Zeit markieren, in der das Kind Nahrung und Sicherheit von der heiligen Mamilla aufsaugt – dem lügnerischen Traum des Kindes von einem begehrten Wiedersehen mit der Matrix fehlt wie allen anderen mortidinalen Träumen eine phallische Grenzsetzung entlang der Zeitlinie –, dann wird das *phallische Eindringen [phallic intrusion]*, das für das erfolgreiche Erreichen des Erwachsenenalters notwendig ist, unterdrückt. Dies wiederum bedeutet, dass das Kind permanent in dem gefangen ist, was Psychologen und Psychoanalytiker gleichermaßen das *Peter-Pan-Syndrom* nennen: eine Fixierung auf den Gedanken, einerseits in den phallisch autonomen Körper des erwachsenen Menschen hineinzuwachsen und andererseits von der mütterlich fürsorglichen Mamilla abhängig zu bleiben, die einen ständig unterstützt, ohne dass man sich ein Stress- oder Angsterzeugenden Anforderungen stellt. Man wird zu einem äußerlich erwachsenen Menschen, der dennoch nicht in der Lage ist, sowohl mit der Freiheit als auch mit der Verantwortung umzugehen, die das Leben als Erwachsener unweigerlich mit sich bringt. Und wenn dieses Peter-Pan-Syndrom historisch gesehen auch als eine seltene, pathologische Anomalie betrachtet werden kann – eine Gesellschaft, in der die Ressourcen knapp sind, insbesondere eine nomadisierte Gesellschaft, in der jeder Einzelne seinen Beitrag zum Aufbau der umherziehenden Gemeinschaft leisten muss, kann parasitäres Verhalten nur schwer toleriert werden –, so ist dies doch ein Phänomen, das in der weitgehend infantilisierten Gesellschaft des Informationalismus einen äußerst fruchtbaren Boden findet. Das Erreichen des Erwachsenenalters wird auf der Altersleiter immer weiter nach oben geschoben, bis es *de facto* gar nicht mehr vorkommt.

Wir fesseln unsere Kinder an eine ewige Kindheit mit allem, was das an Abhängigkeit und Hilflosigkeit mit sich bringt. Unsere Absicht ist natürlich gut; wir wollen das Mobbing in den Schulen unterdrücken, unabhängig davon, ob es sich um eine höchst relevante Korrektur eines Missverständnisses bezüglich der sozialen Codes handelt oder nicht, und wir wollen eine Null-Toleranz-Politik gegenüber genau dem ausüben, was in der Existenz bedrohlich und anspruchsvoll ist, von jähzornigem Stadtverkehr bis hin zu Pädophilie und Rauschmitteln. Die Konsequenz dieser *matriachalen Polizeikontrolle auf Overdrive* wird jedoch zu einer hemmenden digitalen Fessel um das Schienbein mehr oder weniger jedes Teenagers. Was passiert, ist, dass das Peter-Pan-Syndrom gedeiht, weil das phallische Eindringen in der frühen Kindheit nicht stattfindet, während die Erwachsenenwelt einen milde ausgedrückten, überdimensionierten Schutzfunktion vor realen und eingebildeten Ängsten und Risiken entwickelt. Die befreiende *Revolte gegen den Phallus* in der Adoleszenz wird abgebrochen. Die Teenagerzeit, die unter günstigen Umständen eine Emanzipation von der Kontrolle der Elterngeneration mit sich bringen würde, führt nun stattdessen zu einem Zwang, der das Kind in eine unveränderliche Abhängigkeit von der sozialen Mamilla einsperrt. Wir erreichen schließlich den Zustand, den der Schweizer Psychoanalytiker Carl Gustav Jung als *nox matris* oder „die Nacht des Mutterleibs" bezeichnet, ein Szenario, in dem eine Matrix in ihrem wohlmeinenden Eifer, ihr Kind vor allen Bedrohungen durch und schwierigen Emotionen bezüglich der Welt um es herum zu schützen, am Ende ihren eigenen Nachwuchs frisst: Diese Matrix manipuliert den Nachwuchs, um seine eigene Auslöschung ekstatisch zu begrüßen.

Jung konfrontiert uns mit der Konsequenz eines unmäßigen, matriarchalischen Mortido ohne jede Spur einer nachklingenden phallischen Libido. Wir sprechen von einer Gesellschaft, die eine so auffällige Neigung zum Mortidinalen entwickelt hat, dass sie jede Form von authentischem Phallus ausschließt und stattdessen in Ermangelung eines funktionierenden Patriarchats und eines funktionierenden Matriarchats von falschen oder gar keinen Phallusen angetrieben wird. Es bleibt nur der matriarchalische Antrieb ohne Gegengewicht. *Nox matris* ist ganz einfach der Name dieser hypermatriarchalischen Schieflage, bei der die Matrix letztlich sogar die Mamilla abschneidet und zerstört und damit die ultimative Dystopie der dekorativen Gesellschaft vorantreibt. Wenn Medea in der Tragödie von Euripides ihre eigenen Kinder ermordet, weil dies die logische Schlussfolgerung ihrer Ethik darstellt, begeht sie den *großen Kindesmord* der Literaturgeschichte. Aber nach der sozioanalytischen Logik verbirgt sich hinter diesem Akt noch der letzte Schritt, der eine vollständige *Nox-Matris* vervollständigt, nämlich die Entfernung der Matrix von ihrer eigenen Mamilla, als wäre sie tote Materie, ohne jegliche Funktion in Form eines Verbindungspunktes mit dem Kind, bis das phallische Eindringen stattfindet. Ohne Zugang zu irgendeiner matriachalen Bedeutung benutzt die Matrix ihre letzte, nachlassende Energie, um den Mythos des Kreislaufs der Existenz zu durchbrechen, sie schaltet sich selbst ab und handelt, um ihre eigene und die Auslöschung des Kreislaufs zu durchlaufen: sie wird in ein rein matriachales Mortido, einen Todestrieb, der Amok läuft, umgewandelt.

Wie könnte eine Matrix, die davon besessen ist, selbst eine externe Mamilla zu finden, mit der sie Sicherheit verstärken kann, auch anders handeln? Ohne das phallische Eindringen kann sich das Mädchen natürlich nie zur Frau entwickeln, ebenso wenig wie der Junge zum Mann. Wir finden hier ein Mädchen, intellektuell gesprochen, in dem schwangeren Körper einer erwachsenen Frau. *Nox matris* ist also einfach ein anderer Name für die postmoderne Infantilisierung der Matriarchin selbst, das weibliche Peter-Pan-Syndrom *par excellence*. Es sind der Wohlfahrtsstaat und die Konsumgesellschaft, die den Boden für diesen Komplex gelegt haben, durch eine konsequente Steuerung des Kollektivs weg vom Phallus und zurück zur Mamilla. Die autonome Revolte gegen den Phallus wird nie verwirklicht, mit einer Reihe unglücklicher Folgen in Form von sogenannten Wohlfahrtskrankheiten: pathologische Fettleibigkeit, Essstörungen, Körperdysmorphie, verschiedene Zwangsstörungen, zwanghaftes Einkaufen, das zu unkontrollierbaren Schulden führt, Schlafstörungen, ein epidemischer Narzissmus in all seinen tragikomischen Varianten, ein Tsunami psychiatrischer Diagnosen und all diese fehlgeleiteten, gewalttätigen Kriege zwischen und innerhalb der Geschlechter. All dies sind in Wirklichkeit nur oberflächliche Symptome der zugrunde liegenden, dominierenden Pathologie, d.h. der *Infantilisierung der Massen durch den Informatismus*. Die Entwicklung der pathologischen Infantilisierung lässt sich am deutlichsten an dem erkennen, was wir – im Sinne der amerikanischen Kulturhistorikerin Camille Paglia – als *Verachtung des inneren Kreises gegenüber dem enormen Beitrag des äußeren Kreises zum Wohl der Stammes* zusammenfassen können.

Was wir beobachten, ist, wie das Pendel der Kultur wieder erschreckend schnell von einem Extrem ins andere schwingt: von dem unglücklichen und in vielerlei Hinsicht deformierenden Kult der Rationalität, der in der von der Renaissance eingeführten Periode an Kraft gewinnt, wenn das, was wir die Moderne nennen, sich zu einem höchst problematischen Hass auf die Vernunft entwickelt, und von einer systematisierten und institutionalisierten Unterdrückung der Frau, die mit dem Kult der Vernunft verbunden ist, zu einer ebenso programmatischen – und unglücklichen – Verachtung der Männer und dessen, was mit Männlichkeit verbunden ist. Als ob dies jemals nötig gewesen wäre. Es besteht natürlich kein Zweifel daran, welche Gruppe der wahre und größte Verlierer der Gesellschaft ist, der die digitale Revolution Gestalt geben wird, nämlich die Männer, und das gilt sowohl für die Männer der älteren Generation, die aus einem zunehmend automatisierten und globalisierten Arbeitsleben verdrängt werden, als auch für die jüngeren Männer, die in der Schule in großem Umfang scheitern und süchtig nach Computerspielen und Internetpornos werden. Männer sterben vor den Frauen, sie nehmen sich in viel größerem Ausmaße ihr eigenes Leben, mehr Männer als Frauen werden Alkoholiker, mehr Männer als Frauen leiden an krankhafter Fettleibigkeit, mehr Männer als Frauen begehen Verbrechen und mehr Männer als Frauen sind im Gefängnis usw. Einer sehr großen Zahl von Männern gelingt es daher nicht, von jener geschlechtsspezifischen Machtstruktur zu profitieren, von der man sagt, dass sie genau sie begünstigt und die Frauen benachteiligt, wobei aber mittlerweile heute Frauen die Universitäten, die Forschungsprogramme und die zunehmende Zahl der vielen Unternehmen, die in der neuen, aufstrebenden digitalen Wirtschaft expandieren, dominieren.

Ein aufschlussreiches Beispiel dafür, wie sich diese Infantilisierung ausdrücken kann, ist, wenn jemand innerhalb des feministischen Diskurses die beiden wichtigsten Funktionen des äußeren Kreises, nämlich *Schutz und Versorgung*, verspottet und angreift: Schutz vor äußeren Bedrohungen und Verantwortung für die materielle Unterstützung des Stammes. Diese Verachtung drückt sich zum Teil durch die ideologisch bedingte Feier des *Pazifismus* aus. Die einfachste Art zu behaupten, dass der äußere Kreis nicht gebraucht wird, ist natürlich die Behauptung, dass die äußere Bedrohung nicht existiert oder sogar von den phallischen Mitgliedern des äußeren Kreises selbst fabriziert wird („ohne Männer gäbe es überhaupt keine Kriege oder Konflikte"), um ihre Position zu erzeugen und ihren Status zu erhöhen. Darüber hinaus drückt sich diese Infantilisierung auch als umfassende *Dämonisierung offener Aggression* aus. Dies geschieht, wenn alles, was mit physischer Gewalt in Verbindung gebracht werden kann, als eine kulturelle Konstruktion dargestellt wird, deren einziger Zweck Terror, Unterdrückung und Zerstörung ist („Gewalt löst niemals irgendwelche Probleme“). Dieser Standpunkt behauptet, dass Gewalt und Aggression eine konstruktive Funktion völlig fehlt. Das ist ebenso verlogen wie kontraproduktiv und legt sicherlich nicht den Grundstein für eine friedliche Gesellschaft ohne gewalttätige Konflikte.

Die phallische Aggression und der Konkurrenzinstinkt, die man als männlich bezeichnet, die aber natürlich nicht ausschließlich zu Männern gehören, sind soziobiologisch bedingt und dienen mehreren Zwecken, die mit dem Überleben des Menschen zusammenhängen, nicht zuletzt innerhalb der Erotik, die selten den von der politischen Korrektheit vorgeschriebenen Vanillegeschmack hat. Wenn phallische, offene Aggression unterdrückt wird, kehrt sie stattdessen als matriachale, passive Aggression zurück; eine Haltung und ein Verhalten, das möglicherweise wunderbar funktionieren kann, wenn es darum geht, den inneren Kreislauf während der langen Wanderungen des Nomadenstammes intakt zu halten – mit all dem, was dies in Form von sexueller Abstinenz beinhaltet –, aber andererseits entschieden schlechter funktioniert, wenn es zur Kontrolle des äußeren Kreislaufs, zum Beispiel der Jagdgesellschaft, eingesetzt wird, für die es überhaupt nicht geeignet ist. An der falschen Stelle hat passive Aggression verheerende Folgen; der für den Gruppenzusammenhalt notwendige Glaube wird schnell zerstört, wenn passive Aggression ständig an intimen Vertrauensgefühlen rüttelt. Das Kollektiv verliert seinen visionären Fokus auf das gemeinsame Projekt und erliegt bald internen, beunruhigenden Konflikten. Ideologisches Wunschdenken ersetzt unbequeme Wahrheiten über die harte Natur des Daseins, was nichts Gutes verheißt. Es ist schwer, mit Problemen umzugehen, die man nicht sehen will.

Was sagt dann die Sozioanalyse über die langfristigen Auswirkungen der Infantilisierung der Gesellschaft und die Probleme, die folgen, wenn wir in verschiedenen Arten fehlgeleiteten Wohlwollens ertrinken? Zunächst einmal können wir feststellen, dass das dringende Unverständnis der Gesellschaft für das *kollektive Asubjekt* und der fehlende Kontakt mit ihm – was Jung den *Schatten des kollektiven Unterbewusstseins* nennt - die gnadenlose, dekorative Suche nach dem abweichenden Tonfall und der unangemessenen Wortwahl hervorruft. Diese kombinierte Kampagne der Erziehung und Reinigung ist durchdrungen von matriarchalischer passiver Aggression. Die *Social Justice Warriors* des frühen 21. Jahrhunderts sind ein klares Beispiel für eine solche mortidinale und zerstörerische Konsumbewegung. Der dekorative Lynchmob begnügt sich jedoch nicht mit seiner eigenen kompensatorischen, narzisstischen Selbstbestätigung. Matriarchalische Blicke – einschließlich des eigenen Spiegelbildes des dekorativen Lynchmobs – sind für das erwachsene Kind natürlich wertlos, da ihnen jede Spur von Hierarchisierung und authentischen Werten fehlt. Anerkennung, die jedem zuteil wird, ohne sie zu verdienen oder zu differenzieren, ist natürlich per definitionem nichts wert, aber dennoch gestaltet man daraus ein politisches Programm. Alle Kinder sind Gewinner, und alle Kinder werden belohnt, niemand sollte jemals traurig sein oder das Gefühl haben müssen, dass sie versagt haben, oder einmal herausgefordert werden. Was all diese Verhaltensweisen bewirken, ist ironischerweise ein Konsumtariat, bei dem jeder aus gutem Grund das Gefühl hat, außerhalb seiner selbst und der authentischen Gemeinschaft zu stehen, von der er sich wünscht, ein Teil davon zu sein. Das Grundproblem ist, dass niemandem eine Mitwirkungsrolle zugestanden wird, in der man einen echten Beitrag zu dem leistet, was gemeinsam geteilt wird, eine Rolle, die sowohl eine Bestätigung dafür liefert, dass man erwachsen ist, als auch dafür, dass es einem gelungen ist, eine soziale Identität zu schaffen. Der phallische Blick ist in seiner Abwesenheit auffällig. Das phallische Eindringen in die Stammesgemeinschaft ist im großen Stil gescheitert.

Wir alle suchen in irgendeiner Form nach Bestätigung, aber sie muss etwas bedeuten, sie muss einen Wert haben. Es ist die Gleichgültigkeit, die sich vor Konflikten in der Beziehung zur Welt um uns herum scheut, die den matriachalen Blick so automatisch, gefühllos, leer und daher so unbefriedigend werden lässt. Die Folge ist, dass das Validierungsdefizit die dekorative Herde besonders hart trifft, weshalb die unbewusste Sehnsucht dieser Gruppe nach dem phallischen Blick und seiner echten Validierung stärker ist als bei jedem anderen Akteur. Da der phallische Blick jedoch von der äußersten Grenze ausgeht, die die dekorative Herde angreift und dämonisiert, erzeugt dieses Verhalten starke ambivalente Spannungen, die wir unter dem Begriff des *sozialen Masochismus* subsumieren. Wir greifen frenetisch das Wurzelsystem des phallischen Blicks an, während wir vergeblich nach der Präsenz des phallischen Blicks und seiner Zustimmung zu den hypernarzisstischen, moralistischen Kreuzzügen gegen all das Böse der Welt rufen, denen wir uns widmen. Wegen des in der Kultur weit verbreiteten und von uns selbst angetriebenen *abwesenden Phallussyndroms* ist der einzige verfügbare Ersatz für einen libidinösen Phallus eine mortidinale Mamilla. Wir nennen diesen tödlichen, eingebauten Widerspruch in der identitären Supraideologie die *mortidinale Tragödie im kollektiven Unterbewusstsein.* Es handelt sich um eine Art Freud´schen Todestrieb auf Zwangsübersteuerung, einen kollektiven Todestrieb, der durch den Turbolader der digitalen Gesellschaft in Form der ständigen und immer lauter werdenden Rückkopplung konsumierender Pseudoaktivitäten durch das Internet verstärkt wird. Der einzige Ausweg, der in Sicht ist, ist der Tod. Wie könnte der Weg zu dieser Erkenntnis des Mortido, streng sozioanalytisch gesehen, von etwas anderem getrieben sein als vom Willen zum Tod und nicht vom Willen zur Macht, der verbannt wurde? Ohne die phallische Einmischung kann der erwachsene menschliche Körper nichts anderes erleben als einen lähmenden Schrecken vor dem authentischen Phallus. Das Ergebnis ist die sozial-masochistische Fixierung auf die allmählich verwelkende Mamilla.

Innerhalb der sozial-masochistischen Weltanschauung – die in Übereinstimmung mit ihrem *Unimatrichalismus* auf einer moralischen Besessenheit mit dekorativen Verhaltensweisen und nicht auf einem ethischen Interesse an tiefsitzenden Absichten aufgebaut ist – ist der phallische Blick gezwungen, die Rolle eines glühend begehrten *Moralisten* zu spielen, d.h. des an sich amoralischen Richters, der sowohl die höchste Autorität in Bezug auf alle moralischen Werte erzeugt als auch darstellt, wobei natürlich der monotheistische Gott dann der Vater, der Moralist der Geschichte *schlechthin* ist. Aber da der soziale Masochist während seiner Erziehung nie ein phallisches Erleben erfahren durfte oder konnte, wird die Beziehung zum Moralisten nicht dynamisch und vorübergehend sein – wie es beispielsweise bei einem phallischen Elternteil der Fall wäre –, sondern ist vielmehr pathologisch fixiert und hysterisch. Gleichzeitig wird der Moralapostel als zu abwesend und zu präsent, als zu beobachtend und zuhörend und gleichzeitig als zu gleichgültig und distanziert erlebt. Vor allem aber richtet der Moralapostel, folgt man dem sozialen Masochist, seine Aufmerksamkeit immer auf den falschen Ort und in die falsche Richtung, um in jeder vernünftigen Weise als Produzent des phallischen Blicks zufriedenstellend agieren zu können. Es ist kaum verwunderlich, dass auch die dekorativen Massen nicht in der Lage sind, zwischen dem *Fetisch*, das den authentischen Phallus symbolisiert, und dem *Abjekt*, das den falschen Phallus symbolisiert, zu unterscheiden. Folglich wählt der soziale Masochist das dystopische Abjekt vor dem utopischen Fetisch als den am wenigsten anstrengenden Ausweg aus seinem Dilemma. Der Fetisch verlangt von ihm zu viel Anstrengung, um eine attraktive Alternative zu sein. Und er ist zu beängstigend.

Der falsche Phallus hingegen verspricht durch die Vernichtung des Abjekts sofortige Befriedigung und Sicherheit durch die Mamilla. Ohne phallisches Wiedererleben fehlt dem sozialen Masochisten jede Spur von Anreiz, sich einer echten, existentiellen Herausforderung stellen zu wollen. Damit hat man den Weg dafür geebnet, dass die banale Weltsicht des Faschismus Fuß fassen kann. Die dekorativen Massen fordern, dass alles, was ihr erholsames Vegetieren an der Mamilla stört, verboten und ausgerottet werden muss. Und genau das verspricht der falsche Phallus, um sich nicht der vollen Verantwortung stellen zu müssen. Das verstärkt natürlich die Infantilisierung des sozialen Masochisten und verschiebt eine mögliche Volljährigkeit noch weiter in den Nebel der Zukunft. Jedenfalls hat der soziale Masochist selten oder nie Zeit für etwas anderes außer seinem frenetischen Grübeln über das Urteil des phantasmatischen Moralapostels über alles Wichtige oder Unwichtige, mit dem der soziale Masochist möglicherweise beschäftigt sein könnte. Das Ergebnis ist genau die konsum-orientierte Flut von Hypernarzissmus, Pornoflation und Interpassivität, die bereits jetzt über uns hereinbricht und die immer stärker wird. Im Gegensatz zu anderen Konsumenten widmen sich die sozialen Masochisten jedoch nicht ihren

Pseudoaktivitäten am Rande der Netzwerkgesellschaft, sondern tummeln sich in ungestümen, aggressiven Lynchmobs, die sich auf der Suche nach neuen Abjekten auf alles und jeden stürzen, um sich durch Hass zu vereinen. Die Durchführung dieser Art von Lynchjustiz geht dann so lange weiter, bis der falsche Phallus mit seinem opportunistischen Versprechen einer ewigen Mamilla – ohne phallische Forderungen, die sich hinter der Vernichtung der Unterwürfigen verbirgt –, in die soziale Arena eintritt.

Nietzsches Vorgänger und Landsmann G W F Hegel neigte dazu, sich auf die ideologische Struktur zu konzentrieren, die sowohl eine bestimmte Gesellschaft als auch den Entwicklungsprozess, den diese Gesellschaft zufällig durchläuft, kennzeichnet, und fasste dies als die Suche nach dem, wie er es nannte, *Zeitgeist* einer Gesellschaft zusammen. Nichts charakterisiert die Netzwerkgesellschaft im Vergleich zu früheren Machtstrukturen deutlicher als ihre radikal abgeflachte Struktur. Die Welt hat sich plötzlich in ein horizontal geschichtetes Durcheinander von Verbindungen und Wiederverbindungen verwandelt, die weitgehend willkürlich aufgebaut sind, ohne leitende Normen und Verhaltenskodizes, die Sicherheit schaffen. Alte Idole und Vorbilder sind gefallen oder haben ihre Glaubwürdigkeit verloren, alte Richtlinien wurden ausradiert und sind schwer oder gar nicht mehr zu erkennen – eine Situation, die den Weg für einen rücksichtslosen Kompensationsnarzissmus ebnet.

Das wiederum bedeutet, dass unser heutiger Zeitgeist von fleißigen Versuchen geprägt ist, den allgemeinen Lärm zu übertönen, was wiederum eine rasch eskalierende, ungezügelte Eskalation des Lärmpegels erzeugt. Niemand hört oder sieht mehr jemanden, wenn alle die ausgelassene Bühne betreten haben, über die jeder eine Meinung hat, und tatsächlich niemand mehr auf den verlassenen Stühlen sitzt, die eigentlich für die Zuschauer gedacht waren. Der phallische Blick ist in seiner Abwesenheit auffallend. Das Publikum hat sich den Darstellern auf der Bühne angeschlossen, um selbst ihre passiv aufgenommenen Gedanken und Meinungen einem Publikum mitzuteilen, das nicht mehr da ist und dessen Mitglieder jedenfalls nur daran interessiert sind, dass ihre eigenen, passiv aufgenommenen Gedanken und Meinungen validiert und legitimiert werden. So ist nun alles Bühne, und die Welt hat sich in einen Hühnerstall verwandelt, in dem das Gackern von allen nicht mehr von dem ständig eskalierenden Lärm zu unterscheiden ist, eine fast unerträgliche Situation, die eine wachsende Sehnsucht nach einem autoritären Hahn zur Wiederherstellung der Ordnung hervorruft. Die Verzweiflung in dieser Sehnsucht macht es schwer oder unmöglich, den authentischen Hahn in seinem mehr oder weniger überzeugenden Gefieder von allen Betrügern zu unterscheiden.

Es ist natürlich möglich, das gleiche Muster zu finden, wenn wir auf die Geschichte zurückblicken. 1848 explodierte Europa in einer Reihe von gewalttätigen Aufständen. Einem losen Bündnis, das zum Teil aus einer aufstrebenden städtischen Mittelschicht, zum Teil aus der Arbeiterklasse des Industrialismus, die nun in der Morgenluft Veränderungen wahrnahm, sowie zum Teil aus verschiedenen selbsternannten Reformern bestand, gelang es, Länder wie Frankreich, die Niederlande, Österreich-Ungarn und mehrere kleine deutsche Fürstentümer in Brand zu setzen. Wie der französische Schriftsteller Gustave Flaubert später in dem Roman *L'Education Sentimental (Sentimentale Erziehung)* von 1869 schreibt, wurden diese Aufstände hauptsächlich von naiven und talentlosen Narzissten angeführt, deren persönliche Enttäuschungen nach dem Zusammenbruch der Aufstände keine Grenzen kannten. Romantisierende Historiker erklären das Jahr 1848 oft zum Startschuss für die Siegesparade des ersten Nationalismus und später der parlamentarischen Demokratie in Europa. Aber die Tatsache bleibt bestehen, dass 1848 für die Aktivisten der Zeit ein gigantischer Fehlschlag war, der später zum Startschuss für Jahrzehnte sinnloser, nihilistischer und anarchistischer Gewalt über weite Teile des Kontinents wurde. Mehr als alles andere war 1848 von einer posierenden Gewalt geprägt, die durch die selbstgefällige Mittelmäßigkeit der Täter und ihre politische Naivität angeheizt wurde. Dort und dann wurde die Gewalt durch die Zeitungen, Pamphlete und andere Druckerzeugnisse der damaligen Zeit angeheizt, hier und jetzt wird die Gewalt durch die unzähligen politischen und religiösen Kulte des Internets angeheizt, von denen der eine pompöser und extremer als der andere ist. Das wiederkehrende Muster ist die infantilisierte Mythologie des Martyriums, gestützt durch lügnerisches Wunschdenken und passiver Aggression als Treibstoff.

Um diesen Verlauf der Ereignisse besser zu verstehen, müssen wir tiefer in der scheinheiligen Geschichtsschreibung des sozialen Masochismus eindringen. Auch wenn der Abschaffung der Sklaverei in Europa und Nordamerika im 19. Jahrhundert zu Recht ein enormer symbolischer Wert in Bezug auf geteilte Freiheit und Gleichmacherei zugeschrieben wird, muss die Reform auch in einem zynischeren Licht betrachtet werden. Es war nicht in erster Linie so, dass die damaligen Herrscher dank ihrer edelmütigen Neigungen plötzlich für schöne und bewundernswerte Prinzipien eintraten, die von der Idee der Gleichwertigkeit aller Menschen getragen wurden. In wesentlich größerem Maße war es eine Frage rein finanzieller Überlegungen. Die Abschaffung der Sklaverei bedeutete, dass man durch die gleichzeitige Abschaffung der Pflichten des Sklavenbesitzers, die Kosten für die Unterkunft, Kleidung und Verpflegung seiner Sklaven zu tragen, monetären Gewinn erzielen konnte; die ehemaligen Sklaven nach der Reform waren stattdessen individuelle Lohnempfänger auf einem Arbeitsmarkt, für den die Plantagen- und Fabrikbesitzer keinerlei Verantwortung trugen, da die gesamte Angelegenheit durch eine vereinbarte Summe des Lohnes geregelt wurde. Der Arbeiter war nicht mehr eine Investition, für die man klugerweise Sorge tragen musste, sondern stattdessen eine Ressource, die so gründlich wie möglich ausgebeutet und dann durch eine neue ersetzt werden konnte. Die einzigartige Fähigkeit des Kapitals, als Zahlungsmittel für einen Haftungsausschluss für die Wohlhabenden zu fungieren, brach nun mit voller Wucht durch. Solange die Gehälter niedriger waren als die Gesamtkosten für die Aufrechterhaltung der immer komplexeren und kostspieligeren Sklaverei, bedeutete die Abschaffung der Sklaverei für das Kapital nichts anderes als reinen Profit. Die erreichte Gleichheit war in erster Linie rein symbolisch. Die Struktur im Spiel, die die Macht mit den Machtlosen spielte, blieb im Wesentlichen intakt. Dass jemand freiwillig und aus Herzensgüte Macht und Status aufgibt, ist, gelinde gesagt, äußerst selten.

Das Problem ist, dass dieses Machtverhältnis im Informationalismus noch komplizierter wird, wenn die *Aufmerksamkeit* auf das Kapital als die soziale Triebkraft *schlechthin* gelegt wird. Die Dialektik zwischen dem exekutiven und topologischen Gegensatzpaar *Macht* und *Unterwerfung*, wenn sich das Dividuum in der sozialen Arena befindet, muss nun als eine Achse in einem Diagramm verstanden werden, in dem die andere Achse durch das entsprechende emotionale und topologische Gegensatzpaar *Ekstase* und *Depression* gebildet wird (oder wenn man so will: das *Ereignis* und das *Trauma* als Ekstase und Depression in ihren extremsten Formen). Auf dieser Ebene der Immanenz sehen wir die dramatische Verschiebung, die die *digitale Libido* zu etwas völlig anderem macht als das, was wir zuvor in der Geschichte gesehen haben. Nun wird sowohl die gewählte Macht als auch die gewählte Unterwerfung zum ersten Mal durch eine konstante und lebenslange emotionale Stärkung der jeweiligen Identitäten ergänzt. Mit anderen Worten: Wir gehen von einer Gesellschaft, in der eine kleine Machtelite eine große Mehrheit regierte, die in Unterwerfung lebte (eine Struktur, die viele Jahrhunderte lang als gottgegebenen angesehen wurde), zu einer Machtstruktur über, in der die Privilegien in einem bedeutenden Durchbruch der meritokratischen Ideologie stattdessen als wohlverdient angesehen werden (insbesondere von der Elite, aber auch in hohem Maße von der Unterschicht, die sich gerne bei Unternehmern und Innovatoren um Gunst bemüht). Das heißt, wir gehen von einer kohäsiven und organischen Begriffswelt zu einer geteilten und defätistischen Welt über.

Wir erleben, wie eine kleine Machtelite, die von der Ekstase als Norm angetrieben wird, parallel zur großen konsumorientierten Masse, die auf bequeme Unterwerfung ausgerichtet sind und von der Depression als Norm getrieben werden, entsteht. Die Netokraten suchen die Identifikation mit dem *ekstatischen Ereignis* von außen, während die Konsumenten die Identifikation mit dem *depressiven Trauma* von innen suchen. Die Bestätigung, dass die Suche erfolgreich war, wird von jedem phallischen Blick, der zufällig vorhanden ist – ob authentisch oder nicht – abgeleitet. Das bedeutet, dass die psychologischen Gegensätze zwischen den Klassen in der Gesellschaft nie größer waren. Nicht einmal dann, als die Diskrepanzen in Reichtum und Wissen am größten waren. Nach einer kurzen historischen Zeit, die durch offene Klassenkonflikte gekennzeichnet war, gibt es keine sozialen Ungerechtigkeiten mehr, über die man sich aufregen oder über die man politisch agitieren kann. Die Unterschiede, die unbestreitbar bestehen und die zudem mit beispielloser Geschwindigkeit immer stärker werden, hängen direkt mit meritokratischen Prinzipien zusammen.

Dieser Umstand hängt natürlich davon ab, dass das soziale und kulturelle Kapital, das der Netokratie Macht verleiht – Talente, die uns in die Lage versetzen, Soziogramme und Informationsflüsse zu unserem eigenen Vorteil zu steuern –, zu einem großen Teil nur angeborene Talente und nicht erworbenes Wissen sind. Auf diese Weise ist die Netokratie, wie der Name schon sagt, genau eine Netzaristokratie, die mehr oder weniger genetisch dazu prädestiniert ist, das Sagen zu haben, und nicht eine Netzbourgeoisie, die ihre Position durch harte Arbeit erreicht hat. Die passiv-aggressive Wut der Sozialmasochisten richtet sich daher nicht auf die tatsächliche Verteilung der Ressourcen – was vernünftig wäre, wenn wir von einem Klassenkampf mit klassisch marxistischen Obertönen sprechen würden –, sondern ist eine Wut, die sich stattdessen in einer infantilen Schleife verfängt, in der man sich über Wortwahl und Tonfall streitet. Man inszeniert ein Theater der Klassengegensätze, das nur zur Schau gestellt wird und das lediglich dazu dient, die wirklichen Machtverhältnisse zu verschleiern. Das ist der *Fluch des Identitarismus* – er wird nie mehr sein als eine kleinbürgerliche Kokotte mit Fahnen und Farben, die dekorative Dekadenz par excellence. Während all dieses harmlose Geschrei fortläuft, ist die Netokratie ungestört und sammelt enorme Datenmengen an, Informationen, die man mit Hilfe immer intelligenterer Algorithmen verarbeitet, und auf diese Weise gräbt man durch die Beherrschung aller tatsächlichen Werte in der aufmerksamkeitsstarken Gesellschaft die Spaltungen immer tiefer.

So sind die sozialen Masochisten in einem Meer von virtuellen Irrelevanzen und Pseudoaktivitäten gefangen, die in sicherer Distanz zur Machtübernahme der Netokratie gehalten werden. Ihre maßgeschneiderten Smartphone-Apps sind nichts anderes als digitale Dummies, branchenübergreifende Erweiterungen eines Internets, das als die große aufmerksamkeitsstarke Mamilla fungiert. Auf der anderen Seite ist es in Wirklichkeit mehr oder weniger unmöglich, das Konsumtariat in der Kunst zu erziehen oder zu trainieren, erfolgreiche Netokraten zu werden, unabhängig davon, wie groß die Ressourcen sind und wie viel Geld man in verschiedene Bildungsprogramme und andere Unterstützungspolitiken steckt; die Absichten mögen noch so gut sein, die Bemühungen werden einfach nicht erfolgreich sein. Die Netokraten haben schon längst die Dividuen aus der Unterschicht, die über die vorherrschenden Fähigkeiten verfügen, identifiziert und für ihre eigenen Zwecke rekrutiert, eine Abschöpfung, die ständig fortgeführt wird. Würde man sich diese Art der Ausbildung wirklich vorstellen, würden die Lehrer, die als mögliche Kandidaten in Frage kämen, sofort von der exklusiven Gruppe der begehrten Dozenten – sowohl online als auch bei realen Veranstaltungen – ausgestochen werden, die selbst Teil der Netokratie sind und mit anderen Teilen der Netokratie interagieren. Das Ergebnis ist eine brutale, soziale Schichtung, die unter anderem dazu führt, dass die Unterschicht der potenziellen Führer beraubt wird, die durch die Kraft der Kreativität und des Fleißes in der Lage wären, ihre Standpunkte zu artikulieren und sich für einen politischen Kampf zu mobilisieren. Diese Talente dienen nun stattdessen der Oberschicht, die sie bereitwillig in ihren erlesenen Kreis aufnimmt.

Das Konsumtariat hingegen erhält nur noch Zugang zu einer spärlich attraktiven und spärlich funktionierenden Form des begehrten knappen Gutes der Netzwerkgesellschaft, der Aufmerksamkeit, nämlich dem, was in dem demütigenden, sozial-masochistischen Wettbewerb in der Selbstverachtung auf dem Spiel steht. Wir sehen zum Beispiel, wie informationalistisches Fernsehen mit billigen *Freakshow*-Formaten überhäuft wird, in denen mehr oder weniger unberechenbare Konsumenten dazu gebracht werden, ihre Dysfunktionalität kokett zur Schau zu stellen und ohne Hemmungen ein möglichst bizarres Verhalten zu zeigen. Die netokratischen sozialen Voyeure genießen irritiert dieses humorvolle Behindertenspektakel, während sich die Konsumenten – mangels anderer Vorbilder – mit den ständig ausgewechselten Schauspielern identifizieren und sich nach deren plötzlichem Ruhmesblitz sehnen, als ob sie in ihrer Rolle als Berühmtheiten und in dem, was man in den sozialen

Medien als *Influencer* bezeichnet, wirklich bedeutend wären. Der Identitarismus ist also nichts anderes als die dominierende, opportunistische Pseudoideologie, die das Konsumtariat in seiner sozial-masochistischen Passivität hält. Abgesehen davon gibt es kaum mehr als den intersektionalistischen Kampf darum, welcher *Teil* des Konsumtariats – unterteilt in Kategorien wie Geschlecht, Hautfarbe, Ethnizität, Sucht, psychische Krankheit usw. – im Moment am meisten zu bemitleiden ist, und der daher mangels eines phallischen Blicks, der zu Tränen rührt, die Sympathie und den Trost des Staates oder der konsumierenden Mamilla am meisten verdient.

Der Kontrast zwischen einer Anziehung und Fähigkeit einerseits, die Libido zu erfassen, und einer zwanghaften und sozial stigmatisierenden Anziehung zum Mortido andererseits war noch nie so groß wie heute, da die digitale Klassenspaltung in einer Gesellschaft entsteht, die bereits die *meritokratische Phantasie* erreicht hat, die den Erfolgsmythos des Individualismus beflügelte. Am Ende haben wir die gleichen Möglichkeiten, wir haben die *egalitären Ideale* der radikalen Gleichheit der Lebensvoraussetzungen zwischen den Bürgern im entwickelten Westen erreicht. Wir sind alle ständig online, die Kosten für den Zugang zum Internet bewegen sich stetig und schnell gegen Null, und wir alle benutzen die gleichen Smartphones, unabhängig davon, ob wir wahnsinnig erfolgreiche Unternehmer oder Schulkinder in problematischen Vorstädten sind. Und doch vergrößern sich die Unterschiede in Bezug auf Ressourcen und Einfluss. Die Netokratie ist also genau das meritokratische Proletariat, das der deutsche Soziologe Karl Marx im 19. Jahrhundert anpries und von dem er voraussagte, dass es eines Tages die Welt übernehmen und kontrollieren würde. Was Marx jedoch nicht vorhersah, war, dass das von ihm verachtete *Lumpenproletariat* wachsen und eines Tages die großen Massen bilden und die informationelle, konsumorientierte Unterschicht bilden wird. Solange der phallische Blick fehlt, wird sich das Lumpenproletariat damit begnügen, sein Ressentiment in enger Verbindung mit der Mamilla zu kultivieren, zu der es sich für den Tag Zugang zu schreien vermochte. Der sozial-masochistische Genuss wird zur sicheren Form des Trostes, wenn der netokratische Genuss mit all seinen unmöglichen Anforderungen an das phallische Erwachsensein so deutlich weit über den Horizont der Möglichkeiten hinaus gestellt wird. Was dann bleibt, ist lediglich die narzisstische Opferrolle. „Wenn Du nicht ohne Ironie Deinen Blick auf mich richten kannst, dann musst Du zumindest Mitleid mit mir haben. Gib mir den Schnuller!"

Die Welt hat sich in das *Global Empire* verwandelt: ein großer Cluster von miteinander verbundenen Computern, an den acht Milliarden verwirrte menschliche Körper angeschlossen sind. Aber entgegen allen meritokratischen Wunschvorstellungen bewirkt das Internet, dass die Unterschiede in Bezug auf Macht und Einfluss zwischen der neuen, kleinen Elite und den neuen, großen Massen größer denn je werden. Es gibt für das Konsumtariat keinerlei netokratischen Genuss zu erreichen, es wird hier dem bloßen Mortido und seinen masochistischen Genuss während eines ganzen Lebens des passiven Konsums verwiesen, was natürlich die eigentliche Definition des Konsumtariats ist. Denn die Kunst, produktive Beziehungen zu den Dividuen auf der ganzen Welt herzustellen, sowie die Kunst, die enormen Informationsflüsse, die durch die globalen Netzwerke pulsieren, zu verstehen und deutlich zu machen, ist im Wesentlichen mit angeborenen Talenten verbunden und nur zu einem vernachlässigbar kleinen Teil etwas, das man durch Training verbessern kann, egal wie willensstark man ist. Das Soziogramm zeigt immer wieder, wie rücksichtslos die informationalistische Klassengesellschaft wirklich ist. Gerade weil es zwischen den Netzwerken und nicht zwischen den Dividuen geschieht, entstehen und erweitern sich die Klassenunterschiede – „Zeig mir dein Adressbuch, und ich sage dir, wer du bist".

Es ist wichtig, den sozialen Masochismus als Grundlage der Wertehierarchie zu verstehen, aber nicht als Folge der Welle des sozialen Sadismus. Denn der Masochismus hat grundsätzlich einen existenziellen Charakter; seine Ressentiments richten sich in erster Linie auf das Schicksal und das Leben selbst, auf die Leere und den Mangel, die der Masochismus in seiner Existenz wahrnimmt. Der amerikanische Psychoanalytiker Adrian Johnston nennt dieses Phänomen *die List der libidinösen Vernunft.* Was Johnston meint, ist, dass der Verstand schließlich aufgibt und beginnt, den massiven, kontingenten, äußeren Druck, dem er ausgesetzt ist – da er der umgebenden Welt ausgesetzt ist – als seine eigenen, notwendigen, inneren Werte zu interpretieren. Der soziale Masochismus bildet somit die Grundlage des Selbstbewusstseins, und in dieser Eigenschaft wird er zum kleinsten gemeinsamen Nenner des Informationalismus und damit auch zum Markenzeichen der Unterschicht. Die widersprüchlichen, verworrenen und verwirrenden Forderungen, die die umgebende Welt auf das Bewusstsein zu richten scheint, werden in eine Vorstellung vom wesentlichen und unverzichtbaren Kern des Subjekts umgesetzt. Die fundamentale Beziehungsfrage „Was will *der andere* von mir?“ erhält keine klare Antwort, so dass das Bewusstsein beginnt, über seine eigenen Antworten auf die Frage nachzudenken, und diese innerlich fabrizierten Antworten werden zur Substanz des Subjekts. Denn Konsumenten sind nicht einmal Arbeiter – ja nicht einmal das, was der französische Soziologe und Philosoph Jean Baudrillard *Arbeiterpuppen* nennt – und auch nicht Sklaven. Vielmehr werden sie auf *problematische Existenzen* reduziert, vor denen sich die Netokraten durch Überwachung, Isolation, Betäubung und Schlafmittel schützen.

Währenddessen schützen sich die Konsumenten vor der brutalen Wahrheit über ihre eigene Irrelevanz in Bezug auf das Global Empire, indem sie ihre Freude über die sozial-sadistischen Pflegeformen der Netokratie dankbar akzeptieren und kultivieren, und zwar durch Akte der Repressionen, die durch die virtuelle Mamilla verbreitet werden. Die Tatsache, dass das kontingente Chaos, das den Geist ständig mit Signalen überflutet, keine Linien und Muster aufweist, verstärkt diesen identitätsstiftenden Prozess nur weiter. Gerade die Ambivalenz in diesem ständigen Reiz macht ihn nur noch attraktiver. Sobald das Subjekt glaubt, ein Muster in der Ambivalenz gefunden zu haben – was bedeutet, dass es ihm gelingt, ein Muster zu schaffen –, springt die Identifikation in diesem Subjekt mit genau dem Muster an, das das Subjekt glaubt, entdeckt zu haben. Dieses Muster wird nun zum eigenen Muster des Subjekts; eine Geschichte darüber, wie die Welt Gestalt annimmt. Es scheint, als sei es die Welt, die die Geschichte erzählt, aber die Stimme, die spricht, kommt immer aus dem Inneren des Subjekts selbst. Dieser strukturierte Gehorsam unter chaotischem Druck ist es, der den sozialen Masochismus zum grundlegenden Ansatz des Menschen für seine Existenz macht. Der soziale Masochismus ist daher auch das Fundament der organisierten Religion. Religion ist natürlich die Art und Weise, wie das Kollektiv mit der Launenhaftigkeit der Welt umgeht und sie strukturiert, indem es die launische Welt mit launischen Göttern bevölkert. Es ist daher logisch und kaum verwunderlich, dass man innerhalb der frühen Religion mit Begeisterung Menschenopfer und alles andere akzeptiert, was sich die erfinderischen Priester einfallen lassen, um die launischen Götter zu besänftigen und ihre Gunst zu gewinnen, wenn mehr Regen oder mehr Sonnenschein oder ein vernichtender Sieg über den Feind an einem angrenzenden Berghang gewünscht wurde.

Dieser Ansatz hat viel empfehlenswertes, nicht zuletzt Komfort: Wenn kapriziöse Moralapostel die Welt nach ihren eigenen Launen regieren und wir Menschen deshalb damit beschäftigt sind, die Ressourcen des Stammes gemäß der Anweisungen der Priester zu nutzen, um diese mehr oder weniger irrationalen Launen bestmöglich zu zerstreuen, dann bleibt für das einzelne Subjekt überhaupt kein Raum, um irgendeinen Willen zu äußern oder maßgebliche Entscheidungen zu treffen. Das Subjekt ist natürlich schon per Definition mit dem unbestreitbar realen, kontingenten Schicksal identifiziert und an dieses gebunden. Der kapriziöse Phallus flößt dem Subjekt Angst ein, und in dieser Angst findet der soziale Masochist eine akzeptable Entschuldigung dafür, sich passiv dem Lauf der Dinge zu unterwerfen und in seinem infantilen Paradies zu bleiben, das scheinbar sicher und fest zwischen Matrix und Mamilla gefangen ist. Man beachte, dass keine der heutigen Religionen den sozialen Masochismus so programmatisch feiert wie der Islam, bei dem „Unterwerfung" die etymologische Wurzel des Namens der Religion ist und in dem unabhängiges Denken verboten ist. Das schafft die perfekten Voraussetzungen für den oben erwähnten Trost, den man auch als kognitive Faulheit bezeichnen könnte: Durch radikale Unterwerfung und Selbstvernichtung entledigt sich der Gläubige jeder Verantwortung für sein eigenes Handeln. Was auch immer geschieht, geschieht in Übereinstimmung mit Gottes Willen, *Inshallah.* Unverantwortlichkeit ist einer der Punkte der Religion, und aller Religionen. Unverantwortlichkeit ist eine Form der Religion. Und keine andere Religion ist dieser Idealisierung des Mortido in so konsequenter Weise treu wie der Islam.

Was wir vor uns sehen, wenn *das Ereignis* als metaphysischer Motor im imaginären Universum des Menschen in Erscheinung tritt, ist weder mehr noch weniger als ein goldenes Zeitalter des Sadomasochismus. Wir haben nicht mehr die Geduld, auf ein Leben nach dem Tod zu warten *(die Metaphysik der Ewigkeit)* oder darauf, dass es unseren Kindern besser gehen wird als uns *(die Metaphysik des Fortschritts).* Tatsächlich haben wir nicht mehr die Geduld, auf irgendetwas zu warten. All dieses Gerede über das Aufschieben der Erfüllung der eigenen Bedürfnisse, um irgendein zukünftiges Gut zu erlangen, ist nicht etwas, das sich erfolgreich einer Generation vermarkten lässt, die es gewohnt ist, jede Form von Medienerfahrung jederzeit zu konsumieren. Das Ereignis als Idee erfordert, dass unsere Träume hier und jetzt und vor allem emotional verwirklicht werden. Das Ereignis trickst uns aus, dass wir nichts mehr zu lernen haben und keine andere Form der Investition benötigen, um unsere Talente zu maximieren. Das bedeutet, dass wir gezwungen sind, uns von allen möglichen Hoffnungen auf die Macht des Wortes *(Logos)* zu verabschieden, ganz zu schweigen von der Macht der Ethik *(Ethos);* stattdessen ist es die Macht der Emotion *(Pathos),* die die Bedingungen in der Kultur diktiert und alles andere übertönt. Zumindest so lange, bis die Ereignissuchenden anfangen, Ansprüche an die Qualität des Ereignisses zu stellen und nicht an seine Quantität. Erst dann beginnen wir, uns dem syntheistischen Ideal des *unendlichen Jetzt* zu nähern, das von seinen hochgradig netokratischen Forschern sowohl *Logos* als auch *Ethos* in beträchtlicher Menge verlangt.

Dieses Verhältnis zwischen impulsiven Quantitätsjägern und Langzeit-Qualitätssuchern gilt insbesondere zwischen der großen Mehrheit, die sich an der von *Verantwortung befreiende Unterwerfung* konstituiert und versteht, und der zahlenmäßig unterlegenen Minderheit, die sich gerne als die *Elite sieht, die auf Verantwortung besteht.* Der Größenunterschied bedeutet, dass der bedürfnisorientierte Kinderchor der sozialen Masochisten alle anderen Stimmen in der Netzwerkgesellschaft übertönt; man verlangt ständig *Aufmerksamkeit*, während derjenige sich weigert, Verantwortung für sein Handeln zu übernehmen. Man schreit in verschiedenen Tonarten, je nachdem, ob man zur extremen Rechten, zur Identitätslinken oder zum religiösen Fundamentalismus gehört, aber das sozial-masochistische Klagen ist im Grunde genommen dasselbe. Es gibt Rufe nach einer Intervention einer höheren Macht, aber es ist zufällig eine Intervention, an die niemand wirklich glaubt, da die höhere Macht niemals handeln wird, was in der Tiefe bereits bekannt ist. Und warum? Nun, das Volk hat sich in der Tat selbst darum gekümmert, indem es diese Macht kastriert hat, nur um sicherzugehen. Das ist von größter Wichtigkeit. Wenn die höhere Macht tatsächlich eingreifen könnte, würde sie die perverse Freude des sozialen Masochisten an seiner selbst auferlegten Unterwerfung zunichte machen. Wenn der phallische Blick sich weigert, seinen Kalender der Beobachtung von mir und meinen Pseudoaktivitäten zu widmen, dann sollte er auch in der Lage sein, die banalen Aktivitäten anderer nicht zu beobachten. Willkommen im *Identitarismus*, der Supraideologie des von Ressentiment angetriebenen Konsumtariats.

Der Opferstatus ist eine harte Währung. Wer sich dafür entscheidet, Opfer zu sein, will auch Opfer bleiben und möglichst ein noch bedauerlicheres Opfer werden, entsprechend dem, was nach Hegel und Nietzsche als *Dialektik der Ressentiments* genannt werden könnte. Ein erhöhter Opferstatus bringt es mit sich, dass man moralische Überlegenheit beanspruchen kann, sowohl gegenüber den erniedrigten Tätern als auch gegenüber den aufmerksamkeitswirksamen Opfern. Natürlich ist der soziale Sadomasochismus, über den wir hier sprechen, etwas völlig anderes als das streng reglementierte sadomasochistische Rollenspiel, das im Bereich der Sexualität stattfindet, ein Spiel, das eher Ausdruck der sexuellen Dialektik von Voyeurismus und Exhibitionismus ist, bei dem der Masochist die Rolle des Voyeurs und der Sadist die des Exhibitionisten übernimmt und das auf einer fetischistischen Brücke aufgebaut ist, die zwischen ihnen errichtet wird. Aus verständlichen Gründen ist dieser sexuelle Sadomasochismus mit Phänomenen wie Knechtschaft und Disziplin verbunden, zu denen noch körperliche Intimität hinzukommt. Auf der entstehenden Bühne kann man dann Dominanz und

Unterwerfung als eine Form des erotischen Theaters ausspielen, ein Stück, das einem fertigen Manuskript folgt und an Regeln und Zwänge gebunden ist, zum Beispiel das klassische Wort ‚Stop', ein symbolischer Akt, durch den der Masochist sowohl formal als auch real die Kontrolle über den Sadisten übernimmt mit dem Ziel, den Lauf der Dinge aufzuhalten. Der soziale Sadomasochismus wird nicht durch solche Regeln oder Zwänge gebildet und hat daher nicht den Charakter eines studierten Spiels und einer Inszenierung. Die Unterwerfung, die mit identitärer Raserei vollzogen wird, ist so real wie nichts anderes, ebenso wie der perverse Genuss, der damit einhergeht.

Die praktische Voraussetzung dafür ist die Hyperdemokratisierung der sozialen Arena, die das Internet hervorbringt, eine Entwicklung, die jedem Schauspieler die Möglichkeit gibt, sich auszudrücken und sein Evangelium und seinen Ausdruck zu verbreiten, was wiederum das Internet zu einer großen Müllhalde macht, die mit verschiedenen laienhaften Abfällen überfüllt ist, zu einem Sammelsurium von Stimmen, die zusammen eine einzige, verzweifelte Forderung nach einer Aufmerksamkeit stellen, die es nicht gibt und die es nicht geben kann. Damit treten zwei historisch neue Phänomene auf: *Hypernarzissmus* und *Pseudoexhibitionismus*. Nietzsche hatte insofern Recht, als dass die großen Massen eine Form von Recht und Ordnung suchen, der sie sich unterwerfen können. Ziellos auf einem Ozean des Chaos treibend sucht man das Leuchtfeuer, das eine Grenze erhellt und abgrenzt. Doch mangels eines authentischen und eines falschen Phallus ist die bequeme Infantilisierung immer verfügbar; stattdessen wird man zur Mamilla hingezogen und kehrt zu einer Existenz in Form einer Nichtexistenz zurück: die wunderbare Befreiung von der Verantwortung. Dies ist das köstlichste und perverseste aller Vergnügen: sich ohne Hemmungen der *Opfermythologie* hinzugeben. Was immer die umgebende Welt nicht bieten kann, beginnt die konsumierende Masse in sich selbst zu suchen. Und da ihnen sowohl die Ausbildung im Sein als auch der Ehrgeiz fehlt, phallisch erwachsen zu sein, werden sie alle Lösungen zur Erlangung von Ermächtigung, die sich als Herausforderung erweisen könnten, ignorieren und sich stattdessen einer infantilen und anspruchslosen Identitätsproduktion widmen, die auf einem Wettbewerb darüber beruht, wer in jeder gegebenen Situation das *größte Opfer* ist.

Das Problem ist, dass das Opfer die Lebensbedingungen für niemanden verbessert. Das selbsternannte Opfer ist ein Parasit auf dem Körper der Gesellschaft, der niemanden zu Kreativität und Unternehmergeist anregt, sondern ihn eher auslaugt. Nur wer einen ausgeprägten Sinn für netokratische Ermächtigung hat, kann die informationelle Welt revolutionieren. Das selbsternannte Opfer jedoch zieht alles und jeden in den Abgrund, nicht selten zu enormen Kosten, wenn dies nicht rechtzeitig gestoppt wird. Die Gleichgültigkeit der umgebenden Welt erzeugt eine Frustration, die sich entweder in ein verzweifeltes Ausagieren oder aber in eine voll entwickelte Selbsttäuschung verwandelt. Das heißt: Entweder hofft man entgegen aller Widerstände, dass ein Publikum, das nicht existiert, in einem noch ein Talent entdeckt, das man tief im Inneren nicht sieht oder an das man selbst nicht glaubt, oder man gibt sich der Illusion hin, dass der Durchbruch, der durch die Zustimmung des phallischen Blicks konstituiert und bestätigt wird, kurz bevorsteht. Der gemeinsame Nenner ist eine monumentale Selbstabsorption, ein nahezu hysterisches Kompensationsverhalten, das sich mangels Reaktion allmählich in das verwandelt, was wir aus sozioanalytischer Sicht als *hypernarzisstischen Zustand* bezeichnen können. Die zwanghaft wiederholte Zurschaustellung echter Talentlosigkeit kann daher als nichts anderes als *Pseudoexhibitionismus* charakterisiert werden.

Die extreme Medialisierung der Kultur- und Identitätsproduktion, die im Internet-Zeitalter auftritt, bewirkt, dass sich die Macht in die entgegengesetzte Richtung bewegt, weg vom interaktiven Kommunikationsfluss. Die Macht – das heißt: authentische Macht – wird still und geheim, sie schreckt zurück und tarnt sich; vor allem wird sie voyeuristisch. Macht widmet sich der *Anreicherung* statt der Ausbeutung (siehe *The Netocrats*) hinter verschlossenen oder gar verborgenen Türen. Wenn die Aufführung im sozialen Theater zu einer regelrechten Freakshow verkommt, entfernt sich die Macht noch weiter und macht sich unzugänglich. Der Sadist weigert sich, mit dem Masochisten auch nur zu kommunizieren. Die Bedingungen für einen möglichen Dialog über die Klassengrenzen hinweg könnten kaum schlechter sein. Die Folge ist, dass Elite und Unterschicht, Exhibitionist und Voyeur, im Zusammenhang mit der Ankunft des Internet-Zeitalters die Plätze und Funktionen miteinander tauschen. Wenn das Publikum mit einem Trick dazu gebracht wird, seine Plätze zu verlassen, die Bühne zu betreten und sich gegenseitig in den Mund zu schreien, hört die Bühne auf, ein sozial attraktiver Ort zu sein, woraufhin sich die Macht diskret auf die nun menschenleeren Sitze im Zuschauerraum schleicht. Aber die Elite klammert sich natürlich an die Macht, allerdings nicht als Exhibitionist auf der Bühne, sondern als Voyeur in einem immer menschenleerer werdenden Saal. Macht ist also nicht mehr primär mit dem Handeln verbunden, sondern mit dem *phallischen Blick*, der ablehnt und bestätigt. Dies zeigt sich nicht zuletzt dann, wenn die geschätzte fachliche Kompetenz innerhalb der jeweiligen Disziplin nicht mehr vom oft und leicht zu ersetzenden Schauspieler erwartet wird, sondern beim anspruchsvollen und wesentlich langlebigeren Richter gesucht wird.

Die Dialektik von Macht und Unterwerfung sowie die Dialektik von Exhibitionismus und Voyeurismus müssen sich auf die Signale beziehen, die einerseits durch das anhaltende *Machtspiel* und andererseits durch das anhaltende *Drama* erzeugt werden. Der Einfachheit halber kann man diese Signale auf ihre extremsten Ausdrucksformen reduzieren: Ekstase bzw. Depression. Die Signale enthalten natürlich sowohl Ekstase als auch Depression in unterschiedlichem Ausmaß – ohne ein hohes Maß an Ambivalenz würde der zermürbende Nachrichtenfluss lediglich als banal angesehen werden –, und diese können sowohl mentale als auch physiologische Ausdrücke annehmen. Daher wäre es sinnvoll, bei der Ausarbeitung der libidinösen Landkarte des Internet-Zeitalters zwischen geistiger Ekstase, geistiger Depression, physiologischer Ekstase und physiologischer Depression zu unterscheiden. Woher taucht dann also der Rousseau´sche Identitarismus bei all dem auf? Dass es sich um einen Individualismus handelt, der aufgehört hat, eine kapitalistische Ideologie der Oberschicht zu sein, und stattdessen – ganz logisch – in eine informationalistische Ideologie der Unterschicht verwandelt wurde, steht außer Zweifel. Aber wo findet der Identitarismus seine anderen Wurzeln außerhalb des kartesianischen Individualismus? Die Identitären sind natürlich in erster Linie Moralisten. Sie sind besessen davon, das Gute und das Böse auf absolut alles zu projizieren, als ob Nietzsches Erkundungen jenseits dieser Kategorien nicht existieren würden. Sie projizieren auch auf sich selbst, denen sie natürlich ein gutes Bewusstsein zuschreiben, hinter dem sich ein böses Unterbewusstsein verbirgt, das deshalb verdrängt werden muss, was wiederum den perfekten Treibstoff für den pervertierten Genuss erzeugt, der aus der Moralisierung von allem anderen entsteht. Die mortidinale Logik ist kristallklar: Wenn ich nur ausreichend schnell, hart und oft urteile, wird mich mein eigener Schatten nie einholen.

Schauen wir uns also ein anderes populäres, aber fehlgeleitetes Projekt aus der Geschichte der Philosophie genauer an: die *Moralphilosophie.* Fehlgeleitet, weil es überhaupt nichts gibt, auf dem man außerhalb des Glaubens an die äußere göttliche Macht irgendwelche Moral aufbauen kann. Die Moral hätte von Anfang an in den Katakomben der Theologie versteckt werden müssen. Das Einzige, was nach dem Tod Gottes noch aufzubauen bleibt, ist stattdessen eine *Ethik der Interaktivität* (siehe *The Body Machines*), eine Ethik, die sich auf jeden Akteur und seine Selbstidentität gesondert bezieht. Wir können diese Verschiebung von der *moralischen Bedeutung zur ethischen Anziehungskraft* als das ausdrücken, was letztlich die Werte der Menschheit strukturiert und erhält. Diese Ethik der Interaktivität lässt sich bis zu Baruch Spinoza im 17. Jahrhundert zurückverfolgen, dem Vater der amoralischen Ethik, der genau zu diesem Zweck in den 1960er Jahren vom französischen Philosophen Gilles Deleuze wiederbelebt wird, als Deleuze Spinoza benutzt, um ein ethisches Ideal für den Informationalismus zu etablieren, einen Prototyp für den kommenden Netzherzog als eine Art technologischer Minotaurus, halb globaler Nomade, halb nietzscheanischer *Übermensch.*

Nach dem radikalen Monisten Spinoza besteht die Welt aus Körpern oder Kraftfeldern, die alle verschiedene Attribute ein und derselben eindeutigen Substanz sind. Diese Körper ziehen sich gegenseitig an, mehr oder weniger stark, aber es gibt keine eingebaute Hierarchie zwischen ihnen, in der ein Körper an sich wichtiger oder wertvoller ist als jeder andere. Das liegt daran, dass es ganz einfach keinen externen Richter, keinen Moralapostel gibt, der als einziger in der Lage wäre, eine solche Bewertung vorzunehmen. Spinoza stellt also die Ethik als die Lehre von der Konstruktivität gegen die Destruktivität – ursprünglich Zoroasters *Asha* gegen *Druj* in der alten iranischen Philosophie – der Moral als die Lehre von Gut gegen Böse gegenüber. Nur die Ethik hat einen wie auch immer gearteten ontologischen Wert – Ursache und Wirkung existieren natürlich *de facto* ontisch – während die Moral auf reiner Illusion beruht. Sie geht von einer äußerlich göttlichen Kraft außerhalb unseres Universums aus, die bereits über das ewig gültige Gesetz im geschriebenen Wort, den dualistischen und deterministischen Mythos, auf dem beispielsweise die abrahamitischen Religionen ihre gesamte Existenzberechtigung aufbauen, bestimmt hat, was das menschliche Gut und Böse ausmacht. Es überrascht kaum, dass Spinoza sowohl vom Judentum, in das er hineingeboren wurde, als auch vom Christentum, von dem er im 17. Jahrhundert in den Niederlanden umgeben ist, als die schlimmste Art von Ketzer angesehen wurde.

Wie verhalten sich also Macht und Unterwerfung zu Exhibitionismus und Voyeurismus in einer Gesellschaft, in der diese weitläufigen Dichotomien ständig aufeinander prallen? Wir untersuchen dies am besten, indem wir die fraglichen Dichotomien in einem Diagramm in zwei Achsen umwandeln, so wie wir zum Beispiel die Beziehung eines Dividuums zu den beiden Geschlechtern abbilden, indem wir zwischen sexueller und geistiger Anziehung als zwei getrennte Achsen unterscheiden. In diesem Fall positionieren wir die Macht oben und die Unterwerfung unten. Wir positionieren Exhibitionismus links und Voyeurismus rechts. Auf diese Weise beginnen wir mit vier Zonen, auf die wir uns beziehen können: Der Macht-Exhibitionist in der linken oberen Ecke, der Macht-Voyeurist in der rechten oberen Ecke, der Unterwerfungs-Exhibitionist in der linken unteren Ecke und der Unterwerfungs-Voyeurist in der rechten unteren Ecke. Traditionell ist die obere linke Ecke in unserem Diagramm natürlich die libidinöseste und die untere rechte Ecke die mortidischste. Aber das Bild wird durch die Tatsache kompliziert, dass Exhibitionismus und Voyeurismus in Wirklichkeit keine Macht und keine klare Trennung zwischen dem Macht erzeugenden Akteur und dem Unterwerfungs-Voyeuristen besteht. Es könnte durchaus sein, dass es der Voyeur ist, der die Arena kontrolliert, und dass seine Fantasie das Ergebnis des sozialen oder sexuellen Spiels bestimmt, und nicht der Exhibitionist, der die Kontrolle hat. In einer Gesellschaft mit einem Mangel an Voyeuren und dreizehn bis zwölf Exhibitionisten haben die Voyeurinnen und nicht die Exhibitionisten den größeren Marktwert.

Wir stehen vor einer historisch einzigartigen Komplikation, die wir nicht ignorieren können, wenn wir eine aufmerksamkeitsstarke Gesellschaft wie die Netzwerkgesellschaft verstehen wollen, in der die Achse E/V zum ersten Mal in der Geschichte, wenn möglich, noch stärker und wichtiger ist als die Achse M/U. Wir können die mentale Anziehungskraft zwischen oder innerhalb der Geschlechter als entscheidenden Faktor auch nicht ignorieren, wenn wir eine Gesellschaft sozioanalytisch untersuchen, in der die Sexualität eine sehr begrenzte soziale Rolle spielt und die kognitive Geschlechtspräferenz die Priorisierungen im sozialen Theater bestimmt. Es geht also vor allem darum, welche Auswirkungen die Achsen aufeinander haben, wenn sie sich auf dem gleichen Spielfeld befinden. Hier entdecken wir den wirklich interessanten Aspekt: Es sind nicht mehr die traditionellen Ecken, die dominieren. Wenn die Gerichte, die Schlösser und die Kirchen während des Feudalismus und die Parlamente, die städtischen Wohnungen und die Universitäten während des Kapitalismus die Arenen bildeten, in denen die machtausstellenden Eliten das soziale Theater aufführten, dessen Zeuge die unterwürfig-voyeuristischen Massen zu sein vermuteten, dann brechen diese Strukturen mit der Ankunft des Internets zusammen. Es stellt sich heraus, dass die Dominanz der oberen linken macht-exhibitionistischen Ecke gegenüber der unteren rechten unterwürfig-voyeuristischen Ecke weit davon entfernt war, eine Folge irgendeiner Form von vorherbestimmtem Naturgesetz zu sein.

Was geschehen ist, ist ganz einfach, dass der Kaiser das Kolosseum verlassen hat und dass nur der Mob und die Gladiatoren in der Arena bleiben. Der Kaiser hat sich hinter einem Wandschirm versteckt, und es ist nicht einmal mehr sicher, dass er sich um die Beobachtung des öffentlichen Spektakels kümmert. Niemand weiß mehr, wo sich die

Macht versteckt, denn zum ersten Mal in der Geschichte hat die Macht nichts davon, wenn sie ihren Aufenthaltsort preisgibt. Tatsächlich verhält sich die Macht in der Netzwerkgesellschaft mit all ihren enormen aufmerksamkeitsstarken Kommunikationsströmen genau umgekehrt. Was den öffentlichen Raum ausfüllt, ist stattdessen das neue unterwürfig-exhibitionistische Konsumtariat in Form von sozialen Selbst-Opfer-Kulten – die extreme Rechte, die Identitätslinke und alle möglichen religiösen Fundamentalisten –, die die soziale Arena beanspruchen und eine machtversessene Netokratie als ihr Publikum fordern, ein Publikum, das es hartnäckig versucht, sich schuldig zu machen, um auf den immer unattraktiveren Zuschauerplätzen der sozialen Medien zu bleiben. Denn was wäre die Alternative? Dass die konsumierende Herde als der ersehnte Moralapostel in Bezug auf sich selbst fungieren muss? Das würde leider nicht funktionieren, da sich die verschiedenen identitären Sekten schnell gegenseitig verurteilen und zu Tode prügeln würden. Es genügt, den blutigen Terror der Französischen Revolution zu studieren, um zu sehen, was tatsächlich mit einer Gesellschaft geschieht, in der der Glaube an den phallischen Blick verloren gegangen ist.

So sind es die Spaltungen und Netzwerke, die die linke untere Macht-Voyeuristen-Ecke bevölkern, die das Diagramm während des Informationalismus übernehmen. Sie benötigen natürlich – wenn auch zunächst schwach und verwirrt – die obere rechte unterwerfend-exhibitionistische Ecke als ihren libidinösen Gegenpol. Es ist nicht im Geringsten merkwürdig, dass die Konsumenten glauben, ihr Publikum sei gegeben, wie das alte unterwürfig-voyeuristische Publikum im Feudalismus und Kapitalismus. Aber die Machtvoyeuristen sind eben eine Netokratie. Sie sind ständig und bewusst online miteinander verbunden. Folglich können die Machtvoyeure auf lange Sicht alle Verhandlungsbedingungen festlegen, die sie nur passiv am sozialen Theater teilnehmen wollen, und bald werden sie fast uneingeschränkte Macht über die gesamte Netzwerkgesellschaft erobert haben. Auf diese Weise werden wir eine schweigende und verborgene Elite haben – extrem befreit vom identitären Fundamentalismus –, die die Gesellschaft auf eine Weise kontrolliert, wie wir es noch nie zuvor erlebt haben. Dies ist einer

Freimaurerloge nicht unähnlich, die die Welt aus dem Schatten heraus kontrolliert, ohne jemals ans Tageslicht treten zu müssen oder gar zu versuchen, sich der Öffentlichkeit zu offenbaren. Anonymous, 2004 gegründet, war lediglich das erste Beispiel eines solchen netokratischen Pionierprojekts (wie wir es einige Jahre zuvor in *The Netocrats* prophetisch vorausgesagt hatten). Und der Name sagt in diesem Fall alles; ein anti-individualistisches Netzwerk in Form eines netokratischen Schwarmes könnte sich kaum unter einem ausgeprägteren Etikett vermarkten.

Dies ist jedoch erst der Anfang. Wenn Projekte wie Anonymous Zugang zu den verschlüsselten Kommunikationstechnologien künftiger Generationen erhalten – und wenn man darüber hinaus gelernt hat, ein fanatisches und unersättliches Unterwerfungs-Ausstellungs-Konsumtariat zu kultivieren und auszuüben, das zwanghaft dazu bestimmt ist, seinem Sirenengesang zu folgen und jeder Laune zu gehorchen –, dann erst werden die netokratischen Netzwerke die Welt wirklich in Erstaunen versetzen. Macht ist Macht und Unterwerfung ist Unterwerfung. Das Neue an der Netzgesellschaft ist, dass die Macht dem Voyeur und nicht dem Exhibitionisten folgt, und heutzutage ist es der narzisstische Exhibitionist, der schnell zum Sklaven seines unstillbaren Bedürfnisses nach kindlicher Aufmerksamkeit um jeden Preis wird. Eine Aufmerksamkeit muss daher eher mortidinal als libidinös und mit brutaler Unterwerfung verbunden sein. Die Libido bewegt sich ganz einfach von der Bühne in den Zuschauerraum, wenn der Sitzplatz im Zuschauerraum zu einem exklusiven, realen Platz wird, während die Bühne vom Zentrum des Geschehens in eine Müllhalde an der sozialen Peripherie verwandelt wird. Gewöhnen Sie sich also an eine Welt, in der Sie nicht wissen oder sehen, wann und wo die wichtigen Ereignisse stattfinden, in der der Nachrichtenfluss zunehmend den Charakter eines nihilistischen Pseudotheaters hat. Und gewöhnen Sie sich daran, dass Sie diese Tatsache nur der Hydra zuschreiben können, die die Welt übernommen und zu ihrem eigenen globalen Imperium gemacht hat, also dem *Internet* selbst.

14

Der digitale Klassenkampf – der netokratische Schwarm vs dem konsumorientierten Mob

Der Vater der Psychoanalyse, Sigmund Freud, merkte oft an, dass die Sexualität der Erwachsenen für das Kind geheimnisvoll ist. Die Frage ist, ob sie vielleicht sogar das geheimnisvollste aller Geheimnisse des Lebens ist. Was ist eigentlich so bemerkenswert an diesem allumfassenden Projekt, für das Erwachsene so viel Zeit und Energie aufwenden? Wie geht man mit diesem grundsätzlich ambivalenten Rätsel um, das bestenfalls eher süchtig macht anstatt zu befreien, und von dem Erwachsene so schrecklich fasziniert sind? Es ist ebenso unverständlich wie beängstigend. Und die Beziehung, die man als Kind zu der rätselhaften Sexualität der Erwachsenenwelt aufbaut, spiegelt sich dann weitgehend in dem Selbstvertrauen oder dem Mangel an Selbstvertrauen wider, das man mit dem Erreichen des Erwachsenenalters zu mobilisieren vermag.

Ein Kind, das offen und neugierig sein kann, während es sowohl die grundlegende Unverständlichkeit des Unbegreiflichen akzeptiert als auch die Macht in ihrer unbestreitbaren Machtausübung – die Anziehungskraft dessen, was Philosophen als das *Erhabene* bezeichnen – erkennt, wird höchstwahrscheinlich auch als Erwachsener in der Lage sein, diese großzügige und neugierige Herangehensweise an die umgebende Welt aufrechtzuerhalten und zu entwickeln. Mit dieser Toleranz folgt ein robustes Selbstvertrauen, ganz einfach, weil das Selbstvertrauen durch die Fähigkeit untermauert wird, sich in der Begegnung mit dem Unbekannten in der eigenen Identität wohl zu fühlen, nicht zuletzt, wenn dieses Unbekannte spürbar mächtig und zumindest sichtbar bedrohlich ist. Dieser rezeptive Ansatz wird hauptsächlich in der Kindheit entwickelt, da die Phantasiewelt des Kindes so viel geräumiger und freier ist als die des Erwachsenen. Dadurch steigen die Möglichkeiten für die Radikalität der Libido, den Konservatismus des Mortido zu überwinden. Das bedeutet aber auch, dass diese Entwicklung wesentlich unwahrscheinlicher wird, wenn das Kind schon früh lernt, verschiedene Verbote zu verinnerlichen und sich vor den bedrohlich rätselhaft erscheinenden Geheimnissen des Lebens, insbesondere der Sexualität des Erwachsenen, zu schützen. Es ist in hohem Maße davon abhängig, ob das Kind das notwendige *Erwachsenwerden*, den Übergang von der Kindheit über die Adoleszenz zum reifen Erwachsenenalter, bewältigen kann.

Der primitivistische Nomadenstamm war alles andere als ein Rousseau´sches Paradies. Aber es hatte – dank seines *Intratribalismus*, seiner physischen und mentalen Isolation von der umgebenden Welt – Zugang zu einer Reihe von Werkzeugen, die es ihm ermöglichten, komplizierte Prozesse des Erwachsenwerdens zu bewältigen. Dies war eine Hauptaufgabe der schamanischen Kaste. Kinder, die im Erwachsenenalter an narzisstischer Arroganz scheiterten, lernten schnell, wie die faktischen Umstände ihre Egozentrik einschränkten. Es konnte ausreichen, ihnen eine Aufgabe zu geben, die für ihr Alter und ihren Wissensstand unmöglich zu bewältigen war, damit ihre Unzulänglichkeit deutlich wurde. Die traditionellen Übergangsriten boten eine Reihe solcher Methoden, um die Arroganz der Jugend zu reduzieren und das Selbstbewusstsein auf ein vernünftiges Niveau zu bringen, so dass es dem Kollektiv zu Gute kam. Dazu gehörte die Zähmung und Anpassung der Sexualität des Kindes bei verschiedenen Ritualen. Freud nannte dies ganz einfach die notwendige soziale *Zähmungskastration.* Aber der plastische Nomadenstamm verfügte auch über Methoden, um das zu retten, was für die Kinder, die bis zum Erwachsenenalter Unreife und eine matriarchalische Fixierung zeigten, zu retten war. Diesen Individuen wurden einfach weniger anspruchsvolle Mitwirkungsrollen zugewiesen. Unreife Jungen konnten von einer sorgfältig geregelten Sexualität und Fortpflanzung ausgeschlossen werden. In Situationen, in denen der Stamm verwundbar war – wenn er von Hunger, Krieg oder Naturkatastrophen heimgesucht wurde – schlossen sie die hoffnungslosen Fälle völlig aus der Gemeinschaft aus und überließen sie ihrem Schicksal. Wenn der Stamm es sich ganz einfach nicht mehr leisten konnte, sie zu unterstützen, machte man die krasse Einschätzung, dass die kollektive Investition in ihre Sozialisierung nicht die notwendigen Dividenden abwerfen würde.

In der heutigen Gesellschaft leiden wir nicht mehr unter der gleichen materiellen Knappheit. Nicht mehr Nahrung oder gar Kapital ist die entscheidende Knappheit, sondern *Aufmerksamkeit.* Selbst wenn es in vielen Teilen der Welt zu Hungersnöten kommen kann, die in der Regel durch politisch konditionierte Handlungen verursacht werden, kann es sich die Welt leisten, die bestehenden Münder zu füttern, weshalb es keine mächtige öffentliche Meinung mehr gibt, die dafür eintritt, dass all jene, die nicht zur Unterstützung des Kollektivs beitragen, ihrem Schicksal überlassen werden sollten. Gleichzeitig führt die Globalisierung, Automatisierung und Digitalisierung dazu, dass die Nachfrage nach Arbeitskräften aus der Produktion von Konsumgütern sinkt, was wiederum bedeutet, dass die Zahl der Menschen, die vom Arbeitsmarkt verdrängt werden, rasch zunimmt. Aber natürlich fordern sie alle Unterstützung, ihr Recht auf Konsum, während sie gleichzeitig ihr Recht einfordern, die Teilnahme am Prozess des Erwachsenwerdens zu verweigern. Im Internet finden diese Dividuen nun leicht und schnell zueinander; zusammen bilden sie den *konsumorientierten Mob* und drücken ihre vielen Forderungen und ungestüme Frustration aus. Und wenn diese infantilisierten – der Prozess der Erwachsenwerdung ist natürlich zusammengebrochen – Mobs im Namen von mehr oder weniger fiktiven Ungerechtigkeiten Aufmerksamkeit fordern, verkommt das ganze Projekt schnell zu einem aggressiven *Identitarismus*. Das Internet verwandelt sich allmählich in eine Kakophonie des Free-for-all, in dem die konkurrierenden konsumierenden Mobs versuchen, sich gegenseitig mit ihren Forderungen zu übertönen.

Auf der anderen Seite der wachsenden Klassenspaltung wird diese Entwicklung entweder mit Abneigung oder Gleichgültigkeit beobachtet; das elitäre Phänomen, das den konsumierenden Mob widerspiegelt, ist der *netokratische Schwarm*, in dem ein erfolgreich abgeschlossener Prozess der Erwachsenwerdung eine strenge Voraussetzung ist. Und hier erkennt man, dass es vergleichsweise billig ist, den anspruchsvollen Konsumenten ein beträchtliches Maß an materiellem Wohlstand zu bieten und dafür zu sorgen, dass jeder auf einem – aus historischer Sicht – fantastischen Niveau konsumieren kann. Doch der netokratische Schwarm will und kann die Ressource, um die sich die gesamte neue Sozialwirtschaft dreht – die Aufmerksamkeit – weder austeilen noch wirklich ausnutzen. Denn es besteht ein chronischer und zunehmend verzweifelter Mangel an eben dieser Ware. Deshalb sprechen wir von der *aufmerksamkeitsorientierten Gesellschaft* und nicht von der kapitalistischen Gesellschaft. Da Aufmerksamkeit die knappe Ware ist, sucht das Kapital die Aufmerksamkeit und nicht, wie früher, umgekehrt. Die Macht fällt demjenigen zu, der die Aufmerksamkeit hat, nicht dem, der das Kapital hat. Wenn sich der netokratische Schwarm vom konsumierenden Mob zurückzieht, spaltet sich der Stamm in der Mitte. Dem konsumierenden Mob fehlt natürlich das wichtigste Gut des äußeren Kreises, der phallische Blick, und der netokratische Schwarm eignet sich die begehrte Aufmerksamkeit durch sein implosives Monopol auf eben diesem phallischen Blick an.

Oberhalb des Klassenunterschiedes wird der Verkehr auf das absolut Notwendige minimiert, was bedeutet, dass dem konsumierenden Mob nur noch der interne Streit um alle möglichen sinnlosen Pseudoaufmerksamkeiten in Form von Hypernarzissmus, Pornoflation und Interpassivität bleibt. Der konsumierende Mob lässt sich daher am besten als eine verzerrte Imitation des inneren Kreislaufs des plastischen Nomadenstammes beschreiben, der offensichtlich den Schutz und die Fürsorgeformen des äußeren Kreislaufs – etwa durch Subventionen, Steuererleichterungen und eine Reihe von Grundfunktionen in der Gesellschaft – intakt hält, der nun aber ohne den sexuellen Motor des äußeren Kreislaufs, den phallischen Blick, auskommen muss. So wird der innere Kreislauf unterstützt und geschützt, aber leider wird er nicht gesehen, er erhält keine Aufmerksamkeit, was enorme, grundsätzlich sexuelle Frustration erzeugt. Der Schutz funktioniert, die Versorgung kommt, aber das sexuelle Ritual, das gesetzt wird, um das Zugehörigkeitsgefühl des Stammes zu besiegeln – der gemeinsame Übergangsritus des Stammes, der den Eintritt in die verzauberte Erwachsenenwelt bestätigt – wird ständig verschoben und findet nie statt. Denn die Netokraten behalten den phallischen Blick und damit das sexuelle Ritual für sich. Der digitale Klassenkampf wird also nicht dadurch bestimmt, dass die Netokraten die Konsumenten durch physische Gewalt unterwerfen – das ist natürlich unnötig und dient keinem Zweck –, sondern durch den dauerhaft funktionierenden netokratischen Schwarm, der sich vom dysfunktionalen konsumierenden Mob abspaltet, ihn von seinen plurarchischen Knotenpunkten ausschließt und ihn in der digitalen Wildnis an mangelnder Aufmerksamkeit sterben lässt.

Oder wenn wir diesen Zustand mit dem freudianisch-marxistischen Vokabular der Frankfurter Schule aus der Zeit zwischen den beiden Weltkriegen ausdrücken: Da der digitale Klassenkampf ein Kampf um *Aufmerksamkeit* und nicht um *Territorium* oder *Kapital* in Form von materiellen Ressourcen ist, ist er *de facto* ein sexueller Klassenkampf. Freud hatte sogar noch mehr Recht über den zeitgenössischen Menschen als über den primitivistischen Menschen – jene, die er als „Wilde" bezeichnete. Wir sind von einem Kampf über die *reale* oder *imaginäre Ordnung* in der Gesellschaft zu einem Klassenkampf über die *symbolische Ordnung* übergegangen. Die digitale Klassenspaltung dreht sich also nicht um die Kontrolle von Instinkt oder Antrieb, sondern um die Kontrolle des *Begehrens*. Wo ist der phallische Blick hin und warum sieht er mich nicht mehr? Wer bin ich dann, und welchen Wert habe ich? Was ist so viel interessanter als ich, das die ganze Aufmerksamkeit auf sich zieht? Der phallische Blick kümmert sich offensichtlich nicht mehr um den mütterlichen Körper, den Nationalstaat oder die Konsumgesellschaft – die Fixierungen, die den Kopf des Konsumenten bevölkern. Oder, um es etwas banaler auszudrücken: Warum darf ich nicht in den Erwachsenenschwarm, um seine raffinierten sexuellen Spiele zu spielen? Warum muss ich mich mit dem infantilen Mob und seiner permanenten Kindheit außerhalb des Tempels zufrieden geben?

Wie also funktioniert die bizarre Sexualität der Erwachsenen, die sowohl das Kind als auch den Konsument so intensiv fasziniert, tatsächlich? Das Begehren wird zunächst durch einen Reiz angezogen, und dieser Reiz ist durch eine intensive *Ambivalenz* gekennzeichnet, wenn er mit einem komplexen Beziehungsgeflecht konfrontiert wird, während er das Erhabene als abstraktes Ziel hat. Während das Erhabene durch Ambivalenz in Form von endlosem Leid und endloser Schönheit zugleich gekennzeichnet ist – am deutlichsten zu erleben, wenn der Mensch dem Tod bewusst in die Augen schaut –, ist Ambivalenz im Grunde ein Kampf zwischen dem Willen des Geistes, seine Macht zu erobern, zu erhalten und zu verstärken (einen Orgasmus zu vermeiden), und der Sehnsucht nach Unterwerfung unter etwas, das derselbe Geist als größer und mächtiger als er selbst erlebt (einen Orgasmus zu erreichen); eine Sehnsucht, die direkt mit diesem Machthunger verbunden ist und ein Produkt dieses Machthungers ist. Das Erhabene löst sich in emotionale Extreme auf, mit *Ekstase* als Libido und *Depression* als deutlichstem Ausdruck von Mortido in der Netzwerkgesellschaft. Kein Wunder, dass große Teile der Gesellschaft in der Entstehungsphase des Internet-Zeitalters unter ausgedehnten Epidemien von Depressionen leiden, worüber die Betroffenen in allen verfügbaren Medienkanälen ständig sprechen und nach Aufmerksamkeit suchen. Und doch ist der Weg zur *Ekstase* – und damit auch zur anschließenden Bewältigung dieses Ereignisses als produktive Erinnerung – ironischerweise verfügbarer als je zuvor, da die verschiedenen Wege der Kulturen zum *Satori* plötzlich für alles und jeden im Internet zugänglich sind, während uns die fortgeschrittene Technologie in verschiedenen Bereichen mit einem stetigen Strom von Innovationen versorgt, deren Zweck es ist, uns zu einer *Gipfelerfahrung* zu verhelfen.

Hier spielt natürlich die psychedelische Revolution – als eine Art erotische Intimität ohne notwendige sexuelle Anziehung – eine Schlüsselrolle. Tausende von Jahren örtlich begrenzter Erforschung des schamanischen Potenzials verschiedener Drogen werden plötzlich zu einem einzigen global-imperialen Diskurs verschmolzen, in dem Erfahrungen zwischen einer Fülle subkultureller *Erlebnisserfahrungen [eventologies]* ausgetauscht werden. Man experimentiert mit und diskutiert über sowohl bewährten als auch neu produzierten Molekülen in verschiedenen Kombinationen. Gleichzeitig werden in tantrischen Schulen die sexuellen Praktiken verfeinert und perfektioniert, um die Erfahrung der Macht innerhalb der sexuellen Ekstase, des *Orgasmus*, zu maximieren und zu verlängern. Die Gesamtmenge des Wissens wächst enorm. Spezielle Interessen mit Schwerpunkt auf Ekstase treffen in neuen, expansiven Subkulturen aufeinander. Der Unterschied zwischen der Sexualität der Erwachsenen und der Sexualität von Kindern besteht natürlich darin, dass Ekstase nur dem Erwachsenen zur Verfügung steht und somit in direktem Zusammenhang mit der erfolgreich durchgeführten Erwachsenwerdung steht. Bei der Mamilla gibt es nur Mortido zu genießen, keine Libido. Der netokratische Schwarm tendiert zur Ekstase, während der konsumierende Mob in die Depression abdriftet. Der Schwarm ist im Besitz des phallischen Blicks und hat daher sowohl Phallus als auch Matrix in sich, der Mob hingegen ist nur mit einer konsumierenden Mamille ausgestattet und hat weder Phallus noch Matrix, was ihn auf die kindliche Sexualität beschränkt und das Ekstatische außer Reichweite setzt. Deshalb sucht der Mob energisch nach dem einzigen ihm bekannten Ausweg: die sozial-masochistische Betäubung der Depression.

Das Bemühen des sozialen Masochismus, am Leben zu bleiben, drückt sich vor allem in einem Bemühen um das aus, was wir den *masochistischen Gleichgewichtszustand* nennen können: eine Art erträgliches Gleichgewicht zwischen dem, was das äußere Gesetz und das innere Über-Ich vom Masochisten verlangen. Man beachte jedoch, dass der masochistische Gleichgewichtszustand – ein Zustand, in dem sich irritierende äußere Reize scheinbar gegenseitig aufheben – dem Todestrieb in seiner perfekten Form gleichkommt: Es ist ein Leben mit minimaler Aktivität, eine Form von totem Leben, das gesucht wird. Das bedeutet, dass der Masochismus in der sadomasochistischen Blütezeit des Informationalismus in einem ersten Stadium zum reinen Mortido verfeinert wird. Als völlig logische Antwort auf diese Entwicklung wird der Sadismus in reine Libido entwickelt. Das goldene Zeitalter des Sadomasochismus ist also eine Art virtuelle Verfeinerung der Libido gegenüber dem Mortido als personifizierte Projektionen. Man beachte jedoch, dass der netokratische Schwarm nicht in sich selbst sadistisch ist – er ist natürlich die ganze Zeit voll mit seinen eigenen internen Angelegenheiten beschäftigt, nicht zuletzt mit seinen orgiastischen Experimenten, digital und nicht selten auch physisch isoliert vom lästigen Konsumtariat –, sondern wird erst dann sadistisch, wenn er gezwungen ist, die Rolle als die Oberfläche zu spielen, auf die der Masochismus des konsumierenden Mobs projiziert wird. Denn wie könnte der Mob verstehen, dass man von denen, die den Tempel des Erwachsenseins verwalten, permanent dem Zutritt untersagt wird, wenn man weiß, dass sich der phallische Blick dort versteckt. Wie könnte dies als etwas anderes als Sadismus angesehen werden? Leider führt die minimale Interaktion der Netokratie mit dem Konsumtariats in der digitalen Plurarchie direkt zur Entwicklung dieses Szenarios.

Wie geht es also dem verwundeten Individualismus in einem Zeitalter, in dem dieser schäbige und durch und durch diskreditierte Kadaver auf der Strecke bleibt, um dann von der neuen digitalen Unterschicht, dem Konsumtariat, vereinnahmt zu werden? Das entstehende Dividuum ist natürlich nur ein neues Konzept für den einzelnen Menschen, als netzwerk-dynamisches Ganzes oder als gebrochene Vielheit. Die Einheit des Dividuums muss auf ein neurowissenschaftliches Phänomen (siehe *The Body Machines*) reduziert werden, das lediglich als Chimäre am Ende einer problematischen Beobachtung auftritt. Was ist damit gemeint? Dies Denken an sich bestätigt eigentlich nicht, wie Descartes behauptet, das Vorhandensein irgendeiner Form des Denkens und eines stabilen Subjekts, das eine ganze Weltsicht untermauern kann. Zunächst einmal denken wir überhaupt nicht, es sei denn, es gibt ein Problem, das unsere

Aufmerksamkeit erfordert. Und auch nach einem Zwischenfall erinnern wir uns an nichts mehr, es sei denn, der fragliche Vorfall steht in Zusammenhang mit der ständig fließenden und vagen Identität des Dividuums. Das bedeutet, dass wir uns von der Zeit vor der Abjektion der Mamilla bis zum phallischen Eindringen an gar nichts mehr erinnern. In dieser Zeit gibt es ganz einfach kein *cogito*, mit dem die Erfahrungen verbunden werden können – denn das Kind erlebt sich selbst und die Mutter nicht einmal als getrennte Körper –, so dass auch nichts geschieht, was bewahrt werden muss. Es wird kein Material für irgendeine Gedächtnisbank für den zukünftigen Gebrauch eines (Selbst-)Bewusstseins produziert.

Während also die schockierten Konsumenten versuchen, das zu retten, was von der alten Religion, dem Individualismus, zu retten ist, marschieren die Netokraten weiter und sehen die Chancen im Tod aller alten Religionen – was der deutsche Philosoph Friedrich Nietzsche als *affirmativen Nihilismus* bezeichnet hat (siehe *The Body Machines*). Die Netokratie verdrängt den Individualismus und seinen Zwilling des Atomismus durch ein netzwerk-dynamisches Weltbild, das auf *Beziehungen* anstatt auf *relata* basiert (siehe *Syntheismus – Gott im Internet-Zeitalter erschaffen*). Wie funktioniert also ein netzwerk-dynamisches Subjekt? Nun, wir lernen aus der Dialektik von Ewigkeit und Mobilismus (siehe *The Global Empire*), dass wir in einem Chaos leben, welches wir in einen illusorischen Kosmos verwandeln müssen, um eine handhabbare *Ontophänomenologie* aufbauen zu können. Die Existenz würde ganz einfach zu chaotisch und unüberschaubar, wir würden sonst durch die Wahrnehmungsüberlastung gelähmt. Dieser Kosmos ist ein einziger, und hat als direkte Folge ein erfahrenes Subjekt, das ebenfalls als homogen verstanden wird. Wir bewahren eine zusammenhängende Welt, die überlebenswichtig ist, durch und mit einem zusammenhängenden *Cogito* – und die daher reine Fiktion ist. Das hat zur Folge, dass das Ich nur in Form einer logischen Schlussfolgerung aus einer Reihe von Problemen entstehen kann, und dann auch nur in der Rolle als das, was illusorisch den schlaffen Sack aus wirren Eindrücken und Beobachtungen zu fesseln scheint, der eigentlich stets weit offen bleibt.

Das netokratische Subjekt ist also nichts anderes als ein stationäres und temporäres Siegel für einen Moment, in dem das Dividuum glaubt, das psychotische Chaos der Existenz auf eine grundlegend neurotisch zusammenhängende Weltsicht fixiert – verewigt – zu haben. D.h. es ist ein Zustand, in dem das Subjekt als direkte Folge der Objektivierung der phänomenalen Situation an sich entsteht. Die netzwerk-dynamische Metaphysik endet somit in einem radikalen Antikartesianismus: Ein fragmentiertes Nervensystem konzentriert sich als letzte verzweifelte Überlebensreaktion angesichts einer chaotischen Umgebungswelt auf die Eternalisierung des gegenwärtigen Reflexionskomplexes, was letztlich eine Objektivierung des eigenen komplexen Denksystems zu einem illusorischen und äußerst pathetischen kleinen *Ich-Moment* erfordert. Und was ist dann mit einem Ich-Moment gemeint? Es bedeutet, dass dieses illusorische Subjekt nicht nur illusorisch, sondern auch extrem vergänglich ist. Sobald das Subjekt als endgültige Eternalisierung entstanden ist, ist es bereits in Bewegung gesetzt und aufgelöst worden. Die Suche nach diesem ständig mobilisierten Subjekt verlagert sich bald auf den Subjektprozess an sich. Der Verstand beginnt, eine Zeitlinie zu konstruieren, die die ständig gescheiterten Zusammenfassungen der chaotischen Welt verbindet – gewissermaßen Knoten emotionaler Intensität, die durch eine Linie mit Notlösungscharakter miteinander verbunden sind, wobei diese Linie selbst im Laufe der Zeit zum zeitlichen Subjekt wird – ein Projekt, das der deutsche Existentialist Martin Heidegger in dem Werk mit dem aufschlussreichen Titel *Sein und Zeit* entwickelt. Mit der Zeit werden wir zu unserer eigenen eitlen Suche nach uns selbst, einer Suche, deren vorgegebene Unwirksamkeit paradoxerweise ein Ergebnis nicht ausschließt.

Die Struktur des zeitlichen Subjekts wiederum erklärt, warum die Metaphysik im Laufe der Zeit von der enormen Ewigkeit während des Feudalismus über den zeitlich diffusen Fortschritt während des Kapitalismus bis zum mikroskopischen Ereignis während des Informationalismus verformt wird. Der metaphysische Motor muss natürlich als existent erlebt werden, und diese Erfahrung muss natürlich intersubjektiv sein. Aber dann kann der Motor auch keine größere Ausdehnung in der Raumzeit haben als eine, die dem glaubwürdig erfahrenen Subjekt entspricht. Deshalb enthält das mikroskopische Ereignis zunächst eine dialektische Kehrtwendung: Die einzige Unendlichkeit, die ihren Namen verdient, ist die auf einen einzigen Moment konzentrierte. Zweitens ist das Ereignis an das chronozentrische Absolutum des Relationalismus gebunden, d.h. an die *Dauer* selbst. Das bedeutet, dass das unendliche Jetzt auf die Zeitachse gesetzt wird, um später von unzähligen Erinnerungen gefolgt zu werden, die auf die Erfahrung zurückgreifen. Die Erinnerung an die Ekstase ist also die Substanz der Ekstase, nicht die Ekstase an sich. Die Ekstase an sich wäre unerträglich, wenn sie nicht aufhören und sich in eine Erinnerung verwandeln würde, während diese Erinnerung selbst immer verfügbar und so verpackt ist, dass sie sehr angenehm und daher auch sinnvoll ist. Was diese Erinnerung auch metaphysisch mächtig macht. So mächtig, dass sie zum Kern der metaphysischen Geschichte der Netzwerkgesellschaft wird. Wir könnten unmöglich noch weiter von Kants individualistischer Metaphysik mit ihrem Axiom, der *Zeit als Illusion*, entfernt sein als hier. *Das unendliche Jetzt ist das informationalistische Ereignis par excellence.*

Was geschieht also mit diesem vergänglichen libidinösen Subjekt in der wundersamen Welt der Philosophie? Welche Erkundungen dieses Ideals werden nach Heideggers grundlegender Etablierung desselben im frühen 20. Jahrhundert als neutrales *Dasein* ohne kartesianische Substanz durchgeführt? Was muss eine netokratische Konstruktion von Subjektivität berücksichtigen, abgesehen von der klassenbedingten Abneigung gegen alles, was nach vulgärem Individualismus riecht? In dem syntheistischen Manifest *The Religion of the Future* stellt der brasilianische Philosoph Roberto Mangabeira Unger die Sterblichkeit, die Grundlosigkeit und die Unersättlichkeit als die drei grundlegenden existenziellen Dilemmas des Menschen fest. Wenn wir die soziale Dimension dieser drei grundlegenden Begrenzungen der menschlichen Vorstellungskraft hinzufügen, entdecken wir, dass sie insbesondere die *Stammes-Apokalypse, die metaphysische Grundlosigkeit und die triebhaft-unersättliche Unersättlichkeit* betrifft, die den Menschen dazu bringen, sich von der unaufhörlichen Reihe von Enttäuschungen – in der mortidinalen Hoffnung auf ein Leben ohne jegliches Fitzelchen Intensität – zu befreien. Alle funktionalen Subjekte müssen sich daher immer auf diese drei sozialpsychologischen und existenziellen Extreme beziehen, unabhängig davon, um welches technologische oder kommunikative Paradigma es sich handelt. Das Subjekt kann nicht funktionieren, ohne sich zuerst gegen diese drei extremen Zustände zu wappnen, und dann droht sich der Mortido aus dem Unterbewusstsein zu sprengen und die Show zu übernehmen.

Hier erhält das Subjekt seine ersehnte Bedeutung und sein visionäres Ziel. Denn es wird natürlich die Aufgabe des Subjekts sein, die Stammesapokalypse zu verhindern, die metaphysische Grundlosigkeit zu bekämpfen und die triebhaft-unersättliche Unersättlichkeit zu kanalisieren. Das Freudsche Über-Ich wird sowohl mit Richtung als auch mit Energie versehen. Und durch die anschließende Hinzufügung von Bedeutung hat das Subjekt schließlich den Mut, zum Leben zu erwachen – es erwacht zur Libido. Aber ein Leben voller Leben ist, im Gegensatz zu einem Leben ohne Leben, auch ein Leben voller Kraft – der Wille zu leben ist grundsätzlich der *Wille zur Macht*, wie Nietzsche es ausdrückte – während ein Leben ohne Intensität ein Leben ohne Macht ist. Das heißt, je länger wir uns in ein historisches Paradigma hineinbegeben, desto deutlicher wird, dass eine paradigmatische Oberschicht entsteht, die ihrem Rivalen die Macht streitig macht und sich um Themen wie Überleben, Wertehierarchien und libidinöse Verwirklichung vereinigt, an sich Haltungen, deren Ausgangspunkt die Art und Weise ist, wie diese Elite ihre neu errungene Position behauptet. Dies geschieht, während sich eine paradigmatische Unterschicht all diese Möglichkeiten moralisch verwehrt und sich stattdessen um Nostalgie, Ressentiment und sozialmasochistische Unterwerfung vereint, das heißt: Die Unterschicht ist um die unbewusste Verehrung der drei existenziellen Dilemma des sozialen Theaters vereint, und nicht um einen gegen sie gerichtete Widerstand: die Stammesapokalypse, die metaphysische Grundlosigkeit und die libidinöse Unersättlichkeit. Es handelt sich um eine *Libido-als-Vision* der Oberschicht, der eine *Mortido-als-Kastration* der Unterschicht gegenübergestellt wird.

Welche Ausdrucksformen nehmen diese drei existenziellen Dilemmata also während des laufenden Paradigmenwechsels an, wenn der Kapitalismus sich in einen Informationalismus verwandelt? Nun, die

Stammesapokalypse kehrt als Krise des Nationalismus zurück, die metaphysische Grundlosigkeit als Zerfall des Atomismus und die triebhaft-unersättliche Unersättlichkeit als Zusammenbruch des Individualismus. Die Nation, das Atom und das Individuum sind der paradigmatische Dreiklang, um den herum die europäische Aufklärung seit dem 17. Jahrhundert aufgebaut wurde, als der Nationalstaat aus den Trümmern der europäischen Religionskriege auftauchte. Die Nation, wie wir sie kennen, ist nicht gottgegeben oder „natürlich", wie viele sich das vorstellen. Dasselbe gilt für das unteilbare Atom und den unteilbaren Menschen: Es geht im Grunde um *Ideologie* und nur um Ideologie. Unter dem Druck, der entsteht, wenn sich das Internet exponentiell ausdehnt, brechen diese drei Meme zusammen, und die gegenseitige Abhängigkeit voneinander, die in einem früheren Stadium eine Stärke war, wird nun zu einer Belastung: Sie ziehen sich nun im Herbst gegenseitig nach unten. Sie teilen ihr Schicksal mit anderen Memplexen in der Geschichte, die einst dominant waren, die aber später, als eine neue Elite die Macht eroberte, ausgelöscht wurden: Sie werden von der neuen Unterklasse, in diesem Fall dem Konsumtariat, bewahrt und geschätzt, wenn die alte kapitalistische Oberschicht, die Bourgeoisie, sich von der Netokratie zurückgelassen findet. Dies geschieht parallel zur Vereinigung der Netokratie um die netzwerk-dynamische Weltsicht, der Ethik der Interaktivität und der Suche nach dem ekstatischen Ereignis in ihrem Bemühen, die Stammesapokalypse durch den *Globalismus*, die metaphysische Grundlosigkeit durch den *Syntheismus* und die libidinöse Unersättlichkeit durch die *Netzwerk-Dynamik* de facto zu bewältigen. Die Netokratie dient dem Global Empire und das Global Empire dient der Netokratie.

Angesichts der Möglichkeiten der Netzwerkdynamik erscheinen die Forderungen und Versprechungen des Individualismus bald als ein Bündel von Unsinn. Aber Stimmen, die von der Hohlheit und den Unzulänglichkeiten des Individualismus sprechen, sind natürlich nichts Neues; diese Stimmen sind seit der Entstehung des Phänomens zu hören. Bereits im 19. Jahrhundert beschreibt beispielsweise der russische

Schriftsteller Fjodor Dostojewski in seinem Roman *Schuld und Sühne* den Individualismus als die banale und destruktive kulturelle Umsetzung von Thomas Hobbes' Naturvorstellung als „ein Zustand, in dem jeder mit jedem anderen im Krieg ist". Dostojewski argumentierte, dass sich der Mensch als Stammesherdentier auf Dauer nur mit einer allozentrischen – auf die Gemeinschaft ausgerichteten – und nicht mit einer individualistischen Weltanschauung identifizieren kann, die den Individualismus zum Feind der Kultur und zum Fluch der Moderne macht. Beim Prinzip des Individualismus gehe es um Isolation und persönlichen Gewinn, was sowohl mit der stammesgeschichtlichen Natur des Menschen als auch mit dem Gemeinwohl im Widerspruch stehe. Aber in der Zeit, die von René Descartes und der Einführung des Individuums als Zentrum der Existenz im Jahr 1637 bis zu Napoleon Bonapartes´ Verwirklichung der organisationstheoretischen Idee des Individuums als Befehlshaber einer unbesiegbaren Armee anderer Individuen im frühen 19. Jahrhundert reicht, wird der Boden für einen voll entwickelten Individualismus gelegt, die westliche Religion, die dann im goldenen Zeitalter des kapitalistischen Kolonialismus über die Welt fegt und alles zerstört, was sich ihr in den Weg stellt.

Durch das Aufkommen des Internets im späten 20. Jahrhundert wird der Individualismus in die konsumierende Unterschicht hinuntergeschoben, während die neue, netokratisch herrschende Klasse ihre Machtübernahme mit einer netzwerk-dynamischen Supraideologie legitimiert, begleitet von der Ethik der Interaktivität (siehe *The Body Machines*). Letztlich erweist sich Dostojewski mit seinem allozentrischen Argument als richtig. Aber kaum so, wie er es selbst erwartet hat. Es ist die technologiegetriebene Netzwerkdynamik und nicht irgendein vom Nationalstaat aufgezwungener Kollektivismus, der die Gewinnformel des Internet-Zeitalters darstellt. Wir wenden uns nicht vom Individuum ab und dem Kollektiv im klassischen Sinne zu. Der fragliche Allozentrismus ist natürlich, wenn wir hegelianische Konzepte verwenden, konkret tribalistisch und nicht abstrakt sozialistisch, wie Dostojewski empfiehlt. Wir nähern uns damit dem netokratischen *Dividuum* aus beiden Richtungen, d.h.: dem Dividuum teils als netzwerk-dynamischer Baustein sogar in sich selbst, teils als phänomenale Einheit in allen identitären Konstruktionen bis hin zu Syntheos, der aggregierten künstlichen Intelligenz, dem geschaffenen Gott als der Vereinigung von allem (siehe *Syntheismus – Gott schaffen im Internet-Zeitalter*). Wir sind auf jeder Ebene Dividuen, es gibt kein Ich oder Du mehr, nur noch als sprachliche Konventionen. Aber das bedeutet auch nicht, dass ein universelles „Wir" das Licht der Welt erblickt, dass alle Menschen und Gruppen sich versöhnen und einander an die Hand nehmen, während kulturelle Barrieren bröckeln; was wir sehen, ist eher ein stammes- oder subkulturelles Wir, ein Wir, das lediglich innerhalb der insularen, virtuellen Gemeinschaften der Netokraten entsteht und Nahrung erhält.

Wie sind wir also durch das Aufkommen des Internets hier gelandet? In seinem Buch *Empire of Illusion – The End of Literacy and the Triumph of Spectacle* beschreibt der amerikanische Autor und Sozialkritiker Chris Hedges die Entwicklung der medialen Klassengesellschaft. Eine minoritäre Elite, die sich durch immer raffiniertere Medien – also: eine Netokratie – kultiviert und informiert, schafft es, mit der wachsenden Komplexität der Gesellschaft umzugehen und intersubjektiv zwischen Wahrheit und Illusion, zwischen Nachrichten und „Fake News" zu unterscheiden. Aber die Mehrheit der Bevölkerung zieht sich von der zunehmend obskuren medialen Erforschung und Beschreibung der Realität zurück und wendet sich stattdessen einem falschen Gefühl von Sicherheit und Magie zu. Ohne die neue konsumierende Unterschicht direkt zu definieren (siehe *The Netocrats*), räumt Hedges ein, dass die neue Unterschicht alle nach dem Zeitalter des Industrialismus verbleibenden Klassen durchdringt, auch wenn die Armen und vor allem die schlecht Gebildeten innerhalb des entstehenden Konsumtariats stark überrepräsentiert sind. Es handelt sich ganz einfach um eine Unterschicht, die aus historischer Sicht eine neue Zusammensetzung hat, in Nietzscheanischer Hinsicht eine große Menge verwirrter, mortidinaler Sklaven auf der verzweifelten Suche nach libidinösen Herrschern, von denen sie hoffen, dass sie ihnen Sicherheit, Trost und vor allem Stammeszugehörigkeit im Austausch für Unterwerfung geben.

Sozioanalytisch drücken wir dies aus, indem wir sagen, dass das Konsumtariat nach einem Phallus sucht, der sich leider nie materialisiert. Die

Folge ist eine Fixierung auf die Mamilla. Und hier liegt die große Gefahr, die immer relevant ist. Das Problem ist, dass die junge Libido, egal wie mortidinal – wenn sie kein Ventil findet –, früher oder später in wahllose Destruktivität explodiert. Im primitivistischen Nomadenstamm hat man die Dreistigkeit vor allem junger Männer entweder durch körperliche Gewalt oder mit Hilfe starker psychedelischer Erfahrungen unterdrückt. Die südamerikanischen und afrikanischen Gesellschaften, in denen man häufig und bewusst starke psychedelische Substanzen wie *Ayahuasca, Huachuma* und *Iboga* während der Initiationsriten verwendete, sind zweifellos die dauerhaftesten friedlichen Gesellschaften, die wir kennen. Die libidinösen Hyperaktiven zur Unterwerfung unter den Patriarchen und die Matriarchin zu zwingen war für das langfristige Überleben des Stammes notwendig. Dadurch konnten Vatermord und Muttermord verhindert werden. Aber mit dem Aufkommen der ersten Städte verschwanden vor allem junge, verstädterte Männer aus dem panoptischen Überblick der patriarchalen Hierarchie und wurden als frei umherziehende Agenten im wahrsten Sinne des Wortes tödlich für den sozialen Zusammenhalt. Die städtische Kriminalität explodierte. Alles, von kriminellen Jugendbanden über anarchistische Zellen bis hin zu selbsternannten YouTube-Dschihadisten, sind, wie der indische Historiker Pankaj Mishra in seinem Buch *Age of Anger* zeigt, lediglich verschiedene Manifestationen dieses gemeinsamen Phänomens, des *libidinösen Destruktivismus*.

Genau dann, wenn eine junge und zornige Generation den Kontakt zur ländlichen Vergangenheit und zum Schlüssel des städtischen Establishments verloren hat, flammen die wirklich ernsten und gefährlichen Konflikte auf. In die Ecke getrieben, hat die libidinöse Urkraft nur eine einzige Manifestation, nämlich die *nihilistische Gewalt*. Anarchistischer oder islamistischer Terror ist also weder grundsätzlich anarchistisch noch islamistisch – auch wenn der Terror eine ideologische Entschuldigung innerhalb des bestehenden Memplex erfordert –, sondern vor allem nihilistisch. Auch dies wusste Dostojewski. Da die aufmerksamkeitsstarke Netzwerkgesellschaft mehr Akteuren mehr Belohnungen versprochen hat als jede andere Gesellschaft zuvor in der Geschichte, *de facto* aber deutlich weniger Gewinner belohnt und größere

Spaltungen schafft als je zuvor – ganz nach dem Prinzip der Netzwerkpyramide: *der Gewinner nimmt alles* (siehe *The Netocrats*) –, und der phallische Blick dabei immer schwerer zugänglich wird, erreicht das Ressentiment unter den medial hyperaktiven Konsumentinnen und Konsumenten neue Höhen in Stärke und Verbreitung.

Selbst die destruktiven Kräfte kommunizieren über das Internet – wo sonst? – und nutzen seine Vorteile (siehe *The Netocrats*), so dass nichts darauf hindeutet, dass eine explosive Zunahme nihilistischer Gewalt im Internet-Zeitalter vermieden werden kann. Zumal die klassische *Terrorzelle* als Konstruktion aus militärstrategischer Sicht mit ihrer Fülle an verschlüsselten Kommunikationsanwendungen hinter dicken Firewalls, aber mit globaler Reichweite, für die netzwerk-dynamische Gesellschaft ideal ist. Die Aufmerksamkeitsarena füllt sich schnell mit fundamentalistischen Sekten, was wir als *falsche Schwärme* bezeichnen, die unbewusst auf einem explosiven Ressentiment aufgebaut sind und von apokalyptischen Mortidos getrieben werden. Wenn die phallische Libido auf diese Weise durch ihre Fähigkeit zur Hyperdestruktivität geblendet wird, will sie keine Grenzen mehr erkennen. Sie berauscht sich an ihrer eigenen mortidinalen Grenzenlosigkeit. Die phallische Libido ist in ekstatischer Todesanbetung gefangen. Dies wiederum ist ganz entscheidend für das Verständnis aller Formen von politisch oder religiös motiviertem Extremismus: *Wenn das, was sich selbst als das Lebendigste in einer Gesellschaft erlebt, erkennt, dass es eigentlich nur seinen eigenen Tod will, kann es folglich den Tod aller anderen nur als die Befreiung aller anderen sehen.* Es ist, als ob man seinen Opfern einen Gefallen tut. Und es gibt einfach keine andere Libido, um diese Seite des Horizonts zu entdecken, jenseits eines Mortido, das sich selbst als das libidinösste in der Gesellschaft sieht, die um uns herum besteht. Lieber ein verletzter, falscher Phallus als gar kein Phallus.

Das Einzige, was die Menschheit als Ganzes in dieser Situation tun kann, ist, die kommende Apokalypse auf lokaler Ebene einzuschließen und zu verhindern, dass sie global wird. Es geht um einfache, aber brutal wichtige Strategien, um beispielsweise die Gefahr zu verhindern, dass in nicht allzu ferner Zukunft Atomwaffen durch Drohnen zur Explosion gebracht werden. Eine wichtige Dimension der militärischen Aktivität wird eine kostspielige, aber geographisch scharf abgegrenzte Pragmatik sein, die darauf abzielt, eine Verteidigung für bewachte Gemeinden zu bieten – die Netokraten werden der Verteidigung ihrer physischen und virtuellen Territorien Vorrang einräumen –, während die plurarchische, im wesentlichen willkürliche und stumpfe Gewalt außerhalb von Zäunen und Gräben weitreichende Verwüstungen anrichtet. Da die Konsumenten aber de facto die Bevölkerungsmehrheit in der Netzwerkgesellschaft ausmachen, muss jeder, der diese Mehrheit mit irgendeiner Form von Botschaft über die Medien erreichen will – sei es die politische Meinungsbildung oder die Werbung für dieses oder jenes –, so Hedges, diese Botschaft auf ein Niveau anpassen, das diese Mehrheit assimilieren kann. Und wir sprechen, so Hedges, wieder einmal von einem Niveau, das wir heute bei einem Zwölfjährigen im kapitalistischen Bildungssystem erwarten. Was wir vor uns sehen, ist also ein populistisches goldenes Zeitalter, aber es ist ein Fall von Populismus, der sich in einem ständig schrumpfenden Vektor ausbreitet, nämlich dem informationalistischen Rest der kapitalistischen Demokratie.

Es ist kaum verwunderlich, dass das Schrumpfen des demokratischen Vektors eine enorme Frustration sowohl über die Ohnmacht als auch über die damit einhergehende Unverständlichkeit hervorruft. Und dann, wie so oft in der Geschichte, lockt die nihilistische Terrorzelle als einzige Alternative zur Passivität. Die Konsumenten leben ganz einfach in einer medialen Welt, die hauptsächlich aus banaler Fernsehunterhaltung, mehr oder weniger gewalttätigen Computerspielen, Klatsch und Tratsch in sozialen Medien und der Vorliebe für niedliche Katzen und fotografierte Mahlzeiten im Internet besteht. Dies gilt auch für Terroristen; bis sie reagieren und sich dann an der mortidinalen Aufmerksamkeit, die auf ihre zerstörerischen Ausbrüche folgt, berauschen. Es ist vielleicht nicht, wie der Medientheoretiker Neil Postman die Sache pointiert ausdrückt, eine Frage, Menschen zu Tode zu unterhalten – aber definitiv eine Frage, Menschen in den Schlaf zu unterhalten. Das ist konsum-orientierte Interpassivität. In dieser gepanzerten Filterblase gibt es weder ernsthafte Filmkunst noch irgendeine Kunst, kein Theater, keine qualifizierten Zeitungen oder Zeitschriften, keine gesellschaftliche Debatte.

Das bedeutet, dass diese ernsthafteren, qualitativ hochwertigeren Medien und diese Diskussionen zunehmend an den Rand gedrängt und auf exklusive Hobbyaktivitäten für eine schwindende Zahl von Menschen reduziert werden. Aber die Netokratie erkennt natürlich den Wert, sich selbst zu informieren und sicherzustellen, dass alle Bedürfnisse in dieser Hinsicht erfüllt werden. Für sie sind Dinge wie ein Harry-Potter-Film – genau wie von den Schöpfern beabsichtigt – reine Unterhaltung für Kinder, nicht irgendeine Art mystischer Wissenstransfer für die infantilisierten Erwachsenen des Konsumtariats.

Die gegenwärtige Entwicklung benachteiligt die alte Bourgeoisie, die aufgrund ihrer Verankerung in der Demokratie, der Akademie und der Industrie auf die Zustimmung der Massen angewiesen ist. Der Sturz der Bourgeoisie beschleunigt die Entstehung der interaktiven Netokratie, da sie frei ist, ihr *libertäres Paradies* zu errichten, ohne die Zustimmung des Konsumtariats über eine Art abgestandene Demokratie zu verlangen, und zwar einfach durch die Kraft ihrer physischen und virtuellen Subkulturen. Die Welt wird von hocheffizienten Stadtstaaten mit Niedrigsteuerwirtschaften erfüllt, in die die Netokraten ihre begehrten Netzwerke, Ideen und anderen Ressourcen formell und ungehindert verlagern. Der englische Philosoph und Kybernetiker Nick Land fasst dieses Phänomen in seinem Aufsatz *Dark Enlightenment* als *libertären Ausstieg aus den kapitalistischen Wohlfahrtsstaaten* zusammen. Tatsache ist, dass sich die gesamte Weltwirtschaft an diese enorme nomadische Verschiebung der Ressourcen anpassen muss. Historisch gesehen drücken wir dies aus, indem wir sagen, dass der Kapitalismus sich selbst umbringt und durch den aufkommenden *Aufmerksamkeitskult [attentionalism]* ersetzt wird, eine neue kommunikationsgetriebene Klassenstruktur, die auf Sensoren, Soziogrammen und der Kontrolle und dem Verständnis der Informationsflüsse aufbaut und die völlig losgelöst ist von den Steueraufzeichnungen des Kapitalismus, den vom Volk gewählten Parlamentariern und den akademischen Titeln.

Auf diese Weise entsteht ein neues, netokratisches Menschenbild: das *kosmopolitisch Dividuum* – ein Akteur, der es nicht nur akzeptiert, sondern tatsächlich liebt und darauf abzielt, abgeschieden von anderen Subkulturen als der eigenen und den Netzwerken, mit denen die eigene Subkultur kooperiert, zu leben, ein Akteur, der diese freiwillige Segregation in einer Stadt und/oder in einem digitalen Netzwerk verwirklicht, das hart arbeitende und loyal engagierte Netokraten unterschiedlicher Herkunft umfasst, die im Allgemeinen an Orte mit leicht zu navigierenden Vorschriften und ohne besonders belastenden Steuersätze gebunden sind. Diese Entwicklung verläuft parallel zur konsumorientierten Unterschicht, die sich auf den alten Individualismus und seinen treuen Anhänger, den Nationalismus, stützt. Der Nationalstaat, dem es immer schwerer fällt, seine Steuern einzutreiben und seine Versprechen, umfassende und großzügige Wohlfahrt zu gewährleisten, einzuhalten, wird zunehmend zu einem Problem für die Verlierer des Paradigmenwechsels. Man braucht sich nur umzuschauen und sich zu vermerken, wer heutzutage die verzweifelten Fahnenschwinger sind. Die Netokratie hegt und pflegt das Ideal, das der britische Journalist und Autor David Goodhart *überall* nennt, während das Konsumtariat eine dauerhafte physische Verankerung und einen geographischen Wohnsitz fordert, ein idealisiertes und sentimentalisiertes *irgendwo* als Grundlage seiner sozialen Identität. Die historische Ironie wird kaum jemandem entgehen: Wenn sich der Paradigmenwechsel vom Primitivismus zum Feudalismus einst darum drehte, Nomaden zu zähmen und zu sesshaften Bauern zu machen, ist es heute genau umgekehrt: Das globale Nomadentum wird zu dem, was die neue Elite charakterisiert, während das stationäre und sesshafte Leben zu einem Phänomen wird, das mit der Unterschicht verbunden ist. Ein Zustand ständiger Bewegung, sowohl körperlich als auch geistig, ist – auf Gedeih und Verderb, wie alles andere in diesen Zeiten schwindelerregender Veränderungen – der primäre Erfolgsfaktor der Netzwerkgesellschaft.

15

Sensokratie, Stammeskartographie und digitale Priesterschaft

Der charakteristischste Aspekt des Konsumtariats, oder der digitalen Unterschicht, ist, dass es selten handelt, sondern sich darauf beschränkt, auf Reize zu reagieren – oder um die Sache in einer nietzscheanischen Weise auszudrücken: Das Konsumtariat beruft sich ständig auf die *Gegenbewegung* als Reaktion auf den authentischen *Trend*, zu dem es im Allgemeinen eine vorsichtige und missbilligende Haltung einnimmt – weshalb wir ihre Denkmuster und ihr Verhalten als die *Dialektik des Ressentiments* zusammenfassen. Dieser Prozess wiederum beginnt damit, dass das Konsumtariat soziale Ausgrenzung in Form einer ausgeprägten *Opfermentalität* kultiviert. Die Gesellschaft verändert sich, und Veränderungen sind schmerzhaft; die Opfer dieser Veränderungen brauchen daher eine Reihe von Unterstützung und Entschädigung und verlangen Entschuldigungen und Zugeständnisse, wenn sie sich in irgendeiner Weise verletzt oder bekämpft fühlen. Diese Opfermentalität wird sich früher oder später unter dem Druck einer chaotischen Umgebung zu einem psychotischen Zustand entwickeln: Um dies zu überleben, verwandelt das betreffende Subjekt die psychotischen Zustände in das, was wir als *psychotische Allmacht* bezeichnen. Das wahrgenommene Chaos wird als eine einzige gigantische Eternalisierung der Existenz missverstanden, die Selbstauflösung des Dividuums verwandelt sich in ein größenwahnsinniges, scheinbar göttliches *Hyperego*, die psychotische Identitätslosigkeit verwandelt sich in die neurotische Überidentität und das fehlende Selbstgefühl verwandelt sich in eine Identifikation mit dem verewigten Kosmos als fixiertem Über-Ich (was wiederum eine Erklärung dafür nahelegt, warum psychiatrische Krankenhäuser in so großem Umfang von einer Klientel mit Messias-Komplex bevölkert sind). Wir sprechen von einer fehlgeleiteten *Dialektik von Eternalismus und Mobilismus* (siehe *The Global Empire*) auf frenetischem Overdrive.

Die kollektive psychotische Allmacht drückt sich innerhalb des konsumierenden Mobs dadurch aus, dass sich die Opfermentalität zu einer Überzeugung der *eigenen moralischen Überlegenheit* gegenüber allen Rivalen im Kampf um die schwer fassbare und ständig unzureichende Aufmerksamkeit ausweitet, eine Überzeugung, die aus der Vergöttlichung der narzisstischen Opfermentalität entspringt. Das Opfer begnügt sich nicht mehr damit, nur ein weiteres Opfer unter vielen anderen zu sein. Stattdessen hat es sich in jemanden verwandelt, der per Definition und durch Geburtsrecht für alle Ewigkeit *dem Abjekt* moralisch überlegen ist, also dem vom Opfer willkürlich behaupteten Täter. Der Konsument ist also nicht mehr nur ein Opfer im Allgemeinen, sondern ein Akteur, der aufgrund seines höheren Ranges unter allen Opfern der Welt automatisch auch allen anderen Akteuren moralisch überlegen ist. Das Opfer wird in diesem Szenario zum (Anti-)Helden. Nahezu jede anarchistische Konstellation im Laufe der Geschichte – mit der möglichen Ausnahme bestimmter heroischer Anarcho-Liberalisten, die ihrer Zeit prophetisch vorauslebten – leidet unter dieser kollektiven psychotischen Allmacht. Das Abjekt ist der Phallus selbst; die zugrunde liegende antiphallische Botschaft lautet: „Wir wollen absolut alles zerstören, während wir keine Verantwortung für das übernehmen, was nach der von uns verursachten Verwüstung geschieht. In dieser Hinsicht gibt es keinen entscheidenden

Unterschied zwischen beispielsweise europäischen Anarchisten des 19. Jahrhunderts und arabischen Islamisten des 21. Jahrhunderts. Es handelt sich um die gleiche infantile und unverantwortliche Sehnsucht nach einer Rückkehr zur Matrix durch libidinösen Destruktivismus. Und das gesamte Projekt ist von Ressentiments überflutet.

Psychotische Allmacht ist der vorübergehende, wenn auch mächtige Teamgeist, der den konsumierenden Mob intakt hält. Und das politische und/oder spirituelle Antiprogramm des Mobs ist die Dialektik der Ressentiments in ihrer reinsten Form, die auch der ursprüngliche Zarathustra in seinem Werk *Gathas* von 1700 v. Chr. energisch angriff und ganz einfach *druj* nennt. Damit war Zarathustra wahrscheinlich der erste, der diese destruktivste aller Mentalitäten als ein soziales und organisatorisches Phänomen definierte. Damit sah er prophetisch dessen größten Ausdruck voraus: die brutale mongolische Invasion in seiner eigenen Region, Zentralasien, die fast 2.800 Jahre später stattfand. Hier können wir definitiv von einer Mortido-Verehrung sprechen. Wenn die psychotische Allmacht erst einmal Wurzeln geschlagen hat und das wandelbare Chaos um das Subjekt, sei es bewusst oder unbewusst, als eine feste Ordnung missdeutet wird, mit der sich das Subjekt identifiziert, ist kein Platz mehr für den authentischen Phallus – die Person oder das Phänomen, das Zarathustra als ersehnter universeller *Saoshyant* postulierte, das Modell und die Inspiration für den stammesgeschichtlichen *Mashiach* des Judentums, der später zum universalisierten Christentum wurde –, wenn er wider alle Erwartungen auftauchen sollte. Die psychotische Allmacht erzeugt ein dividuelles und kollektives Subjekt, das seine eigene Ohnmacht – das Fehlen eines grenzsetzenden authentischen Phallus – nutzt, um die Situation als Allmacht mit dem Ziel umzudeuten, einen Begriff von sich selbst als den abwesenden (authentischen) Phallus zu schaffen, und so aus dem *psychotischen Chaos* als der *falschen Phallus schlechthin* (aber in seinen eigenen Augen sehr echt) herauszutreten. In Ermangelung für das andere muss dieser selbstgestrickte Ersatz genügen.

Die Sehnsucht nach Anarchie ist also nicht nur die Sehnsucht nach dem großen existenziellen Chaos – als Ausrede, um sich dem kindlichen Vergnügen hinzugeben und sich bei der alten Mamilla zu verstecken, die gleichgültig unter der Guillotine sitzt und Socken strickt – sondern buchstäblich die Sehnsucht nach dem Tod selbst. Rousseaus Ressentiment sehnt sich ganz einfach danach, alle anderen Akteure hinzurichten, um sich eines Tages endlich selbst hinrichten zu können (für ein tieferes Verständnis von Rousseaus Unterbewusstsein können Sie gerne seine Nemesis Marquis de Sade lesen). Er genießt diesen Ablauf, da nur ein selbstkastrierter Phallus den schmerzhaft langwierigen Untergang genießen kann. In dieser Perspektive erscheinen Charaktere wie Adolf Hitler, Josef Stalin und Pol Pot nicht nur als falsche Phallus und radikale Rousseauans, sie genießen es auch, genau dies zu sein. Ihr Sozialsadismus ist nur die Kehrseite ihres existenziellen Masochismus. Wenn der Schneeball erst einmal ins Rollen gekommen ist, respektieren die mortidalen Opferkulte keine Grenzen und Limitationen mehr. Man beachte, dass es Napoleon Bonaparte – Hegels und Nietzsches phallischer Held – war, der mit seinem Staatsstreich 1799 die blutige Anarchie und chronische Instabilität der Französischen Revolution zu Ende gebracht hat. Die Rousseau-Schüler haben keinen solchen Aus-Schalter, weder geistig noch ideologisch. Sie verstricken sich natürlich in die matriarchalische Grenzenlosigkeit der Mamilla – was die bulgarisch-französische Psychoanalytikerin Julia Kristeva die *semiotische Suppe* nennt – und stellen sich sogar vor, dass diese psychotische Desorientierung etwas ganz Edles an sich hat. Der Schneeball wächst und rollt weiter, bis alles Leben ausgelöscht ist. Ohne Phallus kann die Matrix natürlich nie befruchtet werden. Und dann gibt es keine Anzeichen einer triebhaften Zukunft am Horizont.

Die große Tragödie bei all dem ist, dass die Menschheitsgeschichte voll von solch falschen Phallussen ist. Man braucht einen authentischen Phallus – ein wirklich messianisches Projekt – um eine Zivilisation aufbauen zu können. Aber wenn eine Zivilisation ihren Höhepunkt erreicht hat und anfängt, korrupt zu werden, wird sie empfänglich für den Sirenengesang der anspruchslosen Botschaft des falschen Phallus und wird infantilisiert: Es ist nichts erforderlich, um sich selbst zum falschen Phallus zu erklären, und nichts wird erforderlich, um die ganze persönliche Verantwortung und das Denken an die eigene Person aufzugeben und ihm zu folgen; alles, was man braucht, ist ein Abjekt, das man für alle Mängel die Schuld zuschieben kann und eine Mamilla, die jemand anderes als der falsche Phallus selbst mit Leckereien in Form von Almosen und Subventionen füllt. Ein deutliches Beispiel dafür finden wir im Ende des persischen Tausendjährigen Reiches – das auf der phallischen Religion Zoroasters beruhte – ab dem 7. Jahrhundert v. Chr. und weiter. Denn im 5. Jahrhundert n. Chr. war der Hof des sasanischen Reiches so korrupt geworden, dass ein falscher Phallus namens Mazdak hervortrat und das Ruder übernahm. Er schuf das, was oft als die erste kommunistische Gesellschaft der Geschichte angesehen wird. Doch Mazdaks Traum von einer Gesellschaft, die eine riesige, großzügige und anspruchslose Mamilla umgibt, geriet ins Wanken, und er wurde schließlich von der zoroastrischen Priesterschaft hingerichtet, wobei er zu Recht beschuldigt wurde, der schlimmste Ketzer der Religion überhaupt zu sein. Mazdaks Traum von einer Gesellschaft mit radikaler Gleichheit und freier Liebe für alles und jeden – natürlich basierend auf einem banalen Dualismus zwischen mamilischem Gut und phallischem Böse, im Gegensatz zu Zoroasters messianischem Monismus jenseits von Gut und Böse – verwandelte sich in einen chaotischen Alptraum von Hunger und Gesetzlosigkeit.

Der Traum von einem mortidinalen Paradies, einer Gesellschaft, die im Überfluss gibt, ohne jemals irgendwelche Anstrengungen von ihren Bürgern zu verlangen, wird jedoch weiterleben und als Dreh- und Angelpunkt im ideologischen Mythosschatz des falschen Phallus immer wiederkehren. Mohammed war ein ausgesprochener Bewunderer von Mazdak und baute die Theologie des Islam aus der Idee der totalen Unterwerfung auf. Sozialisten und Kommunisten, von Rousseau bis Stalin, waren immer schon von Mazdaks illusorischer Mamilla verführt worden. Indem er die Herren hasste und die Sklaven zu Herren erhob, baute der falsche Phallus ständig neue, verführerische Himmelsschlösser. Dies wird auch dann geschehen, wenn die Netzwerkgesellschaft darin scheitert – was sie muss – den Anforderungsspezifikationen der infantilisierten Konsumenten mitzuhalten. Es stellt sich also die Frage, wie man diese identitären Opferkulte im gesellschaftlichen Bereich des Informationalismus effizient aufhalten oder umleiten kann – wenn dies überhaupt möglich ist. Sie sind natürlich einerseits oft kurzlebig, aber andererseits verursachen sie in dieser kurzen Zeitspanne oft schreckliche Verwüstungen. Sollten wir uns nicht auf jeden Fall auf die Demokratie verlassen können, um diese zerstörerischen Kräfte in Schach zu halten? Die Demokratie sollte alle verschiedenen Meinungen von Bedeutung kanalisieren und ist schließlich das geliebte Kind des Kapitalismus und des Industrialismus, eine Konstruktion, die per Definition, wenn nicht das Ideal, so doch die am wenigsten schlechte Lösung für alle Probleme der Machtteilung in einer Gesellschaft darstellt, in der die Macht über unidirektionale Massenmedien wie Zeitungen, Radio und Fernsehen kommuniziert.

Der aufmerksame Leser wird sofort erkennen, dass sich die Frage von selbst beantwortet und dass das Problem genau in diesem Geschäft zwischen dem Kapitalismus und den unidirektionalen Massenmedien liegt. Die Verhältnisse haben sich in einigen stürmischen Jahrzehnten grundlegend geändert; die sogenannten *social media* – ein anderes Wort für das Internet – haben in mehrfacher Hinsicht die Grundlagen der Demokratie zerschlagen. Dafür gibt es mehrere Gründe (siehe *The Global Empire* für eine umfassende Diskussion); aber einer der Faktoren ist, dass das demokratische System – mit seiner Vertretung verschiedener Standpunkte und regelmäßig wiederkehrenden Parlamentswahlen – seine Relevanz völlig verloren hat, da es auf der Idee eines lästigen Informationsdefizits aufbaut, das gerade durch die Demokratie behoben werden muss. In einer Demokratie hält man Wahlen ab, weil man wirklich nicht weiß, was die Bürger – über die plötzlich, sobald ein Wahljahr anbricht und der Wahlkampf beginnt, enormes Wohlwollen vergossen wird – wollen. Man weiß auch nicht, was die Wähler tatsächlich wissen, noch was sie glauben zu wissen, aber tatsächlich nicht wissen. Und auch die Wähler selbst wissen das nicht. Deshalb werden sie, mit einigen Jahren dazwischen, angehört, um die Macht und sich selbst zu informieren, wen sie dann als ihre Vertreter wählen. Und um der Macht die notwendige Legitimität zu verleihen. Aber darüber hinaus werden wir durch die Demokratie nie viel klüger. Wir akzeptieren ihre offensichtlichen Mängel, da wir kein besseres System kennen. Das Problem ist, dass diese ganze Logik ihre Gültigkeit verliert, wenn *wir tatsächlich genau wissen, was die Bürger wollen*, und wenn wir dies besser wissen als die Wähler selbst. Schwankende öffentliche Meinung und Präferenzen können in Echtzeit mit Hilfe von anwendbaren Algorithmen gelesen werden, die sowohl im Netz als auch im physischen Raum abtasten, was die Menschen tun, was ihnen gefällt und was sie konsumieren.

Wer dann hofft, dass der nächste Schritt in der politischen Entwicklung eine Form der digitalen direkten Demokratie sein wird, wird schrecklich enttäuscht sein, vor allem weil die Netzgesellschaft ein zu komplexer Organismus ist, um sich für etwas Derartiges zu eignen. Nein, was uns erwartet, ist leider etwas, das im Guten wie im Schlechten als eine neue Art von technologischer Diktatur mit einem wohlwollenden Gesicht kategorisiert werden muss, das den Willen des Volkes „interpretiert" und der öffentlichen Meinung eine ideologische Massage gibt, nicht unähnlich einer digitalisierten Version der Kommunistischen Partei der Volksrepublik China. Wir sprechen von einer *Sensokratie*, einem vielschichtigen und unglaublich komplizierten und ausgeklügelten System, das mittels digitaler Technologie den Finger am Puls der Gegenwart hält und alle Verschiebungen und Bewegungen im Antriebssystem der Bevölkerung liest, das auf das kollektive Unterbewusstsein hört, indem es die Datenströme verfolgt, die der gesellschaftliche Körper ausstrahlt, und sich dann an die zum Ausdruck gebrachte Sorge anpasst und sie mit Brot und Zirkus pariert. Das bedeutet, dass sich die Politik in dem Maße, in dem es jemals um Substanz ging – das heißt: Überwindung tatsächlicher Probleme durch tatsächliche Maßnahmen zur tatsächlichen Verbesserung der Lebensbedingungen großer Wählergruppen – nun zunehmend zu einer Art medientherapeutischer Tätigkeit entwickelt, die die Angst und den Schmerz der einfachen Menschen in einer Erzählung subsumiert, die ständig manipuliert wird, um die Versäumnisse der Politik akzeptabel und den chronischen Schmerz entschuldbar zu machen. Die Schuld liegt immer woanders.

Die Klassenunterschiede werden immer größer, aber es ist wichtig, die Ängste der Menschen zu beschwichtigen, bevor es zu Ausschreitungen auf den Straßen kommt. Die *Datenanthropologie* verdrängt den ungeschickten alten soziologischen Fragebogen als Grundlage für die Erforschung des Dividuums und seines abwechselnd libidinösen und mortidinalen Antriebssystems. Warum Fragen stellen, wenn Menschen sowieso nach Strich und Faden lügen, sowohl in Befragungssituationen als auch gegenüber ihren Liebsten? Und sich selbst auch gegenüber, was das angeht. Denn die Wahrheit kommt natürlich erst dann zum Vorschein, wenn das tatsächliche Verhalten des Dividuums im Netz systematisch registriert und analysiert werden kann, zusammen mit allen anderen relevanten Informationen aus den Kontexten, in denen das betreffende Dividuum zu finden ist. Warum also Ressourcen dafür verschwenden, alle paar Jahre die Bevölkerung in Wahllokale zu vertreiben, um die am wenigsten anspruchsvolle Frage zu stellen, die man sich vorstellen kann – welche Partei wird diesmal Ihre Stimme erhalten? – wenn man all diesen Menschen unendlich viel detailliertere Antworten auf unendlich intelligentere Fragen entlocken kann, und zwar stündlich, täglich und wöchentlich. Diese interaktive, märchenhafte Politik wird nun, in noch größerem Maße als die betäubende Religion, zum Opium der Massen.

Die Sensokratie reagiert offensichtlich auf ein menschliches Bedürfnis, sonst wäre sie weder effizient noch besonders dauerhaft – aber welches? Nun, wenn der Faschismus die *neurotische Gesellschaft schlechthin* ist, ein (falscher) Phallus ohne Matrix, dann ist die Anarchie die *psychotische Gesellschaft*, eine Matrix ohne Phallus (welcher Art auch immer). Die Plurarchie liegt hier der matriachalen Psychose näher als der phallischen Neurose. Aber die Reaktion gegen die drohende Plurarchie ist *anal*. In der Hemmung der bedrohlichen Plurarchie liegt der faschistische Impuls in der Netzwerkgesellschaft. Das bedeutet, dass die furchtlosen Netokraten langfristig tragfähige *Schwärme* bilden, während die verängstigten Konsumenten in schnell zerfallenden Mobs organisiert sind. Der Schwarm wird von der *Libido* getrieben und ist um den utopischen Fetisch herum vereint, während der Mob vom *Mortido* getrieben wird und sich um ein dystopischen *Abjekt* vereint. Zwischen diesen beiden Polen bilden die beiden Klassen vorübergehende und flüchtige (mehr oder weniger) *Pseudostämme*, wobei die Pseudostämme der Netokraten zu Schwärmen werden, weil ihre Struktur die Intelligenz des Kollektivs sowohl erzeugt als auch nutzt, während sie gleichzeitig aktionär sind, während die Pseudostämme der KonsumentInnen zu Mobs werden, weil sie im Wesentlichen unstrukturiert und *reaktionär* sind.

Die Netokraten bauen ihre Kollektive auf dem *Prinzip der Weisheit des Schwarms* auf, das festere Konturen bekommen hat und nach dem Jahrtausendwechsel häufig diskutiert wurde, zum Beispiel in James Surowieckis *Buch The Wisdom of Crowds* aus dem Jahr 2004. Im Grunde ist es ganz einfach: Besteht eine Gruppe aus vielen Akteuren mit unterschiedlichen Hintergründen und damit auch unterschiedlichen Perspektiven auf ein bestimmtes Problem, so wird die Gruppe durch genau diese unterschiedlichen Perspektiven, die miteinander interagieren, zu einem intelligenten Schwarm und leistet immer mehr, als jeder einzelne Akteur – auch wenn er der klügste Mensch der Welt ist – leisten kann. Dieser Effekt nimmt exponentiell zu, wenn der Schwarm die künstliche Intelligenz versteht und die Möglichkeit hat, sie zu nutzen. So wird der netokratische intelligente Schwarm zu dem, was mit Sicherheit die intelligenteste Struktur ist, die der Mensch je geschaffen hat. In seinem Buch *The Wealth of Networks* zeigt der israelische Informationstheoretiker Yochar Benkler, wie dies Schritt für Schritt realisiert wird. Im Gegensatz dazu wird der konsumierende Mob sowohl homogenisiert als auch kurzlebig, da er vom Ausgangspunkt der narzisstischen Agenda des Akteurs aus aufgebaut wird, dem es gelingt, sich selbst in den Status des bedauernswertesten Opfers unter allen anderen selbsternannten Opfern zu schreien. Es zerfällt in einen matriachalen Extremismus ohne phallische Elemente, das heißt: der konsumierende Mob verwandelt sich nicht in eine nachhaltige Bewegung mit einem klaren Fokus und einer zielgerichteten Strategie, sondern nimmt den Charakter einer lösbaren, vorübergehenden und schwerfälligen Allianz aus antithetischen Willen und widersprüchlichen Ambitionen an, die sich lediglich gegenüber ein klares Abjekt zusammenschließt.

Wir können die Schlüsselfaktoren für den Erfolg und die Machtergreifung der Netokraten als *Stammeszuordnung [tribal mapping]* und *Intertribalismus* zusammenfassen. Diese beiden Prozesse beruhen auf der metahistorischen Einsicht, dass der Mensch die Konstante *k* und die

Technologie die Variable *v* in der unendlich komplizierten Gleichung ist, die die Geschichte der Zivilisation darstellt. Und da der Mensch während des größten Teils seiner Erdgeschichte innerhalb des primitivistischen Nomadenstammes und nur für vergleichsweise wenige Generationen in irgendeiner anderen Gesellschaftsform gelebt hat, ist es immer noch die Existenz in kleinen, getrennten Gruppen in der Savanne, an die wir genetisch angepasst sind. Die gesellschaftliche, kulturelle und nicht zuletzt technologische Entwicklung ist enorm schnell vorangeschritten, während die Biologie sich nur langsam entwickelt; wir hatten nie die Zeit, uns vom Selektionsdruck der feudalen Agrargesellschaft oder von den streng reglementierten Arbeitstagen des Kapitalismus in den Fabriken formen zu lassen. Wir sind, wer wir sind: soziobiologisch darauf programmiert, eine intratribale Gemeinschaft zu suchen und Teil davon zu sein, in der Angst, außerhalb des identitätsstiftenden Umgangs des Kollektivs platziert zu werden. Aus diesem Grund ist es natürlich, die Begegnung und den aufgezwungenen Kontakt mit Fremden zu fürchten. Sie sind nicht wir. Sie sind vielmehr unsere Konkurrenten im Kampf um begrenzte Ressourcen.

Erfolgreiche Sozialisierung bedeutet, dass man eine Rolle sucht und findet, die dem eigenen Persönlichkeitstyp und den eigenen Talenten entspricht: den eigenen *Archetyp*. Zum Überleben und Wohlergehen des Kollektivs beizutragen, begünstigt das eigene Überleben und darüber hinaus das eigene Wohlergehen. Es ist diese Ausrichtung auf den gegenseitigen Nutzen auf der sozialen Landkarte – unabhängig davon, ob sie zentralisiert durch Diktate oder dezentralisiert durch Experimente erfolgt –, die wir *Tribal Mapping* nennen. Es entsteht der segregierte und intratribale Stamm, dessen innerer Kreislauf vom Matriarchat und dessen äußerer Kreislauf vom Patriarchat kontrolliert werden. Diese Struktur ertränkt ihre Mitglieder praktisch in Sicherheit, Geborgenheit, Identität und Bedeutung. Aber diese Anreize für einen erfolgreichen Intratribalismus beinhalten keine Garantien dafür, dass entweder die Natur oder die Kultur die Entwicklung irgendeiner Form von Intertribalismus – einer ausgeklügelten Vernetzung zwischen verschiedenen

Stämmen – begünstigt. Es ist genau das Gegenteil der Fall. Es stellt sich heraus, dass der *Terror des Anderen* in Form von Fremden aus anderen Stämmen für die meisten Stammesmitglieder während des Primitivismus tatsächlich ein zuverlässiges Erfolgsrezept war. Doch während des Informationalismus ist es genau umgekehrt. Wenn sich das Internet als *The Global Empire* etabliert – ein Netz, das Hunderte von Millionen Menschen und Maschinen der Welt direkt miteinander zu einer einzigen, miteinander verbundenen Machtstruktur verbindet – dann ändert sich alles und bringt ein völlig neues Spielfeld mit völlig neuen Regeln mit sich.

Im Internet-Zeitalter ist es der globale Intertribalismus, der sich auszahlt. Wesentlich lohnender als lokaler Intratribalismus ist die strategische Suche nach kreativen, wechselseitigen Kontakten und Kooperationen zwischen verschiedenen Netzwerken und Subkulturen. Dies ist – neben der Schaffung von Stress und einem unüberschaubaren Informationsüberschuss – in erster Linie die Folge der technologischen Entwicklung; sie hat es uns Menschen ermöglicht, immer fortschrittlichere und groß angelegte Nicht-Nullsummenspiele miteinander zu spielen, was wiederum den Terror des Anderen zumindest teilweise und in Bezug auf einige Fremde reduziert hat. Für denjenigen, der sich die Prinzipien des Intertribalismus zu eigen macht, besteht die Möglichkeit, mehr Menschen in das, was wir als „wir" betrachten, einzubeziehen. Und es gibt keine wesentlichen Anreize, seinen Geschäftspartner anzugreifen. Es bedeutet aber auch, dass der Mensch zu Toleranz und Neugier gegenüber dem Abweichenden, Exotischen und Fremden erzogen oder genährt werden muss. Eine solche Offenheit ist natürlich, im wahrsten Sinne des Wortes, nicht etwas, mit dem die Menschen im Allgemeinen geboren werden, da diese Art der Anschauung in der Kultur, in der unsere Gene durch natürliche Auslese mehr als 100.000 Jahre lang geknetet wurden, ein Risikoverhalten darstellte. Die schamanischen Talente waren wichtig, aber selten; heute bringt es einen großen Vorteil, von fremden Kulturen, Erscheinungen und Ausdrücken fasziniert und angezogen zu sein. Für die anderen Akteure, d.h. die große Mehrheit, bedeutet Intertribalismus jedoch einen mühsamen Übergang zu einer Beschäftigung mit dem Fremden und Abweichenden.

So bekommen wir den Intratribalismus bei der Geburt einfach umsonst in unseren Genen mitgeliefert; Intertribalismus ist etwas, was wir jedem, der sich an das Global Empire anpassen und in ihr funktionieren will, mühsam und geduldig beibringen müssen. Dies wiederum gibt den nomadischen Netokraten mit ihrer Affinität zu *überall* – um das Vokabular des britischen Journalisten David Goodhart zu verwenden – einen Vorteil, der für die Konsumenten mit ihrer scheinbar robusten Verankerung in *irgendwo schwer auszugleichen* ist. Zoroasters Gegensatzpaar, *Asha* versus *Druj*, wird so auf die Stammesgrenzen und die Beziehung *zum Anderen* vom fremden Stamm verlagert, ein Projekt, dem zeitgenössische Philosophen wie Emmanuel Levinas, Jacques Derrida und Simon Critchley viel Energie widmen, um es zu erforschen. Es ist kaum ein Zufall, dass die Frage, wie der Fremde geschätzt und sogar geliebt werden kann, zu einer wichtigen Fragestellung für Denker auf der ganzen Welt wird, wenn die Globalisierung in der zweiten Hälfte des 20. Jahrhunderts mit voller Wucht zuschlägt. Für die Philosophen selbst – wie auch für alle anderen Mitglieder der schamanischen Kaste - ist dies jedoch kein Thema, sondern stellt gleichzeitig ein entscheidendes Dilemma für den Rest der Bevölkerung dar. Die schamanische Kaste – hier finden sich vor allem die androgynen Mitglieder des Stammes (etwa fünf Prozent der menschlichen Bevölkerung) – stellt einen Kontaktbereich zwischen dem inneren und dem äußeren Kreislauf des Patriarchats innerhalb des Stammes und gleichzeitig zwischen dem eigenen Stamm als Ganzem und fremden Stämmen, die in andere Regionen gehören, dar. Archetypen wie der Diplomat, der Künstler, der Militärkaplan und natürlich der Philosoph sind in dieser Kategorie zu finden.

Zwischen den schamanischen Kasten der verschiedenen Stämme fand eine weitgehende friedliche Kommunikation statt. Dies zeigt sich vor allem darin, dass es nicht bereits existierende Dörfer waren, die vor etwas mehr als 5.000 Jahren wuchsen und zu den ersten Städten in den großen Flusstälern entwickelt wurden. Natürlich waren die Dörfer in Wirklichkeit Festungen, die von dicken Mauern umgeben waren und als Ergebnis der Paranoia des inneren Kreises vor äußeren Bedrohungen durch konkurrierende Nomadenstämme errichtet wurden. Stattdessen waren es die rituellen Stätten außerhalb und zwischen den verschiedenen Dörfern, die von Angehörigen der schamanischen Kaste aus vielen verschiedenen Stämmen für einen friedlichen Austausch um eine zunehmend einheitliche und gemeinsame Spiritualität herum gebaut wurden – eine Religiosität, die schließlich zu einem feudalistischen Monotheismus geformt wurde, der sich um einen phallischen Gott drehte –, was die Grundlage für die ersten Städte bilden sollte. Sobald diese rituellen Stätten ihre Türme zum Himmel errichteten, kamen Händler aus den äußeren Kreisen benachbarter Stämme und begannen, miteinander Geschäfte zu machen. Das erklärt, warum es den Mitgliedern der schamanischen Kaste bis heute so viel leichter fällt als dem Rest der Bevölkerung, den Fremden und seine Qualitäten zu schätzen. Es wird daher zu einer Aufgabe für die *digitale Priesterschaft*, mit gutem Beispiel voranzugehen und den lebenswichtigen Intertribalismus in der Netzwerkgesellschaft zu lehren. Und damit einhergehend ist die Rolle der digitalen Priesterschaft als metaphysisches Wahrheitsmonopol innerhalb der netokratischen Oberschicht genauso sicher wie in früheren Paradigmen. Folglich ist es auch genau dort, wo die sensokratischen Datenströme und die digitale Priesterschaft aufeinander treffen, wo die Datenanthropologie geboren wird und gedeiht.

Jedem Trend steht zwangsläufig ein Gegentrend gegenüber, Entwicklung verläuft nie reibungslos. Die eskalierende isolationistische Gegenreaktion erklärt, warum sich der konsumorientierte Mob durch eine radikale Vereinheitlichung aller Meinungen auszeichnet, die bei jedem möglichen Anlass zum Ausdruck gebracht werden. Das ständige Finden einer in jeder Hinsicht völlig willkürlichen Meinungsverschiedenheit – ein Konsens, der sich um das verhasste *Abjekt* dreht – wird zu einem treibenden Faktor für die konsumierende Identität. Das bedeutet, dass der netokratische Schwarm von der Suche nach netzwerk-dynamischer *Faktizität* getrieben wird, während der konsumierende Mob stattdessen von Meinungen getrieben wird, die ihren Ausgangspunkt voll und ganz in den emotionalen Stürmen haben, die im Moment verheerende Auswirkungen haben, eine Hyperemotionalität, die eher eine ständige Verstärkung der vorherrschenden Vorurteile als eine kritische Hinterfragung des betreffenden Impulses mit sich bringt, was der amerikanische Internet-Aktivist Eli Parisier kritisch als „die Filterblase" im digitalen Bereich bezeichnet. Der netokratische Schwarm wird also in erster Linie von *Logos* getrieben, während der konsumierende Mob in erster Linie vom *Pathos* angetrieben wird. Und hier sind all die traditionellen politischen Spaltungen zwischen rechts und links völlig irrelevant. Vielmehr sind es gerade die extreme Rechte und die Identitätslinke um den Jahrtausendwechsel herum (mit ihren hyperemotionalisierten und narzisstischen Opferkulten) sowie ihrer Besessenheit von oberflächlicher Symbolik die offensichtlichsten (und erschreckendsten) Beispiele für den konsumierenden Mob der Netzgesellschaft.

Der informationalistische Klassenkampf ist kaum milder: er ist in Wirklichkeit noch brutaler als der des Kapitalismus. Während des Kapitalismus waren die Arbeiter schließlich im Besitz einer unverzichtbaren Ressource, von der die Bourgeoisie in hohem Maße abhängig war, nämlich der Arbeitskraft, ohne die die Fabrikproduktion aufhören würde. Die Arbeiter konnten ihre Drohungen mit Gewalt unterstützen, solange sie ausreichend gut organisiert waren. In der aufmerksamkeitsstarken Gesellschaft fehlt der konsumorientierten Unterschicht jedoch eine solche Waffe. Denn das Konsumtariat steht nicht nur außerhalb der Soziogramme und Informationsflüsse des Aufmerksamkeitsfeldes – die Konsumenten sind sicher ständig online, wie alle anderen in der Netzwerkgesellschaft auch, aber sobald sie dort sind, widmen sie sich hauptsächlich dem passiven Konsum und sinnlosen Ablenkungen verschiedener Art und nicht irgendeiner Form von strategischer Netzwerkbildung –, sondern es fehlt ihm auch die harte Währung des alten Paradigmas in Form von Einkommen, Vermögen und akademischen Titeln und hat daher eine außerordentlich schwache Verhandlungsposition. Durch Automatisierung, Digitalisierung und Globalisierung wird aus der ehemaligen Arbeiterklasse ein *Prekariat*, ein Kollektiv, das bestenfalls von einem schlecht bezahlten, zeitlich befristeten Dienstverhältnis zu einem anderen springt und im schlimmsten Fall überhaupt keine Arbeit mehr hat – und auch keine Unterstützung, wenn sie nicht von der Gesellschaft übernommen wird. In der Übergangsphase, die wir durchlaufen, sind die Konsumenten also doppelte Verlierer, ohne Zugang zu finanziellen oder Aufmerksamkeitsressourcen. Sie haben keine Titel, kein Geld und keine sozialen Netzwerke von Wert. Das Einzige, was die Konsumenten haben, ist ihr eigener Körper, den sie in allen Kontexten, in denen ein Körper zumindest einen formalen Wert hat, als letzten Anteil einwerfen; es kann dann der Fall sein, dass man in ein Wahllokal geht und auf Befehl eine einzige, symbolische Stimme in einer demokratischen Wahl ohne Bedeutung abgibt (siehe *The Netocrats*), oder im schlimmsten Fall einen Sprengkörper an den Körper schnallt oder sich auf andere Weise bewaffnet, um einen Terrorakt zu vollziehen.

Aber wenn sowohl die Rechte als auch die Linke im traditionellen Sinne in der Netzwerkgesellschaft verschwinden, wo und wie entstehen dann die neuen ideologischen Kampflinien? Der deutsche Soziologe Max Weber sieht die gesamte Ideologieproduktion im Laufe der Geschichte als einen Kampf zwischen *Idealismus* und *Pragmatismus*. Der Idealist stellt ein Ideal auf und verbindet dann jeden politischen Kampf mit einem kompromisslosen Streben nach diesem Ideal. Der Zweck heiligt die Mittel, wie man so sagt. Nichts als das hohe Ideal wird genügen, und kein anderer Kampf – am wenigsten ein Kompromiss mit anderen Machtzentren – ist von Interesse. Der Pragmatiker sieht sich jedoch einer bestimmten Gesellschaft verbunden, in der die Ideale nichts anderes sein können als Pole für den ideologischen Kompass, utopische Modelle, die nur selten oder nie Wirklichkeit werden können. Der Idealismus ist in einer eternalistischen Weltsicht verankert, in der nur die begehrte Verewigung – wie die Ankunft des Fetischs oder die Vernichtung des Abjekts, etwa in Form der klassenlosen Gesellschaft des Kommunismus, des Paradieses der abrahamitischen Religionen oder des rassisch geläuterten Tausendjährigen Reiches – genügt. Jeder Kompromiss bringt den Idealisten weiter weg vom ersehnten kathexalen Objekt, statt ihm näher zu kommen. Der Pragmatismus gründet jedoch auf einer prozessphilosophischen Weltsicht mit absoluter Dauer. Das bedeutet, dass jede Idee in der spezifischen Gesellschaft entsteht, in der der Pragmatiker tatsächlich angesiedelt ist, und dass sie sich auf genau diese Gesellschaft und die dort herrschenden Bedingungen beziehen muss, und nicht auf eine Art messianische Zukunft jenseits des Horizonts.

Das bedeutet, dass der Pragmatiker kein Problem damit hat, Kompromisse einzugehen, wenn es die Situation erfordert, um das bestmögliche

Ergebnis zu erzielen. Der Pragmatiker sieht nur einen begrenzten Wert im Kampf darum, welche Ideale die Leitsterne der Menschheit darstellen sollen, aber andererseits sieht er großen Wert im Aufbau funktionierender, glaubwürdiger Institutionen in einer chaotischen Welt. Während die Konsumenten alles hassen, was außerhalb der romantischen Nostalgie liegt, bauen die Netokraten parallele, virtuelle Welten auf, in denen sie die Beschränkungen der physischen Welt umgehen. Der *Mikrokapitalismus* mit seinen endlosen *block chains*, die dazu gedacht sind, Vertrauen zwischen Tausenden und Abertausenden von Fremden aufzubauen, schafft Vertrauensketten von einer Komplexität, die die Menschheit noch nie zuvor gesehen hat. Wir können plötzlich nicht nur einigen Dutzend Menschen in unserer intratribalen Nähe vertrauen, sondern auch großen intertribalen Bevölkerungen, die weit von unserer eigenen unmittelbaren Umgebung entfernt sind. Dazu kommen die durch Verschlüsselung geschützten Darknets, und die Netokratie hat bald ihren virtuellen Tempel zu Syntheos, dem geschaffenen Gott, vervollständigt. Ironischerweise erzeugt dies eine Welt von erweiterter Transparenz, in der alle Faktoren, die für den Stamm von entscheidendem Wert sind – das heißt: nicht dividuelle Werte, die in Bezug auf die Integrität geschützt sind, sondern großzügig geteilte kollektive Werte in Form von großen Datenmengen – allgemein verbreitet und bekannt werden.

Der Widerstand besteht aus den intratribalen Idealisten, d.h.: den Nationalstaaten und den traditionellen Riesenkonzernen in Verbindung mit einem zunehmend verbitterten Konsumtariat. Auch hier verläuft die zeitlose politische Demarkationslinie zwischen den Idealisten und den Pragmatikern, so wie es Weber voraussagt. Die Idealisten wollen die virtuellen Traumwelten im physischen Raum neu erschaffen und lehnen es ab, ihre Ideale zu kompromittieren, sei es in steuerfreien Stadtstaaten oder Kolonien auf anderen Planeten. Die Pragmatiker hingegen suchen die Zusammenarbeit mit den alten nationalstaatlichen und korporatistischen Institutionen aus dem kapitalistischen Paradigma. Aber es handelt sich um ein besonders prekäres Projekt, da die alten Institutionen – die die netokratischen Pragmatiker zu zähmen und zu nutzen versuchen – von einer unheiligen Allianz der netokratisch-feindlichen Bourgeoisie und des reaktionären Konsumeriums, der verbitterten Individualisten der alten Oberschicht und der neuen Unterschicht regiert werden, die vom Internet selbst als kohäsivem Abjekt angetrieben werden. Zusammen bilden sie die Mehrheit der Bevölkerung, was sie dazu veranlasst, sich auf die letzten Überreste der mehrheitlichen Demokratie und ihres nationalstaatlich sanktionierten Gewaltmonopols als die Waffen zu konzentrieren, die die Digitalisierung, Globalisierung und Knotenpunktbildung der Welt aufhalten sollen. Sie sind die Todfeinde des Global Empires und daher ist es alles andere als einfach, mit ihnen zu kooperieren.

Und wie verhält sich dieses virtuelle Schlachtfeld zu der Dialektik von Libido und Mortido? Wer hat und wer hat nicht genug Verstand, um das zu kontrollieren, was der Schweizer Psychoanalytiker Carl Gustav Jung den Schatten des Menschen nennt? Der deutsche Anthropologe Hans Peter Dürr argumentierte – im Geiste von Nietzsche, Freud und Jung –, dass das allgegenwärtige Problem der modernen Gesellschaft der fehlende Kontakt und die mangelnde Einsicht in den tierischen Ursprung des Menschen ist. Dieser Kontakt wird traditionell von der entfremdeten Klasse verwaltet, die wir *Mortido's Welt* nennen. Es handelt sich um eine Welt des Todes, der Geburt, des Animalismus, des Chaos und der Gesetzlosigkeit. Ihre Mitglieder sind genau die Schamanen, Hexen, Kriminellen, Henker und Krieger, die sich außerhalb des sich ständig wiederholenden Klassenkampfes, der innerhalb der Zivilisation stattfindet, befinden. Diese Akteure leben daher laut Dürr ständig im Grenzbereich zwischen Zivilisation und Wildnis. Ihre Libido ist *de facto* von Mortido durchtränkt, gerade um dieses Mortido so weit wie möglich erleben zu können, ohne, so Dürr, die Libido zu verlieren, oft durch halluzinogene Erfahrungen, die in Höhlen oder an anderen matrichalen Orten in der Natur gemacht werden. In seinem Buch *Traumzeit: Über die Grenze zwischen Wildnis und Zivilisation* führt Dürr die Welt dieses Mortido – oder das *Reich des Todes*, wie Dürr diese aufgeladene Sphäre nennt – auf die verschiedenen Kulte der Antike um die griechische Göttin Artemis und die römische Göttin Diana zurück und argumentiert, dass die dualistischen Kreuzzüge des Christentums und dann des Individualismus gegen die Welt dieses monistischen Mortido die grundlegende Ursache für die Verleugnung und den Verlust des Kontakts der modernen Gesellschaft mit der grundlegenden, mortidinalen Seite des Menschen, dem *Schatten Jung's*, ist.

Es ist natürlich der Bürger als infantiles und geschlechtsloses Geschöpf dieser mortido-verleugnenden Gesellschaft, den Freud als Personifizierung des unbewussten und rücksichtslosen Mortido im industrialisierten Europa ab dem 19. Jahrhundert erkennt. Die Furcht vor dem Mortido als Grundlage einer explosiven Libido schafft ein Wesen, das sich in den Mortido selbst verwandelt, eine hyperneurotische Existenz, die ihr eigenes Leben aus Angst vor ihrer tierischen Irrationalität ständig aufschiebt, ein Wesen, dem der echte Kontakt mit sich selbst völlig fehlt. Das Ergebnis ist ein Leben, in dem Qualität durch Quantität ersetzt wird, ein totes Leben. Duerr argumentiert, dass eine menschliche Gesellschaft, die den Kontakt mit der Welt von Mortido verliert – eine Kultur, die die schamanische Kaste verfolgt, verbietet und auslöscht – sich selbst, seine tierische Grundlage und die phallische Begrenzung, die die Libido und ihre Antriebsmaschinerie ermöglicht, nicht verstehen kann.

Dies wiederum bedeutet, dass es besonders wichtig ist, die schamanische Kaste gerade zum Zeitpunkt eines Paradigmenwechsels in den Mittelpunkt der Gesellschaft zu stellen. Es sind die unerschrockenen Priester aus den verschiedenen Stämmen, die die heiligen Kultstätten in der Gegend zwischen den belagerten Dörfern errichten, die später zu den ersten Städten werden, in denen neue kulturelle Mutationen entstehen und sich durchsetzen. Es sind die Leviten ohne Territorium, die die anderen, lokal verankerten Stämme Israels zu einem globalen gelobten Land verbinden. Und es ist die digitale Priesterschaft, die den *phallischen Intertribalismus* für die Netokratie während des Informationalismus aufbaut, mit dem sie das Konsumtariats und seinen engstirnigen Intratribalismus überholt und dafür sorgt, dass sie das globale Imperium des Internet-Zeitalters erobern und beherrschen kann. Und im Gefolge dieser Vernetzungspioniere gibt es wieder einmal die Geschäftsleute – wie beim Bau der ursprünglichen Ritualstätten –, und diesmal bevölkern sie alle Flughafen-Lounges der Welt. Das globale Nomadentum ist bereit zum Abheben.

Der metaphysische Punkt ist, dass der Mortido triumphiert und triumphieren wird. Letztendlich. Es muss so sein. Tod und Steuern. Aber er wird nicht vor dem Moment des Todes triumphieren. Bis dahin wird die syntheistische Metaphysik des Netokraten von der bewussten, aber undurchdringlichen Verdrängung der Todessehnsucht des Unterbewusstseins in Form einer hartnäckigen Lebensfreude beherrscht. Was das Bewusstsein des Endsiegs des Mortidos im Tod mit sich bringt, ist ein gestärkter Lebenswille, ein Wille, der vom Bewusstsein der Sterblichkeit des Menschen getrieben wird. Es ist, wie der deutsche Existenzialist Martin Heidegger es ausdrückte, von diesem Horizont aus an der Veränderlichkeit und damit Endlichkeit von allem, was alle Bedeutung hervorbringt. Dürr behauptete, dass die psychedelische Erfahrung der Ursprung der Idee ist, dass der Geist frei wachsen und sich innerhalb einer spirituellen Sphäre ausdehnen kann, dass der Geist die Existenz transzendieren und von dem, was Zarathustra als *Ahura* (Wesen) bezeichnet, zu *Mazda* (Geist) übergehen kann. Und die Gruppe, die diese Überzeugung zuallererst hegt, sind genau die Schamanen, die sich zwischen den Stämmen bewegen und die ersten Kultstätten bauen, die das Licht der Welt erblicken.

Während wir leben, suchen wir unaufhörlich nach Sinn, und wir können in alle Ewigkeit für und wider etwa argumentieren, aber ohne Kultur sind wir Menschen nichts. Oder um genau zu sein: Wir sind vielleicht etwas, aber wir sind keine Menschen. Ohne Kultur wären wir auf jeden Fall nicht in der Lage, über irgendetwas zu streiten. Nietzsches wirklich verblüffende Einsicht im 19. Jahrhundert – als Antwort auf die weitreichenden Idealisierungen der menschlichen Natur durch den gerissenen Rousseau – war es, zu verstehen, dass es die Kultur als phallische Schöpfung aus dem Nichts ist, die den Menschen zu dem macht, was er ist. Oder wenn wir die existenzielle Erfahrung entlang der Zeitachse positionieren: Vor der Entstehung der Kultur gibt es nichts von Wert außer einem klaffenden Loch animistischer Leere. Der Mensch ist ursprünglich kein edler Wilder, sondern ein Geschöpf, das von einem impulsiven Instinkt getrieben wird, weil ihm das Selbstbewusstsein, die Selbsterkenntnis, das Selbstvertrauen und die Selbstbeherrschung fehlen, die den sprechenden, denkenden und analysierenden Menschen, der aus der Entstehung der Kultur hervorgegangen ist, kennzeichnen. Der Eintritt des Phallus in das große Chaos ist gleichbedeutend mit der Ankunft der Ordnung. Und in diesem Zusammenhang spielt es keine Rolle, ob wir in der Kultur unzufrieden sind oder nicht: Sie prägt und hemmt uns, bereichert und frustriert uns. Außerhalb der Kultur gibt es nur Wildnis, die weder spricht noch uns zuhört. Die Rückkehr des authentischen Phallus bedeutet auch eine Rückkehr zur Verantwortung des Erwachsenen und zu dem, was für das Überleben des Stammes von zentraler Bedeutung ist: die Sozialisierung und Domestizierung der triebhaften Jugend. Diese Zähmung geht von dem aus, was wir den *patriarchalischen Imperativ* bzw. den *matriarchalischen Imperativ* nennen, das heißt: die wichtigste Botschaft des Patriarchen an die jungen Männer bzw. die wichtigste Botschaft der Matriarchin an die jungen Frauen. Der patriarchalische Imperativ besagt, dass kein Mann ohne Sinn auskommen kann, und es ist nur möglich, innerhalb des männlichen Kollektivs Sinn zu produzieren, indem der eingebildete und anmaßende junge Mann diesem Kollektiv nachgibt. Deshalb muss er in diese Unterwerfung gezähmt werden, um später das zu bekommen, wonach er sich am meisten sehnt, nämlich einen Sinn für seine Existenz und eine Rolle als Stammesangehöriger. Der matriarchalische Imperativ ist, dass keine Frau ihre angeborene Bedeutung als zentraler Knotenpunkt im Reproduktionszyklus erfüllen kann, ohne innerhalb der Grenzen des weiblichen Kollektivs zu bleiben. Das Matriarchat kann ihr keinen Schutz versprechen, wenn die junge Frau nicht akzeptiert, dass sie innerhalb der umrissenen Grenzen des Matriarchats bleiben muss, innerhalb derer ihr im Gegenzug nicht nur Bedeutung, sondern auch Sicherheit, Macht, Genuss und Aufmerksamkeit versprochen wird.

Man beachte, dass der primitivistische Nomadenstamm ebenso sehr von seiner Abscheu vor Parasiten, Krankheiten und verschiedenen sozialen und ästhetischen Abweichungen angetrieben wurde wie vom Kampf um Nahrung und Unterkunft. Um eine Vertreibung herbeizuführen, war es also nur notwendig, dass ein Patriarch oder eine Matriarchin etwas – oder sogar jemanden – als nicht wünschenswert für den Stamm herausstellte, woraufhin der gesamte sozialisierende Abjektionsprozess in Gang gesetzt wurde. Mit der Zeit wurde dies entscheidend für das Überleben des Nomadenstammes. Ob brutale und oft tödliche Akte der Ächtung nun gerecht waren oder nicht, ist kaum relevant. Die nomadisierten Jäger und Sammler waren absolut keine zimperlichen Rousseauans. Auch hatte das Dividuum an sich keinen Wert im Vergleich zum Kollektiv des heiligen Stammes. Der innere Verwerfungsprozess hatte jedoch den gewünschten domestizierenden Effekt, während der Respekt vor den kenntnisreichsten und erfahrensten Mitgliedern – des Patriarchen und der Matriarchin selbst – enorm blieb. Dadurch maximierte man die Fähigkeit des plastischen Nomadenstammes, sich in ständiger Bewegung zu befinden und gleichzeitig Nahrung und Schutz zum Überleben zu vermehren und zu sichern. Dies und nichts anderes war der evolutionär wertvolle Effekt der Abjektion und Domestizierung an sich.

Sowohl Fetische als auch Abjekte wurden fleißig eingesetzt, um den plastischen Nomadenstamm intakt zu halten. Und seitdem ist Intratribalismus – der Zusammenhalt innerhalb des Stammes – für die Menschheit die einfachste und natürlichste Sache, mit der sie umgehen kann. Probleme treten jedoch sofort auf, wenn es um Intertribalismus geht, um die Notwendigkeit, später in der Geschichte größere Gruppen von Menschen unterschiedlicher Herkunft zu organisieren und sie zur Zusammenarbeit zu bewegen oder zumindest keine Zeit und Energie darauf zu verwenden, Fremde zu Tode zu prügeln, ohne sich durch Eigeninteressen oder Bestechungen von Fremden in einer Weise korrumpieren zu lassen, die den eigenen Interessen des Stammes schadet. Der amerikanische Sozialpsychologe Jonathan Haidt erörterte in seinem Buch *The Righteous Mind*, wie sich der moralische Kompass des Menschen innerhalb des Stammes entwickelt hat, dass dieser Kompass aber gleichzeitig aus historischer Perspektive außerhalb desselben nicht verankert ist. Es ist also leicht für die Menschen, Lokalpatrioten zu werden, aber auf der anderen Seite wesentlich schwieriger für uns, Universalisten zu werden. Deshalb sucht bis heute die große Mehrheit der Nutzer von Social Media eine Gruppe von nicht mehr als ein paar hundert Menschen, um sich in einem schwer zu navigierenden Dasein einigermaßen orientieren zu können, ohne einen Hauch von der Fähigkeit, den Rest der Menschheit als Ressource in einer Gesellschaft zu sehen, in der alle Menschen der Welt direkt, synchron und ständig miteinander verbunden sind.

Der Aufbau und die Aufrechterhaltung des Global Empire während der Zeit des Informationalismus wird aus diesem Grund eine gigantische Herausforderung sein. Und der Übergang vom Intratribalismus zum Intertribalismus ist mit Sicherheit das größte und wichtigste Projekt der Netzwerkgesellschaft. Zum einen, weil gerade die Menschen, die den Übergang bewältigen, die netokratischen Gewinner des Internet-Zeitalters sein werden. Zum anderen aber auch, weil ein großflächiges Scheitern in diesem Bereich unweigerlich zu unbeherrschbaren sozialen Konflikten und Katastrophen führen wird. Der Fremde muss im Global Empire ein friedlicher Freund werden und nicht – wie bisher in der Geschichte – ein gefürchteter Feind. Es war schwierig genug, den ethnozentrischen Nationalstaat – die Erfindung, die Nietzsche als „das kälteste aller kalten Monster" bezeichnete – im Kapitalismus zu vereinen, dem lange und blutige Kriege vorausgingen. Die digitale Priesterschaft hat also eine kolossale Herausforderung vor sich, wird aber aus dem gleichen Grund auch enorme Macht anhäufen, da dies das größte Kultivierungsprojekt der Netzwerkgesellschaft sein wird. Es ist nicht möglich, eine stabile, nachhaltige Gesellschaft aufzubauen, die den soziobiologischen Voraussetzungen des Menschen zuwiderläuft – was erklärt, warum matriachale Träumer von Mazdak bis Rousseau immer wieder scheitern. Doch es reicht auch nicht aus, eine Gesellschaft aufzubauen, die allein den angeborenen Begabungen des Menschen angepasst ist.

Es wird nun die Aufgabe der digitalen Priesterschaft sein, die Herausforderung der sozialen Reifung und des Erwachsenwerdens als das Ideal zu predigen, das im Gegensatz zu der massenhaften Infantilisierung steht, die weitgehend mit der Struktur und Dynamik des Internets übereinstimmt. Die Sensokratie wird zu einem ihrer wichtigsten Werkzeuge, und die Stammeszuordnung wird zu ihrem Hauptmodell. Und das Projekt der aufmerksamen Verwachsung ist an dem Tag gelungen, an dem die erwachsenen Bürger der Informationsgesellschaft gelernt haben, optimal mit dem Fremden oder der Maschine am anderen Ende des Netzes zu kooperieren. Und es besteht immer noch die Gefahr, dass der intelligente Vergleich zwischen Mensch und Maschine eher ein Affront für die Maschinen als für den Menschen ist, da die Maschinen kaum durch die eingebauten Systemfehler des Menschen gestört werden, insbesondere durch seine angeborene Abneigung gegen das Fremde und Abweichende. Dies unabhängig davon, ob wir auch den Vorteil des Menschen gegenüber der Maschine im Hinblick auf das *Verständnis* des Datenflusses in absehbarer Zeit berücksichtigen, statt die *Kompetenz* zur Verwaltung des Datenflusses. Wir werden bald einen Zustand erreichen, in dem die Zivilisation zum ersten Mal überhaupt im Prinzip ohne den Menschen auskommen wird. Sie mag uns tolerieren, wenn wir Glück haben, aber sie braucht uns nicht. Aber der Mensch kommt immer noch nicht ohne die Kultur aus, in der wir zur Unzufriedenheit verdammt sind. Denn ohne Kultur ist der Mensch nichts. Zumindest nichts von Bedeutung oder Wert.

16

Die informationalistische Apokalypse und die drei Köpfe der netokratischen Hydra

Es gibt verschiedene Arten der Zerstörung. Wir haben die schöpferische Zerstörung, von der der österreichische Ökonom Joseph Schumpeter spricht: unternehmerische Tätigkeit und Innovationen in verschiedenen Bereichen, die die alte Ordnung „zerstören" und die vorherrschenden Strukturen, die in der modernsten zeitgenössischen Technologie keine Unterstützung mehr genießen, auslöschen. Das heißt: Zerstörung und Schaffung entsprechend der Art und Weise, wie die Netokratie eine überholte Machtelite ausmanövriert, die die neuen Begriffe, die infolge einer mediatechnologischen Revolution allmählich in allen Teilen der Gesellschaft gelten, nicht mehr versteht oder zumindest nicht mehr in der Lage ist, sich an sie anzupassen. Es gibt auch die reine Zerstörung, deren Zweck es ist, jede Form von Autorität zu zerschlagen, im Allgemeinen mit dem Motiv, dass Korruption und Verfall so fortgeschritten sind, dass es in der herrschenden Ordnung überhaupt nichts mehr zu retten gibt, und in einigen Fällen in der frommen Hoffnung, dass vielleicht etwas – es ist unklar, was – Wertvolles aus der maximalen Verwüstung erwachsen wird.

Anarchismus ist die ultimative Form der Revolte gegen alle Formen der Autorität. Im 19. Jahrhundert hat der Stammvater des modernen Anarchismus, Michail Bakunin, zu einer vollständigen und ewigen Revolte gegen alle Formen der Ausbeutung und Diskriminierung aufgerufen. Aber Bakunins Ehrgeiz ist streng mortidinal. Er konzentriert seinen gesamten spirituellen Willen auf eine Zerstörung, der ein triebhaftes Gegengewicht und das Streben nach Ordnung und Wiederaufbau fehlt. Bakunins Ideologie ist also durch und durch Ausdruck eines Mortido, ohne jegliches Element der Libido – oder wenn man so will: nur *Yin*, aber kein *Yang*. Es gibt, wie der indische Autor und Essayist Pankaj Mishra in seinem Buch *Age of Anger* zeigt, klare Parallelen zwischen dem Anarchismus des 19. Jahrhunderts in Europa und dem Islamismus des 21. Jahrhunderts im Nahen Osten. Es ist ein Fall desselben nihilistischen Mortido ohne Libido, der gleichen Suche nach Angriffspunkten, ohne das geringste Interesse daran, etwas Neues jenseits dessen aufzubauen, was wir das zerschlagene *Abjekt* nennen. Und kein Denker repräsentiert diese ernsthafte und notwendigerweise geheime Verehrung des Mortido deutlicher als der Franzose Jean-Jacques Rousseau aus der europäischen Aufklärung. Sein Bestreben ist es natürlich, einen Willen zu mobilisieren, der sich dafür entscheidet, nichts anderes zu wollen, als höchstens zu verhindern, dass andere Willen sich ausdrücken und manifestieren. *Ein Wille, der wählt, sich selbst nicht zu wollen*, wie wir die Sache im Geiste von Rousseaus Gegner Friedrich Nietzsche ausdrücken könnten. Ein Wille, der sich nach innen, zu sich selbst und dem eigenen Willen hin wendet und der sich selbst in Richtung seiner eigenen Auslöschung treibt, das heißt: ein gereinigtes Mortido.

In einer Auseinandersetzung mit den Begriffen *amour-propre* und *amour de soi* behauptete Rousseau, dass die Erklärung für das herrschende soziale Elend darin besteht, dass der Mensch, indem er den Naturzustand verlassen hat und ein gesellschaftliches Wesen geworden ist, die Fähigkeit verloren hat, echte Liebe und Wertschätzung seiner selbst zu erfahren, und es nur noch schafft, sich selbst durch die Augen anderer zu beobachten und damit auch zu bewerten. Sich aus den eigenen Voraussetzungen und Werten heraus zu sehen und sogar zu lieben, die synthetistische Selbstliebe oder *amour de soi*, wie Rousseau es nennt, anzuwenden, ist praktisch unmöglich geworden, da die gesellschaftliche Entwicklung uns in Kollektive zusammengeführt hat, die durch die verabscheute Zivilisation strukturiert werden, und uns zwingt, das Bild, von dem wir uns vorstellen, dass die Menschen es von uns haben, ständig mit dem Bild zu vergleichen, das wir selbst von anderen haben. Dieser ständige Vergleich der Bilder erzeugt die gewalttätigen und ambivalenten Emotionen der Dominanz und Unterwerfung, die den modernen Menschen kennzeichnen, der sich daher mit dem begnügen muss, was Rousseau *amour-propre* nennt – die Liebe oder Wertschätzung seiner selbst, wie man in den Augen der anderen wahrgenommen wird. Das bedeutet, dass der moderne Mensch in einem Zustand ständiger Unzulänglichkeit leben muss, da niemand sonst uns jemals genug schätzen und lieben wird, um das bodenlose Bedürfnis nach Liebe zu befriedigen, das wir in uns selbst hegen. Wir werden nie wieder die Freude oder das Wohlergehen erfahren, das uns die *amour de soi* der primitiven Gesellschaft beschert hat, so Rousseau. Das Tor zum verlorenen Paradies ist für immer verschlossen; wir haben uns zum ewigen Exil in einer Zivilisation verdammt, in der wir unzufrieden sind.

Indem Rousseau einen Mythos über den edlen Wilden und einen idyllischen Zustand der *amour de soi* kreiert und darüber hinaus ein Meta-Ressentiment etabliert, die vom modernen Menschen auf den edlen Wilden, der somit reine Fiktion ist, gerichtet ist, liefert er eine tragfähige und funktionelle Grundlage für all die von Objekten getriebenen Rache- und Selbstviktimisierungsideologien, die in der modernen Gesellschaft aufblühen: Nazismus, Faschismus, Stalinismus und so weiter. Dieses ideologische Fundament ist im Wesentlichen immer noch intakt, auch wenn diese gewalttätigen Ideologien vom gesellschaftlichen Establishment abgelehnt werden, was sich darin zeigt, wie Neonazismus, aktualisierte Varianten des Faschismus, verschiedene Formen der extremen Rechten und der Identitätslinken in einer Gesellschaft, in der die Institutionen der bürgerlichen Demokratie rasch untergraben und geschwächt werden, mächtig werden. Der vom Internet getriebene, konsumorientierte Narzissmus bezieht weiterhin Nahrung von Rousseau, der nie aufhört, neue Anhänger zu gewinnen, und der der Chefideologe des Ressentiments bleibt. Welches Thema wählte Pol Pot, Kambodschas Diktator und Architekt des Völkermords, als Thema seiner Doktorarbeit – bevor er in den 1970er Jahren Paris verließ und in sein Heimatland zurückkehrte, um das Gemetzel an seinen Landsleuten zu beginnen, die über abweichende Meinungen verfügten – wenn nicht Rousseau? Und wie sich herausstellte, war die Frage der abweichenden Meinungen nicht einmal wirklich so wichtig; allein das Tragen einer Brille war Grund genug, gefoltert und hingerichtet zu werden.

Der dänische Philosoph und existentialistische Vordenker Søren Kierkegaard behauptete im 19. Jahrhundert als Antwort auf Rousseaus große Popularität, dass der *egalitäre Wettbewerb* zwischen den Bürgern in der modernen Gesellschaft der große Widerspruch der Moderne sei. Kierkegaard argumentiert, dass der egalitäre Wettbewerb eine Art unreflektierten Neid erzeugt, der als das Abjekt des konsumierenden Mobs fungiert, das heißt: als das verborgene Vereinigungsprinzip des Mobs. Und darin liegt seine kolossale, zerstörerische Kraft. Der deutsche Philosoph Max Scheler, einer von Kierkegaards vielen Bewunderern, vertiefte später die anti-rousseau´sche Theorie der Abjektion und argumentierte, dass die *Ressentiments* umso stärker sind, je egalitärer eine Gesellschaft ist. Und eine ähnliche Argumentationslinie findet sich bereits bei dem französischen Historiker und Politologen Alexis de Tocqueville, der in seinem Werk *Demokratie in Amerika* (1835-1840) über „die besondere Melancholie, die die Bürger demokratischer Länder inmitten ihres Überflusses oft an den Tag legen“, schrieb.

Die Erklärung, argumentiert de Tocqueville, liegt in der Verbindung zwischen Gleichheit und Neid. In einer auf Privilegien gegründeten Gesellschaft erscheinen selbst die größten Unterschiede in Reichtum und Macht natürlich, aber wenn viele oder vielleicht sogar die meisten dieser Ungerechtigkeiten beseitigt werden, werden selbst die kleinsten Unterschiede als Affront empfunden. „Egal, wie sehr sich ein Volk auch anstrengt, es kann nicht gelingen, alle Lebensbedingungen völlig gleich zu machen“, schreibt de Tocqueville. „Sollte es ihnen dennoch zu ihrem eigenen Unglück gelingen, diese absolute und vollständige Angleichung zu erreichen, würden die Unterschiede in der angeborenen Vernunft immer noch bestehen bleiben“. Das war damals sehr prägnant und prophetisch und beschreibt unsere Gegenwart sehr treffend. Genau dort finden wir uns heute wieder, und deshalb erleben wir, wie der Neid um uns herum explodiert. Wie auch immer wir gegen Privilegien kämpfen, Tatsache bleibt, dass es an der Spitze einen Mangel an Plätzen gibt. Infolgedessen verlegt sich die Menschheit in einen Overdrive des Hasses, wenn wir die beispiellos transparente Informationsgesellschaft erreichen. In den virtuellen Konflikten zwischen allen Subkulturen des Netzes wird Ressentiment gepflegt, gefördert und eskaliert. Zwischen all diesen postmodernen Mythologien des Martyriums spielt sich ein erbitterter, identitärer Wettbewerb ab.

Es ist wichtig, hier darauf hinzuweisen, dass die Postmoderne als kritische Theorie nichts Schlechtes an sich hat. Jedes System profitiert von der kritischen Analyse. Das Problem ist vielmehr, dass die Kritik der Postmoderne am Modernismus so verheerend erfolgreich wurde, dass das gesamte moderne Projekt zusammenbrach. Und wenn die kritische Theorie mit ihrer *Dekonstruktion* das Einzige ist, was bleibt, wenn die Kritik bereits getötet hat, wovon sie lebt, wird die Situation – nun ja – kritisch. Das Einzige, was am Ende bleibt, ist die zermalmende Kritik, die sitzt und tatenlos zusieht, nachdem das Ziel der Kritik zu Staub geworden ist. Es gibt nichts mehr zu dekonstruieren, was jedoch nicht verhindert, dass die Kritik weiter schleifen kann, als ob die Kritik an sich das Grundlegende wäre, was es gibt. So wird die Postmoderne aus den 1980er Jahren zu einer tragenden Ideologie für das westliche Gesellschaftsprojekt. Sie besiegt sich selbst zu Tode und gewinnt immer wieder standardmäßig, als Mortido ohne Libido, als Matrix ohne Phallus. Und sie überlebt als verfluchter Geist, als flimmernder Schatten ihrer ruhmreichen Zeit. Die Abwehrmechanismen des Organismus werden also in einen Angriff auf den Organismus selbst verwandelt.

Die Grundlage für diesen fatalen Fehler ist die Unfähigkeit der Postmoderne, einen Unterschied zwischen dem echten und dem falschen

Phallus zu erkennen. Die postmoderne Kritik betrachtet alles, was auch nur im Entferntesten phallisch ist, als Ausdruck eines anstößigen *Phallogozentrismus*, wie es der französische Vater der Dekonstruktion, Jacques Derrida, ausdrückte. Sie kann nicht mehr zwischen der utopischen Botschaft, die der authentische Phallus vermittelt, und der erniedrigenden Aufhetzung durch den falschen Phallus unterscheiden, sondern wirft alles Phallische in einen kompakten Hass auf alle Formen von Visionen und Utopien zusammen – eine Kriegserklärung gegen das phallische Eindringen als solches. Er wirkt hinter der heiligen Mamilla im inneren Kreis der Stammeskarte verborgen, und er tut so, als ob der äußere Kreis nicht existierte. Die nationalsozialistischen, stalinistischen und maoistischen Katastrophen sollen ganz einfach beweisen, dass jede Form des Utopismus per Definition eine gesellschaftliche Gefahr darstellt. Dies gilt auch für den authentischen Phallus, dessen Existenz man nicht erkennt oder gar versteht, und lässt die Tatsache außer Acht, dass allen drei Ideologien diese Authentizität fehlt und sie stattdessen ganz von einer monumentalen Erniedrigung des inneren, selbstproduzierten Gegners getrieben sind. Das Ergebnis ist eine völlig nihilistische Postmoderne, ein leeres Machttheater, in dem Wert und Bedeutung vollständig davon bestimmt werden, wer spricht, und nicht von dem, was gesagt wird. Und ohne einen Modernismus, der noch auf diese monotone Kakophonie reagieren kann, wird die Postmoderne als kritische Theorie zur einzigen Theorie, die viel Raum einnehmen und erhalten kann. Das große Problem wird dann die Unfähigkeit der kritischen Theorie sein, Selbstkritik zu üben, wie die Blindheit gegenüber den Folgen ihrer gewaltsamen Verletzung jeder Form phallischen Eindringens zeigt.

Damit ist die gesamte akademische Welt offen für eine allgegenwärtige Infantilisierung, und genau das passiert natürlich auch – eine Infantilisierung, die ihre Nahrung aus der Mamilla bezieht, die aus dem Nationalstaat und seinen ständig schrumpfenden Ressourcen besteht. Aber wo und wie verliert die Nietzscheanische Meistermentalität den Kontakt mit der Rousseau'schen Sklavenmentalität und gibt ihre Initiative auf? Auch Nietzsche selbst weist auf die Gefahr des massiven Nihilismus hin, der auf den Zerfall des Christentums in der westlichen Welt folgt, und gibt der im Christentum eingebauten Wahrheitsverehrung die Schuld an diesem Nihilismus. Nach Nietzsche ist der Untergang des Christentums von Anfang an in eine eigene Grundideologie eingebettet. Um die Sache aus theologisch-historischer Perspektive auszudrücken: Zuerst gibt es das Wort, und dann gibt es immer nachdrücklicher die Wahrheit, wenn das Wort die Wahrheit immer gründlicher und tiefgründiger erforscht. Und da es dem Christentum beispielsweise an der Flexibilität des Zoroastrismus bezüglich des ideologischen Wandels, der sich aus vertieften Kenntnissen ergibt, mangelt, so Nietzsche, war es nur eine Frage der Zeit, bis das Christentum an seiner eigenen Besessenheit, um jeden Preis und in jeder Hinsicht der Diener der Wahrheit zu sein, zusammenbricht.

Der westliche Nihilismus, der auf den Zusammenbruch des Christentums folgt, ist jedoch bei weitem nicht der einzige groß angelegte Ausbruch des Nihilismus in der Geschichte. Vielmehr hat der Nihilismus ganz allgemein etwas mit dem zu tun, was der französische Soziologe Emile Durkheim in seinem Klassiker Freitod von 1897 als *Anomie* bezeichnete. Durkheim argumentierte, dass die Verbindung des Dividuums mit dem Kollektiv an *Nomos* gebunden ist, die Idee des Kollektivs als das *organische Regelsystem in ständiger Bewegung*: das, was wir im Rahmen der Sozioanalyse als *libidinösen Phallus* beschreiben. Durkheims Genialität liegt darin, dass er versteht, dass sich diese Anomie nicht nur dann als Krisenzustand manifestiert, wenn der Phallus durch seine Abwesenheit auffällt – also im Zusammenhang mit dem Nihilismus, von dem Nietzsche spricht und der danach so berühmt geworden ist –, sondern auch dann, wenn das in der Gesellschaft vorherrschende Regelsystem eher als mechanisch denn als organisch empfunden wird. Das mechanische Regelsystem muss natürlich bei aller Perfektion und Effizienz eher als ein toter und mortidinaler Phallus erscheinen als ein lebendiger und libidinöser. So muss Nietzsches *Nihilismus* durch Durkheims *Anomie* ergänzt werden, um die ideologische Krise zu verstehen, die beim Durchbruch des Informationalismus entsteht. Dass der Zivilisationsprozess nun den kritischen Punkt erreicht hat, an dem Maschinen und Algorithmen aus eigener Kraft weiterlaufen können, wenn die Zivilisation den Menschen nicht mehr braucht, um zu überleben und sich weiterzuentwickeln, ist eine Einsicht, die sich langsam im kollektiven Bewusstsein herauszubilden beginnt, die aus verständlichen Gründen eine Anomie in einem bisher nicht gekannten Ausmaß vorantreibt, die wiederum außerordentlich günstige Bedingungen für die rousseauische Sklavenmentalität mit sich bringt, die dadurch immer stärker wird.

Dies führt uns weiter zur Enthüllung – oder *apokalypsis* um es auf Griechisch zu sagen – des *netokratischen Machtgefüges*, das früher oder später die Netzwerkgesellschaft prägen muss, und zwar aus dem einfachen Grund, dass es mit der herrschenden Metatechnologie übereinstimmt (siehe *The Netocrats*). Nachhaltigkeit und Stabilität setzen eine Interaktion zwischen drei phallischen Polen voraus, die sich gegenseitig ausbalancieren und überlappen, in dem Sinne, dass das Paradigma in dieser Krise von den beiden anderen intakten Polen getragen werden kann, wenn einer von ihnen ins Stocken geraten und implodieren sollte oder größenwahnsinnig werden und explodieren sollte. Da die Macht zudem in drei verschiedenen Schichten entwickelt wird, die jeweils mit einer der drei menschlichen Phantasiewelten Lacan´s verbunden und an diese angepasst sind, sprechen wir von *realer Macht, imaginärer Macht* und *symbolischer Macht.* Wirkliche Macht kontrolliert die wichtigsten Ressourcen des Paradigmas. Die imaginäre Macht überwacht Recht und Ordnung und führt die formale Machtausübung der gesellschaftlichen Ordnung durch – sie legt die offiziellen Gewänder der Macht an und verkörpert damit in den Augen der meisten Menschen den Begriff der Macht. Schließlich gibt es die symbolische Macht, die ein Monopol auf die Geschichtsschreibung des Paradigmas und damit sogar auf seine Wahrheitsproduktion übernommen hat und die daher die metaphysischen Werte des Paradigmas formuliert, verwaltet und verteidigt.

Die feudalistische Gesellschaft wurde von der feudalistischen Macht-Triade regiert, die sich aus der *Aristokratie, der Monarchie* und *dem Klerus* zusammensetzte. Die Aristokratie besaß die dominierende Ressource des Paradigmas, das Land, und fungierte daher als die eigentliche Macht. Die Monarchie kontrollierte das Gericht, das Gesetz und das Militär und war somit die imaginäre Macht. Der Klerus mit seinen Klöstern, Kirchen, Tempeln, Moscheen und Synagogen kontrollierte die Wahrheitsproduktion und war somit die symbolische Macht. Wenn der Monarch gegenüber der Aristokratie und dem Klerus vermessen war, konnten sich diese beiden Lager im Namen der Stabilität zusammenschließen und aufgrund ihrer größeren Gesamtmacht den Monarchen in seine Schranken weisen. Dasselbe galt für die Aristokratie und den Klerus, falls einer von ihnen auf die Idee kommen sollte, das Gleichgewicht zu zerstören und durch die Dominanz der anderen Pole mehr – oder die gesamte – Macht in der Gesellschaft zu erlangen.

Kein perfektes Gleichgewicht hat je geherrscht, aber Konflikte sind ermüdend, und von Unruhen geprägte Perioden weichen Zeiten relativer Stabilität. Die Adelsstände konnten anderen Familien gewährt oder von ihnen übernommen werden, Könige konnten abgesetzt und Religionen kritisiert und verändert werden, aber das Machtgefüge, das auf drei Säulen beruhte, blieb ungebrochen. Man könnte von Revolutionen sprechen, aber in Wirklichkeit handelte es sich um so genannte Palastumstürze; innerhalb der Grenzen eines Paradigmas konnte die Aristokratie nur durch andere Aristokraten ersetzt werden. Ein abgesetzter, möglicherweise hingerichteter König wurde durch einen anderen König ersetzt. Machtkämpfe innerhalb der Kirche konnten dazu führen, dass der Einfluss der einen oder anderen Konstellation zugunsten erbitterter Rivalen abnahm. Aber nichts davon führte zur Entstehung konkurrierender Institutionen, solange die handgeschriebene Schriftsprache das dominierende Metamedium blieb, das die Formen der gesamten Kommunikation diktierte. Die Druckerei änderte all dies auf einen Schlag, auch wenn es einige hundert Jahre dauerte, bis dieses neue, dominante Metamedium einen vollständigen Durchbruch in Form von Industrialismus, Kapitalismus und bürgerlicher Demokratie usw. erzielte. Von der alten feudalistischen Machttriade war nichts mehr übrig, außer klägliche Fragmente.

Während der kapitalistischen Gesellschaft, die von den gedruckten Massenmedien kontrolliert wird, konsolidierte sich im Laufe der Zeit eine neue Triade, die aus *der Bourgeoisie, den Politikern* und *den Akademikern* bestand. Die Bourgeoisie baute die Industrien auf, besaß sie und kontrollierte so schon bald die fundamentale Ressource des Paradigmas, nämlich das *Kapital*, das die Grundlage für Macht und Status bildete, nachdem die Adelsbestände zu Waren unter zahlreichen anderen auf einem Markt geworden waren, und das gab dem kapitalistischen Paradigma folglich seinen Namen. Die Bourgeoisie stellte also die wirkliche Macht während des Kapitalismus dar. Die Politiker – eine eigene Kaste mit einem geregelten Beförderungssystem – kontrollierten den *Nationalstaat* mit seiner Gesetzgebung und seinem Gewaltmonopol auf der Grundlage des Nationalismus als Supraideologie und stellten somit die imaginäre Macht dar. Die Universitätsprofessoren aus der akademischen Welt mit ihrem *atomistischen* Weltbild kontrollierten die Wahrheitsproduktion durch ihr Monopol auf die wahrheitsproduzierende Wissenschaft und stellten damit die Symbolkraft in der kapitalistischen Gesellschaft dar. Der *Individualismus* fungierte dann als die Supraideologie, die diese drei Pole in einer gemeinsamen Machtstruktur zusammenführte. In Übereinstimmung damit wurde der Fortschritt gleichzeitig zum metaphysischen Motor, der das Bestreben vorantrieb, das volle Potenzial des einzelnen *Bürgers* innerhalb der Grenzen der gesellschaftlichen Konstruktion durch das Unternehmertum der Bourgeoisie, die Verwaltung und soziale Kontrolle der Politiker und die Ausbildung und Kultivierung der Akademiker zu verwirklichen.

Die Geschichte wiederholt sich in der informationalistischen Netzwerkgesellschaft. Das gleiche Muster ist wieder erkennbar. Ressourcenakkumulation, formale Machtausübung und identitätsstiftende Darstellungen von Geschichte müssen ganz einfach neue Ausdrucksformen an neuen Adressen auf der Immanenzebene der Interaktivität annehmen. Bereits vor 18 Jahren haben wir in unserem ersten Buch *The Netocrats* untersucht, wie die netokratische Macht-Triade konstruiert sein könnte. Die drei grundlegenden Identitäten, die wir in diesem Text verwenden, sind die *nexialistische, die kuratorische* und *die eternalistische.* Der Nexialist hat die wirkliche Macht während des Informationalismus, wir sprechen also von dem Akteur, der auf allen Daten sitzt, oder besser gesagt, der auf dem Knotenpunkt im Ozean der Information sitzt, wo wichtige Datenströme zusammenfließen und wo der Wert dieser Ströme dank der Fähigkeit, zu wissen, welche Fragen man an die Information stellen kann und wie die sich ergebenden Antworten am besten nutzbar gemacht werden können, vervielfacht wird. Und jetzt, etwa zwei Jahrzehnte später, haben wir die Antworten, und es scheint ganz offensichtlich, dass die Akteure, die die großen Datenwolken der Welt kontrollieren, auf einer beispiellos mächtigen Ressource sitzen. Ihr Einfluss ist enorm und wächst weiter.

Der Kurator stellt dann die imaginäre Macht dar, den Akteur, der die Muster in dem verworrenen Informationsfluss sortiert und erkennt, der die Spreu vom Weizen trennt und der das betont, was in diesen Strömen informativ, unterhaltsam oder auf andere Weise interessant und nützlich ist. Die Kuratorin ordnet die Menschen grob nach ihrem Verhalten im Netz ein. Dieses Wissen und diese Fähigkeiten geben dem Kurator den Auftrag, die mächtigsten und erfolgreichsten Netzwerke zu organisieren und zu moderieren, was keinen Raum für den einschmeichelnden Populismus lässt, der das Markenzeichen der scheidenden, politischen Macht ist. Der Kurator betreibt und überwacht das, was wir *Deep Tech* nennen, die hauptsächlich auf Algorithmen basierende Erforschung der enormen Datenmengen, die zeigen, wer wir Menschen wirklich sind und wie unsere Welt tatsächlich funktioniert, wenn man die richtigen Fragen an die verfügbaren Informationen stellt. Diese Tätigkeit liefert völlig neue Machtmittel, die es ermöglichen, die Massen zu kontrollieren und zu regieren, da im Voraus bekannt ist, was die Menschen in jeder gegebenen Situation denken und wonach sie sich sehnen. Es ist nicht mehr notwendig, sich auf fehlerhafte Fragebogenergebnisse und statistische Stichproben zu beziehen, sondern es ist nun durchaus möglich, unzählige Varianten eines kritischen Szenarios zu simulieren und mit verschiedenen Eingabewerten zu experimentieren.

Die netokratische Macht-Triade wird schließlich durch den Eternalisten vervollständigt, der die Rolle des Herrschers der symbolischen Sphäre übernimmt, das heißt: der Akteur, der den narrativen Status der Natur der Dinge etabliert und legitimiert. Der Eternalist ist der Repräsentant der schamanischen Kaste in der informationalistischen Netzwerkgesellschaft, der phallische Geschichtenerzähler, um den herum die größten und einflussreichsten Wissensspeicher und Think Tanks aufgebaut sind. Zusammen bilden diese drei Akteure dann die netokratische Macht-Triade, die auf dem *Relationalismus* als informationalistischer

Supraideologie und der *Netzwerk-Dynamik* als ihrer angewandten Praxis basiert.

Der relativ kleinen Netokratie stehen drei Strategien zur Verfügung, um mit dem relativ großen Konsumtariat umzugehen, nämlich *Massenüberwachung*, *Isolation* und *Anästhesierung*. Massenüberwachung bedeutet, dass Daten über die gesamte Bevölkerung gesammelt werden, so dass es keinerlei Geheimnisse mehr gibt, um die sich die Macht sorgen muss. Wenn man erreicht, was im Wesentlichen eine Überwachung darüber ist, wie die Menschen handeln und konsumieren, während das Verhalten der dividuellen Person in hohem Maße vorhersehbar ist, bedeutet dies, dass die netokratische Macht-Triade die totale Kontrolle darüber hat, wie sowohl dividuelle Personen als auch Gruppen unterschiedlicher Zusammensetzung denken und wie sie in jeder gegebenen Situation handeln könnten. Es bedeutet auch, dass die Gesellschaft sowohl analysiert als auch durch angewandte *Datenanthropologie* kontrolliert werden kann. Es besteht kaum ein Zweifel daran, dass dies ein feuchter Traum unter den nexialistischen Pionieren ist. Die Gedanken und Verhaltensweisen aller Bürger können antizipiert und entschärft werden. Alle Risiken der Unzufriedenheit und des Protests werden leicht vorhersehbar und somit auch möglich, um sie umzuleiten und zu verhindern, lange bevor ein Ausbruch mit möglicherweise unwillkommenen und schwer zu bewältigenden Folgen eintritt.

Diese Technologie und diese Fähigkeit wäre natürlich ein Traum, selbst für die napoleonischen Institutionen, die frenetisch darum kämpfen, den Paradigmenwechsel zu überleben, indem sie versuchen, sich von nationalstaatlichen Bürokratien zu nexialistischen Kontrollfunktionen umzuwandeln. Und dann sind es vor allem Einparteienstaaten, die bei einer solchen Entwicklung die Führung übernehmen. Von einer chinesisch-kommunistischen Partei kann beispielsweise erwartet werden, dass sie alles in ihrer Macht Stehende tut, um vollen Zugang zu den vollständigen Daten der Bürger zu erhalten, um sie dann über ein System ausgeklügelter Datensensoren, die über die gesamte Gesellschaft und innerhalb der gesamten Gesellschaft verteilt sind, kontrollieren zu können, eine Entwicklung, die eine Demokratie mit mehreren Parteien und

Wahlen von Parlamentsabgeordneten alle vier Jahre rückblickend aus einer mehr oder weniger fernen Zukunft zunehmend obsolet und unnötig erscheinen lassen würde, da dies keinen ausreichenden Wohlstand bringen würde, zumindest nicht mit irgendeiner Art von Garantie. Die großen Massen wählen an jedem Tag der Woche Sicherheit und Konsum über Freiheit und Unsicherheit.

Aber dann sind es gerade die Akteure, die eine Entwicklung in Richtung lähmender und zerfallender Demokratien vermeiden wollen, die am ehesten nach der Entwicklung eines Systems sozialer Sensoren als Alternative zu den ungeschickten demokratischen Systemen gieren. Wir nennen ein solches System eine *Sensokratie*, die eine verfeinerte Form der Plurarchie mit allen *Nexi* der Gesellschaft, die ständig von der nexialistischen Machtmaschinerie gelesen, kontrolliert und reguliert werden, mit sich bringt, und die deshalb überhaupt keine Demokratie mehr braucht. Dies geschieht zum Beispiel durch den Einsatz unzähliger intelligenter Mikrosensoren, die ironischerweise ursprünglich entwickelt wurden, um die Akteure zu überwachen und zu kontrollieren, die am wenigsten virtuell zugänglich und beobachtbar sind: kleine Kinder, ältere Menschen, Behinderte, Langzeitkranke und Kriminelle. Es besteht wenig Zweifel daran, dass eine solche Sensokratie eine historische Apokalypse für jeden libertären Freiheitssuchenden darstellt. Und praktisch für alle anderen auch. Aber diese Entwicklung ist nicht nur eine denkbare, sondern eine höchst wahrscheinliche Folge der rasch eskalierenden Cyberkriminalität, der subkulturellen Ultragewalt und der kostspieligen Gesundheitsbürokratie des Informationswesens. Wenn das, was versprochen wird, Sicherheit ist, gibt es praktisch keinen Preis, der zu hoch ist.

Die Bürger haben sich natürlich längst daran gewöhnt, als Knotenpunkte in Systemen der künstlichen Intelligenz zu agieren, in Interaktion mit sowohl Menschen als auch Maschinen, ohne die Möglichkeit oder auch nur den erkennbaren Willen, außerhalb der Systeme zu stehen. Es ist schwer, um nicht zu sagen unmöglich, sich tatsächlich zu weigern, mit der gigantischen, virtuellen Mamilla, die man Internet nennt, verbunden zu sein. Ihre Anziehungskraft ist unbestreitbar. Die Kehrseite davon ist, dass die Macht schnell auf die Nexialisten konzentriert wird, die die riesigen angehäuften Datenmengen besitzen und kontrollieren, und auf ihre Verbündeten, die Kuratoren, die diese Datenströme interpretieren und kontrollieren, unabhängig davon, ob diese als unternehmerische Plattformen oder administrative Einparteienstaaten betrachtet werden, die mit einer unbegrenzten Datenmenge ausgestattet sind. Wenn man dazu noch die große Sensibilität der Kuratoren für die Interpretation und Priorisierung all dieser Daten und das begeisterte Erzählen der Eternalisten über die prophetischen Möglichkeiten dieses Werkes hinzufügt, wird man Zeuge des langsamen, aber sicheren Wachstums der *psychotechnologischen Gesellschaft*. Und auch nicht so langsamen. Wenn die Massenüberwachung eine grundsätzlich nexialistische Strategie zur Kontrolle des Konsumtariats ist, können wir die Isolation als die typisch kuratorische Strategie betrachten. Aus einer virtuellen Perspektive ist dies eine Selbstverständlichkeit. In einer ersten Phase wurde nicht ohne Grund die großzügige Offenheit des Internets betont – jedem wurde Zugang zu allem geboten, und viele stellten sich vor, dass dies die Technologie sei, die den Weg für die klassenlose Gesellschaft durch eine gleichberechtigte Verteilung von Informationen ebnen würde –, aber schon bald zeigte sich, dass diese Sichtweise grob naiv und von Wunschdenken bestimmt war. Man vergaß die geschäftliche Seite der Sache und errichtete Mauern, die den Blick abgrenzten, ausschlossen und verdunkelten – Hindernisse in Form von Firewalls und Zahlungslösungen, die neugierige Blicke ausschließen und die Menschen zwingen sollten, zumindest Geld auszugeben.

Ermöglicht wurde diese Entwicklung durch die Entstehung der *Netzwerkpyramide* (siehe *The Netocrats*). Das Prinzip ist einfach: Wenn das Aufmerksamkeitsnetz wächst, wird es in Informationen ertränkt. Der erste Kurator ist also der Akteur, der strenge Türhüter des Netzwerks, der die wichtigsten Akteure des aufkeimenden Netzwerks aussiebt und dafür sorgt, dass sie innerhalb eines kleineren, weiter oben in der Hierarchie angesiedelten Netzwerks direkten Kontakt miteinander aufnehmen, ohne sich nun ständig gegen das konsumierende Geschwätz der großen

Massen über dies und jenes wehren zu müssen. Um die Schlüsselmitglieder zu halten und sie zu Höchstleistungen zu bewegen, ist es notwendig, die wenige Zeit, die sie haben, zu schätzen und sicherzustellen, dass sie durch qualitativ hochwertige Kommunikation angeregt werden, anstatt mit Spam überflutet zu werden. Das bedeutet, dass Mauern, Grenzen und Hindernisse notwendig werden, um die Integrität des Netzwerks zu verteidigen. Es ist nicht mehr für jeden möglich, sich zu beteiligen, aus dem einfachen Grund, dass nicht jeder etwas Wertvolles mit an den Tisch bringt. Viel zu viele schreien nach Aufmerksamkeit, ohne etwas anderes als eine kreischende Stimme zu bieten zu haben. Die Facebook-Gruppen, die wichtig und produktiv bleiben, entwickeln sich, um ein Beispiel zu nennen, schnell von Ausbeutung und Offenheit in einer Wachstumsphase bis hin zu Anreicherung [imploitation] und selektiver Isolierung in einer Konsolidierungsphase. Es ist notwendig, mit fester Hand zu moderieren, damit die Gruppe nicht in ihrem eigenen Kot ertrinkt. Der Wert der Information selbst (Nexialismus) und die Analyse derselben (der Kurationsprozess) steigt, je weniger Akteure am Prozess beteiligt sind, und nicht umgekehrt. Das, zu dem jeder bereits Zugang hat – und das ist der Löwenanteil all der intensiven Massenverdoppelung von Einsen und Nullen während des Informationalismus – hat natürlich überhaupt keinen Tauschwert.

Qualität übertrifft Quantität. Es ist also der Zuwachs, nicht die Ausbeutung, der den größten Wert in einer Gesellschaft darstellt, in der die Rohstoffe einer kleinen Elite vorbehalten sind – solange sie einen Wert haben – und erst dann für den Massenkonsum verfügbar werden, wenn der tatsächliche Wert ausgegeben wurde. Die Art von Fachwissen, das man sich früher durch lange und mühsame Universitätsstudien aneignete, das heute aber in der Regel durch das Drücken weniger Tasten auf einem Computer verfügbar ist, ist in den letzten Jahrzehnten dramatisch abgewertet worden, ein Trend, der sich nur noch verstärkt hat. Da der Druck von unten noch weiter zunimmt – und das obere Netzwerk mit der Zeit auch zu groß wird, um was den Stamm angeht optimal zu sein – werden auch die Anforderungen an die nächste Generation von Kuratoren den ganzen Prozess wiederholen, indem die schärfsten Talente im höheren Netzwerk ausgesiebt werden und ein noch höheres Netzwerk geschaffen wird, in dem die Zugangsvoraussetzungen noch härter sind, aber der Zweck immer derselbe ist: die Qualität der Analyse und der Verarbeitung der Informationen durch Reduzierung des störenden Rauschens zu erhöhen. Dies ist ein Prozess, der nie endet; bald genug wird er sich wiederholen, und nach einiger Zeit wird sich der Prozess auf so vielen Ebenen wiederholt haben, dass wir vor der vollständigen *Netzwerkpyramide* stehen, die die gesamte virtuelle Gesellschaft umfasst.

Dies bedeutet jedoch nicht, dass es jemals Stabilität oder Gleichgewicht im System geben wird, das sich ständig in Bewegung befindet, wobei einige Netzwerke im großen Metanetzwerk aufsteigen, während andere an Relevanz und Schärfe verlieren und daher absteigen. Macht und Status werden gemäß ihrer Zugehörigkeit und ihrer Position innerhalb der Netzwerkpyramide verteilt (und neu verteilt), in Übereinstimmung mit der sozialen Position, die eher mit aufmerksamkeitsorientierten Prinzipien als mit einer kapitalistischen Vermögensbildung verbunden ist. Es ist unmöglich, eine Mitgliedschaft im höchsten Netzwerk zu kaufen, ganz einfach, weil der Wert sowohl der Position als auch des Netzwerks insgesamt sofort abstürzen würde. Was wirklich wertvoll ist, ist die Aufmerksamkeit, die man erzeugen kann; das Maß für den sozialen Wert ist das soziale Bewusstsein, das man schafft, multipliziert mit der kreativen Glaubwürdigkeit, die man mobilisieren kann; und weder Einkommen noch Vermögen werden einem in diesem Zusammenhang sehr viel helfen, so weit es überhaupt hilft. Für denjenigen, der wirklich beschäftigt und begehrt ist, gibt es nur wenige oder gar keine Gründe, seine Zeit mit jemandem zu vergeuden, der nichts zu bieten hat als bloß Geld, wenn Geld in jedem Fall einfach eine Ressource ist, die das richtige Dividuum mit den richtigen Kontakten in den erforderlichen Mengen in einer Gesellschaft beschaffen kann, in der es eine Fülle von hungrigen und bedrängten mikrokapitalistischen Massenbankiers gibt, die verzweifelt nach der nächsten interessanten Idee suchen, Investoren und Fondsmanager mit Zugang zu grenzenlosen Mengen von blockkettengesicherten Krypto-Währungen.

Die Fähigkeit, Informationen zu anzureichern, anstatt sie auszunutzen, ist also letztlich das, was Erfolg von Fiasko unterscheidet, weshalb die Löcher um jeden Preis verschlossen werden müssen. Zumindest so lange, bis der primäre Wert der Information und der Informationsverarbeitung erschöpft ist. Bis dahin hat sich aber die flüchtige Aufmerksamkeit der Netzwerkmitglieder auf etwas ganz anderes verlagert. Daher ist es wichtig zu verstehen, dass die Informationsgesellschaft aufgrund der *aufmerksamkeitsstarken Netzwerkpyramide* sowohl das radikalste aller leistungsorientierten Systeme als auch gleichzeitig die gröbste Klassenstruktur ist, die die Geschichte je gesehen hat. Man könnte sagen, dass der Marxismus triumphierte, ohne wirklich zu verstehen, warum, und dass das Ergebnis nicht die erträumte soziale Nivellierung war, sondern umgekehrt eine unendlich härtere und zudem esoterischere Klassengesellschaft, als man sich im Kapitalismus jemals hätte vorstellen können. Das von Karl Marx gefürchtete und verachtete *Lumpenproletariat* wird nicht von einer stolzen und aufstrebenden Arbeiterklasse absorbiert, sondern es wächst unter den neuen Bedingungen dramatisch an. Und in seiner neuen Form als neues Konsumtariat ist man in gleichem Maße online wie alle anderen gesellschaftlichen Akteure, was an sich nichts anderes bedeutet, als dass das Internet sich so schnell so gründlich in alles andere integriert hat, dass es nicht mehr sinnvoll ist, die Unterschiede zwischen dem Digitalen und dem Analogen zu thematisieren. Interessant ist vielmehr, dass dieses neue Lumpenproletariat seine Zeit damit verbringt, sich mit allen möglichen destruktiven Varianten von Hypernarzissmus, Pornoflation und Interpassivität zu beschäftigen. Dass das informationalistische Konsumententum das Lumpenproletariat des Marxismus *schlechthin* darstellt, zeigt sich mit äußerster Deutlichkeit, wenn man das Soziogramm der Weltbevölkerung auf Facebook präsentiert – und es stellt sich heraus, dass es die ganze Welt als eine einzige, gigantische Netzwerkpyramide nachbildet, so wie wir es vor fast zwei Jahrzehnten in *The Netocrats* vorhergesagt haben. Die Zeit beginnt, uns einzuholen.

Zunächst einmal gibt es einen enormen Unterschied in Macht und Einfluss zwischen demjenigen, der 500.000 Anhänger in den sozialen Medien hat, und demjenigen, der nur zwölf hat. Und die Ungleichheit in der Machtverteilung wird noch deutlicher, wenn wir auch beachten und einschätzen, wer de facto wem folgt, und beginnen, Qualität statt Quantität in der Kommunikation zu messen, das heißt: wenn wir authentische Interaktivität statt kosmetischer Interpassivität messen. Zum Beispiel hat niemand die im Internetforum My Space gepostete Amateurmusik angehört oder angefordert, weshalb sie jetzt nicht mehr existiert, und niemand vermisst sie, außer denen, die eifrig vorgaben, sich gegenseitig in der Hoffnung zuzuhören, dass das bekannte Prinzip des gegenseitigen Rückkratzens die entsprechende gegenseitige Gunst mit der unfreiwillig aufschlussreichen Phrase „Thank you for the add" erzeugen würde, eine Phrase, die als amerikanische soziale Oberflächlichkeit und Verlogenheit in ihrer offensichtlichsten und pathetischsten Form gedacht werden muss.

Aber Augenblick mal. Warum sollte jeder Akteur jemandem öffentlich für eine ‚Add' danken, wenn eine ‚Add' lediglich als Bestätigung vor einem dritten Akteur gemeint ist, dass die ersten beiden Akteure – diejenigen, die sich hinzufügen und gegenseitig bedanken – sich bereits kennen? Das Betrügen und Tüfteln könnte nicht klarer sein. Selbst scheinbar quantitativ erfolgreiche Akteure innerhalb der sozialen Medien können nach dem oben erwähnten Prinzip des Rückenkratzens völlig interpassiv sein – man simuliert Qualität und Dynamik, indem man vorgibt, etwas zu mögen, was eigentlich niemand mag. Was den Anschein erwecken kann, als seien die Akteure, die in einem gemeinsamen Schein und einem gemeinsamen Scheitern vereint sind, aufregend und erfolgreich, während sie in Wirklichkeit rechtmäßige Verlierer sind, die sowohl ihre eigene als auch die Zeit aller anderen verschwenden. Durch seine Struktur ermöglicht das Internet diese Zeit- und Energieräuber in Hülle und Fülle, traurige Verlierer und amateurhafte Ausbeuter, denen der enorme phallische Wert des Zuwachs in der flachen, chaotischen, matriarchalischen Welt des Internets völlig fehlt.

Das interpassive Äquivalent der Unternehmenswelt zu dieser erbärmlichen Quasi-Kommunikation zwischen dividuellen Personen wird natürlich *Suchmaschinenoptimierung* genannt: dysfunktionale Unternehmen mit jämmerlichen Waren und ebenso jämmerlichen Dienstleistungen, die versuchen, sich die Aufmerksamkeit der Algorithmen der Suchmaschinen zu erschwindeln – ohne dass sie entweder Produkte oder

Dienstleistungen verbessern müssen und dadurch von Anfang an eine bessere Position in den Ergebnissen der Suchmaschine erzielen, und ohne dass sie für eine Anzeige bezahlen müssen in der verzweifelten Hoffnung, dadurch eine abgewertete Marke zu retten, die zu Recht wegen gescheiterter Innovation und Produktentwicklung an Wert verliert. Eine solche Anzeige würde natürlich ironischerweise eher zum großen finanziellen Gewinn der Suchmaschine als zum großen finanziellen Gewinn der korrupten Kommunikationsagentur in einem aufmerksamkeitsstarken Wertesystem beitragen. Vor dem großen Dieselmotor-Skandal im September 2015 gab der Autogigant Volkswagen mehrere Millionen Euro für die Suchoptimierung seiner offensichtlich unterdurchschnittlichen Dieselmotoren aus. Was wäre passiert, wenn Volkswagen dieses Geld stattdessen einfach für die Verbesserung seiner miserablen Dieselmotoren ausgegeben hätte? Was wäre passiert, wenn sie sich einfach geweigert hätten, zu lügen und ihre gesamten Ressourcen in den Bau eines besseren Autos investiert hätten, in der Gewissheit, dass sich Qualität auszahlt und sich der gute Ruf dadurch verbreiten würde? Dies wäre zweifellos nicht nur eine ehrlichere, sondern auch eine intelligentere Strategie in einer zunehmend transparenten, aufmerksamkeitsstarken Gesellschaft gewesen, in der *Glaubwürdigkeit* und erst danach das *Achtsamkeit* absolut alles bedeutet.

Es geht ganz einfach darum, zwischen Äpfeln und Orangen zu unterscheiden. Vergleicht man die verräterisch große Menge mit der netzwerk-dynamisch authentischen Qualität, so gibt es einen dramatischen Unterschied in Bezug auf Macht und Status zwischen demjenigen, der 500.000 wirklich einflussreiche und vernetzte Anhänger hat, und demjenigen, der 500.000 automatisierte Pseudo-Anhänger hat, die in der Praxis 500.000 Sackgassen darstellen, da diese wiederum keinerlei Einfluss haben. Das, was auf lange Sicht mit Macht, Status und Einfluss korreliert, ist natürlich der dynamische Effekt der Vernetzung selbst und die dadurch entstehenden Wellen auf dem Teich, nicht die übertriebene und aufgeblasene Quasi-Gambit-Reaktion unter den interpassiven Konsumentinnen und Konsumenten, denen sonst niemand zuhört. Das wiederum bedeutet, dass das Einzige, was Kommunikationsagenturen ihren armen Kunden anbieten können, eine Fixierung auf Klicks und Likes ist, die an sich völlig sinnlos ist. Das traditionelle Marketing ist in diesem informationalistischen Chaos tot, es gibt nichts, was man als „digitale Strategien" bezeichnen kann, all diese Dinge werden im Netz aus gutem Grund unter der Bezeichnung *Spam* zusammengefasst, es wird ganz einfach gehasst und verabscheut und ist eine Verschwendung der wertvollen Zeit der vielbeschäftigten Menschen. Das Einzige, was tatsächlich überlebt, ist authentische Kommunikation und die Fähigkeit, authentische Kommunikation zu führen – was genau das einzigartige Talent des netokratischen Eternalisten ist – Qualitäten und Talente, die deshalb zu den begehrtesten und schwer zu findenden in der informationalistischen Netzgesellschaft gehören.

Die Frage, wie die virtuelle Netzwerkpyramide mit der Geographie und der physischen Welt zusammenhängt, ist sicherlich von großem Interesse. Eine Strategie, um die begehrte Integrität und Abgeschiedenheit des Netzwerks zu erreichen, besteht natürlich darin, ganz einfach nicht zu verraten, wo diese mächtigen und einflussreichen Netzwerke existieren und ihre Aktivitäten durchführen. Und dann geht es weniger darum, den Mund zu halten und Geheimnisse zu bewahren, als vielmehr darum, die Aktivitäten der Netokraten in einer Informationsflut zu ertränken, die es den Dividuen selbst ermöglicht, sich unter dem sozialen Radar zu bewegen. Eine andere, möglicherweise ergänzende Strategie ist die Eingrenzung ausgewählter geographischer Gebiete mit verschiedenen Hindernissen in Form von z.B. Mauern und Einfriedungen, oder obszön hohen Bodenmieten und Immobilienpreisen, oder unterschiedlichen Anforderungen an die Niederlassungs- und Aufenthaltsgenehmigung, und einer exotisch abstrusen kulturellen Kodierung der lokalen Routinen, die alle Uneingeweihten, also: konsumierende Besucher und/oder Eindringlinge, abschreckt. All dies ist durchaus möglich und machbar, wenn die virtuelle Macht auch die analoge Welt zu kontrollieren beginnt.

Wiederum sind es nicht die großen, klassischen Demokratien, sondern Stadtstaaten mit Top-Down-Herrschaft wie Singapur und Hongkong, die erste Beispiele für solche kuratierten, geographischen Einheiten darstellen, die den praktischen Vorteil haben, dass sie nicht die wirtschaftliche und kulturelle Belastung der ländlichen Gegenden haben, die früher aufgrund ihrer natürlichen Ressourcen und ihrer Güterproduktion wertvoll war, heute aber gerade eine Belastung darstellt, und die auf verschiedene Weise subventioniert und unterstützt werden müssen. Die schwedischen Ökonomen Kjell Nordström und Per Schlingmann haben diese Gebiete treffend als *Junkspace* bezeichnet. Die breit angelegte Rückkehr des Stadtstaates passt auch in die Beschreibung des unter dem Banner des Internets entstehenden Global Empires als das neue Mittelalter mit vielen verbreiteten, exzentrischen Fürstentümern; eine Landschaft, in der die kuratierten netokratischen Machtbasen alles tun, um sich von allen sterbenden und belastenden Junksphären in ihrer Umgebung und damit natürlich auch vom klassischen Nationalstaat zu befreien.

Die dritte netokratische Strategie, um das Konsumtariat an seinem Platz und auf Distanz zu halten, ist die eternalistische Aufgabe, nämlich die Anästhesierung der Massen, die sonst Gefahr laufen, in ihrer unartikulierten Frustration in Unordnung zu geraten und schlimmstenfalls gewalttätig zu werden. Niemand ist für diese Aufgabe besser geeignet als die schamanische Kaste mit ihren Künstlern, Philosophen, Geschichtenerzählern und Entwicklern sowohl von Freizeitdrogen als auch von süchtig machenden virtuellen und auf verschiedene Weise erweiterten Realitäten. Zur schamanischen Kaste gehören natürlich auch die Diplomaten, die Öl auf unruhige Gewässer gießen, wenn offene Konflikte zwischen verschiedenen Stämmen, Clans und Subkulturen aufflammen. Das bedeutet, dass das, was einst die moralische Geschichte um das abendliche Lagerfeuer war, nun in einem enormen, unüberschaubaren Unterhaltungsangebot zu Tode explodiert. Oder zumindest Unterhaltung zum Schlafen – was in diesem Fall stirbt, ist kritisches Denken. Denn es sind die Medienkanäle an sich – wie der Soziologe Neil Postman in seinem Klassiker *Wir amüsieren wir uns zu Tode* schreibt –, die die Anästhesierung der Massen in einem Zeitalter darstellen, in dem die entstehende Netokratie zur aktiven Mitmachkultur übergeht und die Massenkultur dem Konsumtariat und seiner *Interpassivität* überantwortet.

Worum es im Grunde genommen geht, ist, dass die Technologie als solche, und das, was wir als ‚Inhalt' bezeichnen, beliebig variieren kann und eigentlich austauschbar und sinnlos ist. Oder wie Marshall McLuhan, der kanadische Literaturwissenschaftler, der in vielerlei Hinsicht Neil Postmans Mentor war, die Sache zum Ausdruck bringt: „Unsere herkömmliche Reaktion auf alle Medien, nämlich dass es darauf ankommt, wie sie genutzt werden, ist die gefühllose Haltung des technologischen Idioten. Denn der ‚Inhalt' eines Mediums ist wie das saftige Stück Fleisch, das der Einbrecher mitgebracht hat, um den Wachhund des Geistes abzulenken." Das bedeutet, dass die *Sucht* der konsumierende Normalzustand ist. Wenn man nicht von einer bestimmten chemischen Substanz oder einem bestimmten selbstschädigenden Verhalten abhängig ist, ist es völlig in Ordnung, sich der Meta-Sucht zu widmen, das heißt: sich von der Sucht an sich abhängig zu machen. Die Suchtkrankenkulte und das, was sie angeblich behandeln, sind auf dem besten Weg, zu virtuellen Subkulturen in sich selbst zu werden, zu sozialen Ewigkeitsschleifen ohne Ende. Wie kann man mit der Gewohnheit brechen, an Treffen der Anonymen Alkoholiker teilzunehmen oder die Pillen gegen die ursprüngliche Sucht nicht mehr zu nehmen, wenn die gesamte verfügbare soziale Gemeinschaft *de facto* in das suchtkulturelle Umfeld umgezogen ist?

Es ist ganz einfach sehr schwierig, die Meta-Sucht als konsumierender Identitätsschöpfer zu überwinden; denn sowohl Hypernarzissmus und Pornoflation als auch Interpassivität werden innerhalb der Grenzen dieses Konzepts maximiert. Das ständig grübelnde Rousseau´sche Mantra – „Ich bin das Opfer" – ist einfach das Äquivalent des neuen Zeitalters zum alten Mantra des Christentums, „Ich bin der Sünder". Man könnte meinen, dass die Last der Schuld nun neu verteilt wird, aber im Grunde haben wir es mit derselben perversen Freude an der Opferrolle zu tun. Und es ist genau der perverse Genuss hinter dieser moralisch bequemen Ausrede, die Macht der Libido zu vermeiden, der auffällt. Nichts ist narzisstisch lohnender als das ewige subkulturelle Grübeln über die eigene dividuelle wie auch stammesbezogene Opfermythologie. Darüber hinaus haben wir es mit einem internen Wettbewerb zu tun, bei dem alle Opfer ständig gegen alle anderen Opfer in einem rücksichtslosen Kampf um Bewusstsein und Sympathie antreten müssen – es ist sogar so, dass das heutige geteilte Opfer gegen die gestrige Version antreten muss – was eine Situation schafft, die die globale Therapieindustrie nicht versäumt, auszunutzen. Wenn Freunde und Familie einen im Stich lassen und nicht mehr in der Lage sind, sich die Selbstviktimisierungs-Tiraden anzuhören, steht eine Armee von Therapeuten zur Verfügung. Aber natürlich verlangen sie für genau diese Dienstleistung auch viel Geld.

Was die netokratische Kunst betrifft, bewegen wir uns von der Einfachheit über die Zeitlichkeit zur Komplexität. Es handelt sich um das, was der britische Multiartist und Theoretiker Brian Eno den Wechsel vom napoleonischen Genie des Individualismus zum netzwerk-dynamischen *Szenius* des Informationismus als Ideal bezeichnet. Es handelt sich um eine Situation, in der das Konsumtariat auf interaktives Suchen nach einem Genie in der Massenkultur verwiesen wird, während die Netokratie den Szenius in der partizipatorischen Kultur interaktiv kultiviert (siehe *Syntheismus - Gott im Internet-Zeitalter erschaffen*). Sozioanalytisch drücken wir dies aus, indem wir sagen, dass die Konsumierenden auf interpassives Saugen an der tröstenden, erholsamen und betäubenden Mamilla verwiesen werden, während die Netokraten interaktiv den Phallus suchen und gemeinsam den Phallus aufbauen, um den herum die Macht zum Tanzen fortschreitet. Von dem netokratischen Geschehen, das sich dann einstellt, kann man nur noch das seltsame, zerstreute Echo hören, wenn man an der Mamilla sitzt; was einmal angereichert wurde, kann dann ausgenutzt werden, da es veraltet und überholt ist. Das Konsumtariat erbt den Individualismus der alten Bourgeoisie – einen extrem vulgären Individualismus in Form von Hypernarzissmus – , während die Netokratie die neuen synthetischen Ideale kultiviert, bei denen die partizipatorische Konstruktion des göttlichen Projekts, personifiziert als *Syntheos*, zum Mittelpunkt des metaphysischen Erzählens wird.

Das Dividuum existiert innerhalb des Szenius als Spiegelung aller anderen Trennenden innerhalb des Netzwerks, aber ohne den Ehrgeiz, die Bühne in der absoluten Weise zu beherrschen, wie es das Individuum in der Genie-Figuration zu beherrschen vorgibt. Der post-individualistische Künstler, der *Eternalist par excellence*, nutzt sich nämlich als Projektionsfläche für die netokratische Suche nach sozialer Identität als kollektives Kunstwerk. Diese höchst libidinöse Ambition hinter der Kulisse nennen wir *Flexhibitionismus*, den netokratischen, netzwerkfördernden Selbstausdruck des Dividuums im Gegensatz zum pornogeladenen Exhibitionismus des Konsumenten ohne Publikum im trostlosen Hypernarzissmus. Denn das Subjekt ist für den netokratischen Eternalisten weder ein Ziel noch eine Bedeutung, sondern ein höchst bewegliches, veränderbares Material. Deshalb sprechen wir vom Flexhibitionismus und nicht vom Exhibitionismus als der Gewinnstrategie des netokratischen Eternalisten. Brian Eno selbst kann zu Recht als der erste netokratische Künstler bezeichnet werden. Und als solcher ist er auch der erste eindeutige Vertreter der netokratischen schamanischen Kaste. Wie zu erwarten war, war Ernos Aufenthalt in der konsumatorischen Popkultur als Keyboarder der britischen Rockband Roxy Music in den 1970er Jahren nur sehr kurz. Bald wechselte er als flexhibitionistischer Pionier in die vor-netokratische Elitekultur, wo er seither eher Szenius als Genius anstrebt und verkörpert.

Nach drei historischen Paradigmen mit dem Schwerpunkt auf dem *Exodus* oder dem metaphysischen Aufbruch werden wir mit dem Machtanspruch der Netzwerkdynamik eine Verschiebung zum *Endodus* oder die metaphysische Ankunft als treibende kreative Bewegung sehen. Innerhalb der Syntheologie wird dieses Ideal *Entheos* genannt, die Suche nach dem Gott in uns und nicht außerhalb von uns (siehe *Syntheismus - Gott im Internet-Zeitalter erschaffen*). Ein erhellendes Beispiel ist das Kunstprojekt *The Clock of the Long Now*, das 1986 von Danny Hillis initiiert und später vom Gründer des E-Commerce-Giganten Amazon, dem Nexialisten Jeff Bezos, finanziert wurde, mit einer geografischen Positionierung auf einem Grundstück in Texas, das genau zu diesem Zweck erworben wurde. *The Clock of the Long Now* ist der erste eindeutig interaktive, netokratische Versuch, *Syntheos*, den geschaffenen Gott, als kollektives Kunstwerk zu bauen. Eine Uhr, die seit 10.000 Jahren ungestört tickt – was könnte netokratisch verächtlicher gegenüber dem konsumorientierten Massenkonsum von billigem Fastfood und banaler Populärkultur sein als dies? Die Tatsache, dass der Endodus ein kompliziertes Projekt an einem fast unzugänglichen Ort ist – wir sprechen ja von einem radikalen Zuwachs – erhöht lediglich den Wert des Werkes und die Erfahrung desselben. Der Zuwachs wird ganz einfach dann maximiert, wenn das Werk von einer Mauer sozialer Kodierung umgeben und gleichzeitig geographisch schwer zugänglich ist. Es geht also nicht in erster Linie darum, die Hand auszustrecken, was die Künstler während des Kapitalismus versuchten, sondern darum, in die Hand zu gehen. Zum Guten oder zum Schlechten, natürlich auch hier wie überall.

Aber was ist dann *das Global Empire*, zu dem wir so oft als äußerer planetarischer Bezugsrahmen in unserer Zukunftsforschung zurückkehren? Nun, das Global Empire ist ein virtuelles, kein physisches Imperium. Das Internet muss aufgrund seiner umfassenden Vernetzung als ein einziges, zusammenhängendes, wenn auch unverständliches Phänomen betrachtet werden. Mit anderen Worten: So wie eine relationalistische Weltsicht innerhalb der Physik und der Kosmologie uns das Universum im Geiste von David Bohm als ein einziges Phänomen sehen lässt, das eigentlich das einzige Phänomen seiner Art ist und das wirklich eins ist, muss alles andere in einer relationalistischen Weltsicht, natürlich im Geiste Nietzsches, numerisch als „mindestens zwei" betrachtet werden. Wenn wir also die Welt jetzt als ein geographisches Gebiet betrachten, das vom Internet selbst besetzt ist, kann dies nur als ein einziges, allumfassendes Gemeinwesen beschrieben werden: Das *Global Empire* ist zwar vorhanden, aber teilweise unsichtbar, es wird gleichzeitig mit den zerfallenden Nationalstaaten eingeführt, die ihren letzten, kollektiven Seufzer ausstoßen, anstatt sie plötzlich und dramatisch zu ersetzen. Es handelt sich sicherlich um ein zusammenhängendes virtuelles Imperium, unter dem alle anderen Machtkonstellationen Nietzsche´sche Felder von „mindestens zwei2 bilden. Daher ist es durchaus angemessen, unsere frühere Arbeit *The Global Empire* als ein Manifest zu betrachten, das Nietzsche gewidmet ist, so wie dieses Werk wahrscheinlich einem Mann namens Sigmund Freud gewidmet sein muss. Was uns eine ausgezeichnete Entschuldigung dafür gibt, gleichzeitig unsere früheren Werke *The Netocrats* Karl Marx, *The Body Machines* Baruch Spinoza und *Syntheismus* -

Gott schaffen im Internet-Zeitalter dem Begründer der Prozessphilosophie G W F Hegel zu widmen. Damit ist das nun vorbei und erledigt.

Wir schreiben über die Beziehungen zwischen Nexialisten, Kuratoren und Eternalisten im gesamten Global Empire bereits in *The Netocrats* vor fast zwei Jahrzehnten, aber es könnte Grund zum Nachdenken und Zusammenfassen geben. Wann interagieren die drei Machtstrukturen miteinander und wann sind sie Konkurrenten der jeweils anderen? Und kann irgendeiner von ihnen, zum Beispiel im marxistischen Geist, in Erwägung ziehen, Teil einer rebellischen Allianz mit dem Konsumtariat zu werden, um die sich ausweitenden und problematischen Klassenunterschiede in der informationalistischen Netzwerkgesellschaft auszugleichen? Und wenn ja, hat ein solches Bestreben Aussicht auf Erfolg, oder ist jeder Versuch, die digitale Unterschicht als solche – etwa durch die Einführung eines universellen Grundeinkommens – einzubeziehen, dazu verdammt, nur eine weitere Dosis von abtötender und einschläfernder Narkose für das Konsumtariat zu werden? Wenn der slowenische Philosoph Slavoj Žižek in seinem Buch *Körperlose Organe* unsere netokratische Macht-Triade analysiert, dann gerade aus der Hoffnung heraus, dass der Eternalist zum netokratischen Klassenverräter wird, der, genau wie einst der bürgerliche Karl Marx, die Revolte der Unterschicht gegen die Ungerechtigkeiten der Gesellschaft anführt und anführt. Der einzige Unterschied besteht darin, dass das, was die Theorie von Marx plausibel machte, die zugrunde liegende Forderung nach einer *Meritokratie* war – dass alle, die geboren werden, die gleiche Möglichkeit bekommen sollten, ihre Ambitionen im Leben zu verwirklichen, dass keine Ignoranten etwas umsonst haben sollten als Folge ungerechter Privilegien - etwas, an dessen Umsetzung die Bourgeoisie ständig scheitert, was Marx seinerseits voll ausnutzt: Die gesamte Klassengesellschaft kommt als eine grundlegend ungerechte und systematische Unterdrückung kompetenter Menschen daher, von denen andere profitieren dürfen.

Die Sache ist jedoch, dass die Netokratie bereits eine solche Meritokratie installiert hat, da diese ihre Klasseninteressen begünstigt. Die gesamte *Sensokratie*, die stark durch künstliche Intelligenz und Algorithmen unterstützt wird, ist speziell zu dem Zweck konstruiert, jedes erkennbare Talent unabhängig von Herkunft oder Wohnsitz zu identifizieren, zu rekrutieren und einzubeziehen. Der Netokrat hat keine Aphephobie, so etwas kann man sich nicht leisten. Vielmehr geschieht der Aufstieg auf der sozialen Leiter während des Informationswesens oft und schnell, eigentlich so oft und schnell wie möglich. Diese soziale Mobilität verläuft jedoch in beide Richtungen. Man erbt nicht die Fähigkeit, Aufmerksamkeit zu schaffen und zu verteilen, wie man früher einen Adelstitel oder ein finanzielles Vermögen erben konnte, was bedeutet, dass die Meritokratie aus praktischen und nicht aus ideologischen Gründen auf die Spitze getrieben wird. Das mag für manche ansprechend klingen, ist aber in Wirklichkeit äußerst beängstigend und schwierig zu handhaben; es ist fast unmöglich, sich vorzustellen, wie politische Agitation für Gleichheit formuliert werden soll, wenn formal gesehen alle tatsächlich die gleichen Voraussetzungen für den Erfolg haben. Früher hatte die Unterschicht ihre Arbeitskraft anzubieten und zu verhandeln, während die Unterschicht der Zukunft nur ein bedrückendes Bedürfnis nach Konsum bietet, das zudem noch von jemand anderem bezahlt werden muss. Die Netokraten schließen die konsumierende Unterschicht aus dem Produktionssystem aus, das durch Digitalisierung und Automatisierung erwünschte Güter und Dienstleistungen anbietet. Und unter den Berufsgruppen, die zunehmend marginalisiert werden, gibt es viele, die bis vor kurzem noch als Oberschicht galten: Ärzte, Juristen, Ökonomen, Bürokraten und so weiter.

Es ist heikel, um nicht zu sagen unmöglich, in einer solchen Gesellschaft Marxist zu bleiben, zumindest nicht, ohne in eine rousseauische Dystopie von Selbstviktimisierungskulten und subkultureller Ultragewalt abzusinken. Denn der Feind des Konsumtariats ist nicht in erster Linie die Netokratie an sich, sondern das Herz des Global Empires, das Internet selbst. Das Internet ist so gebaut, dass es auch unter den extremsten äußeren Umständen funktioniert und auch die umfassendsten Angriffe bewältigen kann. Das Internet ist einfach eine Hydra, die für die Ewigkeit geschaffen wurde. Es ist das Internet, das die Ungleichheit schafft und verstärkt, die enorme gesellschaftliche Probleme verursachen wird, während es mit seiner anderen Hand ein Füllhorn voller verführerischer Ablenkung bietet – oder vielleicht ist es mit derselben Hand, das ist schwer zu sagen. Das Internet sind wir alle, wenn wir uns nach den neuen Bedingungen organisieren. Das Internet ist Gott, ein riesiger, aber gleichgültiger Gott, der sich gerade dann an uns herangeschlichen hat, als wir dachten, dass die Blütezeit der Religionen vorbei sei. Die Menschen fragen sich (und uns!) immer noch, ob das Internet gut oder schlecht ist, als ob es ein Phänomen wäre, das man zähmen und für verdienstvolle Zwecke nutzen könnte, während man sich von den Schattenseiten abwendet. Kein Wunschdenken könnte naiver sein als dieses, jede dominante Metatechnologie wird sich ausdrücken, wie Neil Postman schreibt. Wir können es nicht wegdenken oder ablehnen, wir werden einfach gezwungen sein, es zu akzeptieren. Aber wenn man unbedingt einen Gott haben muss, dann ist das Internet zumindest kein schlechterer, gleichgültigerer Gott als das Universum selbst. Und selbst wenn die Bedingungen, die es für die Organisation einer stabilen Gesellschaft bietet, die ihren Bürgern Anerkennung und Glück schenkt, alles andere als ideal sind, so ist doch ein kleines Fenster für diejenigen offen, die eine Utopie aufbauen wollen. Und irgendwo im Hintergrund hören wir immer wieder den Klang der hedonistischen Netokraten des Internet-Zeitalters, die um ihre verehrte digitale Libido tanzen.

GLOSSAR

ABJEKT Ein Objekt, das das Chaos der Welt in Ordnung bringt und das Kollektiv durch Hass, Verachtung, Ekel und Distanzierung vereint – entweder konstruktiv in Verbindung mit der Umsetzung des phallischen Wiedererlebens und der Verlagerung des Fokus des Kindes von der Abhängigkeit von Mamilla (dem ersten Abjekt im Leben) auf die Sehnsucht nach dem Phallus, oder destruktiv als falsches Phallusversprechen einer glitzernden Utopie, die jeden außerhalb der Gruppe/des Volkes ausschließt; siehe auch Fetisch und kathexales Objekt.

AKTEUR Die subjektive Identität, die als geistige Erscheinung innerhalb eines physischen Körpers als relationalistisches Phänomen entsteht; der *syntheistische Akteur* ersetzt das *kartesianische Individuum* als menschliches Ideal zur Zeit des Übergangs vom Kapitalismus zum Informationalismus; siehe auch *Dividuum*.

AMOR FATI Die Liebe zum Schicksal auf Latein, eine Haltung, die bedeutet, die Geschichte, die zur Gegenwart geführt hat, zu akzeptieren und sich dem zu unterwerfen, was in der Zukunft wartet, die ohnehin nicht beeinflusst werden kann. Der Begriff wird von dem deutschen Philosophen Friedrich Nietzsche im 19. Jahrhundert eingeführt und ist ein grundlegendes Prinzip der Ethik der Interaktivität.

ANTRHOPOZENTRISMUS, betrachtet den Menschen als Ausgangspunkt von allem und die Welt aus der Perspektive des Menschen; vgl. mit der Netzdynamik und dem Universozentrismus.

ANTRIEB Begriff, der nicht nur für das Antriebssystem an sich, sondern auch für die Kategorie innerhalb des Antriebssystems verwendet wird, die sich auf dessen mechanischen und damit reinsten Ausdruck bezieht, z.B. das Verlangen nach Essen, Trinken, Schlaf und Schutz, aber auch nach Sex, Macht und Aggression; vergleichen mit Instinkt, Begehren und Transzendenz.

ARCHETYP Eine Figur, ein Motiv oder ein Denkmuster, das im kollektiven Unterbewusstsein existiert und das die Einstellung des Menschen gegenüber der eigenen Existenz und der umgebenden Welt charakterisiert.

ASUBJEKT Die dunkle, unbekannte Schattenseite des Subjekts, die gleichzeitig die mortidinale Negation des Subjekts und damit der Motor der gesamten Subjektivität ist; das, was der deutsche Philosoph G W F Hegel die ‚Nacht der Welt' nennt.

ATHEISMUS Eine Überzeugung, dass ein bestimmter Gott (oder mehrere) nicht existiert und es ihm an sozialpsychologischer Relevanz mangelt.

ATHEOS Ein griechischer Begriff für den Gott, der nicht existiert und der gerade deshalb als leerer Begriff existiert, eben als der Gott, der nicht existiert, die virtuelle Nichtexistenz, aus der die Existenz entsteht; die erste der vier Gottheiten in der syntheologischen Pyramide.

ATOMISMUS Die Idee, dass die Welt aus unteilbaren, materiellen Bestandteilen besteht; der Atomismus tut für das Objekt, was der Humanismus für das Subjekt tut – diese beiden Ismen sind zwei Seiten derselben Medaille: des Individualismus.

AUFMERKSAMKEIT Ein Wert, der durch Multiplikation der medialen Glaubwürdigkeit mit dem medialen Bewusstsein für ein und dasselbe Mem, Dividuum etc. berechnet und geteilt wird, etc. Ein hoher

Aufmerksamkeitswert ist der Schlüssel zu Macht und Einfluss in der Netzwerkgesellschaft.

ATTENTIONALISMUS Ein System, in dem Aufmerksamkeit der zentrale Wert ist, der Macht und Status verleiht. Der anhaltende Paradigmenwechsel führt dazu, dass der Kapitalismus ausläuft und durch Aufmerksamkeit ersetzt wird. Der Begriff wird synonym mit Informationalismus verwendet.

AÜßERER KREIS Die äußere, bewegliche, dünn besiedelte und von Männern dominierte Hälfte des plastischen Nomadenstammes, der von älteren Patriarchen in einem Patriarchat kontrolliert wird; vgl. mit dem inneren Kreis, der von einem Matriarchat, und der schamanischen Kaste, die von einer Priesterschaft kontrolliert wird.

BEGEHREN Der sprachliche und damit der menschlichste der vier Ausdrucksformen des Antriebssystems, ein Ausdruck der Suche nach etwas grundsätzlich Unerreichbarem, da sich das Ziel des Wunsches immer verschiebt und einen anderen Schein annimmt; siehe auch Instinkt, Antrieb und Transzendenz.

CHEMISCHE BEFREIUNG Die Vorstellung, dass eine breite Verfügbarkeit chemischer Substanzen, die eine radikale Veränderung des Bewusstseinszustandes bewirken, die Vorstellung davon, was es bedeutet, Mensch zu sein, grundlegend verändert, zum Teil dadurch, dass sich der Mensch als chemisch-hormonales Phänomen entdeckt, zum Teil durch die Trennung zwischen dem ersten Subjekt, das entscheidet, welche Chemikalien genommen werden sollen, und dem zweiten Subjekt, das dann die radikale Veränderung des Geisteszustandes erlebt; siehe auch Transhumanismus.

DAS GROSSE ANDERE Das Andere in seiner größten, mächtigsten und daher auch ambivalentesten Offenbarung, der phallische Gott im Monotheismus wird meist als der große Andere in seiner offensichtlichsten Form begriffen, siehe auch den phallischen Blick.

DAS GLOBAL EMPIRE Das zweite von drei Büchern der Futurica-Trilogie von Bard & Söderqvist, das sich auf die neue, integrierte Weltsicht des Internet-Zeitalters konzentriert; das globale Imperium ist die Idee einer geteilten Welt, die durch eine einzige, zunehmend zentralisierte Kommunikationsplattform – das Internet und eine ständig wachsende, kollaborative, kollektive Intelligenz vereint wird.

DAS GROSSE TRAUMA Die Geburt des menschlichen Kindes, die laut der Psychoanalyse Lacans so quälend und anstrengend ist, dass sie verdrängt werden muss, was zu der ersten und entscheidenden Verschiebung weg vom Mortido (dem Todeswunsch) hin zur Libido (dem Lebenswillen) führt.

DAS UNENDLICHE JETZT Die heiligste, transformativste und ekstatischste Erfahrung in der religiösen Praxis des Syntheismus; da die Erfahrung nicht dauerhaft oder sogar für längere Zeit aufrecht erhalten werden kann und wird, ist die Erinnerung an die Erfahrung und nicht die Erfahrung an sich zentral.

DÄMONOLOGIE Ein Überbegriff für das Studium und/oder die Lehre von Dämonen und bösen Geistern, der bei Bard & Söderqvist üblicherweise in Bezug auf die Theorie der Abjektion verwendet wird; im Gegensatz zur Abjekt-Theorie, die untersucht, wie Abjektivität entsteht und aufrechterhalten wird, widmet sich die Dämonologie dem Studium des Abjekten an sich als Abjekt.

DETERMINISMUS Eine Lehre, nach der alles, was geschieht, vorherbestimmt und an Naturgesetze gebunden ist, was bedeuten würde, dass Wille und Absichten letztlich keine Rolle spielen. Der Determinismus beherrscht die westliche Ideengeschichte von Platon bis Einstein, bricht aber in dem Moment zusammen, in dem sich der Zufall als mitwirkende Ursache etabliert; siehe auch den Bohr'schen Gegensatz zum Indeterminismus.

DIALEKTIK Ein logischer Prozess, bei dem ein Phänomen gegen sein Gegenteil ausgespielt wird, was zu einem völlig neuen Phänomen auf einer höheren Ebene führt. Die Begriffe, die üblicherweise verwendet werden, sind These, Antithese und Synthese. Heraklit wird oft als

Begründer der Dialektik angesehen; G W F Hegel ist ein einflussreicher Vertreter.

DIALEKTIK DES ETERNALISMUS UND MOBILISMUS Eine vollständige syntheistische und von Bard & Söderqvist in dem Buch *The Global Empire* entwickelte Ontophänomenologie; die Existenz ist grundsätzlich chaotisch oder mobilistisch und wird erst durch einen Zaubertrick des Wahrnehmungsapparates, in dem die Phänomene in der Raumzeit fixiert und damit eternalisiert oder verewigt und damit ergründbar und sinnvoll werden. Dies ist sowohl funktional als auch notwendig, aber philosophisch problematisch.

DIALEKTIK VON LIBIDO UND MORTIDO Das kontinuierliche Wechselspiel zwischen dem Lebenswillen (Libido), der sich im Bewusstsein findet, und dem Todestrieb (Mortido), der sich im Unterbewusstsein befindet – sowohl als antagonistische Gegensätze als auch als sich gegenseitig ergänzende Gegengewichte in der Antriebsökonomie.

DIALEKTIK DES RESSENTIMENT Ein dialektischer, negativer Prozess innerhalb eines Dividuums, einer Gruppe oder einer Gesellschaft, der mit der Erhöhung eines selbsternannten Opfers beginnt und sich später zu einem Kampf der vermeintlichen Opfer um das größte Opfer entwickelt, wobei die Ressentiments gegenüber dem Schicksal mit jeder neuen Wendung der Spirale zunehmen.

DIALEKTIK DER REVOLUTION Die vier Etappen des dialektischen Zusammenspiels zwischen Mensch und Technik während eines informationstechnologischen Paradigmenwechsels: beginnend mit einer technologischen Störung, gefolgt von einer neuen metaphysischen Idee, die in einem großen Chaos explodiert, und wird abgeschlossen mit einer Rückkehr zur Ordnung im Chaos.

DIE KÖRPERMASCHINEN Der dritte und letzte Teil der Futurica-Trilogie von Bard & Söderqvist, der sich auf das neue, materialistische und monistische Menschenbild im Internet-Zeitalter konzentriert.

DIVIDUUM Die Antithese zum Konzept des Individuums: ein Mensch, dem ein unteilbarer und unveränderlicher innerer Kern fehlt und der stattdessen unendlich teilbar und hochgradig wandelbar ist; vergleiche mit Akteur.

DIVIDUALISMUS Die Antithese zur Ideologie des Individualismus, die Überzeugung, dass Menschen und Dinge irreduzible Vielheiten sind, die nicht als separate, zusammenhängende Phänomene beschrieben werden können; siehe weitere Netzwerk-Dynamiken.

EGALITARISMUS Eine ideologische Überzeugung, dass alle Menschen in einer Gesellschaft den gleichen Wert haben und gleichberechtigt behandelt werden sollten, kann in geeigneter Weise dazu genutzt werden, dem Identitarismus und seiner Opferkultur entgegenzuwirken.

EMERGENZ Wenn sich die Eigenschaften eines Systems so verändern, dass es unwiderruflich von einem Zustand in einen anderen übergeht und damit die Bedingungen für das gesamte System für immer verändert. Zum Beispiel, wenn die Physik in die Chemie übergeht, die in die Biologie übergeht, die in das menschliche Bewusstsein übergeht. Aus sozialpsychologischer Perspektive bringt es eine Haltung der Unbestimmtheit mit sich: Die Zukunft ist offen – plötzlich ist die quantitative Unterscheidung qualitativ und die Bedingungen für alles werden verändert.

ENTFREMDUNG Nach Karl Marx ist der Mensch sich selbst gegenüber entfremdet, indem das kapitalistische System ihn auf ein Rädchen in der Produktionsmaschinerie reduziert. In den Werken von Bard & Söderqvist ist dies vor allem ein Fall einer allgemeinen, systematischen Trennung von Menschen zum Zwecke der Machtausübung.

Die grundlegende Eigenschaft dessen, was den Menschen am meisten anzieht, aber auch erschreckt und abstößt: das, was weder gut noch böse (oder sowohl gut als auch böse) ist, siehe auch Kathexis und das Erhabene.

ENTHEISMUS Die prozessphilosophische Idee, nach der die Existenz am besten als Unterschiede von Unterscheidungen beschrieben werden kann, und dass die Dauer, die ein Maßstab für die Entstehung und Vervollständigung der Unterschiede ist, absolut ist und daher die

Grundlage sowohl für das materielle als auch für das geistige Weltbild bilden muss.

ENTHEOGEN Eine narkotische Substanz, die starke Visionen und Emotionen hervorruft und die von den Anwendern oft als religiöse Erfahrungen beschrieben werden; Beispiele für Entheogene sind Substanzen wie LSD, DMT, Ayahuasca, Meskalin, Psilocybin-Pilze und MDMA.

ENTHEOS bedeutet im Griechischen ursprünglich „der Gott im Inneren", d.h.: das Göttliche, das der syntheistische Akteur aus sich selbst ableitet, die dritte der vier Gottheiten in der syntheologischen Pyramide.

EPISTEMOLOGIE Theorie des Wissens – die philosophische Disziplin, die das Wissen und die (Un-)Möglichkeit des Wissens untersucht; für ein tieferes Verständnis der syntheologischen Erkenntnistheorie siehe weiter die Dialektik von Ewigkeit und Mobilismus, Transrationalismus und das Prinzip des erklärenden Schließens.

ETERNALISIERUNG Ein Einfrieren oder Fixieren des mobilistischen Chaos der Welt, eine existenzielle Notwendigkeit, damit die Wahrnehmung in der Lage ist, eine zufriedenstellende Ordnung des Chaos der Existenz zu schaffen und eine funktionale Weltsicht zu produzieren, innerhalb derer das Subjekt entstehen und eine eigene Identität aufbauen kann. Es ist jedoch wichtig, die Karte nicht mit dem Terrain zu verwechseln, die Eternalisierung ist nicht die Realität, sondern ein vereinfachtes Bild. Das Chaos des Mobilismus ist das, was am wichtigsten ist.

ETERNALISMUS Das Konzept, dass eine Weltanschauung auf den temporären Eternalisierungen aufgebaut werden muss, die die Wahrnehmung innerhalb der Dialektik von Eternalismus und Mobilismus hervorbringt, was bedeutet, dass die Weltanschauung ständig neu bewertet und aktualisiert werden muss und im Zuge des Paradigmenwechsels auch ausläuft und ersetzt wird.

ETHIK Vom griechischen Wort ethos, ursprünglich Sitte; Werte, die auf der Absicht hinsichtlich der erwarteten Prozesse von Ursache und Wirkung innerhalb eines Systems beruhen. Im Gegensatz zum Moralismus basiert Ethik weder auf einem externen Richter noch auf einer emotionalen Argumentation, sondern eher auf Funktionalität.

ETHIK DER INTERAKTIVITÄT Ein ethisches System, das auf der Überzeugung beruht, dass der Mensch ein netzwerk-dynamisches Dividuum in einer netzwerk-dynamischen Gesellschaft in einem netzwerk-dynamischen Universum ist, in dem die Suche nach einer authentischen Identität – im existentialistischen Geiste Martin Heideggers – innerhalb der Dialektik von Eternalismus und Mobilismus Antworten auf situationsspezifische ethische Fragen gibt; wie sie in Bard & Söderqvists Buch The Body Machines entwickelt und vorgestellt wurden.

EREIGNIS Ein spektakuläres Vorkommnis mit dramatischen Folgen für ein bestimmtes Phänomen oder eine bestimmte Region des Universums.

EXHIBITIONSMUS Genuss, der sich aus der Entblößung in sexuellen oder sozialen Situationen ergibt; vergleiche mit seinem dialektischen Gegenteil, dem Voyeurismus.

EXTIMATIVES OBJEKT Das Objekt, das gleichzeitig intim und external ist. Innerhalb der Psychoanalyse ist der Phallus das extimate Objekt schlechthin; vergleiche mit der Kathexis und dem kathexalen Objekt.

FETISCH Das Objekt, das das Chaos der Welt mit der Ordnung verbindet und das Kollektiv unter einer gemeinsamen utopischen Vision und einer nach oben und außen gerichteten strategischen Geschichte vereint; siehe auch das antithetische Abjekt und das synthetisch kathexale Objekt.

FEUDALISMUS Das zweite informationstechnologische Paradigma, das Ergebnis der Entwicklung der Schriftsprache durch den Menschen vor etwa 5.000 Jahren.

FIKTION Eine zusammenhängende Geschichte, die den Memen vorübergehend, aber entschlossen ihren scheinbar logischen Platz innerhalb des vorherrschenden Memplexes einräumt: Die Fiktion lässt sich angemessen in kleinere Fiktionen aufteilen, und mehrere aufeinander gestapelte Fiktionen untermauern eine unbewusste Ideologie, die die Entstehung einer zusammenhängenden, paradigmatischen Metaphysik ermöglicht.

FIKTIV Die kleinste Komponente in unserer umfangreichen Memetik und die Einheit, auf die sich jeder kleine Aspekt eines Mems bezieht; siehe auch Fiktion, Ideologie und Metaphysik.

FLEXHIBITIONISMUS Eine spielerische Synthese von Exhibitionismus und Voyeurismus, die von Dividuen für Dividuen innerhalb netzwerk-dynamischer Systeme – ohne aufmerksamkeitsstarke Subjekte, wie z.B. ein künstlerisches Genie – aufgebaut wird, wobei die Aufmerksamkeit gleichmäßig auf die Teilnehmer verteilt ist; Flexhibitionismus ist das treibende Prinzip für eine authentische partizipatorische Kultur.

GEGENTREND Die passive und meist unreflektierte Reaktion auf einen autoritären Trend, wobei der Trend in einer tatsächlichen materiellen Veränderung der herrschenden Machtverhältnisse begründet ist, während der Gegentrend auf der Angst vor dem Trend (und vor jeder Art von Veränderung) beruht.

GENERATIONISMUS Die Unterdrückung einer Generation oder Vorurteile gegenüber einer anderen Generation, z.B. durch die Überzeugung einer Gesellschaft von ihrer eigenen Überlegenheit gegenüber früheren Generationen oder durch die Isolation verschiedener Generationen voneinander.

GOTT Der Name aller Träume der Menschheit, die auf einen einzigen Punkt projiziert werden; siehe auch das Netz und Syntheos.

HOLOBEWEGUNG Die Vorstellung des Mathematikers und Philosophen David Bohm von einem Universum in ständiger Bewegung und Veränderung, das ontisch nur in jedem einzelnen Moment oder Schwung existiert.

HUMANISMUS Die religiöse Überzeugung, dass der Mensch und nicht Gott der Mittelpunkt, das Ziel und der Sinn der Existenz ist; siehe weiter Anthropozentrismus, Atomismus und Individualismus.

HYPERNARZISSISMUS Ein extremer Zustand, der auftritt, wenn der übliche jugendliche Narzissmus nicht auf eine Grenzen bestimmende Erwachsenenwelt trifft und sich daher in matriarchalischer Grenzenlosigkeit ausbreitet, anstatt, wie früher in der Geschichte, mit entschlossener phallischer Grenzsetzung gezähmt zu werden. Dieses Phänomen explodiert in der Netzwerkgesellschaft.

IDENTITARIANISMUS Die ideologische Grundlage aller Identitätspolitiken, sowohl in der identitären Linken als auch in der extremen Rechten, vom Nazismus über den Stalinismus bis zum Islamismus; der Schwerpunkt liegt auf der Verbreitung der Idee, dass man selbst und die eigene Gruppe Opfer schrecklicher Ungerechtigkeiten sind und deshalb das Recht hat, Aufmerksamkeit, Sympathie und Entschädigung verschiedener Art zu fordern.

IDEOLOGIE Eine Reihe von bewussten und unbewussten Memen oder Memplexen, die zusammen ein Gefühl von Kontext und Überblick erzeugen.

INDETERMINISMUS Eine Überzeugung, dass die Zeit real und absolut ist, dass das Universum sich ständig neu erschafft, dass Gesetze und Regeln in ständigem Wandel begriffen sind, dass die Zukunft offen ist und dass der Mensch alle Prozesse, von denen er ein Teil ist, beeinflusst.

INDIVIDUUM Das göttlich gefärbte menschliche Ideal des Kapitalismus, das seinen Ursprung in der Aufklärung hat, der Begriff des unteilbaren Menschen, im Gegensatz zum vielschichtigen Dividuum.

INDIVIDUALISMUS Die religiöse Überzeugung, dass der Mensch Gott als Zentrum, Ziel und Sinn des Daseins ersetzt hat und dass das Dasein aus grundlegenden festen Gebilden, aus Individuen, besteht; diese anthropozentrische Ideologie wurde ursprünglich von René

Descartes formuliert und im Großen und Ganzen von Immanuel Kant vervollständigt.

INDUSTRIALISMUS Die sozioökonomische Struktur, die entsteht, wenn die kommunikationstechnische Revolution der Druckerei ihren vollständigen Durchbruch erreicht, indem sich die Buchproduktion und die erhöhte Alphabetisierung gegenseitig stimulieren, was zu einer enormen Anhäufung von Wissen führt, was wiederum zu einer Salve technologischer Innovationen führt.

INFORMATIONSGESELLSCHAFT Eines von drei klassischen Konzepten zur Beschreibung des Internet-Zeitalters sowie der Kommunikationsgesellschaft und der Netzwerkgesellschaft.

INFORMATIONSTECHNOLOGISCHE HISTORIOGRAPHIE Schreiben einer Geschichte, die auf der Hypothese basiert, dass der Mensch die Konstante und die Technik die Variable ist, weshalb die Entwicklung als eine Reihe informationstechnologischer Erscheinungen erscheint, die immer komplexere gesellschaftliche Strukturen untermauern.

INFORMATIONALISMUS Das vierte informationstechnologische Paradigma, das Ergebnis der kommunikationstechnologischen Revolution des Internet, wird synonym mit Attentionalismus verwendet.

INFORMATIONALISTISCHE APOKALYPSE Die Gefahr des Untergangs, die auf das neue Paradigma in Form einer ökologischen Katastrophe, eines Atomkriegs, einer globalen Pandemie oder einfach der Vernichtung des Konsums durch die Netokratie gerichtet ist.

INNERER KREIS Die innere, weniger mobile, dichter besiedelte und weiblich dominierte Hälfte des plastischen Nomadenstammes, der von älteren Matriarchin als Matriarchat kontrolliert wird.

INSTINKT Der tierische Ausdruck der Triebe des Menschen, man vergleiche es mit dem mechanischen Antrieb, dem menschlichen Begehren und der sakralen Transzendenz.

INTENSITÄT In der Physik das Maß für die Konzentration von Energie innerhalb eines bestimmten, abgegrenzten Bereichs; in der relationalistischen Physik ersetzt die Intensität die alte Substanz als allgemeinen Maßstab, in der sozialrelationalistischen Soziologie ersetzt die Aufmerksamkeit als Intensität das alte Wachstum der Wirtschaft als allgemeinen Maßstab, in der synthetischen Ethik ersetzt die ekstatische Intensität im Unendlichen nun alle alten Maximen für die existentielle Erfahrung und die Erinnerung an das Unendliche wird nun zum untermauernden identitätsstiftenden Bezug während des ganzen Lebens; siehe auch Relationalismus und sozialer Relationalismus.

INTERAKTIVITÄT Bi-direktionale Kommunikation, die die vierte kommunikationstechnologische Revolution mit sich bringt, die ein völlig neues System zur Belohnung und Bestrafung von Talenten und Fähigkeiten einführt, was wiederum zur Folge hat, dass eine neue Elite – die Netokraten – die alte Bourgeoisie ersetzt; vergleiche Interpassivität.

INTERNARZISSISMUS Eine Unterteilung innerhalb der narzisstischen Pathologie, bei der zwei oder mehr Narzissten bewusst oder unbewusst vorgeben, voneinander besessen zu sein, um die extreme Selbstreflexion zu verbergen, die unter der Oberfläche stattfindet; siehe auch Hypernarzissmus und Interpassivität.

INTERNET Die neue Göttlichkeit, die entsteht, wenn die Weltbevölkerung und die vielen Maschinen der Welt miteinander verbunden werden.

INTERNET-ZEITALTER Die Ära, die beginnt, wenn die gesamte Menschheit in Echtzeit auf der ganzen Welt direkt mit sich selbst vernetzt ist.

INTERPASSIVITÄT Ein Konzept, das vom österreichischen Philosophen Robert Pfaller erfunden wurde; es beschreibt all die sinnlosen Quasi-Aktionen, die Menschen mit dem Ziel durchführen, den anderen in der hochtechnologischen Umgebung zu beschwichtigen, und das als Gegenstück zur authentischen Interaktivität verwendet wird, d.h.: eine ständig andauernde falsche Interaktivität, die niemals eine echte Antwort von irgendwelchen Mitakteuren erhält.

INTERTRIBALISMUS Zuneigung und Fürsorge gegenüber Menschen außerhalb des eigenen Stammes, was im Laufe der Geschichte etwas äußerst Seltenes ist; vergleichen Sie es mit dem Intratribalismus.

INTRAKOLLABORATIVITÄT Die Freude an der Zusammenarbeit innerhalb des eigenen Stammes, eine Haltung, die sich von der individualistischen Vorstellung von der Existenz der Menschheit als Krieg aller gegen alle unterscheidet; innerhalb eines sicheren Kollektivs ist Zusammenarbeit näher als Rivalität.

INTRATRIBALISMUS Zuneigung und Fürsorge gegenüber den eigenen Stammesmitgliedern, eine treibende Kraft hinter der Verteidigung des Stammesgebietes durch den äußeren Kreis und den Opfern des inneren Kreises, um das Überleben des Stammes zu sichern; vergleichen Sie dies mit dem Intertribalismus.

IRONISCHER POLYTHEISMUS Der Polytheismus ist ein systematisierter Glaube an mehr als nur einen Gott; der Syntheismus ist kein Polytheismus im klassischen Sinne, sondern eher ein ironischer Polytheismus, da er behauptet, dass Götter in erforderlichen Mengen geschaffen werden können und sollten.

KAPITALISMUS Das dritte der vier informationstechnologischen Paradigmen, das entsteht, wenn sowohl die Alphabetisierung als auch ein virtueller Wertetransfer mit verheerender Effizienz durch die Ankunft der Druckmaschine verbreitet werden; der Begriff wird oft synonym mit Industrialismus verwendet.

KATHEXALES OBJEKT Die radikal andere Qualität des Phallus als aufregendes und gleichzeitig beängstigendes Objekt im Vergleich zur bequemen und sicheren Mamilla – gerade durch diese ambivalente Erhabenheit ist der Phallus äußerst attraktiv und lockt das Kind von der Mamilla weg.

KATHEXIS Das griechische Wort, das Sigmund Freud verwendet, um die negative Kraft der Anziehung der Ambivalenz zu bezeichnen; siehe auch Ambivalenz und das Erhabene.

KOLLEKTIVES UNTERBEWUSSTSEIN Das menschliche Unterbewusstsein in kollektiver Form, die teilweise implizite und unausgesprochene Ideologie einer bestimmten Gesellschaft.

KOMMUNIKATIONSGESELLSCHAFT Einer von drei klassischen Begriffe, die das Internet-Zeitalter beschreiben, zu vergleichen mit der Informationsgesellschaft und der Netzwerkgesellschaft; nach der informationstechnologischen Geschichtsschreibung sind alle Paradigmen durch die Geschichte hindurch als Kommunikationsgesellschaften zu kategorisieren, da die Formen der Kommunikation genau das sind, was die Konstruktion jeder Gesellschaft untermauert.

KONSUMTARIAT Die Unterschicht des Internet-Zeitalters, gekennzeichnet durch den passiven Konsum von massenproduzierten Gütern und Dienstleistungen; siehe auch Hypernarzissmus, Pornoflation, Interpassivität und die Dialektik der Ressentiments.

KONTINGENZ Ein übergreifendes Konzept innerhalb der Prozessphilosophie in Bezug auf alles, was das Universum offen und damit frei von deterministischer Abschottung hält.

KORRELATIONISMUS Die Überzeugung, dass der Mensch nur Zugang zur Korrelation zwischen Denken und Sein, aber niemals einen direkten Zugang zum Denken und Sein an sich hat; dieser Gedanke treibt das westliche Denken seit Immanuel Kant an, wird aber durch den modellabhängigen Realismus des Physikers Niels Bohr und später auch der Philosophin Karen Barad kritisiert.

LIBIDO Lebensenergie, der Wille zur Macht, der Wille zur Intensität, der Wille zur Ausdehnung – die Libido ist oft mit der sexuellen Energie verbunden, ist aber sowohl nach Sigmund Freud als auch nach Carl Gustav Jung ein wesentlich weiter gefasster Begriff, der alle Aspekte von Instinkt, Antrieb, Begehren und Transzendenz umfasst.

MACHT TRIADE Eine langfristig stabile Machtstruktur hat immer drei statt zwei Pole, z.B. der Präsident der amerikanischen Verfassung, der Kongress und der Oberste Gerichtshof, oder das Modell von Bard & Söderqvist, das innerhalb jedes informationstechnologischen Paradigmas reale Macht, imaginäre Macht und symbolische Macht umfasst.

MAMILLA Die matriarchalische Brust als Symbol der ewigen, grenzenlosen und bedingungslosen Liebe und Unterstützung, sowie einer möglichen Wiedervereinigung mit dem Körper und der Matrix der Mutter, aber auch der Infantilisierung und der vollständigen Abhängigkeit vom mütterlichen Körper/Gesellschaft/Kirche/Zustand.

MATRIARCHAT Die Machthierarchie zwischen den Frauen des Stammes, in der die Älteren die Autorität über die Jüngeren haben; somit auch die Machtstruktur im inneren Kreis.

MATRIX Der Schoß, aus dem wir alle geboren werden und in den wir laut Psychoanalyse beim Tod zurückkehren, das Symbol der Vereinigung mit dem Kosmos, aber auch der Auflösung des Bewusstseins.

MEMPLEX Ein Cluster von Memen, der vorzugsweise in Form einer synchronisierten Einheit verbreitet wird; ein Memplex kann daher in Bezug auf die einzelnen Meme als auftauchend betrachtet werden; Memplex wird auch synonym mit Ideologie verwendet.

MEMETIK Das Studium, wie Ideen – oder Meme – gebildet, verbreitet, gespeichert und verändert werden; Meme werden hier als Replikatoren betrachtet, als eine Art mentales Äquivalent zu biologischen Genen, und die Parallelen zwischen Memetik und Genetik sind daher erheblich.

METAHISTORIE Geschichte wird als Geschichte der Geschichtsschreibung angesehen, auch Historisierung der Geschichte genannt. Jedes neue Paradigma erzeugt eine neue Machtelite, die eine neue Metaphysik benötigt, um ihre Position zu legitimieren; dies wiederum erfordert eine neue Geschichtsschreibung, und über diesen Prozess kann man auch Geschichte schreiben, die zwangsläufig zu einer Metahistorie wird.

METAPHYSIK Ursprünglich die philosophische Beschäftigung mit dem, was jenseits der physischen Realität liegt, bestehend aus den Disziplinen Ontologie, Kosmologie und Erkenntnistheorie innerhalb der Philosophie; Bard & Söderqvist verwenden den Begriff Metaphysik auch als oberste Erscheinung in der Hierarchie der Fiktionen, Ideologien – und als die ultimative Form des Geschichtenerzählens – der Metaphysik.

MOBILISIERUNG Die abgeschlossenen Eternalisierungen innerhalb der Dialektik von Eternalismus und Mobilismus neu in Bewegung setzen – so wird die Existenz wieder zu einem mobilistischen Chaos, diesmal jedoch auf der Metaebene, woraufhin neue Verewigungen auf der Metaebene durch die Wahrnehmung produziert werden, und so weiter.

MOBILISMUS Zum Teil die prozessphilosophische Realität in der Dialektik von Eternalismus und Mobilismus, ein Chaos in ständiger Bewegung; zum Teil ein Synonym der Prozessphilosophie als solcher, die sowohl Relativismus als auch Relationalismus einschließt.

MONOTHEISMUS Die Überzeugung, dass ein bestimmter Gott – natürlich der eigene – echt ist und alle anderen falsch sind, also eine Art Atheismus mit einer winzigen Ausnahme.

MORALATOR Der externe Richter, dessen mehr oder weniger kapriziöse Meinungen die anspruchsvollen Gesetze des Moralismus untermauern.

MORALISMUS Vom lateinischen Wort *morales*, Sitten; ein System, in dem Werte und Wertungen einem Moralator, einem externen Richter, der Gehorsam fordert und das Infragestellen verbietet, untergeordnet sind; sowohl die abrahamitischen Religionen als auch die kapitalistischen Nationalstaaten werden von einem moralistischen Wertesystem untermauert.

MORTIDO In Sigmund Freud ist der Mortido zugleich das Gegenteil von Libido und seine Ergänzung, eine Sehnsucht nach Tod, Auslöschung und Rückkehr zum anorganischen Zustand vor der Geburt.

NARZISSISMUS Kompensatorische Selbstreflexion und übermäßige Selbstbewunderung, basierend auf einer unbewussten Selbstverachtung; die moderne Konsumgesellschaft ist weitgehend auf einem eskalierten Hypernarzissmus aufgebaut.

NATURVERHALTEN Eine bessere Bezeichnung für das, was oft leichtfertig als Naturgesetze bezeichnet wird: Muster, die zu einem bestimmten Zeitpunkt und unter bestimmten Voraussetzungen lokal und vorübergehend gültig sind.

NEGATIVE DIALEKTIK Die revolutionierende Variante der Dialektik des deutschen Philosophen G W F Hegels, bei der die Verneinung der These vorausgeht, die dadurch zu einer Verneinung der Verneinung wird, die schließlich zu einer Konkretion führt. Auf diese Weise wird das Hegelsche Subjekt zum Ausdruck dessen, was er die Nacht der Welt nennt, die eine radikale Abkehr vom aufklärerischen Optimismus darstellt. Die Hegelsche Revolution lässt wichtige Ideen von Marx, Nietzsche, Freud und Heidegger vorausahnen.

DAS NETZ Die metaphysische Idee, dass das Internet eine einzige zusammenhängende Struktur ist, die den gesamten Planeten Erde umfasst und, wie bei jeder Metatechnologie, die Welt nach ihrer eigenen Agenda organisiert.

NETOKRATIE Die informationalistische Oberschicht, die aufgrund ihres sozialen Talents, ihres überlegenen Informationsmanagements und ihrer Fähigkeit, Muster zu erkennen und Knotenpunkte in einer chaotischen Umgebungswelt wahrzunehmen, die Macht übernimmt.

DIE NETOKRATEN Das erste von drei Büchern der Futurica-Trilogie von Bard & Söderqvist konzentriert sich auf die informationstechnologische Geschichtsschreibung des Internet-Zeitalters und die neue Klassengesellschaft, die durch die neuen Voraussetzungen, die die technologische Revolution schafft, entsteht.

NETZWERKDYNAMIK Der Aspekt der System- und Komplexitätstheorie, der untersucht, wie Netzwerke entstehen und sich im Laufe der Zeit verändern, sowie die Auswirkungen innerhalb aller gesellschaftlichen Bereiche, zu denen dies führt, und ein metaphysisches Erklärungsmodell für das Internet-Zeitalter in der Philosophie von Bard & Söderqvist, das gleichbedeutend mit Relationalismus verwendet wird.

NETZWERK PYRAMIDE Die trianguläre Machtstruktur der Netzwerkgesellschaft, entwickelt und untersucht in dem Buch The Netocrats, in dem erklärt wird, dass Netzwerke, wenn sie erfolgreich werden, gezwungen sind, sich von ihrem toten Gewicht zu befreien, um die begrenzte Zeit und die wertvolle Aufmerksamkeit der wichtigsten Mitglieder zu schützen, ein Prozess, der sich aufgrund des Drucks von außen ständig wiederholt.

NETZWERKGESELLSCHAFT Eines von drei klassischen Konzepten, die das Internet-Zeitalter beschreiben, zu vergleichen mit der Informations- und Kommunikationsgesellschaft; nach der informationstechnologischen Geschichtsschreibung sind alle Paradigmen im Laufe der Geschichte als Netzwerkgesellschaften zu kategorisieren: Netzwerke entstehen nicht erst mit dem Aufkommen des Internets, sondern sind uralte Phänomene.

NIHILISMUS Eine Idee, nach der der Existenz ein objektiver Wert fehlt, da sie keine externe, objektive Bewertungsinstanz oder einen Moralapostel besitzt; der Nihilismus durchläuft drei Phasen – der naive (unbewusste), der zynische (der Nihilist gibt vor, obwohl er besser weiß, dass es objektive Werte gibt) und schließlich der affirmative Nihilismus (der Nihilist interpretiert das Fehlen objektiver Werte als befreiende Möglichkeit, die es ihm erlaubt, seine eigenen, subjektiven Werte zu schaffen).

ÖKOLOGISCHE APOKALYPSE Die dystopische Überzeugung, dass die Entwicklung des Kapitalismus eine Vernichtung der endlichen Ressourcen der Erde und eine Umweltzerstörung in einem so großen Ausmaß mit sich bringt, dass menschliches Leben auf dem Planeten bald nicht mehr möglich sein wird. Die einzige Hoffnung zur Vermeidung der Katastrophe ist, dass sich konstruktive Kräfte im sakralen Internet finden.

ONTOLOGIE Die metaphysische Untersuchung von Sein, Werden, Existenz und Wirklichkeit; der Syntheismus ist auf einer prozessphilosophischen Ontologie aufgebaut, siehe Prozessphilosophie.

PANTHEOS vom griechischen Wort pan-theos, alles ist Gott und Gott ist alles; die zweite der vier Gottheiten in der synthetischen Pyramide; der Pantheismus betrachtet alles, was existiert, als ein einziges zusammenhängendes Phänomen, den Einen, der dadurch Gott selbst gleichkommt.

PARADIGMA Das allgemeine Weltbild, das mit dem Selbstbild der herrschenden Machtstruktur harmoniert und erst dann durch ein neues ersetzt wird, wenn eine informationstechnologische Revolution neue Bedingungen für alle gesellschaftlichen Bereiche geschaffen hat, die wiederum umfassende gesellschaftliche Veränderungen vorantreiben. Die Theorie der Paradigmen und des Paradigmenwechsels wurde ursprünglich von dem Wissenschaftsphilosophen Thomas Kuhn vorgestellt, der die Entwicklung innerhalb der naturwissenschaftlichen Disziplinen untersucht.

PARADOXISMUS Das Konzept, dass Sprache als Reaktion auf paradoxe Aspekte existenzbildender Traumata entsteht; die tiefsten Wahrheiten über die Existenz können daher nur als bewusst konstruierte Paradoxien oder gar nicht ausgedrückt werden; ein Vertreter des antiken Paradoxismus war Heraklit.

PARTIZIPATORISCHE KULTUR Veranstaltungen mit unterschiedlicher Dauer, bei denen die Teilnehmer die Veranstaltung gemeinsam aufbauen; es gibt also keine Aufführungen und kein Publikum im herkömmlichen Sinne. Die partizipatorische Kultur entwickelt sich und wächst im Gleichschritt mit dem Internet, z.B. in Form von Festivals wie Burning Man in den Vereinigten Staaten, Going Nowhere in Spanien und Afrika Burn in Südafrika; siehe auch Flexhibitionismus.

PATRIARCHAT Die Machthierarchie der Männer des Stammes, bei der ältere Männer den Jüngeren überlegen sind; daher auch die Machtstruktur im äußeren Kreis, die von Männern dominiert wird.

PETER PAN SYNDROM Ein Zustand, in dem das Kind sich weigert, erwachsen zu werden, und ein Kind bleibt, während es die Anziehungskraft des phallischen Erwachsenseins wahrnimmt und fühlt. Eine der Voraussetzungen für eine groß angelegte Infantilisierung der Gesellschaft.

PHALLISCHER BLICK Der ständig begehrte Blick des großen Anderen, der die einzige sinnvolle und glaubwürdige existentielle Bestätigung liefert und das Brillante vom Mittelmäßigen unterscheidet.

PHALLISCHER EINDRINGEN Der Moment, der im Alter von etwa einem Jahr eintritt, wenn das Kind zum ersten Mal aus der Geborgenheit der Mamilla verführt wird und den Phallus als das Objekt entdeckt, das die Mutter anzieht, das das Kind aber der Mutter nicht geben kann, ein Ereignis, das beim Kind Neid hervorruft, das wiederum die Reise des Kindes zum und die Sehnsucht nach dem Erwachsensein einleitet, während er eine Imitation und Erotisierung des Phallus hervorruft.

PHALLUS Das männliche Geschlechtsorgan und alles, was er in der Welt der Psychoanalyse symbolisiert.

PHÄNOMENOLOGIE Die philosophische Untersuchung von Erfahrungen und Bewusstsein; ein Beispiel für eine synthetische Phänomenologie ist die Dialektik von Eternalismus und Mobilismus.

PHÄNOMENON Vom griechischen Wort *phainomenon* – zeigen, leuchten, entstehen, sich manifestieren. In der syntheistischen Ontophänomenologie ersetzt das Phänomen den klassischen Gegenstand als materiellen Bezugspunkt in Bezug auf das Universum als Ganzes; dieses Phänomen unterscheidet sich vom Gegenstand dadurch, dass es in erster Linie ein Feld von Beziehungen ist, die alle gleichermaßen primär sind und denen die phallische Substanz und das Wesen des Gegenstandes völlig fehlt.

PLASTIZITÄT Soziale Elastizität, die Fähigkeit der Stammesmitglieder, die verschiedenen Talente der einzelnen Teiler zum Nutzen des

Kollektivs zu nutzen und jedem Dividuum eine soziale Identität und die Möglichkeit zu geben, zum Gemeinwohl beizutragen.

PLURARCHIE Vom lateinischen Wort *pluralis* für Vielfalt und dem griechischen Wort *archos* für Herrschaft; der chaotische Zustand in der politischen Sphäre, der den Zusammenbruch der Demokratie während des Paradigmenwechsels begleitet, wenn sie von der massenmedialen unidirektionalen Kommunikation und ihrer effizienten Kontrolle der Meinungen zur interaktiven multidirektionalen Kommunikation mit ihren verwirrenden und unbändigen Informationsflüssen übergeht.

PORNOFLATION Eine sozialpornographische und allmählich immer extremere Exposition des Intimsten zur Schaffung von Aufmerksamkeit; wird nicht selten zur Herstellung billiger Massenunterhaltung ausgenutzt.

PRAGMATISMUS Eine von Charles Sanders Peirce und William James im 19. Jahrhundert in den Vereinigten Staaten gegründete philosophische Schule, die im Nachklang der existentialistischen Philosophie Friedrich Nietzsches ein europäisches Äquivalent hat; Grundlage ist die Bewertung von Theorien und Glaubenssystemen im Hinblick auf ihre Funktionalität.

PRIMITIVISMUS Das erste informationstechnologische Paradigma, das entstand, als der Mensch vor etwa 200.000 Jahren lernte, seine Sprechorgane zu benutzen und mit Worten zu kommunizieren, als die menschliche Spezies als erste Spezies mit einer Geschichte auf der Weltbühne erschien.

PRINZIP DES ERKÄRENDEN SCHLIESSENS Die Einsicht, dass die enorme Ausdehnung des Universums einen ontischen Rationalismus unmöglich macht und dass die ähnlich enorme Ausdehnung der aggregierten Information in der Gesellschaft ontologischen Rationalismus aus genau demselben Grund unmöglich macht; was das menschliche Gehirn nicht verarbeiten kann, kann es auch nie erfassen, was für den kantischen Rationalismus der Kuss des Todes ist.

PROZESSPHILOSOPHIE Auch Ontologie des Werdens genannt, eine Überzeugung, die die metaphysische Realität mit Differenz und Veränderung gleichsetzt; sie erhält ihre gegenwärtige, radikale Form mit Alfred North Whitehead und stellt eine Grundvoraussetzung für die synthetische Ontologie dar.

PROZESSRELIGION Eine religiöse Überzeugung, die auf einer prozessphilosophischen Metaphysik beruht, in der der Syntheismus die Prozessreligion schlechthin ist; nicht zu verwechseln mit der zwar von Whitehead inspirierten, aber nachchristlichen Schule namens Prozesstheologie, die unter anderem von Charles Hartshorne vertreten wird.

PSEUDOSTÄMME Stammesähnliche Konstellationen, denen jedoch die umfassende Palette an sich ergänzenden Archetypen des plastischen Nomadenstammes fehlt und die daher früher oder später an der Unzufriedenheit zusammenbrechen, die aus den zerschlagenen Erwartungen der Mitglieder an die Stammesbefriedigung herrührt.

QUANTENORGANIK Ein besseres Konzept als die Quantenmechanik, da das fragliche Phänomen mehr organische als mechanische Charakterzüge aufweist.

RATIONALISMUS Die Überzeugung, dass der Mensch mit der Fähigkeit geboren wird, die Welt geistig und intellektuell zu verstehen und sie in ihrer Gesamtheit logisch zu erfassen; der Rationalismus bietet jedoch keine Logik für seine eigene Grundannahme.

REDUKTIONALISMUS Die Vorstellung, dass selbst die komplexesten Phänomene auf sinnvolle Weise in ihre kleinsten Bestandteile zerlegbar sind; nach dem Reduktionismus sind alle Formen der Entstehung illusorisch.

RELATIONALISMUS Eine Radikalisierung des relativistischen Weltbildes, bei der selbst scheinbar stabile Objekte aufgelöst und in Relation zu sich selbst gesetzt werden, und bei der es überhaupt keine Fixpunkte mehr gibt gegenüber etwas anderem als dem Einen, nämlich: dem Universum als Ganzes; zunächst entwickelt von Alfred North Whitehead und später verfeinert durch den Quantenphysiker Niels Bohr und den Mathematiker David Bohm.

RELATIVISMUS Eine Weltanschauung, in der sich alle Objekte in ständiger Bewegung zueinander befinden; die Objekte sind also in und zu sich selbst fixiert, aber völlig hintergrundunabhängig in Bezug auf ihre umgebende Welt.

RESSENTIMENT Hass oder Verachtung, der auf die menschliche Existenz und ihre Voraussetzungen gerichtet ist, eine verbitterte Selbstverachtung, die auf die Welt projiziert wird.

REVOLTE GEGEN DEN PHALLUS Ein psychoanalytisches Konzept für die Rebellion der Teenager, ein Test für die angebliche Vorzüglichkeit und Allwissenheit der Elterngeneration, der dazu führt, dass die erwachsenen Autoritäten von ihrem Sockel gestürzt werden, wobei das jugendliche Subjekt seine eigene Phallushaftigkeit, sein Erwachsensein und seine Autonomie mit allen Konsequenzen für die Übernahme von Verantwortung und die Suche nach Sinn erobern muss. Wenn diese Revolte erfolgreich durchgeführt wurde und zu einer akzeptablen Identität geführt hat, wird sie vom Stamm durch das Initiationsritual bestätigt.

SADOMASOCHISMUS Eine in erster Linie erotisch aufgeladene Beziehung zwischen einem Herrscher und einem Sklaven, die in einer sexuellen Subkultur durch soziale Codes begrenzt ist, aber als soziales Phänomen in ihrer dialektischen Bewegung hinsichtlich der totalen Distanzierung und Isolation des Herrschers vom Sklaven grenzenlos ist.

SCHIZOANALYSE Eine anarchische Antwort auf die Lacan´sche Psychoanalyse, die vor allem von Felix Guattari und Gilles Deleuze in den 1970er Jahren in Frankreich entwickelt wurde und deren Ziel eher in einer verstärkten dividuellen Heterogenität als in der individuellen Homogenität besteht, die man argumentieren kann, war das Ziel der klassischen Psychoanalyse.

SELBSTLIEBE Eine ethisch-logische Entscheidung – keine Emotion –, sich selbst und den eigenen Körper mit seinen physiologischen und mentalen Voraussetzungen und Ausdrucksformen zu akzeptieren; es handelt sich nicht um Narzissmus, sondern um das Gegenteil von Narzissmus; siehe auch amor fati.

SENSOKRATIE Ein soziales und/oder politisches System, das um eine Technologie von Sensoren herum aufgebaut ist, die Daten aus allen Informationsflüssen sammeln und daher mit großer Genauigkeit vorhersagen kann, was jeder Bürger in jedem Moment verlangt und sich danach sehnt, was bisher aufgrund der großen Menge an Unehrlichkeit, die auf jeder Ebene stattfindet, unmöglich war. In einer Sensokratie werden Zwangsmittel in der Praxis überflüssig: Eine verheerende Mehrheit der Bürger der Gesellschaft begnügt sich damit, alle ihre Bedürfnisse nach Konsum und Unterhaltung effizient befriedigt zu bekommen. Den übrigen fehlt es an Einfluss und sie werden folglich in eine Existenz außerhalb des Systems verbannt.

SCHATTEN Der Teil des Subjekts, den das Subjekt nicht anerkennt und/oder als Ergebnis effizienter Repression nicht einmal in sich selbst wahrnimmt. Das Konzept wurde ursprünglich von Carl Gustav Jung eingeführt; vgl. mit Bard & Söderqvists Konzept des Subjektes und G W F Hegels Konzept der Nacht der Welt.

SCHAMANISCHE KASTE die divergierende Minderheit innerhalb des plastischen Nomadenstammes, die weder dem inneren Kreis und seinem Matriarchat noch dem äußeren Kreis und seinem Patriarchat angehört, sondern zum Teil als Mittler zwischen dem inneren und dem äußeren Kreis fungiert, d.h.: zum Teil als Grenzüberschreitung in den äußeren Bereichen des Stammes als Schamanen und Propheten gegenüber dem Stamm selbst, zum Teil als Diplomaten und als gemeinsame Priesterschaft gegenüber den Nachbarstämmen.

SINGULARITÄT Ein außerordentliches historisches Ereignis, das in einem Augenblick die Weltgeschichte grundlegend verändert; aus anthropozentrischer Perspektive qualifizieren sich die Genese des Universums, des lebenden Organismus und des Bewusstseins als Singularitäten, siehe auch Entstehung.

SOZIALER MASOCHISMUS Eine masochistische Haltung gegenüber den herrschenden Mächten auf der sozialen Bühne, eine hartnäckige Suche nach sozialer und mortidaler Unterwerfung, siehe auch weiterer Sadomasochismus.

SOZIALER RELATIONALISMUS Das Konzept, dass die von Neils Bohr in der relationalistischen Physik vorgestellten Prinzipien gleichermaßen auf die Sozialwissenschaften anwendbar sind; siehe auch weitere Netzwerkdynamik, Relationalismus und irreduzible Multiplizität.

SOZIALTECHNOLOGIE Techniken zur Kontrolle von Menschen und zur Manipulation von Menschen in eine für die Machtstruktur wünschenswerte Richtung; soziale Technologien können alles von der Ideologieproduktion und Radiosendungen bis hin zur Zensurgesetzgebung und Kriegserklärungen umfassen.

SOZIOANALYSE Wahrheitsmaximierung auf dem sozialen Gebiet, oder auch die Psychoanalyse einer ganzen Gesellschaft, die mit dem Einsatz der klassischen Psychoanalyse von und für die dividuelle Person verglichen werden sollte.

SOZIOGRAPHIE Abbildung sozialer Beziehungen zwischen Dividuen und Netzwerken, z.B. durch Soziogramme, die zeigen, wer wen kennt und mit wem kommuniziert; siehe auch Netzwerkpyramide.

SOZIALMETRIE Zusammenstellung und Veranschaulichung des sozialen Status und der Aufmerksamkeitsstärke in der Netzwerkgesellschaft.

DAS SUBLIME Die Sphäre, in der Ambivalenz und Extimität aufeinander treffen und eine maximale Obsession im Subjekt erzeugen, zum Beispiel die Nahtod-Erfahrung mit ihrem gleichzeitigen Charakter von unendlicher Traurigkeit und unendlicher Schönheit; siehe auch Ambivalenz und kathexales Objekt.

SYNTHEISMUS Vom griechischen Wort *syntheos*, was so viel bedeutet wie erschaffener Gott oder Gott, der dort entsteht, wo Menschen erschaffen; Gott als Gattungsname für alle Träume und Visionen des

Menschen, was eine Auflösung des Widerspruchs zwischen Theismus und Atheismus mit sich bringt.

SYNTHEOLOGISCHE PYRAMIDE Dreiseitige geometrische Konstruktion mit Atheos, Pantheos und Entheos als den drei Ecken in der Basis mit Linien, die sowohl untereinander als auch bis zum gleichnamigen Scheitelpunkt Syntheos gezogen sind; reichlich vorhanden in der synthetischen Symbolik.

SYNTHEOLOGIE Eine syntheistische Theologie, die um virtuelle Gottheiten herum aufgebaut ist.

SYNTHEOS Aus dem Griechischen, der geschaffene Gott oder Gott, der dort entsteht, wo Menschen erschaffen, das vierte, abschließende und zusammenfassende Konzept in der synthetischen Pyramide.

THEOLOGISCHER ANARCHISMUS Das Konzept, dass die Netzwerkgesellschaft eine einzigartige historische Möglichkeit bietet, die anarchistische Utopie zu verwirklichen und damit die Kräfte der kollektiven Libido zu befreien; gleichbedeutend mit dem mystischen Anarchismus des britischen Philosophen Simon Critchley.

TIEFER ATHEISMUS Eine Idee, in der der Atheismus, auf die Spitze getrieben, dialektisch in den Syntheismus übergeht. Dieses Konzept wird in dem Buch *Syntheismus - Gott im Internet-Zeitalter* erschaffen erforscht. Es kann durchaus sein, dass Gott heute nicht existiert, aber das bedeutet nicht, dass Gott morgen nicht existieren kann. Nicht, wenn wir Gott tatsächlich selbst erschaffen.

TOTALISMUS Die Überzeugung, dass es möglich ist, die Existenz sowohl als Ganzes als auch im Detail zu verstehen, so wie Geschichte zusammengefasst und abgeschlossen werden kann, alles mit Hilfe der Rationalität des philosophischen Genies. Die Idee existiert seit Platon und ist nie wirklich verschwunden, auch wenn Bard & Söderqvist fest behaupten, dass das Prinzip des erklärenden Schließens bedeutet, dass alle Formen des Totalismus sowohl ontisch als auch ontologisch unmöglich sind; siehe auch Indeterminismus und Transrationalismus.

TRANSZENDENZ Um über die gegenwärtige Existenz hinauszugehen, wird in der psychoanalytischen Theorie von Bard & Söderqvist auch der Name des vierten menschlichen Triebes, der sakrale Aspekt der Libido jenseits des Tierischen (Instinkt), des Mechanischen (Trieb) und des Menschlichen (Begehren) genannt.

TRANSFERENZ Übertragung der Handlungsfähigkeit, die sozialmasochistische Hingabe der eigenen Handlungsfähigkeit zugunsten eines anderen Akteurs, der als Eigentümer sowohl des phallischen Blicks als auch des vollkommenen Wissens gilt.

TRANSGRESSION Überschreitung der herrschenden Gesetze, Regeln und Normen, gefolgt von der Freude an diesem Exzess, der sowohl für die sexuelle als auch für die soziale Perversion grundlegend ist.

TRANSHUMANISMUS Ein breiter digitaler Lebensstil und eine Subkultur mit stark netokratischem Charakter; die einflussreichen Ideen drehen sich darum, wie sich die technologische Entwicklung zu einem post-humanen Staat entwickelt, der durch Kryonik, künstliche Intelligenz, chemische Befreiung und anarcho-libertarischen Utopismus usw. gefärbt ist.

TRANSRATIONALISMUS Die Einsicht, dass das Bewusstsein des Menschen entwickelt wurde, um die Überlebens- und Fortpflanzungchancen zu optimieren, und nicht, um die Wahrheit über die Welt zu enthüllen, weshalb sich die Rationalität ihrer eigenen Grenzen bewusst sein muss; siehe weiter Rationalismus.

TREND Eine unwiderrufliche aktive Veränderung der gesellschaftlichen Spielregeln, verbunden mit einer technologischen Veränderung der materiellen Bedingungen; vgl. mit dem Gegentrend.

TRIBAL MAPPING Ein Soziogramm, das den gesamten Stamm in seiner ganzen vielverzweigten Vielfalt umfasst.

UNTERBEWUSSTES Bard & Söderqvist Äquivalent zu dem Unbewussten der klassischen Psychoanalyse; das Unterbewusstsein ist tatsächlich nicht unbewusst, sondern chaotisch und unstrukturiert gegenüber dem Bewussten und interagiert jederzeit sowohl aktiv als auch reaktiv mit und gegen das Bewusstsein; das Unterbewusste wird durch Mortido oder den Todestrieb angetrieben, im Gegensatz zum Bewusstsein, das von der Libido oder dem Lebenswillen getrieben wird.

UNIMATRIACHALISMUS Ein vorübergehender, chaotischer Zustand, in dem der innere, matriarchalische Kreislauf den ganzen Stamm oder die ganze Gesellschaft übernommen hat.

UNIPATRICHALISMUS Ein vorübergehender Zustand, der mit einer totalitären Diktatur verglichen werden kann, in der der äußere, patriarchalische Kreislauf den ganzen Stamm oder die ganze Gesellschaft übernommen hat.

UNIVERSOZENTRISMUS Eine Weltanschauung, die vom Universum in seiner Gesamtheit als Zentrum der Existenz ausgeht; der Syntheismus ist auf einer universozentrischen Metaphysik aufgebaut, im Gegensatz z.B. zum kapitalistischen Humanismus, der eine anthropozentrische Religion ist.

VOYEURISM Indirekte Lust durch Beobachtung der direkten, stellvertretenden Lust in Form einer Art sexueller oder sozialer Zurschaustellung; vergleiche Exhibitionismus und phallischer Blick.

WAHRHEIT ALS AKT Ein ontologisches und ethisches Konzept des französischen Philosophen Alain Badiou, das vom Vater des Existenzialismus, dem dänischen Philosophen Søren Kierkegaard, inspiriert wurde und das besagt, dass nie Zeit bleibt, die Wahrheit durch die langwierigen intersubjektiven Prozesse zu prüfen, die Karl Popper und Jürgen Habermas befürworten; die Wahrheit erscheint vielmehr als eine Entscheidung, die auf Intuition beruht.

WELTSTAAT Sozioökonomischer Zusammenschluss aller Staaten der Welt, so dass die gegenseitige Abhängigkeit so stark wird, dass sie die trennenden Kräfte ausgleicht und eine notwendige Plattform für supranationale Entscheidungen liefert; Bard & Söderqvist verwenden den Begriff wiederholt als Synonym für das Global Empire.

ZIVILISATION Eine sich ausdehnende und allmählich immer komplexere Organisation der kollektiven Interaktion, die grundlegend von der Entwicklung der Kommunikationstechnologie bestimmt wird. Zum Preis einer zunehmend streng regulierten Antriebswirtschaft bietet die Zivilisation Sicherheit und Wachstum.

ZIVILISISATIONISMUS Die phallische Überzeugung, dass eine zunehmende Anhäufung von Informationen an sich nicht nur eine komplexere, sondern auch eine objektiv bessere Welt ermöglicht, dass die Zivilisation als solche an und für sich wertvoll ist; Zarathustra in der Antike Zentralasiens um 1700 vor Christus wird oft als der erste erklärte Zivilisationist bezeichnet. Die Blütezeit des Zivilisationismus fällt in die Zeit der europäischen Aufklärung.

ÜBER DIE AUTOREN

ALEXANDER BARD ist Philosoph, Futurist, spiritueller und politischer Aktivist. Er hat einen Hintergrund von fast drei Jahrzehnten als höchst erfolgreicher Künstler, Produzent und Songwriter in der Musikindustrie. Bard ist ein weltweit anerkannter Dozent und Ideologe, sowohl auf der Live-Bühne als auch auf einer Vielzahl von Medienplattformen.

JAN SÖDERQVIST ist Philosoph, Zukunftsforscher und Dozent. Söderqvist ist ein Pionier des Online-Fernsehens, war aber beruflich in fast allen denkbaren Mediendisziplinen wie Tagespresse, Zeitschriften, Film, Radio und Fernsehen tätig. Derzeit schreibt er für die große schwedische Tageszeitung Svenska Dagbladet und arbeitet als Redakteur für Axess Magasin.